第二届海峡两岸大学图书馆建筑学术研讨会论文集

图书馆建筑的发展
多元生态和谐

主　　编　顾建新

副 主 编　林光美　袁曦临

东 南 大 学 出 版 社

·南京·

图书在版编目(CIP)数据

图书馆建筑的发展：多元生态和谐/顾建新主编.
—南京：东南大学出版社,2012.3
ISBN 978 - 7 - 5641 - 3368 - 9

Ⅰ.①图… Ⅱ.①顾… Ⅲ.①图书馆建筑-研究-中国 Ⅳ.①G258.91

中国版本图书馆 CIP 数据核字(2012)第 036454 号

图书馆建筑的发展：多元生态和谐

出版发行：东南大学出版社
出 版 人：江建中
责任编辑：史建农
网　　址：http://www.seupress.com
经　　销：全国各地新华书店
印　　刷：江苏凤凰扬州鑫华印刷有限公司
开　　本：787mm×1092mm　1/16
印　　张：19.75
字　　数：300 千字
版　　次：2012 年 3 月第 1 版
印　　次：2012 年 3 月第 1 次印刷
书　　号：ISBN 978 - 7 - 5641 - 3368 - 9
定　　价：56.00 元

本社图书若有印装质量问题,请直接与营销部联系。电话：025 - 83791830

前　　言

蔡元培先生说过:"教育并不专在学校,学校以外还有许多机关,第一便是图书馆。"图书馆承载着数千年积累的人类知识,形成了社会共有的文化积淀,大学图书馆在支持教学、科研的同时,更重要的责任是为学生文化素质的提高、人格的健全发展提供培育的土壤,图书馆建筑的职能即在于此。在这里,读者可以获取知识、交流知识、分享知识、利用知识,找到自我塑造、自我修养的途径。因此我们可以说,图书馆既是物质的,又是精神的,图书馆是一个属于读者的文化交流空间。我国大学图书馆的新馆建设方兴未艾,图书馆在保持学校文献信息中心传统地位的同时,开始向学习资源中心、学术交流中心和文化活动中心转变,出现了一批有特色、体现生态环保、重视传统文化与现代服务模式和谐统一的现代大学图书馆建筑,为图书馆建筑研究提供了实证和研究的样本。

东南大学图书馆和台湾大学图书馆联合主办的"第二届海峡两岸大学图书馆建筑学术研讨会",于2008年11月27—29日在美丽的历史文化名城南京隆重举行,这是2006年在台北举办的首届学术研讨会的延续。会议邀请了中国科学院院士、东南大学齐康教授,中国工程院院士、清华大学关肇邺教授,著名的图书馆建筑专家鲍家声教授、沈国尧教授、高冀生教授、陈格理教授、李明华研究馆员等参会并做主题报告,中国图书馆学会副理事长胡越教授、东南大学副校长郑家茂教授出席研讨会并致辞。

会议以"图书馆建筑的发展:多元、生态、和谐"为主题,包括信息环境、服务理念对图书馆建筑的影响,图书馆建筑的品质与价值,图书馆的空间组织与布局,生态图书馆建筑,图书馆环境设计与人性化服务等方面,与会的160余名来自海峡两岸的建筑学家、建筑师、图书馆馆长和馆员就此做了深入的研讨。会议报告和论文内容丰富,既有对知识经济社会、数字化时代图书馆建筑发展的宏观思考,又有图书馆建筑的功能布局研究;既有图书馆建筑文化的论述,又有现代建筑技术的应用;既有海内外图书馆建筑的成功案例,又有建筑细节的处理、参与建设经验等,会议产生了良好的社会影响。

此次会议论文结集出版,要感谢很多专家在会后将报告整理成文;感谢台湾大学图书馆副馆长林光美女士的鼎力支持,组织十多位台湾的建筑师和馆长躬逢胜会,给大家带来海峡对岸的理念和经验;感谢东南大学图书馆田芳老师在会议论文的汇集、组织和整理中所做的努力;感谢东南大学图书馆全体会务人员的辛勤工作;同时也感谢东南大学出版社编辑史建农先生的细致和耐心。大家共同的努力汇集于此,呈现在此,希望能为大学图书馆建筑研究的未来发展提供参考和借鉴。

由于经验不足,疏漏和错误在所难免,敬请批评指正。

顾建新
2011 年 12 月

目　录

建筑师眼中的图书馆

关肇邺

我虽然做一些图书馆的建筑设计,但我觉得自己对图书馆建筑真正的功能还不是很清楚。在深入研究之前,首先存在一个问题,即"书"是不是可以永久存在。因为在最近二、三十年来,数字媒体包括网络应用的兴起,使得现在看书的人越来越少。我记得为了设计北大图书馆,我到美国、欧洲各处去看了,每到一个图书馆都要跟他们交流一下,其中最大的问题就是与他们讨论:你们觉得书是会永久存在,还是将来会逐渐萎缩,或者有其他的发展趋势。当时与我讨论的所有馆长,基本上持有两种观点:一种认为很难判断,另一种认为在可预见的将来还不至于没有书。所以,这个问题到现在我脑海中依然存在。

作为建筑,图书馆建筑的功能就是为了保存书。我们中文叫做图书馆,言下之意是将来要有图有书。我觉得在可预见的将来,图书馆可能还是不会没有书的,而且我倾向于书永远是存在的。因为看书已经变成一种文化,它不是用一个手提电脑或者网络可以完全代替的。而现在确实处在一个过渡时期,并且这几年还发展得很快。依这种趋势,再过十年八年书可能会越来越少。不过我认为从永久来看,书还是很重要的,因为书已经成为人类社会一种文化现象,这种文化现象不太依赖于技术发展,也不是技术发展能够完全解决的。

记得我刚上大学的时候,学校的领导给我们讲话,其中一位是潘光旦教授,当时的图书馆馆长。他是一个很有学问的人,他说了一个让我难忘的典故:古人云读书要"三上",一个是枕上,一个是马上,一个是厕上。上厕所的时候都要看书,这说明古人读书入了迷。所以在我们这样一种文化传统下,你在枕上拿一个手提电脑,而不是一本书来看,恐怕是不合适的,也不符合那个气氛。现在我们看电视或者说拜访某些领导,常能看到领导人的办公室里,办公桌后面就是一个很大的书柜,全是金光闪闪的书。这些书不是他每天看的,而是一种装饰。可见书不仅仅是看的,而且是一种文化表象,是可供展览用的。

建筑师设计一个建筑,虽然说现代电子技术非常普及,这些东西对一个建筑来说并没有太大的影响,真正的图书馆建筑设计,关键不在这个地方。关键在哪呢?我可以这样说,今天在座的大部分人都是图书馆员,我站在一个建筑师的角度和你们交流一下,建筑本身是有物质功能的,同时也有精神功能。二战时期,英国首相丘吉尔,当然这个人我们从政治角度并不赞成他,但他是一个很有学问的人,他说了一句很精辟的话:人建造了建筑,建筑也塑造了人。我对这句话印象很深刻,学建筑的人应该体会这个意义。

作者简介:关肇邺,清华大学建筑学院教授,中国工程院院士。

所谓塑造一个人，就是说当这个人在一定的建筑环境里生活或者工作，时间长了，他会受到一种潜移默化的影响。举一个例子，不知道大家有没有去过清华大学，清华大学有一个老校园，也有一个新校园。老校园是上个世纪初建的，1911年开始建校，后来主要由美国的建筑师按照美国当时的大学校园规划来做的，大部分是红砖的房子，现在学生开玩笑，把它叫做"红区"，这就是老校园。新中国成立后，老校园地方不够，就在它的东边又建了一个校园，与老校园是挨着的，中间只隔一条京张铁路，后来这个铁路搬走了，这两个校园就完全紧密结合在一块儿了。这个新校园东半部分，盖的房子就不是原来那样，而是学习苏联的，白色的建筑多，叫"白区"。改革开放后，有位在美国定居了很多年的老校友回到学校，在新校园、老校园看了一圈以后说："哎呀，我觉得，我要是在老的校园里（就是'红区'），我就想在那儿读书；我到了'白区'去看了一看，我就想发财。"当然，建筑给人思想的影响绝对不是那么简单、那么直接，也绝对不能跟一篇好的文章、一部好的电影、一部好的戏剧来比，但是它的确具有一种潜移默化的作用，时间可能要长一些，但是对人的思想影响是深刻的。大学校园建筑在这方面的功能尤其重要，因为大学校园里的年轻人，他们至少是四年，多的要十年的时间，要在这里生活，而这十年时间正好是他个人成长的黄金时代，而且是逐渐地形成他的世界观、人生观、各种价值观的一个时代。大学校园里的建筑，特别是图书馆，一个重要的功能就是教育、影响人的思维和他的思想意识。我们做建筑工作的，应该有这样一个认识。

我在设计清华大学图书馆的时候，曾经和图书馆馆长产生过很大的矛盾。当时那位馆长是很热心地想把图书馆建好，为此到世界各国去考察。我们知道在二战以后，因为战争破坏，20世纪六、七十年代是盖房子最多的时候（建筑复兴正式开始是在20世纪70年代），那时候在图书馆界或者说图书馆的建筑界形成了一个共识，即"三同"：平面柱网是标准的、采光是标准的、楼层高度是标准的。这样规定的好处是，在建筑内部安排书可以有很大的灵活性。因为二战以后，图书馆的发展倾向于藏、借、阅三种功能完全结合，实现完全开架。在现代，开架图书馆不足为奇，可在当时还是很少。完全开架的图书馆，不仅有利于读者，而且图书馆自身调整的灵活性也增大，某一类书多了，或另一类书少了，可以很灵活地调整一下书架。在传统图书馆，借一本书的时间很长，需要查目录卡，查出以后填上卡片（索书条）送进去，然后等待管理人员去取书，往往要取20分钟到半个小时，才能给你找出这本书。但有时拿到手一看，还不是想要的内容，就非常耽误时间。现在变成藏、借、阅结合的形式，大家可以随便在书库中找书，就很方便。所以在20世纪六、七十年代所建的先进的图书馆，基本都是这种形式。那时候我们去看的一些图书馆，给我的印象，确实很方便。可是在形象上有一点问题，就是图书馆给人的感觉像是一个超市：书架整齐划一摆放，座位整齐划一排放，书琳琅满目地排列在书架上，读者随意翻阅，确实很方便，但是给人的感觉很像一个卖东西的超市，而不像学术的殿堂，人文的内涵减少了很多。后来我又看了一些古典的图书馆，觉得还是有它一定的道理。

如果说建筑对人的思想有一定的影响，那么这个建筑就包含了整个的建筑群和整个环境。我觉得一个图书馆，很重要的一点，从建筑角度来说，就是要与它的环境很好地融合在一起。我很不赞成在一个地方，为了突出自己，搞得非常之高大，或者非常之雄伟，或者非常怪异，这样的建筑缺乏和谐的感觉。当然这种建筑也是有的，在商业区域里，每一个建筑都需要有自己的商业目的，要引人注目，不过这种风气近来延伸到很多类型的建筑。就北京来说，做了很多建筑，实在是我不喜欢的，特别有名的一个就是中央电视台。这个建筑好像是快要倾倒的……（形象不太好描写），两条支柱往前倾倒，很恐怖，标新立异，不考虑人的感受，不是对人的一种好的教育，或者说，它就是为了怪异，为了突出自己。

孔子说"君子和而不同，小人同而不和"，我觉得这话说得很有道理。现在我们讲和谐社会，我们这个社会要和谐，我们的建筑环境也要和谐；这个"和"有和平的意思、和睦的意思，还有很多好的意思它都能代表，比如说有争论，我们要和谐。这个"和"字，我认为它是中华民族最核心的价值观。美国的一对老建筑师夫妇，专门到中国来考察，我陪他们去看故宫，这对夫妇本身是有相当的文化修养的。那位建筑师觉得故宫非常好，非常伟大，非常和谐，整个建筑与城市的关系也很匹配，那时北京还没有那些高楼等等。他看到每一个大殿上都挂着一个匾，就问那是什么意思，我说每一个建筑都有一个名字。等他到了太和殿，太和殿后面是中和殿，中和殿后面是保和殿，这三大殿都是"和"字，我就给他们介绍这是什么意思。他说，我到了中国，看出你们的文化博大精深。我们外国建筑虽然也有名字，不过都是非常具体的，比如说"农神庙"（Temple of Saturn），就是一个人的名字，一个神仙的名字，或者说"圣乔治大厅"（St. George's Hall）；在白宫，一些房间也有名字，比如说"椭圆办公室"就是椭圆形的，蓝色厅、绿色厅就是颜色，非常具体。他说，你们宫殿的最主要的建筑，叫做"最高等级的和谐"（Hall of Supreme Harmony），这真是高明啊，恰恰是用一个"和"字来放在最主要的建筑物上面，中国文化在这里就表现出来了，这些理念值得我们去好好地深思。我觉得现在新一代的学生，对中国文化并不是很熟悉，而西方的一些价值观目前影响又比较大，因此在认识上可能会存在一定的偏差。当然，我承认西方有很多很好的东西。和西方相比，我们国家是一个长期的农耕社会。我看了一本书，其中提到西方文化受犹太文化影响，西方社会是从游牧民族逐渐发展起来的。《圣经》中的内容，都是牧羊人如何，没有说农民怎么样，大卫王就是一个牧羊人。所以中西方在文化上是不一样的。"文武、文武"，"文"是摆在前头的，中国很重视文，而西方重视武，他们向来是在马上生活的，假设他们所生产的毛皮、牛奶和肉不够用的话，他们就到外地去交换和掠夺，所以在武力上他们很厉害。古代郑和下西洋，就没有掠夺人家任何东西；哥伦布出去以后，就占了一块地方。所以我觉得这个"和"字确实是我们中华民族的一个核心价值观。当然，我不是说我们伟大，但在这方面我觉得是比较好的。而西方，他们发达的科技和进取心等方面也是值得我们去学习的。

下面介绍几个有特色的或者与我刚才提到的这种思想有关系的图书馆。

巴黎的国家图书馆（图1），我去参观过，不是很喜欢它，虽然这个图书馆很有名。它的设计师多米尼克·佩罗是一个有名的建筑师，他设计的这个建筑的长度将近400 m，宽度约200 m。因为布局很大，他就做了四个高塔，主要是书库，象征（可能他是这个意思）四本打开的书，在这中间有一片树林。这个图书馆在塞纳河上游，是一个离市中心相当远的地方，所以还没有太大破坏巴黎的主要形象。不过我认为它最大的一个问题是太不人性化，而建筑的人性化是很重要的一点。

图1

最有意思的是你找不到它的大门，这是我们传统建筑所不允许的。中国建筑很重视门，外国的古典建筑也很重视门。这个建筑是没有门的,你得一直爬到那个很大的台子上以后才能看见一个入口,然后沿着入口走一个下坡路,走到下面去,这才进到里面。

这个图书馆的走廊也与房子一样,差不多有 300 m 长,完全是干巴巴的,跟人的尺度差得很远,没有一种亲切感;走廊外面是一个很大的院子,种了一些树,里侧一间一间的都是很大的阅览室,整个一圈四周围都是这样一个走廊(见图 2)。

图 2

建筑师可能也觉得这个建筑太过于干巴巴了,所以在中间的院子里种了一大堆树。庭院里有很高的一个土堆,上面种了树,当然树种得不错。但是这个中间庭院人进不去,平时是围起来的。所以,建筑看起来很现代,但是很不人性化。

图 3 就是另外一个对比,这是华盛顿的乔治敦(Georgetown)大学法学院的图书馆。看起来像什么时候建的呢,90 年代的? 20 世纪六、七十年代就时兴这种大盒子似的建筑。实际上是前几年建的。

图 3

图 4 中右边部分是法学院楼,左边部分是图书馆(见图 4),这里有个圆的门,还有几个圆的角。从这个圆的角可以看到国会大厦,离得很近,所以我说它很重视环境。作为一个图书馆,仅仅只是看起来高效率、高科技还不够,一定要有人性化的东西作为你思想的一个写照,并产生影响。图 5 是法学院图书馆的一个阅览室,看起来很古典,一般建筑师可能想不到这是一个最近建成的图书馆。

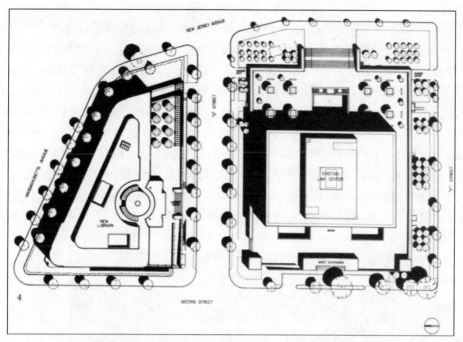

图 4

图 5

图 6

  我再简单介绍几个我自己的作品。清华大学的老校园有很多是上世纪以前的建筑,这里有很多建筑都是我们大家所尊敬的、东南大学的杨廷宝教授设计的。现在这个老校园,已经被定为国家级的文物保护单位,所以在这里盖房子是很不容易的,因为要求严格。

  清华礼堂,就是清华大学所谓的标志性建筑。那么图书馆呢,它是分成几期建的,第一期建于 1919 年,很像东南大学的老图书馆(孟芳图书馆)。1931 年,扩建了第二期,这就是我们所尊敬的杨廷宝教授做的设计,扩建做得非常好,因为它与老图书馆的衔接几乎天衣无缝,而且,对于礼堂来说,它是一个半围合的状态,我认为这是中国近代建筑中一个很杰出的设计(见图6)。

到了80年代初,图书馆又远远不够用了,又做了第三期,是我做的。当时我也是刚从美国回来,所以我就把一些新的理念用上。我简要说两个,第一个就是不要抢了校园标志——礼堂的地位,图书馆一定要作为一个陪衬;第二个就是对于第一期美国墨菲(Murphy)设计的,第二期杨先生设计的,第三期不能把老的挤掉,所以三期的建筑做得比较低调,主要把力气放在院子里面。我这里特别要说一下的是,第三期建筑是原先的三倍面积,假如一位建筑师想出风头的话,做一个大楼压倒一切是很容易的,可我觉得这是不对的,我也学习杨老的思想,就是说作为一个配角,力求做一个最佳配角,于是就形成了现在这样的一个设计。

图7是我们做的第三期,右边是第二期杨老做的建筑的西端,相应的,我也做了一个跟他很像的一个连接,从而形成了一个入口的感觉。进入到院子以后,再拐弯,才看到主要部分。这样就显得很谦虚,连建筑带大门都推到后面去了,我当时的设计就是希望能体现这样一个思想。

图7

图8为进来以后的院子,我们在这里可以看到屋顶上瓦的颜色不一样,这个就是原来杨老时代(也可能不是了,后来又改过)所做的,这个瓦是斜的,这条线就是他原来那个房子的线,后来我们就接了这一片,连接起来,一直接到这边来,这儿做了一个水池。

刚才说了,建筑还应该有一个思想教育的功能。各位知道,这个建筑是在80年代初,离"文革"结束只有五六年的时间,那个时候人们的思想非常僵化,仍然不敢随便印字。但我觉得一个图书馆没有一点文化教育的含义就不对劲,可是那个时候没有一个人敢拍板说你用什么字,后来我只好自己拟了几个语录,当时我也是一样,也是有点战战兢兢

图8

的。一共设计了六条,三个中国人的语录,三个外国的,三个现代人,三个历史人,三个政治人,三个学术人。这样一来就面面俱到,你就挑不出什么毛病,所以你们看这个地方,这个是毛泽东,下面是孔子,这是牛顿,这总不会有错吧。另外一边也是这样(见图9、图10)。

图9   图10

现在清华图书馆又要再扩建,要做第四期,还是由我来执笔,基本思想是做成这个样子。主要的入口由北面进来,当然这个也做了好几年了,一直资金不落实,最近听说落实了,我们盼望它能够在清华百年校庆建成,不知道有没有可能。

图11是新馆的设计稿,红砖托着屋顶,基本上和老的一、二、三期呼应,但是也要有它自己的时代特色。

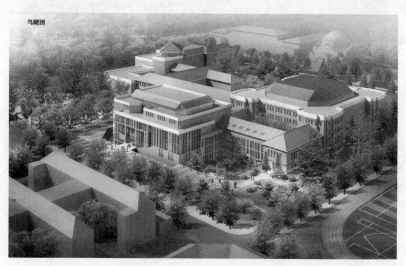

图11

我们再看一下北大图书馆。北大校园非常美,有未名湖,整个校园里都是中国古典的清式的大屋顶,也是清华校园设计者,美国的 Murphy 做的规划,非常有名,是国家重点文物保护单位。

我在燕大念过一年书,我记得,当时的燕大图书馆叫佰蕊楼。这三个字的来源是什么呢,两个百挤在一起代表二百的意思。佰宋楼是清朝的一个藏书楼,藏有二百套宋版书,非常珍贵,因此为了这些书盖了一个藏书楼,起名佰宋楼。燕京大学是美国人建造的,燕京大学建好以后,图书馆就起名为佰蕊楼,library 佰蕊(读音很像),它既把历史上藏书楼的名字给拿来了,又跟图书馆的英文读音相渗透,真是很巧妙,所以这个名字涵盖了好几层意思,只有具有深厚文化功底的人才能想到这样一个名字,我个人很欣赏这个名字。可惜新中国成立以后,所有的匾全部拆掉,那时候中美关系也是敌对关系,所以把这些痕迹都拆掉了。

后来北大新的图书馆要扩建,就邀请了一些人来做设计。图 12 上的这个方案是另外一个单位做的。我们可以看出来,为了和原来北大整个学校都是大屋顶相协调,他也做了一个坡顶,但是又不愿意整个做。当时是 80 年代初,其时的北京市长、市委书记陈希同刚下台。陈希同当市长的时候,要求北京到处都要盖这个大屋顶和小亭子,他是想把全城都搞成复古的样子。建筑师对他的这个思路反感至极,据说那时建筑师口袋里都放着小亭子的模型。把那个模型摆在那,问陈希同成不成,说不成,再拿一个亭子摆成这样成不成,说还不成,再在这个位置放一个小亭子,成不成,然后说成了,就成了。所以等到陈希同一下台,建筑界就觉得再也不该搞复古的东西了。从这位建筑师的设计就可以看出来,虽然周围都是小屋顶,但是他呢,把最高的部分全做成平屋顶。这是一个设计方案。

图 12

图 13 是另一个方案。这个方案的特点是做了一个院子,因为设计者认为院子是中国建筑的特点,所以做成了一个院子。但这个设计也不是太协调,因为在一个设计中同时有坡屋顶和平屋顶的话,如果把平屋顶作为次要,坡顶作为主要的话,配合起来还可以。但如果两边都是尖屋顶,中间是一个平顶的,看起来就主次不分了,所以这个设计也没有中选。

图 13

　　图 14 的设计就更有意思了,很有点陈希同的架势。这个房子上面摆了 11 个小亭子,因为设计者看旁边的形状都是大屋顶的。其实他有个误解,并不是全放中国人的东西就一定是和谐的。原来北大、燕大的建筑是整个房子都是大屋顶的,你光是盖小亭子在上面,实际上达不到和谐的目的。

图 14

　　图 15 是另外一位建筑师设计的,他觉得需要有一个大屋顶,又觉得需要有一个新的感觉,于是就用玻璃做了这样的一个大屋顶。但这个尺度的感觉和整个环境也不协调,所以我刚才说,建筑一定要与环境和谐,放弃了这个和谐,就不和谐了。

图 15

图 16 是现在的北大图书馆。这些建筑都是原来北大的清式的样子,大屋顶的。那么中间的这个是我做的图书馆,被他们选中了。我觉得它作为学校中心的一个标志性的建筑,跟刚才我说的清华大学那个不一样,我做的清华大学图书馆,定位是作为一个配角,而现在我是主角,我当然不让你们,所以比你们要高要大,但是在形式上不能脱离环境,所以我就做了这样一个设计。

图 16

设计两旁矮一点都是为了和旁边这个尺度能有个过渡,特别是我觉得这挂了一个匾,当时他们也没有想到要挂这个匾,我说一定要挂一个匾。这个匾,后来就没有争议了,因为是邓小平题的字(见图 17);这个匾的颜色——一般中国的匾都是金的字、蓝的镶金边那样的,我觉得在这里只能低调一点,所以这个匾是用铜做的。

图 17

这张图是侧面(见图 18)。做了一个爬山廊,是防火用的。另外就是檐下也做一点斗拱,很简单,还做了人字拱。按说也许不应该做,不过我觉得燕园里面的老房子都是有斗拱的,很繁琐的斗拱,很多,很多。图书馆是全校最重要的中心点,假如搞的完全没有了,我觉得也不协调了,这个和谐、协调要在这方面有所表现。

再说一个简单一点的设计。曲阜师范大学找我设计一个图书馆。这个图书馆不算大,但是比较有趣,所以我想向大家介绍一下。曲阜是孔子的故乡,这个师范大学也是培养师资的一个地方,孔子是至圣先师,因此在这个大学的图书馆应该有所表示。这个建筑也是 80 年代做的,那时候思想上各方面也都有局限,另外资金也困难,他们没有钱,所以我这个图书馆做得不是很大。

图 18

首先，它前面有个水池，我就在全校园里到处找，找了两块石头，摆在这上面，有点像是一个长者回答一个学童提问的那种感觉，组成这样一个画面（见图 19）。当然这个水稍微深一点就好了。然后呢，觉得入口的这块玻璃太空，我想在这里应该有一点东西啊，本来想在这里做一个雨罩，后来这个雨罩画图以后觉得分量不够，所以我就到处溜看。我知道曲阜城里有很多古迹，比方说金声玉振牌坊等的很多，我就到处溜着看，看到一个地方有一个小街，建了一个牌坊，三个孔的牌坊，题名"陋巷"。大家知道陋巷是颜回住的地方，颜回是孔子最欣赏的，他非常穷，那个"陋巷"的意思放在今天说就是贫民窟的意思。我看牌子上写着陋巷，我就把牌坊中间那一间给抄过来了，摆在这儿，这样的话就有一个比较好的入口。

图 19

但是"陋巷"两个字我觉得在这儿就不合适了，因为现在已经不是贫民窟，是一个大学。那么就在这个地方，按说不该是我想的，曲师大的教授们觉得找陋巷这个牌子搁这儿很好，所以他们就向我提出建议。在《论语》里有一段话："子曰：'君子食无求饱，居无求安，敏于事而慎于言，就有道而正焉，可谓好学也已。'"就是说君子不要只求生活好、住得好、吃得好，要努力学习，做事要勤勉，就是要少说话，就要有道而正。这个"就"是"找"、"掌握"的意思，或者说，找到"道"，掌握了真理来纠正自己的错误，假如能够做到这一点的话，就是"好学"了。所以这个牌子上的"陋巷"两个字就改成了"就道"，表示到这里来追求真理。

同样，在《论语》里还有一段话，孔子曰："人能弘道，非道弘人。"这个"道"还是真理的意思，用现代话说，人可以发扬真理，但不是利用真理来表现自己。这个"弘道"呢，我就把它刻在牌子的背面，这样你读完书，走出去的时候看见"弘道"，意思是你来的时候看见"就道"，说明你是来追求真理的，你走的时候则要把你学到的真理去弘扬、去应用。就是这样一个意思。

我记得那时候我去看这个房子，他们馆长说最近有个台湾的代表团来参观，大概也是大学的教授们，他们很欣赏这样一个设计。当然那时候可能台湾的同胞们觉得大陆人还是"批林批孔"的，过来一看，发现大陆对传统文化还是很认可的，所以他们也很同意。这就是"就道"两个字（见图20）。

还有一个例子。浙江省南边的台州，委托我们盖两个建筑，一个是剧场，另一个是图书馆。这个剧场已经建好了，是由我们学校的李道增教授做的，我们商量好了在这两个相对的地方都做一个空廊，这样，它形成一个和谐整体的效果（见图21）。

我主要想说明的是，这个图书馆现在正在装修，两边都是四层楼，都是阅览室，中间是一个大楼梯，每层有点空地，可以出来谈话或者是休息。最后顶端想做一个书架，表示这里是书的集中地，这里写了一些大家所熟悉的名言，"书山有径勤为路，学海无涯苦作舟"，这边写"业精于勤荒于嬉，行成于思毁于随"，就是要读书的意思。

图 20

图 21

图 22

现在我们又有别的想法：相类似的东西是很直白地写出来好呢，还是象征性的好？因而又做了一些改进，设计的这山路也有一些改进，形成了图22这样的设计。

这样休息的地方更集中了。顶端虽然把那些字取消了，但还是有一种气氛，向上的气氛，但不是很具体地把字都写上。

这两个方案我们倾向于哪个现在不说，我希望待会儿有时间哪位馆长或哪位先生有什么好的意见直接跟我说，我们也希望你们能够对我们进行一次指导。

谢谢大家。

（东南大学图书馆田芳、顾建新根据演讲录音整理）

轴线的中端

——东南大学九龙湖校区图书馆设计

齐 昉 齐 康

图书馆是人类文化知识以书本和影像资料形式集聚的场所及建筑物。藏、借、阅是它的基本功能。在高校建筑群中图书馆则是一座十分重要的建筑。不少高校常将它布置在建筑群轴线的中端，便于周围学科、学生来借阅。

东南大学新校区位于江宁区九龙湖畔，机场高速路以东，宁溧路以西，南京市二环路以北，地势开阔，交通便利，环境优美，距四牌楼老校区约 20 km，人称"九龙湖"校区（九龙湖水面不大但曲弯似龙，因此得名）。校区总面积为 2.467 km^2。九龙湖校区是东南大学的主校区，是学校 21 世纪发展建设的主要区域，它是学校行政管理中枢、本科生和研究生教育基地、留学生培养基地、科学技术研究基地以及学校对外开放合作的窗口。

新建的九龙湖校区图书馆位于校区中央的中心圆环北侧，南为校区中心广场，各院系群及公共教学组团分布在四周，对图书馆形成围合，结合环绕的水系和宽敞的中央大道，使图书馆成为整个新校区的中心，位置十分重要。它是校园内的标志性建筑，也是华东地区最大的高校图书馆单体建筑（见图 1）。该馆藏纸质文献达 290 万余册，中文期刊 4 700 多份，外文期刊 900 多种；中外电子图书约 60 万种，中外电子期刊约 4 万份。

图1 位于中轴线上的图书馆

轴线自南大门至图书馆广场前面有 700 m，最长的轴线既是轴，又是对景。

在我国众多的建筑群轴线中，如北京故宫、山东曲阜的孔庙都把太和殿和孔庙大成殿布

作者简介：齐昉，东南大学建筑设计研究院高级建筑师；

齐康，东南大学建筑研究所所长、中国科学院院士。

置在中央,使其突出。或如美国华盛顿的林肯纪念堂,布置在一座小山坡上。这是一种人们心理上的布置和功能上需求一致的一种格式。

图书馆在新校区是一座庞大的建筑,它的总平面设计充分考虑到校园总体规划布置及校园空间概念的设计。规划建筑高度为 24 m,总建筑面积为 53 828 m²。图书馆采用南北、东西双向中轴对称的布置形式呈"□□"形,建筑为五层高,中央为大厅和各楼层检索和服务中心。在"□□"的两侧则为 628 人的报告厅、会议室和电子阅览室等。这样从功能上也可以使消防车直接进入庭院解决消防问题(见图 2)

图2　图书馆立面

为保证人流的合理分开和疏散,图书馆设有东、南、西、北四个方位多个出入口,交通组织将人流与车行相分离,南与校区整个步行系统相连接,机动车基本停放于北侧,非机动车主要停放在北侧临近建筑处和东西两侧。

图书馆采用内院式空间布置方式以达到良好的通风采光,中部建筑体块将庭院划分为东西两个部分,创造出富有特色的师生休息交流空间,同时有利于建筑内部空间的划分,以形成不同的功能区。

建筑的造型设计是个难题,24 m 高在纵长轴线中不算高,我们在设计中使用柱廊,垂直挂板和垂直窗以及用垂直线条来显示高矗的感觉。而檐口之上又用长方空格的女儿墙来增加其高度感。在高层则用大台阶烘托建筑物的拔地而起。主体建筑物东西方向面宽132 m,加上两侧相接总共 192 m,垂直的柱廊下的一层(底层)采用方窗,以示稳重。

馆前广场大台阶烘托这座主楼,大台阶由二层作为主入口,高 4.80 m,而汽车可以由一层进入建筑的入口,妥善地解决了残疾人的通道和坡道问题。馆前大台阶和广场是我们环境设计的主要着笔之处,分层的台阶由大至小,有一种导向性。转角的台阶挡墙开个小口,空透而有灵气,每个台阶为 400 cm×120 cm,是人们行走最舒坦的距离。台阶虽高但步行不累,走至二层回头看那大门及轴线庄重而亲和,广场前设有半圆形水池,宽 180 m,连接的水,用平行的平桥跨越而过,外边的草坪微微抬起,有一种围合的感受。我们将庭院次空间及小品设计都力争做到精心设计以达到空间环境亲和的效果。

考虑到九龙湖校区总体建筑风格,在建筑造型上,图书馆对传统文脉、时代精神及文化特征做了更进一步的探索。首先建筑采用了传统经典的三段式古典立面形式,基座、双柱、檐口三部分形成良好的比例关系。130 多米连续的柱廊使建筑在立面上产生很大的气势,给人以震撼。其次建筑采用同一色坡屋顶以取得既与周边院系建筑群及公共教学楼形式上的呼应又突出于群体。同时,建筑又以强烈的虚实对比、体块的穿插产生强烈的现代感及庄重严肃的形象特征。

室内的中央大厅,宽大而协调的比例,入口有检索,大厅楼梯口两侧可以看到两个庭院,均能看到弧形照壁图,必要时还可以举行庭院的学术讨论会和读书会。总之,力图体现留出空间、组织空间和创造空间这一创作原则。

图3 图书馆两边的系科配楼

图4 图书馆前面的水池   图5 图书馆大门入口

图6 图书馆大厅内景   图7 图书馆庭院

在外墙上采用灰白色花岗岩干挂,并以连续的凹缝,强调建筑的竖向感,建筑整体一色,入口的大雨篷用最简洁的水平划分与垂直线条形成对比。台阶两侧的灰白色花岗石台墩留作图书馆雕塑之用。

建筑的平面功能,中央大通道,各层用作检索和学生交流活动的空间……是现代图书馆功能所必备的。知识的交汇、思维的火花常常产生于学科之间偶发的交叉与碰撞。

我们把建筑的密集书库设在北楼四、五层,其他图书阅览为开架和藏书并立,即藏阅合一,便于读者随时借阅和停留在阅览室阅读书刊,总阅览座位5 000余座。

管理人员的房间设在二、三层,东西侧内部相对独立。

图书馆是学校的心脏,它庄重典雅充满现代气息,以其独特的造型、完善的功能布局成为新校区的风景,它将朝着建设有特色的、开放式、数字化、研究型的国内一流大学图书馆目标而努力。

图 8　图书馆入口处　　　　　　　　图 9/10　图书馆阅览室

　　图书馆的建设从设计到施工共花了一年多的时间,校领导的悉心关怀,工地管理人员的辛勤劳动,特别是工人们冒着大暑大寒高空作业,使人感动。

　　虽然目前建筑获得了好评,但一座优秀的建筑还有待于时间的考验,还要不断地改进。

图书馆建筑求索

——从开放到回归

鲍家声

摘　要：本文阐述了作者在 30 余年的图书馆建筑研究中所进行的思索与实践，也反射出我国图书馆建筑的演变及设计模式的变化，即从传统图书馆设计模式到现代开放式图书馆设计模式，从水平布局模式到垂直布局模式，从模数式设计模式到"模块式"设计模式，最后又强调图书馆建筑创作要走回归基本理论、回归自然、回归本土和回归本体的设计探索之路。全文既有理论分析也有自己设计实例佐证。

关键词：图书馆建筑　设计模式　模数制　模块式　开放建筑

改革开放 30 年，我国图书馆事业发生了翻天覆地的变化，不仅图书馆建设数量、建设规模都大大超过了我国历史的最高水平，而且图书馆的观念和图书馆建筑设计更是发生了革命性的转变。我有幸参与并亲身经历了这一革命性的演变过程，并在这一过程中为图书馆的建设进行了一定的探索。我 1974 年开始涉足图书馆建筑设计，我的图书馆建筑设计的处女作就是今日的南京医科大学（那时名叫南京新医学院）图书馆和南京图书馆（今日南京图书馆成贤街老馆）。从那时起，30 余年一直不断地学习、研究和设计图书馆，先后应邀在全国 40 余个城市设计 50 余座图书馆。这些图书馆的设计有的建成了，有的没有建成，但它们的设计均能反映我们在图书馆建筑设计中探索的思路和求索的足迹。

一、从传统到开放

20 世纪 70 年代第一次接受图书馆设计任务时，曾和图书馆馆长一同到北京、上海等地考察图书馆建筑，后来又同文化部的同志赴东北地区考察公共图书馆建筑，那时接触到馆的负责人，听到馆员的介绍，看到各馆的管理运行状况都是清一色的闭架管理的运行模式，对开架式管理存在着种种顾虑，诸如难管理、怕丢书等等。今天不同了，传统图书馆的观念，图书馆的管理模式，图书馆的建筑的空间形态，以及图书馆的藏、借、阅、管的手段以及图书馆本身的功能定位等等诸方面都发生了历史性的变化，表现在：

（1）在管理上：

由闭架管理走向开架管理；

作者简介：鲍家声，南京大学建筑学院教授，中国图书馆学会图书馆建筑与设备专业委员会委员。

由馆员服务走向读者参与；

由传统的以书为主转向以读者为主的管理服务，即由以物为主转向以人为主的服务思想。

（2）在馆舍设计上：

图书馆的建筑空间由封闭转向开敞；

由一个个彼此分割的阅览室转向以阅览区的阅读场所为主；

由简单划一的阅览空间环境转向多元化、个性化的可供读者选择的更舒适的阅览环境为主；

图书馆的功能空间由固定为主转向空间灵活使用为主。

（3）在功能定位上：

由古老的藏书楼转变为兼有藏、借、阅三大功能为一体的近代图书馆；

由近代闭架管理的传统图书馆转向开放式的现代图书馆；

图书馆的任务由过去的单纯借书、藏书的地方转向为人们的学习中心和信息的交流中心；

除了传统的功能外，又综合了社会多方面的需要，并有会议、展览、交流及相应的服务设备，如休闲的茶座、咖啡屋、餐饮及书店等，使图书馆的功能更加综合化和复杂化了。

上述这些变化，在我们设计新建的图书馆中都得到了充分的表现。

例如，云南省玉溪市聂耳图书馆，它是我们 2005 年设计的。玉溪市是我国伟大的音乐家聂耳的故乡，当地政府拟在玉溪市玉湖之畔聂耳文化广场旁建设聂耳图书馆，共 18 000 ㎡，其中就要求有聂耳纪念馆、500 人的会议报告厅。后来作施工图时，又将 500 人的会议报告厅改为 1 200 座的剧院，结果一个图书馆就变成了两馆（图书馆和纪念馆）—院（剧院）的结合体，如图 1a，b，c，d。

图 1(a)　云南省玉溪市聂耳图书馆鸟瞰图

图 1(b)　云南省玉溪市聂耳图书馆全景

图 1(c)　云南省玉溪市聂耳图书馆建成后的外观

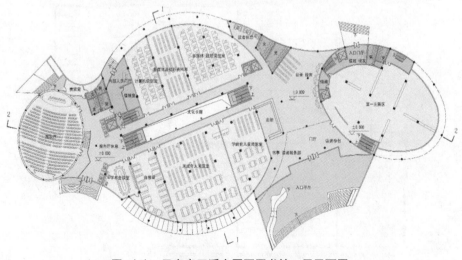

图 1(d)　云南省玉溪市聂耳图书馆一层平面图

在我们设计的大学图书馆中，图书馆的功能也同样变得综合和复杂了。例如我们设计的哈尔滨理工大学图书馆除了传统的图书馆的功能外，还增加了书店、陈列厅等公共服务设施。不仅如此，其空间模式也完全改变了传统图书馆一间间固定封闭阅览室的模式，而是改变为"超市式"的图书馆，采用灵活开敞的大空间，像"超市式"的空间模式，为图书馆创造最佳的方便和舒适条件。它可以适应图书馆不同的管理模式，可以统一管理，也可以分区或分层管理。图书馆分区、分室及其大小和位置都可以灵活安排，这种空间模式为图书馆现代化和适应未来的变化创造了充分的条件，如图 2a,b,c,d。

图 2(a)　哈尔滨理工大学图书馆正立面外观

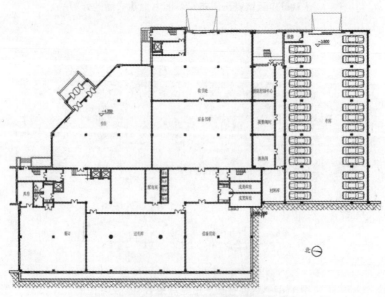

图 2(b)　哈尔滨理工大学图书馆底层平面

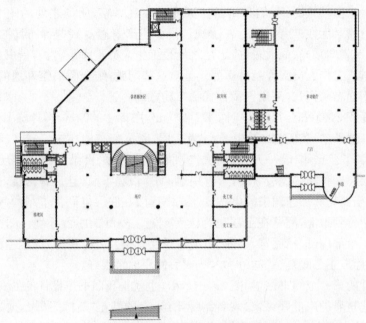

图 2(c)　哈尔滨理工大学图书馆一层平面

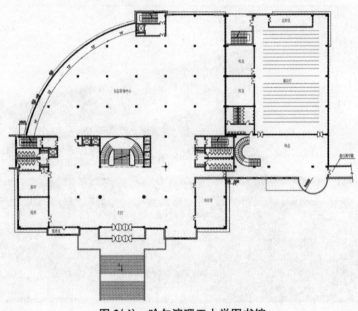

图 2(d)　哈尔滨理工大学图书馆
主层(二层)平面(超市式)

二、从水平布局到垂直布局

自 20 世纪 20 年代我国近代图书馆诞生以来,平面布局基本上是采用水平式布局,即阅览在前,书库在后,借书厅、目录室则设置在二者之间,通常都呈"⊥"、"工"字形和"▢▢"形。有资料甚至称"20 世纪 60 年代我国国内图书馆建筑采用'工'字形及其变形布局的约占

60％左右”，可以说这一时期图书馆建筑的布局方式基本上都是水平式的。1975年我们在设计南京医科大学图书馆时，我们和馆长一同外出参观考察，所到之处的图书馆都是藏在后，阅在前，借书目录厅在二者之间。在参观访问中也亲身感受到这种布局的优缺点，其优点是阅览室、书库朝向采光、通风较好；不足之处是工作人员跑库距离长，借书目录厅朝向不佳，冬天冷夏天热，工作人员工作条件不好。针对这些问题，结合图书馆基地的条件，我们打破了水平式的平面布局模式，采用了垂直式的布局方式。

该馆建筑面积 3 200 m²，其中阅览面积 1 400 m²，书库 1 200 m²，设计藏书量 30 万册，根据建筑规模和基地条件，我们将图书馆设计为三层，阅览室布置在二、三层，层高 4.6 m，书库设在底层，层高 5.5 m，中设一夹层，构成二层书库。门厅、目录厅、出纳台及办公采编等用房都置于底层。这种布局比较紧凑，节省用地，书库设在下面，且只有两层，也减少了书籍的垂直运输，利于简化和加速图书的出纳运输。书库改在底层也简化了结构，使很重的书库荷载直接由书架传到地上，阅览在上层也为读者创造了安静的学习环境。图书馆的这种布局为图书馆的各个部门（包括阅览、书库、出纳目录及采编办公等用房）都创造南北朝向的好条件，借书目录厅成了冬暖夏凉的好地方，建成后使用效果很好。

这是我设计的第一个图书馆（如图 3a，b，c，d），也就是我图书馆设计的处女作，建成后引起图书馆界和建筑界的广泛好评，参观者络绎不绝，有的甚至“克隆”照搬，要来图纸盖起自己的图书馆，北从内蒙古赤峰，南到广州，都发现有这个图书馆的“克隆”产品。

图 3(a)　南京医科大学图书馆外景

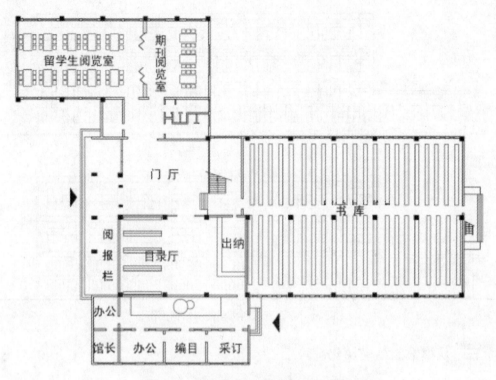

图 3(b)　南京医科大学图书馆一层平面

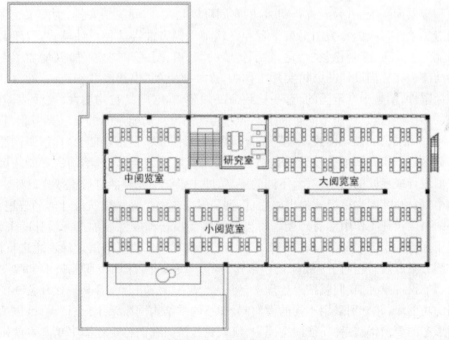

图 3(c)　南京医科大学图书馆二、三层平面

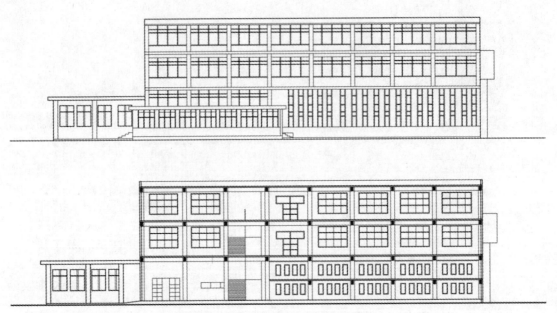

图 3(d)　南京医科大学图书馆剖面图

三、从模数制到模块化

20 世纪 50 年代,模数制图书馆设计方式成为经典,在全世界各地流行,我国也开始学习和运用这种设计模式,它的基本特点就是"三统一",即图书馆设计时要求开间柱网统一、层高统一和楼层荷载统一,为藏、借、阅、管的空间可以互换,空间灵活安排,为图书馆使用的灵活性创造了条件。我国有关图书馆学者和建筑师也极力推崇这种设计模式,但随着现代图书馆功能的多元化、综合化、复杂化,除了传统的藏、借、阅、管的功能外,又增加了许多公共的社会功能。在我们设计图书馆实际工作中,逐渐感觉到"模数制""三统一"的设计模式有一定的局限性,不是十全十美的,有一些致命的缺陷,即空间具有均质性、灵活性,但缺乏空间形态的多样性,难以适应不同空间形态的非传统图书馆功能空间的要求。因此,我们提出了"模块式"图书馆的设计模式。"模"是指模数式设计,"块"是指功能块,即按不同职能的空间进行分区。模块式图书馆设计就是把"模"与"块"两者结合起来,不同的功能块可以按其空间需求设计成不同的结构柱网、不同的层高,即主张按功能分区进行模数式设计。

这个"模块式"图书馆模式提出以后,得到了国内图书馆界和建筑设计师的普遍认同,在我从事图书馆设计工作中深有感受。每当我们接受委托和应邀参加投标设计图书馆时,我们都应用上述两个理念即"开放图书馆设计理念"和"模块式"图书馆设计理念进行设计,在我们介绍方案以后,馆长们一般都是非常赞许的。1996 年,深圳市职业技术学院图书馆邀请我们参加设计投标,我们就按上述理念,将传统图书馆的功能内容和现代社会功能内容分为不同的功能块,并分别采用不同的模数制(即不同的结构网络系统)进行设计,以适应不同的空间形态的要求,使各种功能的空间更合理、更经济。我们将现代图书馆基本使用空间分为两大部分,一是传统图书馆的使用功能空间(阅览室、藏书空间及服务管理空间),另一个是现代需要的社会公共活动功能空间(陈列厅、会议报告厅等)。此外,又将为主要使用空间服务的交通空间、卫生间等附属使用部分作为一个服务功能块,将三者组织成一个有机的空间整体,并根据校园规划,将图书馆主要入口设计在北面,将报告厅、展览厅——社会功能块靠近入口,也布置在北面,将图书馆传统功能块(阅、藏、借、管)置于基地南面,这样不仅使两种不同性质的功能块使用时不相互干扰,而且各自有其合适的空间形态。报告厅和展览厅室内空间较高,与阅览室的均质空间有明显的不同。

此外,这个图书馆设计也贯穿着开放建筑的理念,它将图书馆主要的读者使用空间和服务空间分开,将楼梯间、卫生间等服务用房布置于阅藏空间之外,创造了开敞、连贯、灵活的大空间。这样的设计得到了评委会的一致赞同,最后就采用了方案,并最终建成了,如图 4a,b,c。

图 4(a)　深圳市职业技术学院图书馆外景

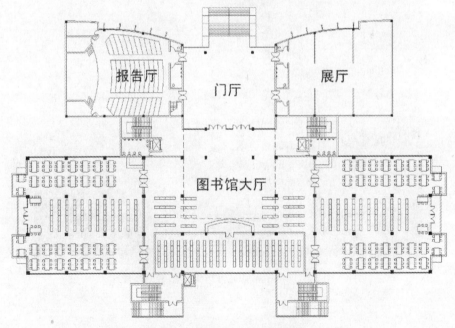

图 4(b)　深圳市职业技术学院图书馆一层平面

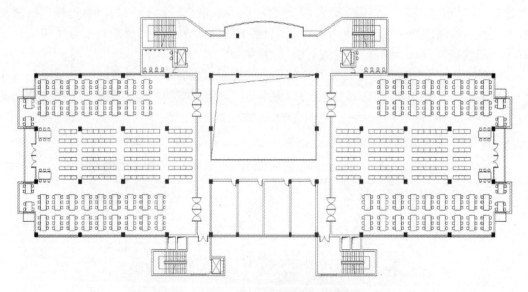

图 4(c)　深圳市职业技术学院图书馆四层平面

模块式设计模式在我们设计的不少图书馆中都采用了,并得到了很好的效果。如 1999 年设计的山东省聊城师范大学设计方案(图 5a,b)、黑龙江省图书馆设计方案都采用这种方式(图 6a,b)。

图 5(a)　山东省聊城师范大学图书馆外景

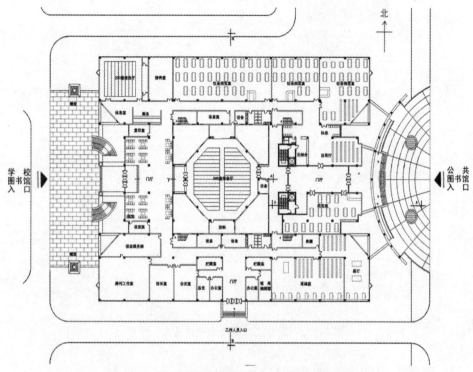

图 5(b)　山东省聊城师范大学图书馆一层平面

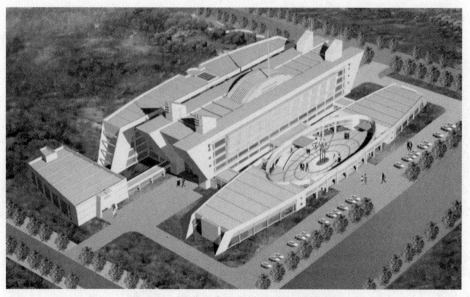

图 6(a)　黑龙江省图书馆设计方案鸟瞰图

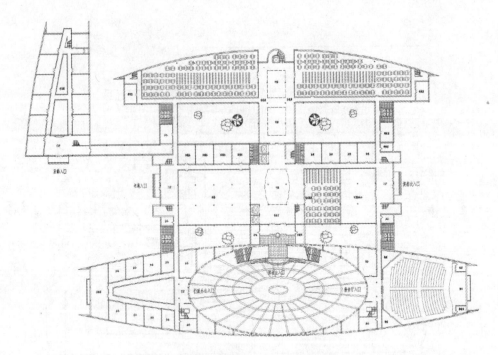

图 6(b)　黑龙江省图书馆设计方案一层平面

四、走向回归的图书馆建筑创作

　　现代图书馆发展促使图书馆由闭架走向开架。人(读者)和书的关系由原始的人、书合一(在同一个空间)到人书分离(书和读者在不同空间实行闭架管理),进入到人书再合一(书和读者又融合于一个空间,实行开架管理)。而现在,随着信息技术的进步以及阅读手段和读物的变化,人和读物又开始有分离的趋向,有可能又回归到图书馆的本源——人和"书"分开,但它不是复旧,而是在新的高度、新的水平上的"分离",人们可以在家里通过网络找到需要看的读物。这种回归是从图书馆发展的角度上说的,从图书馆建筑的层面上看,"回归"又有它特殊的内涵,特别对我国当前建筑设计市场上的一些创作现象,以及从建筑发展的大趋势来看,也有必要提倡建筑创作走向回归。当今大气变暖,环境危机困扰着人类,人类正在寻找新的人与自然共生、和谐共存的发展道路,建筑也应走向与自然的和谐。在过去的人类文明发展的道路上,人类在建设自己文明的同时,却给大自然造成了严重的破坏,建筑业成了造成大气变暖的大户。因此提倡"回归",提倡建筑创作要回归自然,即尊重自然,保护自然,珍惜自然资源,节约自然资源,节约能源;在规划设计中遵循自然设计,结合气候设计,利用可再生的自然能源(太阳能、风能等);尽量利用自然采光和自然通风;结合地形、地貌、地质条件进行规划设计,保护并且就近利用地方材料等。

　　我们提倡回归也是提倡建筑创作要回归理性,回归到建筑创作的基本理论和原则上来,一个基本的建设方针是适用、经济、安全、美观。我们不能单纯地追求建筑形式的"新、奇、怪",而不顾经济条件,甚至违反基本的力学的自然法则去进行"标新立异";我们也不能不顾功能适用而一味追求"眼球的刺激"——"好看"而不好用;我们也不能相互攀比,过分的追求过于奢侈的高标准,而造成图书馆建筑建得起而用不起。"好看不好用"和"建得起而用不起"这两种建设现象在我们当今图书馆的建设中是不乏鲜例的,有的图书馆馆长深有感触地说:"恐怕有 80％的新建图书馆都有此毛病!"

我们也提倡图书馆建筑设计也要回归本土,即提倡创造赋有地域特点的建筑。在设计图书馆时,要根据当地的地域气候特点和当地的地域文化的传承,尽量利用当地的经济、技术条件,创作有自己地域个性的而又有文化品位的图书馆建筑。

2007 年我为我的家乡规划设计了一所当地历史上第一所大学——池州学院,它占地 1 000 亩,是按 10 000 名学生规模规划设计的完全崭新的校园规划设计,就是按照"回归"的理念进行创作的,如图 7a,b,c,d,e,f,g。

首先是回归自然,即校园规划设计是师法自然,充分尊重自然、顺应自然、结合自然和巧妙地利用自然。因此规划保留了水系(生态链),并加以修复、改善;结合丘陵地,顺应地形高差进行道路规划和建筑的布局;保护山体的山形、外貌及其植被;结合校园景观,使建筑与自然融为一体。

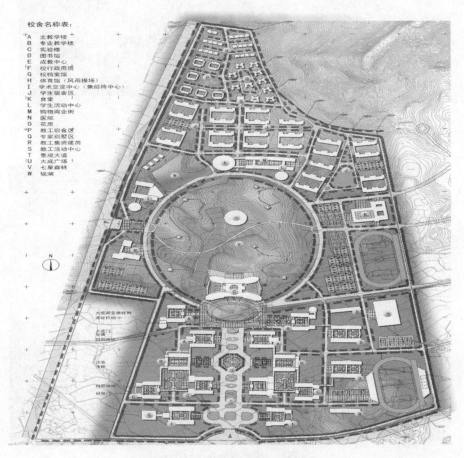

图 7(a)　安徽省池州学院总平面图

图 7(b)　安徽省池州学院教学区鸟瞰图

图 7(c)　安徽省池州学院图书馆

图7(d)　安徽省池州学院教学区建成后外景

图7(e)　安徽省池州学院图书馆建成后外景

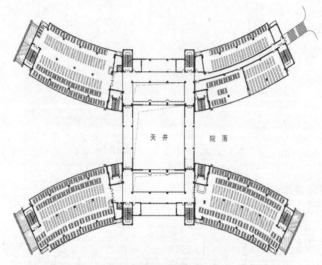

图 7(f)　安徽省池州学院图书馆二层平面图

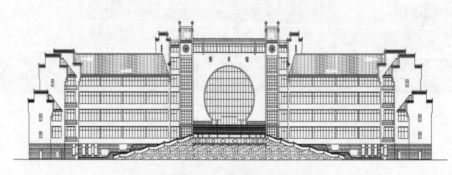

图 7(g)　安徽省池州学院图书馆南立面图

　　另外就是回归本土,回归到努力创造地域性建筑文化上来。我们进行建筑创作既要有世界眼光,更要有乡土情怀,我们要了解世界建筑的发展趋势,更要着力创造自己的当代建筑。徽学是安徽人的骄傲,徽派建筑更是我国传统建筑文化中的一个灿烂的瑰宝。我们有责任去传承它、发扬它,创造出土生土长的现代地域建筑来。皖南徽州有着深厚的文化积淀和文化传统,曾是教育发达、人才辈出之地,一屋一坊、一桥一亭都烙印着绚烂的历史文化的记忆,曾有"虽十家村落,也有讽诵之声"的美誉。遍布各地的古代书院,培养出大批人才,当年徽州既是"乱世的世外桃源,又是治世的人才宝库",被誉为"东南邹鲁,礼仪之邦"。我们要把这所新的大学建设成"现代的书院"——为池州腾飞、培养人才的知识殿堂的现代大学。整个校园都按"书院"的模式进行规划设计,采用一个个院落布局,每一幢建筑也都是参照皖南徽派的建筑风格进行设计的。该学院图书馆建筑就是遵循上述思想规划设计的,它位于校园教学区中轴线的终端,骑落在马背式的山冈上,高程差十余米。我们将图书馆的平面依山就势进行布局,尽量减少对山形山貌的破坏,使建筑与山体融为一体。图书馆建筑造型也是根据设计的指导思想,吸收、传承徽派建筑的特征,创作现代地域建筑特色。整个学院的建筑平面采取院落式布局——徽派民居建筑的魅力所在:造型采用高俊腾飞,跌落有致,给人以动感的马头墙——徽派建筑最具特色的造型元素;色彩采用以灰白为主的基调,辅以青色,形成简朴淡雅、平和宁静的徽派建筑的特色。图书馆更采用了江南书院的一些形式要素,如圆门和当地的建筑材料。

　　创造有地域特色的建筑是我们一贯追求的,早在 20 世纪 80 年代中期,我们应庐山图书馆的邀请,为他们设计了江西庐山图书馆。它也是建在一个地形高低起伏的复杂基地上,我们在认真现场考察的基础上,也是尊重自然,结合地形高差进行设计;建筑造型采用缓缓的四坡屋面,大出沿,其形式、色彩、用材都与庐山当地别墅群的建筑风格相一致,创造有地域特征的图书馆建筑,如图 8a,b。

图 8(a)　江西省庐山图书馆东南角外观

图 8(b)　江西省庐山图书馆南面外观

大学图书馆建筑的文化价值

沈国尧

摘　要：图书馆是人类生存环境中典型的文化现象与文化活动之一，大学图书馆更是校园文化的主角，其文化价值是校园中其他设施无法与之相比的。本文从图书馆在校园中的地位以及图书馆建设的历史足迹出发，剖析了大学图书馆建筑文化内涵的两个层面，并对图书馆建筑文化价值判别时的一些误区提出了自己的见解。另外选取作者所设计的四个图书馆实例项目进行分析，以说明不同时期、不同对象对大学图书馆文化价值的理解和倾向。

关键词：文化价值　图书馆建筑　物质文化　精神文化

一、文化——文化价值

在讨论大学图书馆建筑的文化价值之前，首先有必要认识一下什么是文化？什么是文化价值？

文化，"广义的说是指人类社会历史实践过程中所创造的物质财富和精神财富的总和"，这是辞海上对文化的定义。这里说明了两点：① 文化与人类社会历史实践有关；② 文化具有物质性与非物质性两个层面。在人类生存的环境中，文化现象与文化活动可以说是无所不在的，城市、建筑、桥梁、交通工具是文化，服装、饮食是文化，文学艺术、科学知识、宗教信仰、道德标准、风俗习惯等也都是文化。作为文化知识聚集的场所和人类文明体现的大学，它的文化特质和文化价值更是我们关注的焦点。

既然文化是人类为满足生活需要创造出来的事物，因此文化本质的属性就是它在传播和实践中的"有用性"，这就是文化的价值。我们还可以进一步剖析文化价值内在的双重要素，这就是"文化效用价值"与"文化创造价值"。前者是指文化事物满足某种人类需要的有用性；后者是指凝结在文化事物中的人类的创造。所以说，人不仅是文化价值的需求者，而且是文化价值的承担者。所谓文化价值，其实不是别的，就是指"那些凝结在人们通过实践活动所创造的物质产品和精神产品中并能够满足人们的物质和精神文化需要的价值。"

了解文化价值的真正含义，对剖析图书馆建筑的文化价值是大有益处的。

作者简介：沈国尧，东南大学建筑设计院总建筑师、教授，江苏省建筑师学会名誉主任。

二、大学图书馆建筑的文化价值

1. 从图书馆在校园中的地位看它的文化价值

我曾在一篇题为《图书馆——大学的心脏,我国大学图书馆建筑的特点与展望》的文章中写道:无论站在教学管理的立场还是从校园建筑的角度,有一个共识是:图书馆是大学中最重要的教学设施。有人称之为"学校的心脏",可谓恰如其分。尤其当教学革新日益朝着自主、开放的方向发展,研究生数量一再扩大,科研比重不断增加,图书馆肩负的任务愈来愈重。大学图书馆还因其使用频繁,与教学、科研工作关系密切,往往选址于校园中心地段,它的建筑形象也成为学校学术的象征。

大学就是一个文化现象,是一个兼有物质和精神两种特性的文化产物,它同样包含物质与非物质两个层面,校园的空间环境是物质层面,学生们的学习追求就是非物质层面。我一直认为,无论是教学秩序中的地位还是校园环境中的位置,图书馆永远是校园文化的主角,因而它的文化价值也是校园中其他设施无法与之相比的。

上世纪 80 年代初我在悉尼南威尔士州立大学图书馆参观,时值中午,学生们相聚在图书馆前的草坪,热闹而温馨,印象十分深刻。也让我体会到,图书馆的文化特质不只是僵硬的建筑本身,有了人的活动,它的文化特质才有了生气,文化价值也会提升。

2. 从图书馆建设的历史足迹探求它的文化价值

西方早期的图书馆概括起来大致有两种类型:一是皇宫图书馆;二是教会图书馆。虽然图书馆在皇宫和教会的建筑群里不占太多的面积,也并不作为独立的主体建筑出现,但却是宫廷和修道院中文化价值最高的场所。从奥地利 MELK 修道院图书馆室内这些豪华、典雅的装潢中,我们就不难看出它们在主人心目中的文化地位。中国的皇宫里似乎没有明显的图书馆建筑,但清朝珍藏四库全书的七大藏书阁则是一种独具中国特色的图书馆建筑形式。它以藏书阁为主体,配以山水花木、亭台楼阁,构成清雅、文静的书院空间。由于这类图书馆属于少数统治阶层,而且重"藏"轻"阅",进行封闭式管理,以全面的文化价值评估,它是残缺的。

其实 18 世纪在欧洲大陆上已有了服务于广大公众的城市公共图书馆和大学图书馆,到19 世纪中期,公共图书馆和大学图书馆的建设不断取得经验,图书馆的文化价值体系也进入到一个新的层面。这时图书馆建筑有了新的突破,主要表现在:构建理念上从封闭走向开放,形式上从豪华宏伟改为高效实用,管理方式和建筑布局方面逐步形成了"藏、阅、借"三段式的空间模式。我国自 19 世纪末随着近代高等学校的建立,大学图书馆也同步走上发展的道路,并作为一种新的教育建筑类型在校园中取得了应有的地位和价值。

几个世纪以来,人们一直在思考,图书馆里储存着凝聚了人类文明的各种载体,图书馆有责任保护,但更重要的是如何让这些载体流动起来,发挥更大的文化能量。于是 20 世纪以后,开放式图书馆的研究受到极大的关注,藏阅合一的全开架图书馆在大学、社区迅速流行起来了。中国大学里真正全面开架的图书馆当首推 1990 年建成的北京农业大学的图书馆,在国内有一定的影响。当时我在调查大学图书馆建筑时就明显感到图书馆管理层和建筑界对图书馆的文化价值标准正逐步在变化,藏书量、珍本量已不是衡量图书馆文化价值的唯一标准,它的流通量大小,也就是"流通率",才是图书馆文化价值的重要标准。

综上所述,不同的时代,不同的服务对象,不同的理念,图书馆就有不同的文化价值标准。

3. 大学图书馆建筑文化价值的内涵

认识大学图书馆建筑文化价值的内涵可从以下两个层面来剖析：一是图书馆的文化价值；二是图书馆建筑的文化价值。

图书馆作为人类生存环境中典型的文化现象与文化活动之一，它的文化价值同样体现在物质与非物质两个方面。正如上一节所讲："图书馆里储存着凝聚了人类文明的各种载体"，同时还有"如何让这些载体流动起来，发挥更大的文化能量"的责任。现在，图书馆不但是大学里重要的教学资源库和知识信息场，更是校园中不可缺少的学术交往平台，图书馆的文化价值已上升到了一个新的层面。必须指出，在剖析大学图书馆的文化价值，考虑物质场所文化特质的同时，必然会联系到图书馆建筑形态的文化层面。

要认识图书馆建筑的文化价值还得从建筑的价值观说起。从远古时代建筑作为人类生存的物质手段开始，经历了文艺复兴时期"空间艺术总汇"的称谓，大工业时代作为生活工作"机器"的界定，20世纪末又进一步认识到建筑是"环境科学和艺术"的总和。但不管在哪一个阶段，建筑的文化价值总是被肯定的。建筑的功能空间有文化价值，建筑的艺术造型有文化价值，同样，图书馆建筑作为文化活动的容器有它的文化价值，图书馆建筑作为展示文化的形象也有它的文化价值。

三、图书馆建筑文化价值的判别

虽然大家都赞同图书馆建筑具有不可否认的文化价值，但在具体判别上常常会出现迷茫的误区。例如：

1. 文化价值与效用价值——精神文化与物质文化

从整体概念上说，文化价值包含了文化效用价值，也就是包含了精神文化与物质文化的内容，但人们在判别时往往会把二者对立起来，把文化价值抽象化，把图书馆的功能性、科学性与文化价值构成互为冲突的矛盾。

2. 文化价值与社会价值——校园文化与城市文化

对任何一件事物的文化价值判别总是针对某一个特定的对象，分析这个对象的"本体文化"。图书馆的本体文化应该属于校园文化，不能以城市文化的标准来衡量，更不能以城市地标建筑的要求来判别大学图书馆的文化价值。

3. 文化价值与经济价值——建筑标准

建筑的文化价值与经济价值有关，但不是一对绝对的矛盾。低标准的建筑经过精心设计，一样可以有较高的文化价值。经济价值并不等于金钱效益，一座有文化价值的图书馆不能简单地以经济价值来衡量。

4. 文化价值判别中的"传承与创造"

重要的是要在历史传承与时代创新二者之间取得一个恰当的平衡点。传承既是民族传统的传承，也是特定校园文化环境的传承。传承还必须考虑时代功能与科学的现实，传承更不是传统形态的复制与扩充。清华大学图书馆是一个历史传承与时代创新结合得很好的例子。

5. 文化价值判别中的"国际化与本土化"

这是一个老生常谈的问题。我在一篇论述校园文化的文章中曾举了墨西哥大学和夏威夷大学的两所图书馆，作为校园建筑呈现地域文化的例子。我不反对在建筑设计中在强调本土文化的同时考虑文化价值的国际标准，因为毕竟已经到了全球化的时代。

6. 文化价值判别中的"行为环境与精神环境"

图书馆中读者的各种行为是作为文化活动而介入文化价值的。对作为空间实体的图书馆建筑,除了满足功能需求的价值外,还应该与行为主体的活动和感受共同构成完整的图书馆文化价值。美好的建筑形象、完善的建筑空间都会给人以愉悦、升华的感受,这就是价值。

四、从设计实例看中国大学图书馆文化价值的趋向

从事建筑设计工作以来,先后设计过十多个大学图书馆,写过多篇关于图书馆的文章,也指导过研究生题为"高校图书馆"的论文,但很遗憾,我还没有系统地研究过大学图书馆文化价值的课题。现在选出四个项目①作些分析,只是想回头看看我们的经历,了解一下不同时期、不同对象对大学图书馆文化价值的理解和倾向。

1. 苏州大学敬文图书馆

苏大敬文图书馆是 1991 年建成的一个中型图书馆,建筑面积 8 700 m²,平面呈变异的"日"字形,坐落在苏州大学新校区中心,但不对校门轴线。该馆建筑空间设计的三个特点正反映了当时图书馆文化的价值观:① 采用柱网、层高、三统一的设计,近期只是部分开架,或有限定的开架,但设计已为全开架创造了条件;② 根据当时的经济条件和管理水平,为了有利于自然通风、采光,没有采用大面积、大进深的整层阅览空间;③ 认识到图书馆应该成为学术文化交流的场所,所以在二层楼面设了有"书屋"的开敞交往空间。见图 1。《高校图书馆图集》对这所图书馆建筑外馆的评价是"造型简朴,空间层次丰富,色彩鲜明,具有浓厚的时代气息和新型的大学图书馆的风格",后来又被评为江苏省优秀设计一等奖。今天看来,受之有愧,只能说这仅仅是一个典型的时代产物而已。20 世纪末期,我设计的一些大学图书馆如厦门大学图书馆、郑州大学图书馆、淮南矿院图书馆等基本都是如此。虽然当时我已有了国外造型新颖的模数式图书馆资料,但受到经济条件的制约,也由于建设方(包括图书馆馆长)、设计方(包括我自己)认识上的局限,我的创作也仅此而已。

图 1　苏州大学敬文图书馆

① 此四项工程为沈国尧近年来主持设计的大学图书馆建筑,主要合作者有曹伟、傅筱、孙明炜、史晓川等。

2. 安庆医药高专图书馆

安庆医药高专图书馆位于新校区的中轴线上，但建筑采用了不对称的形式，建筑面积18 900 m²，在学校图书馆中应该属中型了。它设计于2005年(由于经费原因，2008年年底才开始动工)，距苏州大学敬文图书馆建成时间已15年了。随着经济事业的发展、教育规模的扩张、文化意识的增强，图书馆文化价值观念也有了很大的变化。教育领导部门、学校、建筑师都一致认识到学校的图书馆已经不是学校的一个藏书库，它是学校文化知识网络的中心，是教学活动和交流的关键场所。见图2。概括起来的特点：① 大部分开架阅览，保留闭架书库，有限开架；② 把网络信息、学术报告和图书阅览组合为一体，建成学校的图文信息中心；③ 增加设有茶饮的学习交往厅；④ 建筑活泼新颖，又不失文化风韵，成为校园建筑的亮点。

图2　安庆医药高专图书馆

3. 淮阴工学院图书馆

从总体规划阶段开始，淮阴工学院图书馆的角色就被确定了，正如我的合作者史晓川在《南方建筑》刊物上介绍该设计的文章题目："轴线的端点，校园的核心"，明确地提出要它以核心建筑的姿态统领整个校园。上级领导、学校主管部门以及使用单位都一致认为这座图书馆建筑在校园中的地位和价值要大于图书馆功能本身的文化价值。作为建筑师，我们也自然在建筑形态、空间构成、外观形象上给以较多的关注，这是图书馆文化价值的一个跨越。另一个跨越是对使用空间价值有了新的认识。淮阴工学院图书馆采用全馆开架的管理模式，门厅不设出纳台，外借手续也在藏阅借合一的分区管理台办理，而将位于馆中心的大门厅设计成为联机检索、新书陈列、休闲阅读的文化交往中心。此外，内外环境的创造也进一步提升了图书馆的文化价值。淮阴工学院图书馆建筑面积为29 000 m²，2005年开始设计，2007年竣工，使用后反应较好，2008年被评为江苏省优秀建筑设计二等奖。

4. 南通大学图书馆

南通大学图书馆，建筑面积39 400 m²，和上一个实例一样，它也是一座"核心建筑"，但功能比前者要复杂一些，因为它必须和另一幢高层建筑——科技信息中心共同形成校园建筑群的构图中心，而且藏书量特别大，同时还包括一个与图书馆有分有连的档案馆。但是设计方案长久未能通过，矛盾还在建筑形象上。这就牵涉到我前面说过的"图书馆文化价值的判别"，它首先是图书馆建筑还是校园的核心建筑？时代创新到底到怎样的程度？以校园文化来衡量还是以城市文化来衡量？其实学校领导、城市领导、教育厅领导之间的价值观并不一致,而对一些原则性的问题我又不肯让步,我们周旋期间,又苦又累,深感建筑师的能量竟是如此渺小。设计终于通过,各方也都表示满意,不管建成后的效果如何,这个创作过程本身也是一个珍贵的文化价值。见图3。

图3　南通大学图书馆

五、结语

自上世纪80年代以来,中国大学图书馆建设在高教事业蓬勃发展的时期迅速发展,在众多实践中取得了不少有益的经验。图书馆工作者和建筑师们在图书馆建筑设计理念上,如模数化、科学化、开放化、人性化等,已有了一定的共识。现在很有必要,也有条件在文化价值的层面上来审视图书馆的有效性了。

图书馆的建设本来就是一项与社会文明息息相关的文化工程。"图书馆建设需要肩负着承钵泱泱五千年古国文明的图书馆工作者和建筑师的文化自觉,他们也需要图书馆建设文化的滋养。"我深信,一座座有深邃文化内涵、有高雅文化价值的现代化图书馆将在大学校园中呈现,在城市社区里兴起。

参考文献

[1] 李昭醇.图书馆建设的文化自觉[M].中国图书馆建筑研究跨世纪文集.北京:北京图书馆出版社,2003

[2] 沈国尧.图书馆——大学的心脏[M].高等学校图书馆建筑设计图集.南京:东南大学出版社,1996

[3] 沈国尧.大学校园文化与校园规划设计的文化意识.城市建筑,2008(3)

[4] 李明华.百年中国图书馆建筑文化简述.李明华网,2005 - 3 - 8

现代图书馆设计理念再认识

高冀生

导　言

中国图书馆事业国家十分重视,自20世纪80年代初正式写进国家"六五计划",要求"县县有图书馆"之后,就得到了蓬勃的发展。尤其上世纪中叶,中国高等教育大发展,更带动了大学图书馆的大发展,新建、扩建、改建至今方兴未艾,一大批优秀图书馆建筑如雨后春笋涌现出来。

实践的总结更促进了设计理念的升华,理论又指导实践,不断产生一批又一批的新建筑、新馆舍。纵观时尚,在充分肯定辉煌的同时,也感到在理念领域有一些误区,尚值得探讨。

大学图书馆的学术功能地位决定了它在校园中的地理位置,一般位置都比较适中、突出、环境优美,也因此往往被要求设计成"标志性建筑"。何谓标志性? 要不要搞标志性? 今天暂不讨论,仅对现代图书馆追求标志性的种种似是而非的提法,如高起点、高标准、高科技、大手笔、要时尚、"新、奇、特"、冲击视觉、刺激眼球等等,以此作为开题,想从正面谈一些看法。

一、现代图书馆发展趋势

1. 多元化。20世纪80年代前,图书馆多是单一的事业型。随着图书馆事业的发展和与国际接轨,国内图书馆的类型也在发展,总趋势是向多元化方向变化,如有:

(1) 信息型:含图书文献信息中心、数字化图书馆。

(2) 专业型:分别有建筑、医学、艺术、生物、地质、航海、海洋、航空、航天等专业图书馆。

(3) 综合型:含博物馆、艺术馆、科学馆、文化馆等,与文化建筑兼容在一起。

(4) 休闲型:含书吧、网吧,以及与茶吧、咖啡吧兼容。

(5) 经营型:含影视、网吧、书市、展览、文化超市以及出租机位、写字间等有偿服务。

休闲型、经营型虽市场有需要,但就大学图书馆的服务目标,有喧宾夺主之嫌,不宜提倡。综合型就大型图书馆的条件,有可能发展成文化建筑的综合体,对高校是十分有利的。既节约用地,又节约资源,还可避免重复建设,值得研究提倡。由于不同类型的图书馆的工

作者简介:高冀生,清华大学建筑学院教授、香港大学讲席教授、中国图书馆学会图书馆建筑与设备专业委员会委员。

艺要求不同,建筑设计也应不同,不可简单模仿,千馆一面。

例如英国伦敦大英图书馆新馆即是一座大型的综合馆,是英国 20 世纪最大的公共图书馆,建于 1998 年,藏书 1.8 亿册,耗资 5.11 亿英镑,地下有四层藏书库,书架总长 300 km。见图 1。

图 1

建筑的外观是砖红色的,与周边相同色调的高直式建筑相协调。建筑形态亲和、温暖、宜人。馆内中央大厅氛围"俭朴不失典雅,严谨不缺幽默",非常有人情味。门厅右侧放着一本用青铜制作打开的书形座椅,奇怪的是用铁链子拴着,很有意思,使人遐想(见图 2)。其创意是想对窃书者示以幽默的警诫 。馆内大厅中心平台上,有 6 层方形茶色玻璃的书库,内有英国乔治三世的 6.5 万册藏书,誉称"国王图书馆",可谓镇馆之宝,全部向今人展出,突显本馆的文化品位。见图 3。

图 2

图 3

馆内除各种大小阅览室外,还有印刷博物馆、咖啡厅、休闲吧等多种功能厅。

2. 现代化。不是形式的时尚,而是内涵现代的实质。

现代建筑不仅形式要新颖,而且设计的理念要先进,所含科学技术、建筑材料及管理手段都要达到现代化水平和要求。

要现代,不等于不现实地模仿与抄袭,更不是乱提口号、炒作概念、赶时髦。如:要求建筑"新、奇、特";片面的追求视觉上的"冲击力";设计不讲"由内至外、由表及里",只讲"一张皮",不能不说这又是一种唯美主义、形式主义在认识上的反映。

3. 电子化。充分发挥数字化的作用,实现网络化。现已涌现出不少数字化阅览室、数字化图书馆;但数字化图书馆与书刊图书馆的关系与比重尚有待研究,两者并存将会有很长的时期。

新建成的国图二期工程,当年"可行性研究报告"反复论证时,排除了均衡发展书库与电子阅览室的意见,最终决策定位二期工程重点扩建数字化图书馆,书库的发展建议异地解决,证明了这种发展的必然趋势。

此外,简单地认为数字资料即将代替书刊资料而压缩图书馆的建设规模,也尚缺有力的依据。最近正在修订的中国高校规划建设指标中,经专家论证,大学图书馆的建设指标就未有变动。

4. 人文化。突出和谐、人本的思想,建筑设计要更加人性化。例如:引进学术起居室的理念、绿色建筑的理念,保护、利用自然环境,营建良好的文化环境、物理环境、生态环境、心理环境等等。

二、人性化设计是图书馆建筑设计的基本原则

关于建筑的人性化设计狭义的理解可以认为是功能的适用、空间的宜人、尺度的近人、环境的舒适、氛围的和谐等。广义的理解则要有更宽泛的认识,是要对建筑全寿命、全方位的人文化关怀。全方位的人文化关怀,具体在建筑设计中的体现,则可称之为人性化设计。就本人粗浅体会,人性化设计在建筑设计过程中,至少要关注以下诸方面。

1. 选址、定位要科学,要有比较,要做调查研究。要方便读者来馆,要有良好的使用环境与可持续发展的条件。要求有适当的安静环境,但也不是绝对的,要综合考虑多种因素。

2. 节约用地,节约资源,节约一切不可再生能源。要克服盲目攀比的现象。

3. 建设规模、建设标准要适度,符合国情、校情,还要有人情。如卫生间设计要重视隐蔽性,要照顾性别差异,要满足男女生如厕时速不同的需要。据调研,目前大学图书馆卫生间的设计问题尚有不少。如排气、排队、通视等。

4. 功能布局要合理、适用,不同功能用房要匹配,争取达到最佳使用效率。建议大学图书馆使用效率(K 值)能在 70％左右。

5. 尊重自然,保护生态。建筑应以天然采光与自然通风为主,要控制过大的建筑空间,尽力减少人工补光。如果想利用太阳能,开发光电转化技术,也要重视实效。南方某大建筑物采用太阳能光伏板,投资数千万,全年获得的电量不及该建筑全年用电量的 0.6％,是否有得不偿失之嫌。

6. 馆内外交通顺畅,步行距离要短,阅览室设计的房型不宜过长,以利读者浏览。要重视无障碍设计,保证落实、顺畅。

7. 建筑形式服从功能内容,建筑形态宜典雅大方、讲文化,要注意心理需求,不盲目追求刺激眼球。

8. 要创造良好的阅览环境。如:

(1) 营建“学术起居室”的氛围。

(2) 创造宜人的空间尺度,不求大而无当。

(3) 保证良好的声、光、热效应。

(4) 营造人文化的心理环境;并经营宜人的室内、室外环保、绿色、节能环境。

(5) 重视安排交往空间、设置休闲场所。

(6) 阅览席布局方式灵活、多样。

(7) 信息点兼顾家具布置,合理分布。

(8) 咨询台设置方便读者,位置适中。

(9) 研究厢与研究室空间尺度近人。

(10) 一卡通的管理、互联网资源的共享等。

2000 年设计、2005 年建成的云南财经大学图书馆,设计者遵循以上原则进行设计。见图 4~图 8。

图 4

图 5

图 6

总建筑面积:21 000 m²。

地上 5 层,地下 1 层;总投资:4 800 万元。单方造价:2 250 元/m²。舆论评价该校图书馆"好用、不贵、不难看"。

2007 年被国家发改委评为"国家级优秀工程",并颁奖。

具体设计注意了以下几方面:

1. 选址就位服从校园总体规划,在有限的三角形紧凑的地段内,充分利用有效的土地资源,合理安排了 2.1 万 m² 的大学图书馆。

2. 运用模数式设计原则精心建筑设计,使三角形的平面布局争取到南向、东北、西北三方好朝向,避免了阴冷的北向与西晒。

3. 充分利用自然能源解决建筑采光与通风,尽量减少人工补光。不大的中庭既解决中心区采光,又引导空气对流,形成室内的舒适环境。

图 7

图 8

4. 藏阅空间不做大玻璃窗,注重最佳窗地比,一般在 1：5 左右,并控制大空间进深,保证藏阅空间采光照度的均好性。

5. 充分利用有效空间,尽量减少馆内交通辅助面积,提高建筑的有效使用率。K 值在 75％ 以上。

6. 严格控制投资,尽量选用地方建材,如利用本地丰富的石材资源以节约不可再生资源。决算单方造价仅 2 250 元/m²。

7. 经济与美观统筹。当时流行无框玻璃幕,造价是有框玻璃幕造价的五倍,权衡结果,选用了有框玻璃幕,效果也不错。只是在框形分划设计时更加精心,也不失造型的新意。

8. 室内家居布置讲究更有人情味,如圆桌的电子阅览室。

9. 建筑造型尊重群众喜闻乐见,吸取地方风格与东南亚风格融合与再创造,受到师生与昆明市民的欢迎。

三、绿色建筑是未来评价图书馆建筑的新标准

绿色建筑与建筑绿化这是两个不同的概念。前些年,有些建筑在内部栽花、种草、屋顶种树、布置绿化,就称之为绿色建筑,这是简单化的理解。目前对绿色建筑的认识也还有不少误区。如：① 绿色建筑是高绿化率建筑。② 绿色建筑是智能建筑。③ 绿色建筑是高科技建筑。④ 绿色建筑是用太阳能光伏板的建筑、是集中供冷的建筑、是高保温的建筑、是热电冷连运的建筑等。

何谓绿色建筑?专家权威的解释是："在建筑全寿命周期内,最大限度地节约资源(节能、节地、节水、节材),保护环境,减少污染,为人们提供健康、适用和高效的使用空间,与自然和谐共生的建筑。"

简而言之,所谓绿色建筑,有三个要素：一是保护环境少受污染;二是节约资源;三是提供一个人性化的空间。

所谓绿色图书馆建筑,概括地说,则应一是对建设环境、自然条件注重保护,不应由于本建筑的存在而使环境受到破坏与污染;二是节约资源,包括一切物质的不可再生的资源和空间的体量与能耗;三是提供一个良好的十分人性化的空间环境,包括尺度、色调、质感、光影、音响、印象、感觉等。

例如,英国诺丁汉大学研究、建造的绿色建筑,突出节能设计,采用可控遮阳板、自动采风器、光电板、太阳能积热器、自净玻璃等一系列高新技术,以求实现建筑的节约能源与可持续发展。在这所校园中,小溪内流淌的是经过多种水生植物"处理"过的中水,塘里养鱼又养鹅。该校新建的图书馆别具一格,室内地坪从楼下到楼上是舒适的缓坡道,阅览席均延缓坡道外侧布置,全部利用天然光照明,室外墙面装修用的饰面材料,都是重复利用的旧木板皮。见图 9、图 10。

图9   图10

专家预测未来五年绿色理念将成为建筑主流,绿色环保将成为评判现代建筑的新标准。

评价"绿色建筑"是从五个方面打分:① 场址规划的可持续性;② 保护水质和节水;③ 能效和可再生能源的利用;④ 节约材料和资源;⑤ 室内环境质量。

根据美国绿色建筑委员会绿色评级系统(LEED)评价,能得 57~67 分获银奖;得 68~90 分获金奖;得 91~114 分获白金奖。

在伦敦,高 179.8 m,共 40 层、绰号叫"腌黄瓜"的伦敦瑞士大楼,达到了绿色"黄金"级。该楼是福斯特事务所设计,楼内配有电脑控制的百叶窗,楼外装有天气传感系统,能够监测气温、风速和光照强度,还能自动开窗换气,可节能一半以上,十分引人注目。见图11。

评判现代建筑的新标准,给我们十分重要的启迪。比较我们追求视觉冲击力要"刺激眼球的评价标准",相差何其远乎,真值得深省啊。

图11

结合我国具体情况,如何体现绿色建筑,这是个大课题,很值得花大力气研究与实践。

前述国外绿色建筑的先例,都是建立在高科技、高投入的基础上的,可以统称为高科技的绿色建筑,它是需要有强大的不断发展的高新科学技术力量与巨额建设成本为支撑的。目前我国还处于社会主义初级阶段,是正在发展中的国家,一切事物都要从实际出发,从十三亿人口出发,盲目地照搬外国,超标准的投入,是不符合可持续发展的科学规律的。在我国,目前最有效的是应该大力提倡充分利用普通技术、低成本投入的绿色建筑。

结合国情至少可以在以下方面多下工夫。

(1) 建筑要重视、采用符合中国节能标准的节能设计。

(2) 要关注窗墙比、体形系数、遮阳系数等一系列保证有效节能的指标体系的落实。不搞阳奉阴违。

(3) 要大力节约用地,少占好地,不与农民争田。

(4) 要节水、节电、节材、节约一切不可再生的资源,如:充分利用雨水,尽量回用中水,合理利用地热、风能,热电连运,利旧利废、材料循环使用等。

（5）要保护和维持原生态环境。

为了说明问题，举几个低成本绿色建筑的实例。

图 12

山东交通学院图书馆。2003 年建成。见图 12。

获全国绿色建筑创新奖一等奖、教育部优秀建筑设计一等奖。建筑面积：1.57 万 m^2。地上 5 层，地下 1 层。设计特点：

1. 节能，节地，节水，节材，室内环境及运营管理全面达到绿色建筑评价标准。

2. 采用普通材料和普通绿色技术集成实现绿色生态策略，有可推广性。

3. 技术成本低，单方造价仅 2 150 元/m^2。

节能措施：天然采光，自然通风，中庭拔气，有效遮阳，维护结构高性能保温，利用地道风降温，外窗用中空玻璃，屋顶花园，景观水池替代冷却塔。

运行措施：充分发挥模数式设计的优势，荷载、柱网、层高统一，提供便捷、高效、灵活的空间。

由以上中外实例可以看出中外绿色建筑设计有明显的不同：① 指导思路不同；② 设计标准不同；③ 经济条件不同；④ 科技条件不同；⑤ 可实施条件不同。

由此可见，中外绿色建筑设计不可相提并论，不可简单比较优劣，要因地制宜，不易简单模仿，更不宜盲目照搬形式。

再举外国设计的另一案例，进一步说明上述观点。

清华大学节能环保楼是一座现代高科技节能建筑（见图 13）。是意大利设计的；建筑面积 20 068 m^2，地上 10 层，地下 2 层；总投资 2.6 亿元。单方造价：13 000 元/m^2。主要特点如下：

1. 退台式全玻璃建筑，可最大面积地利用天然采光。

2. 用燃烧天然气来实现热、电、冷联供。

3. 围护结构采用双层充惰性气体的玻璃，保暖、隔热、防红外、防眩光，其造价是一般双层玻璃的 5 倍以上。

图 13

4. 自控变频地板，下送新风，地板单方价格约 2 000 元/m^2。

5. 天花板微孔辐射，冬供暖，夏送冷，不足校内补。

6. 太阳光伏板，能发电 15 kW，可供室内照明，自控补光、关灯，不足校内补。

7. 屋顶绿化，一天三次自控喷水，是中水回用。

四、完美服务是图书馆管理工作的最高目标

大学图书馆的特点很鲜明：① 服务对象相对单一，主要是院校师生；② 馆舍规模较大，

平均在 2 万 m² 左右,更大者有 5 万多 m²;③ 藏书量一般在百万册以上,多者有三、五百万册;④ 到馆人流有集中脉冲式特征,离馆也有相对集中的特点;⑤ 馆藏科技性强、专业性突出;⑥ 人均利用馆舍时间长,深度阅览多,研究性阅览多;⑦ 要求技术管理水平高,开馆时间长;⑧ 书刊借阅流通量大,频率高;⑨ 电子阅览更受欢迎。

以上特征可以说是搞好服务、管理的基本出发点。

时下有一种理念称要把图书馆办成"图书超市",理由是可以最大限度地使书刊文献资料直接面向读者,可较少的配备管理人员,减少服务工作量。因此,要求馆舍设计要:① 藏阅空间最大化,越大越好;② 实行全开架的运营,绝大部分馆藏直接面向读者流通;③ 不建基本库,只建少量带有机械传动书架的密集库;④ 管理模式就像商业超市,自由选购与浏览。笔者由于专业所限,不懂图书馆管理学,为此请教了多名图书馆专家,反应均愕然。为此本人斗胆发表一点看法。就百万册以上藏书的大学图书馆,搞"图书超市"至少要搞清以下一些问题。

1. 图书馆实行开架阅览,目的是要更好地为读者服务,为读者获得知识的载体创造最便捷的途径,这是图书馆的重要职责;另外,对有无限价值的知识、信息的载体,给予良好的保护、管理,使之可以持续流通与发展,也是图书馆不可忽视的重要职能。因此不要将对读者的服务与对知识信息载体的管理对立起来,二者均不可偏废,过分突出某一面都会走向反面。

2. 实行开架阅览是好,但到底需要提供哪些品种、书刊总量应多少进行开架,是要研究量化指标的。

开架总量的测算很关键,据悉一般馆藏从流通角度分类,大约分为频繁流通、一般流通、不常流通三大类,有百万册以上藏书的大学图书馆频繁流通的书刊大约只占 20%～30%,再加上部分一般流通的书刊也超不过总量的 40%。

据统计,一般高等院校经常流通的书籍大约在 40 万册。据一位有经验的大学资深馆长告知,馆藏有"二八现象",即 80% 的读者经常使用 20% 的书籍。

又悉清华大学图书馆,馆藏约 300 万册,开架量在 60 万册左右,约占 20%。法国国家图书馆藏书 1 000 万册,开架量也仅在 50 万册左右,约占 5%,由此可见一斑。

3. 经常频繁流通的书刊全开架,但其余近一半不常流通或流通少的书刊又应该如何管理呢? 有些人认为可以大部分开架,但也有不少人认为不妥。我认为从保护书籍、有效流通、对读者完美服务的角度看,应该是开架管理与闭架管理互补,相辅相成、互为补充。开架与闭架同是一定条件下管理的需要,不可偏废一方。理由是:

(1) 开架与闭架是图书阅览、管理的不同模式,开架与闭架同是管理的必要方式。开架阅览是必然趋势,无可争议。因为可以为读者最大方便地提供获取知识、信息的条件。但开架要重视服务本质的内涵,即服务的质量与服务的效率与效果,不是形式的开放,过量开架会大量增加不必要的运营成本和无效的支出,是对全馆运营和可持续发展管理的放松与不负责任。

(2) 开架阅览的书刊量应取决于书刊频繁流通的需求量,不常流通的书刊不宜都开架,开架量越大,乱架、理架的几率就越高,无限开架实际是对物质资源、人力资源以及空间资源的浪费。开架与闭架宜各司其职,这一点需要取得共识。

(3) 全开架造成的乱架、理架,耗人、耗时,是很难收拾的。在内地某大学图书馆调研时,发现近千余平方米的综合阅览室,开架书刊约有 12 万～13 万册,为整书、还架,每天需要 1.5 位馆员全职负责。如果全部馆藏全开架,全年仅此一项所需人力资源要多少是可以计算的。这将占全馆人力资源的几分之几?可想而知,这一对矛盾很值得思考。

日本为解决上述问题,采用 RFID 技术来理架,以求以电子化、自动化的管理来缓解人力矛盾,但成本支出很大,平均 1 册书刊需投资 1 美元,总投入量可观。国内采用这种技术的单位很少,仅有深圳图书馆及集美图书馆采用。国家图书馆是否要采用也尚在考虑中。因此要清醒地认识到,控制理架、还架量也是节约资源、完美管理的重要组成部分。

4. 有特殊要求的书刊资料,就应采取闭架管理。如古籍、珍善本、手抄本书刊、竹简、甲骨文等。清华大学图书馆就有这些功能内容。

5. 不宜走极端,不要片面追求全开架。流行的时尚不一定就有道理,还是要从实际出发,根据自身的条件,确定自身的管理模式,不要把办"图书超市"当成灵丹妙药,从而放弃自身的管理责任。坚持要求大学图书馆建馆设计只做少量密集库代替基本库藏书,书刊全部开架,这种建馆模式值得商榷,希望大家来讨论。建馆是百年大事,一定要想清楚后再行动,目的是要把图书馆建设好,管理得更好。

6. 密集库不宜代替基本库。两种库型区别很大,功能不一样,承重不一样,结构不一样,设施不一样,成本不一样。不是一类东西非要相互代替,只能是张冠李戴,浪费资源。

超过百万册藏书的大学图书馆,藏书一般有三个层面,即阅览室藏书、基本库藏书、密集库藏书。

阅览室藏书起因主要是为便于读者获取,将频繁流通的书刊储藏在阅览室中,从而形成了阅览室藏书,在阅览室内实行开架借阅与分室管理。阅览室藏书就其藏书而言,并不是最好的方式,对保护书籍并不是很有利的,自由浏览、流通造成的损失与丢失也是很可观的。

流通量不够频繁但仍要长久保存的书刊存放在基本库中是理所当然的,也是最有利的。基本库藏书应该是馆藏的主要藏书方式,这里的藏书应该是馆藏的主要部分。利用基本库藏书是合理的使用馆舍建筑资源,是体现图书馆对书刊的规范管理。

基本库藏书也可以采取开架或半开架的管理模式,对读者可以采取有条件的入库阅览方式,以达到方便读者的目的。

密集库藏书主要解决集中存放呆滞书和待处理的书籍,密集库藏书不应是馆藏的主要部分。为了解决藏书不断膨胀,异地建密藏库(不是带机械传动书架的密集库)也是重要方法之一。清华大学就有 60 万藏书在异地集中收藏。

7. 基本库藏书每平方米约 250 册,密集库藏书约是基本库藏书的 1.5～2.0 倍,单纯为了节省藏书面积,不设基本库而建密集库,经济上是不合理的,流通上是不方便的,建筑资源上是浪费的。不是占了便宜,而是降低了运行效率和服务质量。因此要慎行,要认真分析利弊,不要得不偿失。

五、国内设计为何精品不多

图书馆在大量建设,获奖作品也不少,但出现公认的精品尚不太多,为何?分析之,虽问题比较复杂,但也发现一些共识的问题,如在设计观念上尚有误区,在标准掌握上尚有失控,在设计方法上尚有异化,很值得注意与研究。如:

1. 偏重形式,忽视功能,追求"新、奇、特"。

2. 盲目攀比、求洋、贪大，建设标准失控。

3. 忽视前期策划，将项目建议书替代可行性研究报告，本末倒置。

4. 可研报告只编不研，成了可批报告，后患无穷。

5. 设计任务书主观性强，欠依据，房子"可看"不好用。

6. 建筑辅助空间大而无当，建筑有效使用率偏低。

7. 合理设计周期压缩再压缩，设计者忙于完成进度。

8. 设计图纸包装作秀，追求一张皮、刺激眼球，甚至不惜弄虚作假。

9. 评标匆匆、走过场，失误问责不清。

以上种种，关系到图书馆建设能否正确运作，建筑创作能否出精品。为此，有必要从图书馆设计的基本理念方面再做广泛研讨，以正视听。

如何能更好地解决问题？当然首先还是要遵循我国的基本建设方针统一认识，具体的就是要坚决贯彻、落实温家宝总理 2006 年 9 月 8 日对大型公共建筑工程建设工作的批示精神，从管理和制度上解决建设中"贪大求洋、浪费资源、缺乏特色"等问题。要求：第一，建筑特点要符合城市规划，合理安排建筑的布局。第二，建筑形式要服从建筑功能，遵循内容决定形式，功能优先，讲求适用，统筹考虑建设和运营成本。第三，建筑结构要重视质量和安全，坚持质量第一、安全第一，提高防御自然灾害和突发事件的能力。第四，要突出节约和环保，突出抓好建筑节能，大力推行节约用地。第五，建筑要体现特色与创新，在创新的基础上不断提高建筑的品质和品位。

此外，还要贯彻国家最新颁布的"公共图书馆建设标准"，进一步规范图书馆的设计与管理工作，这样才有可能开创图书馆建设发展的新局面。

开启图书馆新扉页

——自动化高密度书库与台湾大学博物馆群

林光美

摘 要：在面临藏书规模与服务需求日增的情况下,如何引进技术并提升自身层次,以回应挑战,是今日大学图书馆的重要课题。本文说明台湾大学图书馆未来自动化藏书发展,以及整合教学服务资源做法,可作为大学图书馆之参考。

图书馆之发展需要因应社会变迁及成熟条件,而逐步转移其规划方向及营运重点。台湾的大学图书馆除满足学术服务之任务,近年更拓展多元服务模式。其中,台湾大学图书馆借由整合大学中其他教学服务资源,成功塑造大学博物馆群之经验,可以彰显大学图书馆居于推广教育事业之核心,更是校内资源整合之起点。本文将分两部分阐述：

一、针对大学图书馆藏书规模日增,如何引进自动化高密度书库以辅助图书馆营运管理,作为台湾大学未来整合教学服务与发展之基础,提出构想以博参错。

二、阐述台大博物馆群的规划与执行,耙梳台大博物馆群的发展脉络。

关键词：大学图书馆 大学博物馆群 校史馆 行政组织变革 自动化藏书

前 言

在大学校园中,图书馆担任资讯服务、支援教学之任务,与一般教学单位针对学术研究与教育学生工作相较下,不管在行政管理、服务训练、预算、人员等方面均有差异。与图书馆"以支援教学服务导向"性质相近的校内单位,还有校史馆、档案馆、博物馆等,这些单位常年未受重视、经费受限、不相统合,在提供教学服务功能及效率上,往往心有余而力不足。

近年来图书馆鉴于图书期刊每年数量不断增长,导致图书典藏空间不敷使用,许多国外大学图书馆建置高密度书库应用自动化仓储物流概念,打破传统图书馆排架观念,大幅缩短取书时间。同时规划建置联合馆藏中心,存放罕用书刊,改善典藏空间不足状况,并采用恒温、恒湿模式控制环境保存资料,而达成空间共享、资源共享的多赢功能。这种经营理念对各单位空间、管理成本及使用活动均产生极大助益,已成为图书馆发展新趋势。

此外,台湾大学图书馆历经改造、迁馆,成功塑造出具有台大意象且有效服务的图书馆

作者简介：林光美,台湾大学图书馆副馆长。

空间,揭示空间改造如何能有效提升服务及自身意象,形成一个可供对话、信任及运作的行政团队平台,从而获得不同校内单位愿意参与集结成"群"、整合资源、提供"联合"服务,此种自发性整合校内服务组织之情态,与大学校内学术各自为政之趋势,形成另一种大学行政风格,鼓动新型学校组织发展趋势。以下将依自动化高密度书库、联合馆藏中心、台大博物馆群……逐项介绍台大图书馆如何引领台湾学界的新风潮。

一、自动化高密度书库——书流与物流·取书在弹指间

图书馆自动化高密度书库系应用自动化仓储物流概念,打破传统图书排架观念,大幅缩短取书时间之改进措施,虽因系统设施昂贵、维护困难,而实际采行并不多见。然而,随着近年大学图书馆藏书日益增多、开架阅览模式无法反映书籍借阅率,并且典藏空间不足的情况下,自 1984 年起,国外知名大学即陆续规划进行高密度书库之设置,以集中典藏使用率偏低之图书与期刊,以最少人力提供最高效率之典藏及调阅服务。例如加州大学系统(南加州的 SRLF 及北加州的 NRLF);普林斯顿大学与哥伦比亚大学、纽约公共图书馆之 ReCap 系统(研究性馆藏联合典藏库)等。其中,美式系统以采用仓储方式,将所有图书依大小尺寸排列存放,平均在 850 m²,书库面积可以存放 100 万册书籍,然其前置作业及后续调书上架工作以人力为主,耗费较多维持运作费用。以 ReCap 为例,共有 13 名全职人员,管理 700 万册书。再者,上架需极度小心,一旦图书上错架,则形同遗失,在庞大书海中难以寻得(如图 1 所示)。

图 1　美国高密度书库　　　　　　　　图 2　日本自动化高密度书库

日本图书馆界则大多采用全自动化高密度书库,应用物流仓储管理,结合自动化机械搬运及书目资料库发展 ASRS(Automated Storage and Retrieval System),大幅改善人工操作堆高机取书之时间及效率。ASRS 设备最初由早稻田大学图书馆规划,1999 年将原地下三楼书库空间进行改造,于 2001 年完成。而 2000 年国际基督教大学(ICU)图书馆则是日本第

一个完成全自动化高密度书库的装置，藏书 50 万册。至 2007 年底，日本国内计有 42 所图书馆或资料库采用 ASRS 系统(如图 2)。

（一）自动化高密度书库构成概述与日本应用现况

为配合仓储式高密度的储放，图书资料的排检顺序，有别于传统图书馆以索书号排列。ASRS 系以书刊外尺寸排列，并用 Free Location 的概念，被调阅之资料上架时，不必归回原有位置。每一册图书资料必须编有入藏条码，对应到要装入底部固定尺寸的装载托盘箱(一般皆为 65 cm×50 cm)，托盘箱上面贴流水号条号，提供流通工作台主机扫描检索辨识。通过电脑检索比对，很快就可以找出调阅藏书所在的架位及托盘位置。同时，机械搬运车及通道间的起重车也能马上启动，把托盘挑出来，再以搬运车快速地送到流通工作台，由馆员进行资料确认、读取条码、更改借用状态，所有流程仅需工作人员单独在工作台确认或下达指令即可完成。

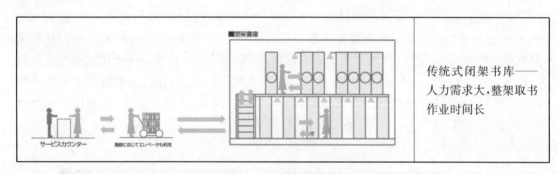

图 3　传统式闭架书库

自动化高密度书库在构造上可分为：流通工作站(Circulation WorkStation)、出入库搬运车(Book Mover)、仓储起重车(Stocker Crane)、仓储保管钢架(Steel Rack)、托盘箱(Container)五个部分，如图 4。

图 4　ASRS 构造概念图

其中，使用 ASRS 的日本大学图书馆，以九州大学理系图书馆、早稻田大学中央图书馆、东京大学柏图书馆、明治大学中央图书馆等最为著名，现将其概况整理比较如表 1。

表 1　日本四所大学图书馆之自动化高密度书库概况与比较

九州大学 理系图书馆	早稻田大学 中央图书馆	东京大学 柏图书馆	明治大学 中央图书馆
2006 年 4 月启用	2001 年 1 月启用	2005 年 2 月启用	2001 年 3 月启用
第 1 期 40 万册 第 2 期 40 万册	50 万册	第 1 期 50 万册 第 2 期 50 万册	换算约 20 万册 （专门收藏微缩片）
入藏资料： 装订期刊/罕用书	入藏资料： 装订期刊/罕用书	入藏资料： 只有装订期刊	入藏资料： 只有微缩片
书架高 5.4 m 固定式钢架	书架高 5 m 可动式钢架	书架高 10 m 固定式钢架	书架高 3 m 可动式钢架
书库面积 960 m²	N/A	书库面积 560 m²	400 m²
地盘荷重 2 t/m²	N/A	地盘荷重 4 t/m²	N/A
第 1 期设备 1.3 亿 约 NTD 3 770 万	N/A	第 1 期设备 1.4 亿 约 NTD 4 060 万	N/A

注：N/A 为受访单位不清楚或是经费不方便提供，故无法取得资料

（二）自动化高密度书库建置的必要条件

1. 耐重设计

自动化书库的建筑规划上，需特别重视耐重设计，因此新建筑的书库会加强地面承重的计算。早稻田大学另采用轨道式可动钢架（图 5）。同时因图书馆规画自动化书库的设备费用造价的确不低，学校也会依财务状况分期进行。如九州大学在建筑阶段，则预留第二期的空间。

图 5　早稻田大学图书馆采用
可动式书架，以轨道支撑

图 6　九州大学理系图书馆自动化书库，
右侧即为第 2 期工程预定地

2. 内部装修工程

前述四馆的自动化书库区有一共同特点，即书库区内室内装修工程都采用最简易的装修配置，由于都是闭架管理，只要维持电力照明及消防、空调系统的完备即可，能节省不少装修工程费用。

3. 流通工作站

流通工作台是控制自动化书库最重要的设备。书刊的进库、出库皆须通过工作站进行指令设定，才能自托盘箱取出或放入。九州大学、东京大学两所大学图书馆均设置两套流通工作站，其中一套是放在值班的流通柜台后方，作为读者取/还书的操作；另一套放在工作区，由馆员进行入/出库的作业。早稻田、明治两馆只设一套，兼作对外流通与工作整理使用。

早期的工作台设计较简单（图7），近几年来工作台已注意到将操作面板与设备进行一体化的设计（图8），有些系统可以在工作台利用转盘（Turntable）将托盘箱做180°回旋，方便工作人员把书放入托盘的另一侧（图9），九州大学理系图书馆即为此例。如果没有回旋功能，就必须在托盘箱的两侧分别贴上代表不同号码的条码贴纸以供机器辨识（图10），由搬运车进行转向。这套系统构成要素中，托盘箱是关键。托盘箱都是采用固定底面积设计，标准箱内大约可容纳30本装订期刊，或是箱内总重不超过60 kg。有些书若是高度超过工作台旁的表尺刻痕（图11），就必须把书放平，另外使用无隔板专门放大型刊本的托盘箱，托盘箱由出入库搬运车水平送至储存架位前端后，再由仓储起重车接手，快速地位移并垂直扬升托盘箱至指定的存放区（图12）。

图7　早期工作台较狭小简单——早稻田大学

图8　近期工作台设计把扫描器、触控式荧屏都完成整合——东京大学柏图书馆

图9　工作台附有180°回旋机能——九州大学理系图书馆

图10　托盘箱必须贴上条码供机器辨识

图 11　确保图书高度不会妨碍机器搬运，
工作台上的尺标可以作为馆员测量
参考——九州大学理系图书馆

图 12　搬运车（左前方）与起重车（右后方）
的对应位置示意——东京大学柏图书馆

4. 自动化书库与邻接阅览设施的界面

为了争取高容量藏书，书架的高度与单位面积容量有着密切关系。九州大学理系图书馆兴建的设计初期并没有列入自动化书库，后来才把梁下尚有接近 6 公尺高度，改用自动化书库，也因此受限于原设计，无法再拉高楼板高度，与早稻田、明治大学的建筑情况类似。

东京大学柏图书馆单书架高度即已达 10 公尺，相当于一般公寓的 3 个楼层，加上还有保护的外墙，其 560 平方公尺的书库本身就像一个大箱子，如果还要提供该校区的阅览服务，则馆舍的空间设计要考虑书库大量体与周遭设施的协调。

值得注意的是，东京大学柏图书馆的规划单位是由学校营缮组（基建处）与校园规划室的建筑教授岸田省吾先生共同主持。东京大学的设计团队在了解柏图书馆自动化书库的使用机能后，以附属栋的概念把图书馆阅览区、会议中心、讨论室、市民广场等空间做了大胆的结合，书库外墙是用清水混凝土，附属栋外围罩上一层玻璃帷幕，两个楼层的附属栋也明显区隔了使用对象。（图 13～图 15）

图 13　东京大学柏图书馆外观——右方无窗户部分即可容纳 100 万册的
自动化书库，玻璃帷幕即读者可利用之公共区及阅览区

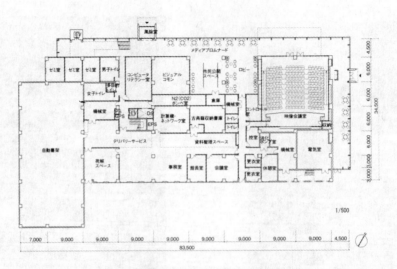

图14 东京大学柏图书馆1楼平面配置图

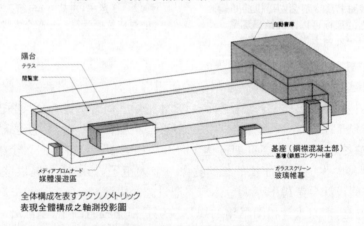

图15 通过轴测投影图说明东京大学柏校区图书馆的空间构成概念

由东京大学柏图书馆的例子,清楚地说明自动化书库可经由设计美化,让书库建筑展现出来,同时兼具书籍储藏与协调校园景观的功能,是个成功的案例。

5. 自动化书库启用之前置作业

(1) 决定入藏资料类型

装订期刊、罕用书或其他类型资料

(2) 资料入库之人力估算

九州大学——每日4人,开馆准备以45个工作日处理10万册入库

东京大学——每日3人,一日处理约3 000册入库

(3) 预留定期维护费

东京大学——2007年度维护合约费用约日币300万(换算约新台币90万元)

(4) 注意入库流程

调书→修改馆藏记录→贴新流水号→量书籍高广(以决定托盘箱型)→收纳箱贴箱号条码→将书目资料、流水号、所属托盘箱号、高度等转输入书库管理系统→感应书籍厚度(以供系统自动计算该箱剩余空间)→入库

（三）自动化高密度书库建筑的优缺点

1. 优点

（1）节省空间。单位面积藏书提高，与同样馆藏量的传统式书架相比，只要原有的1/5即可容纳相同藏书。适合建地受限的环境使用。

（2）节省能源。由于书库区采用闭架方式管理，平时运作不需人员进入，因此不用开电灯，四周不需留窗户，也不用美观的装修工程，又容易进行温湿度的管理，书库区的耗能较传统书库低。

（3）节省人力，增进效率。书刊一旦入藏，即不需再盘点、整架，任何一个托盘都可以提供图书归架作业，不需要使用原有托盘箱。Free Location的便利，大幅节省人力，又可增进效率。自指令下达到图书存取流程，平均作业时间不到2分钟即可以找到所要的资料。

2. 缺点

（1）系统设施昂贵，所需费用相当高。

（2）只能放置罕用或利用率较低的书刊或过刊。

（3）读者无法享用浏览取书的方便性。

（四）可借鉴的空间设施

1. 节能环保

日本的大学图书馆对于节能环保非常重视，东京大学柏图书馆、九州大学理系图书馆都是朝绿建筑方向所设计的馆舍，在采光、照明上有明显的划分，白天尽量让光线透射，夜间保留标准的区域照明。

2. 空调设施

东京大学柏图书馆空调均自地板出风（图16），可以免除传统由天花板出风，冷气受照明温度影响。

图16 非直接受日照方向设落地窗形成明亮自然光源，地板形成空调出风口（地毯上圆形孔），书架旁的黄色柱状物，其实是空调回风口的修饰

图17 采用高架地板的好处是可以随时调动阅览桌，又可以很快施工，让桌上照明及笔电电源、网络等能够运作，施工后换上新的方块地毯，不留痕迹，美观又便利

3. 高架地板

九州大学、东京大学这两间新馆,在一般阅览区地面更全面使用高架地板,理由是便利电源、网络线可以随意更换位置。阅览桌的摆设会因不同状况而调整位置,这些图书馆均有一部分阅览桌设有桌上照明,且提供桌面网络接孔供读者使用(图17),一旦阅览桌椅调整,有高架地板会相当容易进行配合工程,施工快,成本低,且高架地板经过减震材质处理,步行时的中空噪音已经改善。

4. 人性化的空间设计

(1)多样化的读者区

明治大学图书馆获日本图书馆学会建筑奖,主要在于贴心的读者区设计,他们规划了极静区(罗丹室)、吵闹区(Noisy Space)、笔电区、一般阅览区、点字阅览室、PC阅览区以满足各种类型读者的需求,同时规划有综合参考服务台,提供单一服务窗口,由多位馆员当值,免除读者四处奔波寻求协助(如图18~图20所示)。

图18　明治大学图书馆罗丹室　　　图19　明治大学图书馆 PC 区

图20　明治大学图书馆综合参考咨询台

(2)国际交流区(International Communication Corner)

在东京大学、九州大学都设有国际交流区,提供美洲、欧洲、亚洲等地区研究相关图书、海外卫星及海外报纸杂志等资源,以便外国学生及研究人员使用。

图 21　九州大学总图国际交流区入口　　　图 22　九州大学总图国际交流区一隅

（3）休憩室（Refresh Room）

日本的大学图书馆都设有休憩室，并备有贩卖机，读者可在内饮食，打破一般图书馆禁止饮食的规定，让读者在学习研究之余也享有舒适的休憩空间。

图 23　九州大学总图休憩室　　　图 24　东京大学柏校区　　　图 25　明治大学图书馆
　　　　　　　　　　　　　　　　　　　图书馆贩卖机　　　　　　　　馆内贩卖机

（4）手机专用室

各图书馆都设有手机专用室，维持空间的宁静。

图 26　九州大学总图手机专用亭　　　图 27　九州大学理系图书馆手机专用亭

（5）家具改革

九州大学图书馆将过刊与现刊架结合,突破了一般过刊、现刊分别陈列的观念,尤其在电子期刊日趋蓬勃的今日,到馆阅览现刊的读者已相对减少,通过改装过刊架,可以空出很多原本放现刊的空间,让读者有更舒适的环境,令人耳目一新。

图 28　九州大学图书馆现刊架与过刊架结合

（6）建立专业志工的形象

坐在入口的服务人员,穿着正式,具专业形象。

图 29　明治大学图书馆——专业形象的志工

（五）台湾大学图书馆高密度书库建置计划

台湾大学图书馆书刊逐年增加,每年约新增 15 万～20 万册。面对书刊持续增长,常常思考寻求纾解藏书空间不足的管道。其中,集中典藏使用率偏低之图书与期刊,规划兴建高密度书库,应用自动仓储管理机制,以最少的人力提供最高效之典藏及调阅服务,是本馆考量的方向之一。

在台湾大学竹北校区的开发建设中,将筹设图书分馆,初步区位在校区东南角,兴建约7 000 m²的图书馆。将以新的图书馆经营需求,构建完整的阅览机能,引进最新的书库管理观念,融合高密度书库,以自动化设备调阅方式提供使用,运用有限人力与空间达到最大管理成效。未来分馆建立后,与邻近文化中心图书馆形成馆藏资源互补,以台湾大学图书馆的高品质学术资源与社区结合,回馈社区市民运用,促进大学社区化、社区大学化。

然而,自动化高密度书库的设置,不单单是采买国外技术与设备,更重要的是针对书籍之利用及读者之需求,妥善区分罕用书籍以及不同类别读者浏览调阅书籍的模式、传输书籍供其使用的方式等,必须有所深究。针对该类书库之设置所引发建筑硬件设施、技术协调及营建计划之妥善研拟,亦为台湾大学图书馆行政团队所仔细规划,同时全力以赴的目标。

(六)联合馆藏中心之理念与规划

除了自动化高密度书库的应用之外,同位于台北都会区的台湾师范大学、政治大学以及台湾大学等机构,具有地缘接近、馆藏丰富的优势,当然,同时也面临现有典藏空间即将饱和的困境。为求未雨绸缪,并提升各馆既有及另觅藏书空间运用之效能,亟须构思建立一座新的联合馆藏中心,供各馆联合典藏罕用书刊,并提供读者完善的调阅及复印服务。

因此,本文建议,依据各参与馆分析馆藏书籍使用率,通过估算罕用书刊数量、规划联合馆藏中心规模、分析择地条件等方式,建置一统合性的"联合馆藏中心",提供安全可靠且具经济效益的空间,集中典藏各馆中具有研究价值但使用率偏低之图书与期刊,并将采取自动化高密度书库设施建立仓储管理及调阅机制,以便使用者利用联合馆藏中心之图书期刊,无须奔走于各馆查索资料,造福广大学子及研究者。

二、由图书馆到博物馆群——书牍之外·群芳盛绽

创校近八十载的台湾大学,拥有丰富的研究成果与系所珍藏,十余年来,设立博物馆以典藏保存、展示教育,推动书本以外的学习,打破知识藩篱与学习门槛,一直是本校众多有识之士的自我期许,也是社会各界的殷切期盼,惜多年来一直未能如愿。

直至近年,主客观条件渐趋成熟,在校方大力支持下,复以本校师生同仁的积极奔走,戮力进行转型与整合,期能开创大学博物馆的新格局,遂重启成立博物馆的机缘。2007 年 11 月 15 日台湾大学校庆日,校长敲锣宣告"台大博物馆群"正式启动营运,将校内所累积的各标本陈列室馆,集结于"群"的统一标记下,由静态庋藏转向动态呈现;从独立研究迈向群带连动。近一年来,通过形象设计及主动行销,台大博物馆群已绽放其独特魅力,引发大学博物馆、校园建筑空间和开放式高等教育等各界学者的广泛关注。近八十年岁月所淬炼的智慧风华与教研结晶,亦得以独创之姿、新颖之貌重现世人面前。下面将简述由图书馆至博物馆群的历史背景与未来展望。

(一)形成契机

台湾大学的前身为台北"帝国"大学,彼时即设有五个陈列室与标本馆,分属人类学(原"土俗人种学")、动物学、植物学、昆虫学(原"昆虫与养蚕学")与地质学等学科。然而,在经费与人力紧迫下,各馆皆以研究为主,并未赋予展示功能。直至 20 世纪 90 年代,出现了新的刺激:企业捐款。该款项定调于一整合性的"大学博物馆"总馆。虽然该兴建计划随着捐款落空而终止,但点燃了校内文化资产保存的梦想与期盼,也为未来的推动计划埋下伏笔。

随着台大周遭地缘环境逐日开放,自由的校园氛围、频繁的学生活动,孕育了改变的契机。2003 年台大研究生协会主办"台大博物馆群嘉年华",由学生组成解说团队,各馆舍开放让民众参观学习。借生态博物馆概念,以"群"来统合,这是"台大博物馆群"首次被提出。

时序至 2005 年,台大图书馆筹设"校史馆",即首度以校园博物馆视窗为主题,以窥各馆全貌,其成功经验正好为博物馆群的催生奠定良好的行政基础,继而于 2007 年时,掌舵负

责,通过规划整合,正式成立了"台大博物馆群"。

（二）推动校史馆与博物馆群历程

1. 从图书馆到校史馆

2005年年初,校方责成图书馆执行校史稿编撰及校史馆展场的策展任务。图书馆从拟定校史馆展示主题,完成"台湾大学校史馆设置暨展出构想书",半年之内,馆舍整修、文物调查、装潢策展等,完成了一项几乎是不可能的任务。

此项工作需依靠大规模的调查工作。从草拟"校史专案征集史料及相关历史资料文物计划"、厘定整体作业规范、设计记录调查单等,方能统筹校史文物调查工作。这次调查可说是首次全校性的文物普查,每个院系所的行政主管都参与其中,特别是在遴选各院的文物过程。除了图书馆的学科馆员全体动员外,相关文案由各系所编写,《校园文化资产诠释》课程也提供了许多资料线索。因此,可说是由图书馆领头,全校师生共襄盛举的校园大事。

2005年6月22日,台大校史馆剪彩开幕,不仅实现了多年来的梦想,更展现了台大图书馆卓越的规划执行能力,获得校内外人士诸多肯定,亦为未来博物馆群的设立培育了值得托付的行政团队与沟通体制。

2. 从校史馆到博物馆群

图书馆成功筹设校史馆,成为整合校内博物馆资源的执行者,肩负推广教育之责。同时,也成为校内各单位保存文物时的联络窗口。尤其在空间上,让旧总图书馆改设为校史馆,不仅是古迹再利用的典范,更精彩地转化了阅读的意义。而且,在校史馆内首辟"博物馆视窗"单元,作为各馆具体而微的缩影,呈现精华,屡屡是访客注目的焦点,巧妙地扮演了核心博物馆(Core Museum)的角色,作为台大生态博物馆群落之枢纽。

至此,将这些馆舍串联在一起,通过联合展示机制呈现,几已成为共同接受的概念。同时,各馆也体会到联展活动的教育效果。更重要的是校方于经费上大力支援,图书馆方能整合各馆需求提出"台大博物馆群合作发展计划书",结合理论与实务,成为大学博物馆群的滥觞。

（三）台大博物馆群的发展定位

在"台大博物馆群合作发展计划书"内明订,台大博物馆群系整合本校各博物馆、室、厅等相关资源,并借各馆室厅的参与,由个体合作发展成群体的机制。此不仅为独步全台的大学博物馆机制,更是"生态博物馆"(Eco-Museum)的概念落实。

盖生态博物馆(Eco-Museum)乃以某一设施为中心,结合地域空间上散布之资源而形成。组成要素有:核心博物馆(Core Museum,包括行政、联系、展示、教育、贩售等机能)、卫星博物馆(Satellite Museum,如遗迹、古迹、自然景观、人文地景等)以及发现的路径(Discovery Trail Museum,地域之自然、历史、文化之观察小径,也就是将参观者引至博物馆的路径)等,并且强调地域内居民(即台大学生、教职员及周边社区居民)的参与。

依据上述概念,台大博物馆群即可发展为表2中的三个层次:

表 2

台大博物馆群	名　　　称	备　　注
核心博物馆	台大校史馆	开放参观
卫星博物馆	人类学系标本陈列室	开放参观
	地质标本馆	开放参观
	物理文物厅	开放参观
	昆虫标本室	开放参观
	台大农业陈列馆	开放参观
	植物标本馆	开放参观
	动物博物馆	开放参观
	档案展示室	开放参观
	医学人文博物馆	开放参观
发现的路径	傅园与校门口广场	户外博物馆,自由参观
	椰林大道历史建筑群落	户外博物馆,自由参观
	瑠公圳旧圳道与农场水源池	户外博物馆,自由参观
	醉月湖与瑠公圳旧圳道遗迹	户外博物馆,自由参观
	舟山路绿色廊道	户外博物馆,自由参观

（四）台大博物馆群之理念与运作

1. 理念：从个体到群体,有机结合的大学博物馆"群"

在台大博物馆群的共识中,各馆藏品最主要的存在价值仍在支援学术性的研究、教学所需,因此,于各馆所属院系所的教学研究自主前提下,乃舍弃集中式的典藏管理做法,采取近似联邦的概念。在这种架构下由图书馆负责统筹性业务行政单位与发言联络窗口,而各系所单位负责所属博物馆藏品的保存、维护、推广教学、研究的责任。因此,在"群"体的发展下,各馆依旧保有其特色与品质,并可积极进行其独特主题的学术产生。

2. "群"的运作模式

图书馆于 2007 年年初奉校长核示提交相关台大博物馆群的计划,即邀集各单位分列现况说明、未来开馆经费及人力需求等,研商讨论整合各馆共识,建议于现有资源与条件下,先以台大博物馆"群"的合作发展模式进行资源整合,借此改善各馆室整体典藏与展示推广环境。

随后启动台大博物馆群的打造工程,图书馆即召集各单位展开各项工作,各馆积极进行软硬件改善工作。历时半年终于在 11 月 15 日台大校庆日,由校长敲锣宣告"台大博物馆群（NTU Museums）"正式启动营运,也同时在校史馆川流厅布设"台大博物馆群"特展,旨在向全校师生及社会大众介绍台大博物馆群,并作为各馆的展示窗口,使参观来宾得以一探各馆之美。在台大博物馆群合议式决策小组之下,常设有"台大博物馆群办公室",由图书馆主导管理。该办公室等同营运中心,除居中联系协调各成员馆、建立一致性的营运准则外,主要负责博物馆群对外整体形象的建立、导览等共同活动的规划、合作发展各项事宜的推动,并作为发言联络的窗口;而藏品的收集、典藏、研究、展示等事务,各成员馆仍享有绝对的自主权,亦即让各馆的学术专业发展受到最高的尊重。

（五）台大博物馆群之特色

1. 肩负社会教育责任

台湾大学拥有丰富的文化资产,长期以来受到社会关注和期待。这些器物、标本与藏品,不仅具有高度的学术价值,更是全民宝贵的公共文化财产。除了善尽典藏之责,台大有义务将这批文化资产,借由博物馆的展示,与全民共享,在传统的教学与研究之外,推广终身学习,发挥社会服务的功能。台大博物馆群顺理成章地成为肩负社会教育责任的校内单位,借着联合参与展示,呈现台大的人文面相及与台湾社会脉动息息相关的多元成果。

2. 独特条件与效益

这种从个体走向群体的结合方式,前提往往是在大学历经长久发展、累积相当数量的文物资产,这时,博物馆群的诞生方为可能。台湾大学作为台湾历史上最悠久的大学,拥有不同领域且众多的研究人才,并享有丰富的行政及学术资源等,先天上即拥有相当优势,因此具备成立博物馆群的良好条件。

同时,校内各博物馆的建立与成长,与所属院系所的发展史实为一体两面。其标本、藏品及其展示典藏空间,除了本身的价值外,其中亦含有与该院系所学术发展结合的历史意义。因之,采取分散的方式,通过行政中心维持各馆间的紧密联系,殆为台大博物馆群独有的选择与特色。

若进一步由整体校园的角度观之,分散于校园各处的馆室,就像是一个个学术聚落的展示窗口,打破传统博物馆以有形建筑物为展示核心的局限;通过整合性之有效串连方式,突破实体空间的限制,而使大学校园如同一个大的学术生态博物园区。此种在单一校园空间内高密度结合的博物馆群聚关系所凝聚的强度与力道,将远甚于其他大范围地域性、国家性博物馆合作组织。甚且,相较于许多大学中档案馆与校史馆分开运作的情形,更显得台大博物馆群的特殊与超前,因为档案馆及校史馆都包含于博物馆群底下,在统合运作上益发齐聚之效。

（六）台大博物馆群所面临的课题与愿景

台大博物馆群势将面临许多单位欲申请加盟的前景,究竟这"群"体要扩张到多大? 后续维护经费是否能源源不绝? 这都是必须面对的课题。开拓财源,寻求企业单位的援助,应是永续经营的途径。

台大博物馆群的成立与对外开放,象征大学走出象牙高塔、迈向社会的重要里程碑,也成为社会教育的重要延伸。因此,校内各博物馆除了延续收藏、保存等原始任务外,在校方支援下,配合新的展示及教育推广目标,进行相当程度之功能扩充与角色转换。

其中,更重要的是,台大博物馆群以独特的合作发展方式,结合校内各博物馆资源,进行整合推动,并共同规划发展方向与愿景。在群体特质的发扬上,未来将与访客中心共同推动、强化校园道览活动。并且通过展览、宣传及教育推广等,让台大典藏珍品文物走出校园,走向社会大众。同时,更将积极参与国内外著名博物馆及学会组织,成为世界学术交流的视窗,开启与他馆或他校的合作契机,进一步将台大博物馆群推向国际,使台大跻身世界顶尖一流大学之列。

三、值得思考的课题——对现代性建筑（Modernity）的一点反思

除了要提升服务功能与层次水平外,图书馆建筑的形式亦为影响校园甚巨的关键因子。

许多大学近年来因获得捐款而推动兴建新的图书馆,在兴建过程中校园威权力所引起的注意与争议是值得反思的。以台湾大学的个案为例——社会科学学院大楼,建筑基地位于校总区后部,建筑师为日本顶有名气的伊东丰雄,他将基地边的主要汽车出入道路废除,汽车改道又无处适合改道,引起很大争议。至于最违背台大可持续性校园发展的设计原则,就是伊东丰雄取消了道路,却提供一个完全不符合节能减碳原则的,庞大、挑空的阅读空间。在入口大门一楼即是社会科学学院的图书馆,他的构想是要塑造一个如森林般的图书馆,而这个图书馆是由莲叶般的构造聚集而成,像阳光由树叶间洒下的森林般的场所。人们在这个名为图书馆的知识森林中散步,在他们所喜爱的地方坐下。这就是伊东丰雄所设计的与原有台大校园建筑完全不符合的个案。此案的发展,扰动了台大校园规划的决策过程,对这个设计案进一步执行的过程、结果以及影响,仍有待持续观察与研究。所以,现时要建新的图书馆,若建筑大师带入了一栋现代性建筑(Modernity)进入校园时,它是创造性的破坏,抑或是破坏性的创造,是否要节制其破坏性的能量,这些都是值得我们思考的。反观,我们对建筑师是有所期待的,我们都期待建筑师能在设计中彰显人文的色彩,这真是艰难却是重要的挑战。看来,建筑师的设计需要更为圆融、灵巧,对校园特色敏感,能具包容性,有因地制宜的设计能力。对图书馆的机能、实用有接受参与式设计的宽大心。这才是真正能结合校园成长、社会发展、环境保护三者互动,充分发挥分享校园公共空间的效果。

四、结论

图书馆服务是大学教学功能之重要支柱。不自限于传统图书服务,而大步迈出组织框架,提出整合校内教学资源及服务,此种理念的发挥与实现,其实源自于专业成熟的社会。然而众多的学术资源多年的积累,仍待有心人登高一呼,获得大家共识及信任,从而整合成"联合"服务。这种"由下而上"的自发性整合校内组织与传统的"由上而下"的行政组织设立模式有相当大的差异,也彰显台湾大学校内为校发展,及图书专业服务精神发挥之展现。

然而"自主发展"除须提振参与团体、校内各馆之共识,更重要的是要提出发展之远景、愿景,供各馆依循发挥。在展现博物馆群各馆对读者服务能量之余,台湾大学图书馆针对"人"流与"物"储,率先针对书籍(物)之自动化典藏提出计划架构,相信未来可在大学教学资源之整合及应用理念上提出另一个联合典藏之理念,可供未来图书馆事业发展之参考。

参考文献

[1] 杨松翰. 钟响之前——校园培力与参与实验:"校园文化资产诠释". 未出版之硕士论文. 台北市:台湾大学建筑与城乡研究所,2006

[2] 西野嘉章. 大学博物馆:理念と实践と将来と. 东京都:东京大学出版会,1996

[3] 项洁. 台湾大学校史稿(1928—2004). 台北:台大出版中心,2005

[4] 台大博物馆群办公室. 1997年度台大博物馆群合作发展计划书. 未出版. 台北市:台湾大学图书馆,2007

[5] 御匠设计工程股份有限公司. 台大博物馆前期发展计划(初稿). 未出版. 台北市:御匠设计,2005

[6] 陈国伟. 大学教研典藏成为校园文化之再现内涵的途径. 东南大学建筑学院主办,大学校园文化内涵的营造与提升. 南京:第七届海峡两岸"大学的校园"学术研讨会,2007

［7］ASRS,http://subsite. icu. ac. jp/people/kimito/libmh04. html,accessed on 2008/1/20

［8］ASRSのメリット,http://www-lib. icu. ac. jp/ASRS/index. htm,accessed on 2008/1/20

［9］Recap,http://recap1. princeton. edu/about/general. html ♯ occup,accessed on 2007/12/4

［10］University Museum,University of Tokyo,http://www. um. u-tokyo. ac. jp/,accessed on 2007/12/13

［11］西野嘉章."大学博物馆の使命",Ouroboros. 东京大学総合研究博物馆ニュース. 11：2/3(October31,2006),6—7

［12］新建筑,82(5),2007 年 5 月号(大阪：新建筑社)

建设生态图书馆建筑的思考

顾建新

摘 要：本文从中国图书馆建筑的实践阐述了图书馆建设的成就和存在的问题，结合社会环境压力指出了建设生态图书馆建筑的必要性，结合国家近几年推出的建筑节能政策，提出了尊重自然、尊重环境、功能优先、节省能源和资源等生态图书馆的建设原则。

关键词：图书馆建筑　生态图书馆　生态建筑　政策

一、图书馆的发展和环境的压力

近年来，随着高等教育事业的迅猛发展，高校图书馆的建设进入高潮，如，广州大学城中的多间大学图书馆、同济大学嘉定校区图书馆（2006）、东南大学李文正图书馆（2007）、江南大学公益图书馆（2007）、上海交通大学闵行校区新总馆（2008）、中国矿业大学图书馆（2008）等先后建成；同时，国家和地方政府加大了文化建设的投入，深圳图书馆（2006）、南京图书馆（2007）、国家图书馆二期工程（2008）等公共图书馆也相继建成开放。这些建筑成为城市和大学的标志，在教学、科研和文化建设中发挥了很大的作用。

图书馆建设在取得成就的同时，其建筑也存在以下问题：① 追求建筑规模和高层建筑，造价较高，强调标志性，牺牲经济性；② 片面追求"模数式"，造成空间封闭，不利于自然通风；③ 环保节能意识不强，大范围使用玻璃幕墙，对建筑保温不利，造成能耗过大，而且光线过强，产生眩光和光污染；④ 空间分配不合理，门厅大而无当、挑空过大过高等，造成空间的浪费；⑤ 片面追求全开架，缺少基本书库或密集书库，建成不久馆藏空间就不够；⑥ 设计和建设不够审慎，馆方参与较少，赶工期，设计失误和工程质量欠缺时有发生，刚刚建成就要维修或改造。

图书馆是人员高度密集的公共场所，属于高能耗的公共建筑，如果建设本身不考虑节能环保，今后运营管理方面可能成为很大的负担。

据统计，人类从自然界所获得的50％以上的物质原料用来建造各类建筑及其附属设备；这些建筑在建造和使用过程中又消耗了全球能量的50％左右；与建筑有关的空气污染、光污染、电磁污染等占环境总体污染的34％；建筑垃圾占人类活动产生垃圾总量的40％。正是意识到这些，图书馆在建设时就必须考虑节能环保，如2003年建成开放的山东交通学院图

作者简介：顾建新，东南大学图书馆馆长，教授，中国图书馆学会图书馆建筑与设备专业委员会委员。

书馆采用绿色生态技术策略，为广大师生提供美观、高效、健康、舒适的学习工作环境，并充分体现人、建筑与自然的和谐统一，该图书馆被称为中国第一座生态图书馆。

二、生态建筑与生态图书馆

1. 生态建筑

生态建筑在我国也称绿色建筑。《现代汉语词典》对生态建筑的定义为："根据当地自然生态环境，运用生态学、建筑学和其他科学技术建造的建筑；它与周围的环境成有机的整体，实现自然、建筑与人的和谐统一，符合可持续发展的要求。"《绿色建筑评价标准》中的定义是："绿色建筑是指在建筑的全寿命周期内，最大限度地节约资源（节能、节地、节水、节材）、保护环境和减少污染，为人们提供健康、适用和高效的使用空间，与自然和谐共生的建筑。"生态建筑、绿色建筑虽然叫法不同，但内涵相通，都是从人与自然和谐发展、节约能源、有效利用资源和保护环境角度考虑的，将可持续发展理念引入建筑领域，追求"环保、节能、健康、效率"。

生态建筑具有"节能措施综合有效；水资源回收与利用；材料使用因地制宜；废物排放减量无害；内外环境健康舒适；建筑功能灵活适宜"六大特点。

2. 生态图书馆

2000年后，国内图书馆界掀起了建设生态图书馆的浪潮，对生态图书馆的研究正经历从理论初探、介绍实例到系统论证再到实例论证的研究过程，不少学者在吸收国外观点和理论基础上纷纷阐述了对生态图书馆的认识。石同生是较早研究生态图书馆的代表，他认为"生态图书馆是生态建筑中一个组成部分"，这种将生态图书馆限定在生态建筑子集中，视生态图书馆为生态建筑的一种具体形式而存在的观点被很多学者接受，该观点具有朴素、直接、简单明确的特点。武春福先生认为"生态图书馆是用可持续发展理念做指导，立足图书馆长远发展来组织和实施图书馆当前的各项工作，保持图书馆具有持续发展的潜力"。武先生的观点立足于图书馆工作和图书馆事业的发展，运用可持续发展理论来指导现实工作，研究拓展到图书馆建筑以外。

笔者认为，生态图书馆是以可持续发展理论为指导，运用生态学原理与方法，以为读者和工作人员提供健康、舒适、轻松的工作和活动空间为目标的全面发展的图书馆。而本文所论述的生态图书馆限定在生态建筑的范畴，一是强调以人为本，人与自然的交流；二是强调以环境为主，考虑对遭受破坏的环境资源进行弥补。

其环境要求应取高标准，争取良好的朝向，尽可能利用自然通风及天然采光，降低对能源的过度依赖及消耗，利用可再生资源，走可持续发展之路。

三、中国图书馆建筑的实践和政策

1. 中国图书馆建筑的传统

中国有很好的建筑传统，历史上很多建筑重视环境风水和空间形象意境化。如保存至今的著名藏书楼——宁波"天一阁"就是受到《易经》中"天一生水，地六成之"这句话的启发而得名。认为书最怕火，而水能制火，把藏书楼取名为"天一"就能以水制火；楼前再凿"天一池"，用以蓄水防火，使藏书楼永久保存下去而不被火所毁。

中国国家图书馆坐落于风景秀丽的紫竹院公园北侧，设计以高层书库居中，周围环绕着低层阅览室,其中布置了三个中国庭园式内院,构成了一组"馆中有园、园中有馆"的独具东方文化特色的建筑群。其建筑形式立面造型对称严谨,富于中国民族及文化传统特色,尤其以孔雀蓝琉璃瓦大屋顶,淡乳灰色瓷质面砖,汉白玉栏杆,配以古铜色铝合金门窗和蓝色玻璃,与周围环境相映成趣,浑然一体,在紫竹院绿荫衬托下,平添了中国书院特点。深圳老图书馆与荔枝公园相邻,紧靠风景优美的公园,它们的共同特点是馆舍布局与环境协调,馆内外环境相互呼应,公园被图书馆借景,在阅览室可以观赏周围美景,馆区有大面积庭园绿化,形成良好的室外环境与"小气候",从而成为广大读者十分喜爱的阅读研究场所。

2. "模数式"图书馆到"模块式"图书馆

美国人于20世纪30年代提出了模数式图书馆的思想,这种建筑使用方便、易于建造,为图书馆的现在和未来提供了一个良好的基本框架,在欧美得到了广泛的使用。我国东南大学医学院图书馆(原南京铁道医学院)于1974年就尝试这一设计思想,模距是5.0 m×5.0 m。北京农业大学图书馆建筑(1990)是应用"模数式"设计的典范,该馆吸收国内外大学图书馆建筑的长处,采用模数式柱网框架,楼高四层,同层高、同荷载,简洁紧凑,适用性强,可变化,适于开架借阅,同时为了克服模数式图书馆平面方整,进深过大需要人工采光、全部使用空调能耗过大、运行成本过高等问题,舍弃方形而采用"L"型,双面采光进深不超过30 m,这样就加大了采用自然光的范围,该建筑主层上无间隔楼道,可以获得较大的无障碍空间,特别是三、四层,每层宽敞空间约2 500 m²,为当时国内高校图书馆之最,是适用性、经济性、美观性高度和谐的统一。

模数式的设计原则受到业内人士的广泛认同,并且写入《图书馆建筑设计规范》(1999)。有学者注意到"模数式"图书馆在改善图书馆功能的同时也带来了能源的浪费,提出了"模块式"图书馆的设计思想,图书馆有些空间是相对不变的,按功能分区,在不同的区(块)内按模数式设计,这对空间的多样化、节省能源、自然采光和通风是有积极意义的,也是符合我国国情的。就是在国外,模数式图书馆也在向多元化、人文化、建筑空间的多样化发展。

3. 关注生态,倡导节能环保

2001年建成开放的苏州新图书馆,保留着近代园林天香小筑,建筑与园林融为一体。园林中古树参天,藤蔓幽径,小亭碑廊,散落其间,在阅览区可以观赏花园景色,令人心旷神怡,而南区少儿图书室、报告厅和培训楼前有占地数亩的绿色广场、水池假山、飞流潺潺,两棵粗壮的百年香樟树绿荫冠盖。各种建筑物掩映在翠绿之下,读者入馆置身于大自然之中,无不被此景吸引而流连忘返。这座布局合理、功能完善、环境优美的园林式图书馆,是人与自然和谐相处的现代图书馆建筑之典范。

山东交通学院图书馆充分利用北面人工湖湖面的良好吸热作用,将中央空调的散热系统设置在楼旁的湖底中,并引入通风道的设计,有效降低了能耗成本。在图书馆的西侧主体墙外,加设有一道造型美观的花格墙,既能遮阳,又能通风降温。图书馆所有的外墙都加了保温层。在巧妙利用自然资源的同时,有效减少了人为的环境污染和破坏,实现了保护环境的初衷。

广东省图书馆在设计中充分考虑了广州的气候特征,建筑物与环境、朝向相适应,满足了生态循环要求,最大限度地节约能源。这座建筑在设计中优化了大楼外墙,调整墙体与窗户的比例达到最佳契合点;外墙窗扇全部采用外推方式,扩大自然风的流量,使春、秋、冬三季不开空调,采用全面的自然通风,也考虑了满足夏季读者对自然通风座位的需求;使用太阳能供电系统,为路灯、读者活动场所、书库及行政业务用房提供照明电源;做好雨水回收,收集建筑屋面雨水及硬质地面雨水,经处理后用于卫生间冲洗和园林绿化灌溉等需求。

4. 适当时机与适当政策

2005 年建设部和国家质检总局联合发布了《公共建筑节能设计标准》(GB 50189),已于当年 7 月 1 日在全国施行。《公共建筑节能设计标准》适用于新建、扩建和改建的公共建筑的节能设计,其节能公共建筑,全年供暖、通风、空调和照明的总能耗可减目标和途径是通过改善建筑围护结构保温、隔热性能,提供供暖、通风和空调设备、系统的能效比,采取增进照明设备效率等措施,在保证相同的室内热环境舒适参数条件下,与 20 世纪 80 年代初设计建成的相比少 50%。

2006 年建设部批准的《绿色建筑评价标准》旨在借鉴国际先进经验,建立一套适合我国国情的绿色建筑评价体系,反映建筑领域可持续发展理念,对积极引导大力发展绿色建筑,促进节能省地型住宅和公共建筑的发展。

2008 年国务院制定了《公共机构节能条例》,以立法的形式解决了公共机构节能领域在体制、机制和管理制度上的一些问题和障碍,如管理体制不健全、管理职责交叉、管理制度欠缺、日常管理薄弱等,并细化了《节约能源法》的相关规定,旨在推动公共机构节能,提高公共机构能源利用效率,发挥公共机构在全社会节能中的表率作用。

四、生态图书馆的建设原则

目前,人们的生态意识有了很大的增强,生态图书馆建筑实践工作已经逐步展开,各地不同类型的生态图书馆不断涌现。笔者认为,生态图书馆的建设应该遵循以下原则:

1. 尊重自然,尊重环境

自然环境是我们赖以生存的基础,建筑设计要考虑气候和地域因素,充分尊重城市整体规划(或校园规划),并与周边环境和建筑相呼应。选址合理,就地取材,因地制宜,尽量自然采光、通风,创造和谐的建筑与自然关系,求得生态平衡。当今世界崇尚自然,秉持与自然融为一体的先进理念广为传播,如荷兰 Delft 科技大学图书馆将绿地延伸到建筑的屋面,既将建筑与周围环境融为一体,又有良好的保温隔热效果。

2. 节约能源和资源,充分利用自然条件

《绿色建筑评价标准》在"节能与能源利用"部分提出采用高效光源和高效灯具照明;平面设计有利于冬季日照并避开主导风向,夏季则利于自然通风;建筑外窗可开启面积不小于外窗总面积的 30%,透明幕墙具有可开启部分或设有通风换气装置等等。

要重视自然采光和通风。在建筑总耗能中,空调和照明设备消耗占 60%~80%,如果在平面设计、门窗处理、照明控制中以自然采光和通风为主,室内户外直接沟通,就能节省大量的能源。要充分利用自然资源,如广东中山图书馆,考虑雨水回收和太阳能发电;避免过度装饰,如意大利国家图书馆结构柱、水泥墙面保持原态,未做任何装饰。要有全生命周期的观念,不仅考虑其"造",而且要考虑其"养",降低运行成本。

3. 功能优先,创造良好的空间布局

图书馆建筑应强调功能第一,注重实用性,节省管理成本。图书馆既重形,也重态,要有合理的空间布局,符合图书馆的工作流程,方便读者利用;交通流线安排到位,保证人流、物流和信息流的畅通。大型图书馆要考虑三线书库,过量开架会大量增加不必要的运营成本和无效的支出。如美国伊利诺伊大学——香槟分校本科生图书馆把二楼的藏书全部集中到一楼，空出来做学习共享空间（Learning Common）。

4. 提供多元、和谐的服务和工作环境

图书馆建筑作为特定意义的文化建筑，应该充分体现文化的内涵，无论是内部环境还是外部环境都应该具有某种文化象征的意蕴。每当我们看见和接近它时，就能够感受到特有的文化气息，它能很自然地引领我们进入文化的特定情境，这便是中国建筑文化中非常讲究的"意境"的意思。也就是说，建筑和它所组成的空间，不仅仅是一种物质环境，也应该是一种精神环境——一种能给予人们思想感悟的环境。

人们对馆内舒适性的要求愈来愈高，室内环境已成为生态图书馆建筑设计的重点之一。室内环境与建筑周围的自然环境并不是割裂开来的，任何室内环境的设计都是对其周围环境气候、人文、科学技术和地理地貌等环境要素的反映，必须结合当地环境特色仔细权衡。

室内环境与建筑本身既相互制约又相互依赖，建筑是形成室内空间的前提，是室内实现其功能的载体；室内则是建筑结果的集中体现，是建筑的目的，也是实现其价值的真正所在。《绿色建筑评价标准》在"室内环境质量"部分要求建筑 75% 以上的空间可实现自然通风和自然采光。

5. 尊重中国传统和学习国外的先进经验相结合

中国虽地大物博，但人口众多，人均资源是贫乏的，建筑以"适应"为主，强调用非物质的资源（文化资源）来建设文明社会。新中国成立初期"适用、安全、经济、美观"的建筑方针仍然适用。如庭院是具有中国特色的建筑空间，既能充分利用自然采光通风，又能利用良好的自然环境。在继承民族传统和借鉴国外先进的设计理念、设计方法的过程中，一定要古为今用，洋为中用，因地制宜，从实际出发，把中国的优秀传统和国外的先进经验很好地结合起来。

参考文献

[1] 中国社会科学院语言研究所词典编辑室编. 现代汉语词典（第 5 版）[D].北京：商务印书馆,2005

[2] 中华人民共和国建设部,中华人民共和国国家质量监督检验检疫总局. 绿色建筑评价标准(GB/T 50378—2006)[S].北京：中国建筑工业出版社,2006

[3] 石同生. 生态图书馆理论与实践[J].图书馆工作与研究,2003(4)

[4] 武春福. 21 世纪图书馆发展生态[J].图书馆理论与实践,2002(3)

[5] 高冀生,赵卫中. 模数式图书馆之演变[J].建筑学报,1997(5)

[6] 鲍家声,葛昕."模块式"图书馆设计初探[J].大学图书馆学报,2000(5)

看图书馆,讲光文化

——浅析大学图书馆的光环境设计

居其宏

摘　要:光环境提升建筑和地区的文化价值,展示科学技术水平。光环境代表光文化。照明设计是一个文化行为,而不是商业游戏。

关键词:环境照明　光环境设计

图书馆是学习和传播知识的重要场所。图书馆为公众提供舒适静谧的阅读和工作环境,让人们在这里静心阅读和思索,分享文化,追求高层次的精神需求。优质环境是图书馆优质服务的必要条件。环境设计应用艺术和科技手段为图书馆创造愉悦的环境。环境设计自始至终体现"以人为本"的设计理念。

光环境设计是环境设计的重要部分。无论是室内环境还是室外环境都离不开光线。建筑师在建筑创作、空间布局时,都要借鉴自然光和人工光。建筑和光的互动产生光和影的变化。依靠光影可以区别远近高低,表现空间变化,渲染和烘托气氛。光线能将人们的目光吸引到适当地点,让人们注意某些需要表现的物体,突显建筑的魅力;也能让眼睛产生错觉造成假象,弥补建筑物的瑕疵。同样的建筑立面处理,同样的色彩和材料,在受光和背光条件下可以产生截然不同的效果。在夜晚灯光下,人们得到与白昼如此不同的感受,建筑环境中一切平庸的处理都被忽略了,留给人们的是赏心悦目的视觉享受。不久前在北京奥运会开幕式上,我们看到了让人痴迷的美妙情景。灯光下的"鸟巢"变幻莫测,显示现代人丰富的想象力,空间的动态变化呈现出无穷的生气与活力。照明设计创造了建筑的"第四维空间",拓展建筑环境与时空。现代照明技术帮助建筑师表现设计理念和艺术追求,让梦想成为现实!

环境照明包括建筑立面照明、建筑周边景观照明和室内照明。照明设计不仅仅是夜间人工照明,还应该合理利用自然光。高效控制日光,发掘和利用光线的潜在价值,能够引导视线和视觉,影响人们的精神。照明不限于解决照度和亮度,而要创造特有的光环境。光环境设计是环境设计的一个重点。图书馆要重视光环境设计,创造特定的文化氛围和人文精神。一位著名的照明设计师说:照明设计是一个文化行为,而不是商业游戏!

巴黎著名的阿拉伯文化中心,不仅包括艺术博物馆、多媒体中心、会议厅和饭店,还有一个拥有 1 260 种期刊和 60 000 册书籍的图书馆。阿拉伯文化中心图书馆的造型是螺旋形高

作者简介:居其宏,上海建筑设计研究院总建筑师,中国图书馆学会图书馆建筑与设备专业委员会委员。

塔外罩玻璃框架。高塔是对传统清真寺尖塔的追忆。夜晚,室内灯光与建筑融为一体,透明玻璃幕墙将建筑外立面和内部活动都展现在人们眼前,将功能照明与外立面照明结合。这是早期内透光设计的典型。见图1。

图1　阿拉伯文化中心图书馆

阿拉伯文化中心的南立面由 240 扇穆沙拉比窗构成。这是仿照传统样式,采用可开可合的现代多叶光圈照明技术,调节窗户透光和遮阳效果的设计。它使这个建筑再现阿拉伯建筑的照明特点:室外充斥耀眼强光,室内具有柔和日光;还能为公共区域营造局部私密氛围。阿拉伯文化中心实现了现代材料、传统样式与光环境的完美结合。见图2。

图2

荷兰代尔福特大学图书馆,大厅天花板覆盖了图书馆的入口和四层高的书架。大厅中央服务工作区上方一圈支柱撑起一个封闭大圆锥,这是四层阅览区,它与书架用临空走道连接。圆锥伸进天花,周围形成一个光环。日光沿锥面泻下,打破了平顶原有的压抑沉闷气氛,使大空间变得明亮和愉悦。光线具有非凡的魔力。你在此体会的不是灯光而是空间,利用空间特点制造情绪。优质光环境产生一种不可思议的感官效果,那一抹明亮的色彩带来了鼓舞和生气,让读者感受现代、高效与自信。见图3。

图3　荷兰代尔福特大学图书馆

西雅图新中央图书馆形体独特,按功能分区设计的各个楼层交叠,几何形体的组合造成巨大的阴影。对日光大胆利用是它的一大特点。外立面全为玻璃幕墙。幕墙内部钢架上安装钻石形隔热玻璃,使建筑外表仿佛带着闪耀的玻璃棱镜。夹层中安装的铝网上面布满金属小孔,构成整片小型遮阳,组成精密的日光系统。铝网射出朴素的金属光泽。独特的布光方式从各个角度引进大量直射光和反射光,使走道、书架、阅览室充满柔和明亮的光线。见图4。

图4　西雅图新中央图书馆

夜晚,它像一颗闪烁的钻石。为减少眩光,避免将照明设备安装在幕墙表面,室外照明的灯槽隐藏在建筑表面,嵌入屋顶斜面。温柔的环境光使图书馆夜景带有梦幻色彩。室内照明则按功能需要配备悬吊或嵌装的荧光灯;局部还采用带有欧洲情调的不带灯罩的裸吊灯和落地灯。书库的发光天棚提供了漫反射的无影光。不同的照明手段突出表现不同的功能空间。而夹层铝网和幕墙在夜间成为室内照明的巨大反射体。见图5~图9。

图5

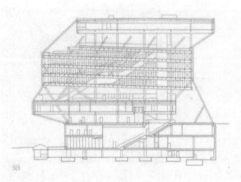

图6

图7

图 8 图 9

照明设计不仅提供水平照度和垂直照度,还运用光波特点表现建筑,营造特定的空间氛围。

法国特洛伊斯市立图书馆坐落在快餐店的停车场后面,周边环境不很理想。建筑师大胆地提出了运用光波的构想:没有围墙,不含一般意义的"立面",透明是最重要的特征!蓝色透明玻璃幕墙;一层用银色、二层用金色的金属网铺就了悬浮天花;建筑内部黄色的流通空间、玫瑰色大楼梯、丰富的藏书,和谐而统一。金色光波像一层面纱笼罩着整座建筑,营造温馨怡人的阅读氛围,光线透过光滑

图 10

透明的玻璃洒向室外,灯光赋予建筑特殊的气质。房屋的建筑语汇在黑暗降临后清晰易读。该建筑的照明设计强调建筑外轮廓、线条、韵律和协调;灯具布置满足照明要求,并突出表现建筑内部布局特色。建筑照明采用高色温荧光灯(白光),与周围环境照明低色温(黄色光)形成对比,产生戏剧性效果,引导人们为之驻足,踏进这神圣的殿堂。见图10~图12。

图 11 图 12

瑞士苏黎大学法律系图书馆是由实验楼扩建的图书馆。中庭内有六层椭圆形环廊自下而上层层扩大,形成一个倒锥形空间,巨大的拱形脊梁支撑天窗屋盖。它不仅是结构构件,还是光线的折(反)射面,光线由此可以渗透至建筑深处。天窗安装的遮阳系统由液压控制,

可以调节日光及音响效果。随着太阳的移动,室内空间产生明暗变化。照明控制系统维持所需的光环境和调节气氛。照明灯具是荧光灯管,它隐藏在玻璃顶周围的灯槽内。而每层挑廊底部,栏杆衬板下的光源则负责书架及走道照明。见图13~图17。

图13　瑞士苏黎大学法律系图书馆

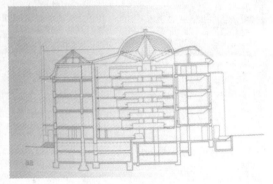

图14

　　阅览桌紧靠中庭栏杆,是一个连续的圆环面。栏杆内侧,桌面的前上方设有可独立调节的人工光源。苏黎大学法律馆做到了用最少的能源产出最大的优质光。

图15

图16

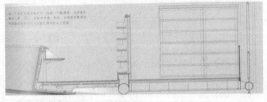

图17

　　建筑工程有一个完整的过程,从创意、设计、施工直至竣工,任何一个环节都必须认真对待,切勿掉以轻心,以免功亏一篑。建筑师、业主应该和照明工程师在审美目标上达成共识,依靠照明技术使效果图的场景生动地展现在人们眼前,完成设计构想。

　　现代图书馆中,博学与精深兼容,传统与时尚共存,图书馆的形象要表达其丰富内涵,图书馆设计要有个性。图书馆不仅是地标,还起着传承城市文脉的作用。光环境设计是表达建筑师的设计理念和艺术追求的重要手段,建筑师和室内设计师都应该重视和参与光环境设计,塑造优质空间环境,优化自己的作品。

光环境代表着光文化。光影和色彩精细微妙的混合,艺术、建筑和光相辅相成,配合默契。光环境提升建筑和地区的文化价值,展示社会和国家的科技水平。

参考文献

[1] 大连理工大学. 建筑细部. 建筑细部,2005
[2] 清华大学. 照明设计. 照明设计,2006

书架旁的方凳座椅

陈格理

摘　要: 书架封板旁的座椅(方凳)是许多图书馆中较特殊却不受注意的阅览座椅。本文试图从一些案例中讨论这种座椅的适用性和设置性,并说明其在服务工作中所产生的一些冲突,其中的行为因素与环境条件是较主要的项目。希望能借此为馆方和设计者提供一些设置这种座椅时的参考数据。

关键词: 图书馆建筑　阅览空间　阅览桌椅　方凳

图书馆是一个提供阅读活动的场所,设置阅览桌椅是十分自然和必要的。阅览桌椅安排的好坏不但会影响到读者的活动,也反映着馆方对读者的服务工作。图书馆中的桌椅会依其种类、位置、形式、数量和安排方式呈现不同的服务性。馆内桌椅的设置是以提供阅读设施为目标,但应以不妨碍或影响到他人的活动为前提。因此,便可就此对图书馆中的各种桌椅加以检视,书架封板旁的方凳(座椅)便是一个有趣的对象,因其正好触及这个观点。

一、现况

许多图书馆在书架旁设置座椅,为拿到书籍的读者提供一个能就近坐下来阅读的机会,反映着图书馆对阅读方便性的重视。在此理念下,有些图书馆就在书架端的封板旁直接设置一个方凳或座椅(图1),希望借此达到服务的效果。但方凳的服务性与读者的方便性之间所产生的关系,却往往被馆方和设计者所忽略。

根据个人的观察,封板旁的方凳很少出现使用的情形。香港的中央(公共)图书馆是一个完成不及十年的新馆,读者的使用率极高。该馆在各楼层书架的四周都设有阅览桌椅,在书架的封板旁设有方凳。当四周的阅览桌椅全被占用时,便有读者会坐在这些方凳上看书(图2),这就会对走道上的行动产生一些影响。有许多读者了解此一情形,宁可在旁站着看书,非到十分必要(如脚酸)时才会去使用那个位子。

作者简介:陈格理,台湾东海大学建筑系系主任,教授。

图1　首都师范大学图书馆　　　　　　　图2　香港"中央"图书馆

　　另一个情形出现在台北市立图书馆总馆的儿童室中。不同于香港"中央"(公共)图书馆的状况,在儿童室的读者并不多时,就有孩童坐在封板旁的方凳上阅读书籍(图3),人多时更不用说。询问得知,孩童觉得使用那些方凳是很自然的事,并没有考虑到那个位置对其他人的影响。

图3　台北市立图书馆总馆　　　　　　　图4　高雄长庚医院图书馆

二、问题

　　在书架封板旁放置方凳是不是一个好的做法值得讨论。很早以前就在日本公共图书馆的照片中看到这种做法,但却一直没有看到这种方凳被使用的图片。事实上,这种椅子对读者的服务性不容否定。当有人坐在那张方凳上时(除了盘腿而坐),无论他坐的方向如何,都会妨碍到其他人在旁边走动的方便性。即使在无人使用时,方凳的设置也会减少走道可用的宽度(或增加行走的距离)。换言之,设置那张方凳会造成行走上的不便。(图4)

三、设置的原因

之所以会设置这种方凳(座椅),原因可能有以下几种：

（一）补充阅览座椅的不足

当馆方或设计者认为书架旁阅览区的空间有限,而又需要设置阅览桌椅时,便会想到以方凳来取代全套的阅览桌椅。在封板旁设置方凳最实际又方便,所占用的空间最少。（图5）

（二）为行动不便者考虑

在公共图书馆中,行动不便的读者(银发族、残疾者或孕妇等)在拿书找书时,会特别重视和需要附近就有阅览桌椅的服务。换言之,书架旁座椅的方便性是对行动不便读者服务的一个重点。

图5　台北市石牌公共图书馆

（三）特殊的吸引力

基本上,除了儿童的阅览座椅有特殊的尺寸之外,成人的阅览座椅几乎都是同样的大小尺寸,特别是在高度方面。在不考虑与阅览桌的配用情形下,如果阅览椅的高度降低些,则会有较高的舒适度与使用性(沙发椅就是一个例子)。图书馆中多设置一些较低、较舒适的座椅(如软垫方凳),对读者而言,会有着特殊的吸引力。

四、错误原因

虽然馆方或设计者在服务读者方面有着良好的出发点,但却会因为以下的一些认知和做法而导致不同的结果。

（一）方便性的意义

图书馆为读者所提供的服务中,方便性(或便捷性)与安全性是不可或缺的重点。在安排馆舍的空间、设施与家具时便常会以这些重点来考虑。在图书馆中,基本上一个家具的设置应以满足使用者的需求为目标,但此一目标的达成也应顾及该家具在使用时的影响性。当某一对象的设置会影响到其他人的安全或便利性时,该项对象的设置性就应加以检讨。

（二）尺度的估算

书架封板旁的方凳,其尺寸通常是 60 cm×50 cm 或 50 cm×50 cm,这样的方凳在放置后就占用到走道的空间,无形中增加了书架的长度,造成读者在转到下一个书架找书时的回转距离。又因为方凳的高度不高,读者在回转时可能未注意到它的存在。当读者坐在方凳上时,他(她)的腿部很容易占到一些走道空间,这又增加了其他人在绕行或行进时的不便,特别是在走道空间已经不足的情形之下。

（三）空间的不足

缺乏对环境条件的考虑,在宽度不足的走道旁设置方凳是一个错误。曾有图书馆在较宽的走道旁设置方凳(图6),这似乎不会造成行走上的问题。认真地思考一下,如果走道的宽度够,就应该直接在走道的另一侧设置阅览桌椅或阅览椅(休闲椅)(图7),这非但不会造成行走上的困扰,服务的效果可能会更好。

图 6　中国社科院图书馆

图 7　加州圣塔摩尼卡公共图书馆

（四）错误的安排

空间足够仍然会出现不当的安排。某大学图书馆曾出现在封板旁设置方凳，隔着走道又设置阅览桌椅的情形（图 8）。这样的安排明显地反映出馆方或设计者对阅览行为与桌椅配置的认识不足，显示方凳的设置是一种错误或过度设计（Over-design）的结果。在这种情形下，读者怎么会去利用那些方凳？

（五）照明的考虑

馆舍对读者的照明服务会因区域性质的差异而有不同。一般书架区的照明是在 300 lx 左右，而阅览区的照明应在 500 lx 左右。在书架旁设置

图 8　新竹"清华大学"图书馆

方凳时，书架区的照明是否考虑到并合乎阅览的要求则是许多图书馆都未曾注意到的。

五、设置时的考虑因素

根据上述说明，若在封板旁设置方凳或阅览桌椅时，应注意以下几点：

（一）不应在封板旁设置方凳或座椅

不论书架的端处设不设置封板（国外图书馆的书架常不设封板），都不应在封板旁设置任何形式的座椅或方凳（图 9）。这不但会占用走道的面积（宽度），也会影响读者在书架间穿梭、转折的方便性与安全性。若想达成如同方凳的服务性，可用其他方式来完成。

（二）区域的性质

在不同类资料的书架旁，设置的桌椅也应有所差异。在查阅性数据的书架（如期刊、参考区）旁，宜设置阅览桌椅或休闲椅。在一般图书区中，书架旁的座椅可以强调休闲性。（图 10）

图 9　瑞典斯德哥尔摩公共图书馆

（三）座椅的面向

书架旁的座椅有的是面向走道,有的是侧面向着走道。如果是椅面朝向走道,则走道的宽度应较宽,至少在 90 cm 以上。不然,当人们坐下时,双脚外伸则很容易占据走道的一些面积而影响到其他人行动的方便性。(图 11)

图 10　逢甲大学图书馆　　　　　　图 11　新竹教育大学图书馆

（四）座椅的形式

在书架区的一端设置阅览椅时,可以考虑设置长条形的座椅、沙发椅或休闲椅(图 12)。在两行书架之间也可以依其宽度设置不同形式的座椅(图 13),但过于俭朴的安排也非服务之道(图 14)。

图 12　台北市立图书馆　　　　　　图 13　同济大学松江校区图书馆

图 14　成都市公共图书馆　　　　　　图 15　逢甲大学图书馆

（五）阅览照明

书架区有其规定的照明要求，书架区中如有阅览桌椅，该区域的照明程度应比照阅览区的要求。

（六）变通性的商榷

有的图书馆在参考区低书架的封板上特别加设了同样材质的座椅（图15）。因为考虑到座椅对走道上行人可能的妨碍，设计者特别将其安排在走道上柱子的位置，而不会占用到走道应有的宽度，但是这个做法并没有解决读者在书架间回转路径过长的问题。在参考书区中，低书架的功能之一在于其顶板可作为放书（展开书页）之用，徒然增加封板旁的座椅，却并没有提升其在查书服务上的功效。

六、相似的议题

另一个相似的情形是在书架单元间设置阅览座椅。近几年在不少图书馆中陆续出现这种做法，因为这种做法所产生的结果和前面所讨论的问题非常相似，亦值得加以重视。

在书架单元间设置阅览座椅，目的是希望读者能就近坐着看书，避免拿着书籍来回出入书架和座椅之间，以方便读者的阅读工作，用意是很好的；但问题出在座椅的位置和空间大小。一般书架单元的宽度是 60 cm，长度是 90 cm。在书架的纵长向设置一个背靠着书架，面朝另一个书架侧边的座椅（侧坐形态），因为会受到书架长度（单元数）、走道宽度、照明方式和书架结构的影响，这种方式未曾被利用过。反倒是以正坐的形态在书架单元间设置一个座椅，即读者坐着背向着一个走道，面朝向另一个走道。书架间走道的宽度如果在 90 cm 以下，读者坐在座椅上其坐姿就会影响到其他人在走道上的行动（图16～图18）。这不是一个真正能提供服务并富于创意的表现，只有在很少人使用的图书馆中，这种做法才不会造成问题。

图16　新加坡大学图书馆

图17　明道大学图书馆

图18　台北北投公共图书馆

七、结论

在图书馆中设置阅览桌椅是一个很基本、很重要、很普遍的服务工作,桌椅的选择与安排方式会形成馆舍的特色与吸引力。图书馆在阅览桌椅的设置上出现一些纷乱的情形,问题之一在于馆方并不重视阅览桌椅的服务性,馆方从不评估桌椅的使用性与成效,仿佛放置了桌椅读者就会自动去使用,也不会产生问题。阅览桌椅的设置有其应该注意的项目和重点,当设计者不了解读者对阅览桌椅的使用性与需求,馆方又普遍缺少对阅览桌椅的重视与检讨时,积非成是和盲目抄习的结果,使得图书馆中出现了一些唐突与不适当的桌椅,书架封板旁的方凳(座椅)就是一个明显的例子。

基本上,书架旁的座椅是一个重要的服务设施,馆方和设计者对其形式和位置应该有完整的思虑和做法。虽然想要为读者提供就近阅读的场所,但封板旁的方凳(座椅),不论是否被人使用,都会因其位置而造成他人在出入、转向或行走时的不便,减损其原先的服务美意。此外,在书架单元之间设置的座椅也不是一个能真正发挥服务功效的设施。馆方和设计师在处理书架旁(间)阅览桌椅的规划时,应该更慎重和积极地从使用行为和环境条件上加以思考。

大学图书馆资讯共享空间的理念及建置

杨美华

摘　要： 后 Google 时代，大学图书馆面临更严峻的考验。资讯共享空间系透过图书馆实体空间的重新配置和虚拟空间资讯、技术与知识整合的服务，以及研究与学习的指导，给读者提供一个"一站购足、一步到位"，连续性且动态之资讯服务与合作学习的共享空间。资讯共享空间已成为大学图书馆发展的新潮流，馆舍的建筑和配备应融入 IC(Information Commons)的元素。本文首先说明资讯共享空间的意涵、目的与发展趋势，其次析论分析资讯共享空间的特性与结构，最后比较台湾地区大学图书馆资讯共享空间建置的情形以探讨资讯共享空间对图书馆建筑的启示及建议事项。

关键词： 大学图书馆　资讯共享空间　学习资源中心

前　言

后 Google 时代，大学图书馆面临更严峻的考验。随着资讯科技的发达，越来越多的资讯以数字化形式在网络环境中快速且分散地流动。大学图书馆不但面对更多元且快速变迁的资讯需求，也必须能将分散各处的资讯加以整合，以提供更主动且完善的资讯服务。因此，新的资讯服务模式应运而生。

"资讯共享空间"(Information Commons)简称 IC(或译为信息共享区、资讯市集)，又称为"学习资源中心"(Learning Commons)，系透过图书馆实体空间的重新配置和虚拟空间资讯、技术与知识整合的服务以及研究与学习的指导，给读者提供一个"一站购足、一步到位"，连续性且动态之资讯服务与合作学习的共享空间(何颂英、于静，2006；施强，2007)。

资讯共享空间已成为大学图书馆发展的新潮流，馆舍的建筑和配备应融入 IC 的元素。本文首先说明资讯共享空间的意涵与目的，其次分析台湾地区大学图书馆资讯共享空间建置的情形。

一、资讯共享空间的意涵与目的

20 世纪 90 年代初期，因应资讯科技与资讯量的快速发展，以及读者对资讯寻求与资讯

作者简介：杨美华，台湾政治大学图书资讯与档案学研究所教授。

科技使用习惯的改变与需求量的增加,欧美大学图书馆开始提出新形态的资讯服务模式,即所谓"Information Commons"的资讯共享空间概念。1999 年,美国 Belmont Abbey College 的图书馆馆长 Donald Beagle 在"Conceptualizing an Information Commons"一文里,为整合性资讯共享空间的发展提供理论基础,以及学术图书馆环境中实务的说明(Bailey & Tierney,2002)。其后相继的理论探讨与实务发展使得资讯共享空间的概念进一步得到阐述与重视。

(一)定义

Beagle (1999)指出资讯共享空间的概念有两个面向:一方面是指一个整合的数字化环境,其透过单一图像使用者界面(Graphical User Interface,GUI)和单一搜索引擎,使读者能取用到最广泛多样的电子服务。另一方面则用来指称一种新的实体空间,其特别被设计来组织围绕在上述整合之数字环境中的工作空间和资讯传递。

继 Beagle 之后,Bailey 与 Tierney (2002)对资讯共享空间的概念提出三个基本类型:宏观的共享空间(Macro-Commons),即资讯世界,特别是网络上的数字资讯。微观的共享空间(Micro-Commons),及电脑或数字科技、周边设备、软件和网络设备高度集中的区域。整合的共享空间(Integrated Commons)系指将研究、教学和学习整合,强调数字化,并融合于图书馆资讯服务中,亦即是一种连续、完整的服务。

美国图书馆学会资讯科技政策办公室(ALA Office of Information Technology Policy)对资讯共享空间有如下定义:确保意见的开放存取与使用机会,其特色在于价值观和准则、组织、实体和通讯基础建设、资源以及社会实践,提升资讯的共享、共有和自由;鼓励人们在民主的论述中学习、思考和参与。(洪世昌,2006)

毛军(2005)认为从狭义来讲,资讯共享空间是一个"网络教室"或"数字阅览室";配置了无线上网的图书馆也可称为资讯共享空间。而广义上,具有网络之不同类型的图书馆,以及"图书馆+博物馆+文化馆+(网吧)网络"也可成为资讯共享空间。

综上所述,资讯共享空间可视为一个结合实体与虚拟空间设备,强调动态资讯服务、资讯流通与互动学习的共享空间。在这样的空间中,包括电脑检索室、讨论室、写作中心、休闲室等,使用者可通过资讯科技的软硬件设备,诸如电脑、扫描仪、打印机、网络设备、检索软件、数字处理软件、网络搜索引擎、开放取用资讯等,以及馆员、电脑专业人员和其他资讯服务人员的协助与互动,来达到资源与意见的交流共享,并形成动态之研究、教学、学习、资讯传递的新模式。

(二)目的

大学图书馆必须随着技术的进步和使用者需求资讯的改变,顺应时代的发展趋势,体现其在校园的价值。资讯共享空间的目的在于支援参考服务、技术咨询与教学需求,培育读者资讯素养,促进读者学习、交流、协作和研究。这样一个空间使人们能共享资讯资源、善用资讯科技、获得参考咨询、进行合作学习、提升研究能力,进而创造新知识。因此,大学图书馆将成为全校的"学习中心和资讯中心",突显其核心价值。(倪代川、任树怀、季颖斐,2008)

二、资讯共享空间在美加大学图书馆的发展

美国 University of Iowa, Hardin Library 于 1992 年设置"Information Arcade",University of South California 于 1994 年建立"Information Commons". University of Washington 于 1994 年成立"Uwired：Center for Teaching, Learning and Technology"，University of Kansas 于 2004 年实行"Collaborative Learning Spaces"计划，Santa Clara University (2008) 亦计划开启"Learning Commons，Technology Center and Library"。

University Carolina at Charlotte，North Carolina 在 1999 年春天开放"The Atkins Library Information Commons"，此项工程由 Don Beagle 负责，其资讯共享空间由咨询台（The information desk）、参考服务（Reference Services）、研究资料服务（Research Data Services）和指道服务（Instructional Services）等部门组成。

加拿大 Dalhousie University 之 Learning Commons 包括下列单元：

1. 参考咨询服务（Reference and Research Services）
2. 咨询台（Desktop Support）
3. 地理资讯中心（Geographic Information Services）
4. 统计咨询（Statistical Computing Consulting）
5. 数据分析中心（Math and Stats Satellite Office）
6. 写作资源中心（Writing Resource Centre）
7. 团体讨论室（Group Study Rooms）
8. 电脑工作站（Adaptive Workstation/Workroom）

三、资讯共享空间的特性

Beagle (2006) 曾经指出资讯共享空间包括三个层次：实体空间（The Physical Commons）、虚拟空间（Virtual Commons）和文化空间（Cultural Commons）。针对资讯共享空间的特性，Robert A. Seal 提出普遍性（Ubiquity）、实用性（Utility）、弹性（Flexibility）和社群性（Community）等面向。"普遍性"指每一台机器都有相同界面和检索电子资源的软件，以整合馆内外电子资源、检索软件与帮助学习的资讯科技。"实用性"指经常更新软硬件设备以期能符合使用者的需求。"弹性"是通过交流与合作学习而能适应不断变动的需求与科技发展。"社群性"则是提供共同合作与交流的空间，不仅有软硬件设备的共用，更有联合咨询服务的合作学习与交流（施强，2007）。

2004 年，美国研究图书馆协会（Research Library Association）指出资讯共享空间的特性有三：研究和电脑协助的可获取性、可以得到图书馆多项服务的"一次购足性"，以及一个包含图书馆馆员、电脑专业人员与其他公共服务的人员配备典型（Spencer，2006）。另外，吴建中（2005）也指出提供具有整合性的一站式服务、提高资讯素养以及推动研究与学习三项资讯共享空间的特性。

因此，资讯共享空间的核心概念与特性正是"开放"与"共享"，强调资讯的自由流动与共同享有。唯有真正具备开放与共享的特性，才能展现普遍性、实用性、弹性、社群性、整合性的特质，并确保取用资讯与设备的便利性，从而进一步提高资讯素养、互动交流与研究学习。

四、资讯共享空间之结构

资讯共享空间是提供网络、电脑软硬件设备以及各种形式资源的空间、资源和服务的有机结合体，其形式依所提供之服务不同而有不同样貌，但基本架构是一致的，皆由实际空间和虚拟空间共同构成。然而,资讯共享空间不是资讯资源和电脑检索室的简单组合,也不是数字图书馆,而是图书馆综合性服务的平台,目的在于维系资讯之创造者和使用者的共享关系,是实体空间、虚拟环境、组织管理和技术功能整合的有机结合体(施强,2007)。

以下从实体空间、虚拟空间、组织管理和技术功能整合四部分探讨资讯共享空间的结构(任树怀,2006;Bailey & Tierney,2002;何颂英、于静,2006)。

（一）实体空间

资讯共享空间的实体空间部分目的在于针对不同读者类型、学习方式、学习目标与需求,来提供配置得当、设施良善、舒适方便的资讯共享和学习空间。由实际空间、硬件设备和服务设施等部分组成。实际空间方面包括馆舍空间、电脑教室、讨论室、独立研究室、指导室、多媒体制作室、休闲区;硬件设备方面包括电脑、扫描仪、打印机、影印机、网络等;服务设施方面包括参考咨询台、残障辅助设施等。

（二）虚拟空间

资讯共享空间的虚拟空间由软件、资讯资源和虚拟环境组成。软件包括文书软件、多媒体处理与播放软件、通讯软件、统计软件等;资讯资源包括纸本式资源、电子资源、数字化资源、网络资源等,且能将不同形式资源做有效整合;虚拟环境包括数字学习和各种培训课程,目标是在网络环境下营造支持开放存取和共同学习的虚拟空间。

（三）组织管理

资讯共享空间在组织管理部分是由服务组织、服务规范和服务评价体系等构成。服务组织方面需要多个部门共同合作组成,包括参考馆员、资讯科技专家、多媒体专业人员、教师等,以提供读者连续性、无缝式的服务,同时必须注意到彼此的职责范围、人力与资源分配、行政程序、读者回馈机制等,以进行有效的管理;服务规范方面注重服务人员的培训,包括工作技能、设备维修、参考咨询、服务伦理、资讯素养等;服务评价体系让图书馆能了解读者对服务质量的感受与要求,进而改善不足、制订培训计划等。

Bailey 和 Tierney(2002)基于组织管理的策略联盟将 Beagle 提出的资讯服务模式再加以扩充,除了原本的参考服务、媒体服务和研究资料服务外,再增加服务台与人员培训,此外,将资讯共享空间置于图书馆的大环境中,并与其他组织单位构成合作关系。

（四）技术功能整合

由于资讯共享空间意在提供读者整合性的服务,因此其结构必须具备整合性,集结实际与虚拟空间,并佐以有效的组织管理,将服务及分散且多元的资源组织整合起来,让读者能更方便地使用。要进行这样的整合,除了图书馆内部需将不同部门进行联结之外,更不能忽略与馆外空间的合作。此外,除了联结馆内外资源,更要进行功能整合,才能真正创造具有弹性、多层次的综合性功能与服务。

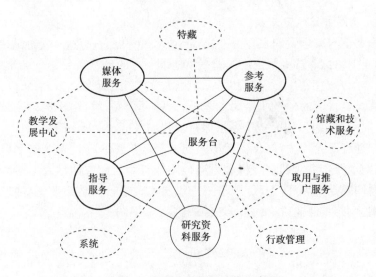

图 1　资讯共享空间功能示意图

（实线表示直接而正式的关系，虚线则是间接且非正式的关系）

资料来源：Bailey，R. & Tierney，B. (2002)．"Information Commons Redux：Concept，Evolution，and Transcending the Tragedy of the Commons." The Journal of Academic Librarianship，28(5)，p280

五、台湾地区大学图书馆资讯共享空间的建置

台湾地区大学图书馆对于资讯共享空间的建置有不同的理念和做法，兹分述如下：

（一）台湾师范大学图书馆 SMILE 多元学习区

因应数字学习时代的来临，台湾师范大学图书馆引进国外大学图书馆资讯共享空间观念，并结合数字学习元素，设立台湾第一个"数字学习共享空间"（E-Learning Commons），命名为"SMILE 多元学习区"，以彰显其整合资讯检索（Searching）、多媒体（Multimedia）、参考咨询（Information）、休闲（Leisure）与数字学习（E-Learning）五大服务之特色（参见图 2）。SMILE 多元学习区之任务在于提供师生一个满足（One Stop）的 SMILE 服务，希望师生带着期待的微笑走进图书馆，也带着满意的微笑离开图书馆。（师大媒体关系组，2006）

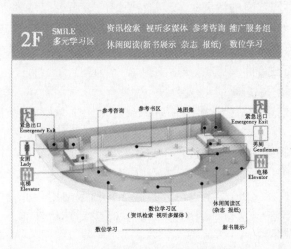

图 2　台湾师范大学图书馆 SMILE 多元学习区楼层示意图

（二）台湾大学图书馆学习开放空间

台湾大学图书馆与教学发展中心引进"Noisy Corner"概念，打造轻松舒适的多元化学习空间。于2006年10月20日将原位于总图书馆地下一楼的自习室D区改造成"学习开放空间"。学习开放空间乃是引自国外校园"学习资源中心"（Learning Commons）的概念，在图书馆强调安静阅读与自习的一般使用要求之下，另辟一个可以自由轻声讨论的空间。这种空间又称为"Noisy Corner"，以有别于要求保持安静的"Quiet Corner"。

空间内部规划有四大区块，包含咨询小间、会议室、投影区与沙发区四个区域。咨询小间，主要提供个别学习咨询活动；会议室，为进行团体咨商与相关活动之用；投影区，可供创作者公开播放原创视觉作品；沙发区，乃是一个供学生轻松自由地阅读、上网搜寻资料或三两聚集进行小型读书会、课业讨论、语言交换的空间。（如图3）

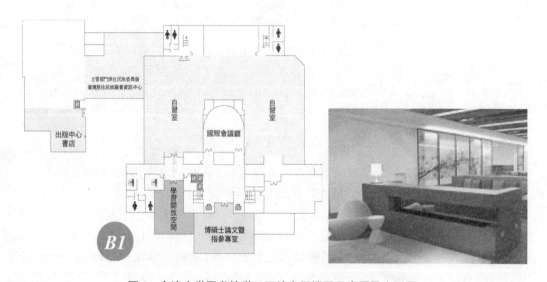

图3　台湾大学图书馆学习开放空间楼层示意图及实际图

在空间设计方面，采用"线性设计、花园意象"的概念，天花板采用原木、出风口与空隙交错的方式，呈现具有不同节奏的活泼意象；原本平铺的地面改以阶梯方式区隔空间区块，在强调渐进提升之意象的同时也兼顾无障碍设计的理念。区隔会议室与投影区的玻璃拉门，以及服务台玻璃，都绘有树木形象之彩绘图形。这些设计以及以半透明中空板隔开的咨询小间，都兼具隐秘性与融合性的功能。（活动报道，2006）

（三）台湾中正大学图书馆ELITE数字舒活区

台湾中正大学图书馆为了让学生更加认识及利用图书馆资源，效法国外发展图书馆E化。为提倡E化阅读，数字舒活区整合了多项线上资源，除扩充图书馆原有的资料库内容、增订电子书和电子期刊外，还结合了数字学习中心与语言中心的数字课程教材及线上音乐资料库。

除了丰富的线上资源之外，学生也可以在数字舒活区使用各种硬件设备，如读卡机、扫描仪和打印机等。数字舒活区位于图书馆2楼后方，整体环境舒适，桌面空间很大，可以一边翻书一边查资料。（如图4）

图4 台湾中正大学图书馆 ELITE 数字舒活区实际图

除了自助借还书系统、数字舒活区,图书馆也将规划建置 E 化讨论室,提供投影机、笔记本电脑等数字资源,不遗余力发展 E 化服务,让同学们享有更好的服务。(谢佩君,2007)

(四)辅仁大学图书馆学习共享空间

随着图书馆服务理念的改变,资讯资料的需求及应用,以及学习的多元化,辅仁大学图书馆(2008)特别为读者设立"学习共享空间",将许多服务集中在一处,例如参考咨询、视听多媒体、线上资料库、资料查询等,可以使师生得到更便利的服务。此外也有一般常用的软件(如文书软件、简报软件)和网络打印机,提供一个便利的作报告或小组作业的地方。(如图5)

图5 辅仁大学图书馆学习共享空间实际图

(五)元智大学图书馆数字学习区

元智大学(2008)为了让师生掌握资讯学习的利器,元智大学图书馆一楼设立"数字学习区"提供使用,本区共设有 55 台液晶电脑,提供师生进行学术资源检索、资讯资源利用。(如图6)

图 6　元智大学图书馆数字学习区实际图

六、资讯共享空间对图书馆建筑的启示

Habib（2006）在其硕士论文里提出"大学图书馆 2.0"（Academic Library 2.0）新观念，呼吁学生应把图书馆视为一个与校园及社交生活相关的地方。"图书馆 2.0"要提升资讯服务，需具备创意、以开放社群为基础、注重人际互动、提供使用者交流的平台、共享网上资源等功能（参见图 7）。

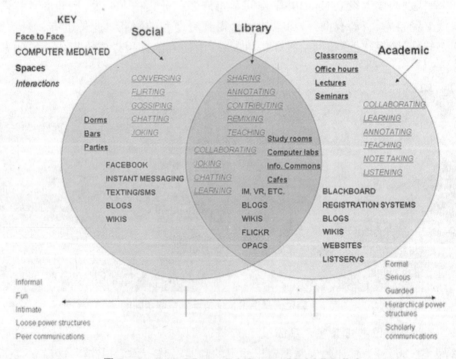

图 7　Academic Library 2.0 Concept Model Detailed

资料来源：Academic Library 2.0 Concept Models (Basic v2 and Detailed). August 22, 2006. retrieved from http://mchabib. blogspot. com/2006/08/ academic-library-20-concept-models. html，2008. 08. 28

Harold B. Lee 图书馆在 Report of the Information Commons Project Team（2003）研究报告中指出，资讯共享空间的设置虽因各大学的需求理念而有所不同，但大致来说，下列几项单元为基本的配备规划：

1. 参考室和学生电脑工作区(Reference and Student Workstations)
2. 协作学习讨论室(Collaborative-learning Rooms)
3. 电子教室(Electronic Classroom)
4. 多媒体工作站(Multimedia Workstations)
5. 咨商室(Consultation Stations)
6. 写作实验室(Writing Lab)
7. 延长服务时间自修区(Extended Hours)
8. 休息区(Lounge)
9. 虚拟资讯空间(Satellite Information Commons)

由以上经验,可以发现图书馆作为一个场域,应该是一个舒适的场所,一个通往研究的通道,能引发学习的兴趣,也是社群交流的好空间。Tierney(2007)总结下列建议:
1. 不宜有太多服务据点。
2. 不要投资笨重、昂贵的家具。
3. 创造社会性空间。
4. 要兼顾安静的学习区和协作团体区。
5. 图书馆利用教育指导教室(Library classroom)宜紧邻 IC。
6. 留意会产生噪音的空间。
7. 关注图书馆的社交功能。
8. 放宽图书馆对饮料食物的政策。

七、结语

不管时代如何变迁,图书馆的发展脉络仍是"资源、空间、读者"的三角关系,资讯共享空间概念的兴起,使读者重新发现图书馆作为一个"社会空间"的重要性和"资讯服务"的必要性。

资讯科技快速发展使得资讯量大增并且造成资讯的快速流动与改变,在这样的环境下,大学图书馆所提供的资讯服务必须更多样化,以更多的创意与整合性服务来提供给读者更丰富的资讯,资讯共享空间的新资讯传递模式带给图书馆和建筑界更多的想象空间。

大学图书馆必须去思考更多服务的可能性,除了致力于资讯取得的便利性、设备空间的美化、合作学习的氛围外,更应着眼于资讯素养的提升与数字落差的弥平,达到资讯自由和资源共享的境界。借由软硬件设备的取用,以及跨越不同功能与行政单位的组织,来提供整合性的资讯服务,并在互动中以合作的方式共同学习,达到资讯的共享、知识的创新。

参考文献

[1] Beagle, D. (1999). Conceptualizing an Information Commons. *The Journal of Academic Librarianship*, 25(2), 82—89

[2] Beagle, D. R. (2006). *The Information Commons Handbook*. New York: Neal Schuman

[3] Bailey, R. & Tierney, B. (2002). Information Commons Redux: Concept, Evolution, and Transcending the Tragedy of the Commons. *The Journal of Academic Librar-

ianship,28(5), 277—286

[4] Dalhousie University Libraries（n. d. ）*Learning Commons*. Retrieved from http://www. library. dal. ca/commons/services. html. 2008. 08. 17

[5] Habib, M. C. (2006). *Toward Academic Library 2. 0：Development and Application of a Library 2. 0 Methodology*. Master Thesis

[6] Harold B. Lee Library.（2003）. *Charge to the Information Commons Project Team*

[7] Report of the Information Commons Project Team（2003）. Retrieved from http://www. lib. utah. edu/misc/bldg_com/docs/04_01_03info_commons_final. pdf 2008. 08. 17

[8] Spencer，M. E. (2006). Evolving a new model：the information commons. *Reference Services Review*，34(2)，242—247

[9] Santa Clara University (2008). *Learning Commons & Library*. Retrieved from http://www. scu. edu/newlibary/. 2008. 08. 17

[10] Tierney. B. (2007) *The Learning Commons Model：Determining Best Practices for Design，Implementation，and Service*. Retrieved from http://faculty. rwu. edu/smcmullen/UNCC. html. 2008. 08. 17

[11] 元智大学-图书资源-数字学习区(2008). 检索自 http://www. yzu. edu. tw/library/index. php/content/view/115/394/. 2008. 08. 18

[12] 任树怀. (2006). 信息共享空间的规划与建设. 图书情报工作,50(5),122—143

[13] 何颂英,于静. (2006). 国外 Information Commons(IC)模式解读. 情报资料工作,5,107—110

[14] 吴建中. (2005). 开放存取环境下的信息共享空间. 国家图书馆学刊,3,7—10

[15] 倪代川,任树怀,季颖斐. (2008). 论大学图书馆信息共享空间的构建. 图书与情报,40—50

[16] 洪世昌. (2006). 图书馆数字学习共享空间规画与实务. 2006 图书馆数字学习共享空间规画与实务专题研习班研习手册. 台北市：台湾师范大学图书馆

[17] 活动报道. (2006). 学习开放空间启用,图书馆不再静悄悄. 台湾大学教学发展中心电子报(20080801). 检索自 http://ctld. ntu. edu. tw/epaper/? p=83。2008. 08. 15

[18] 施强. (2007). 信息共享空间：意蕴、构成与保障. 大学图书馆学报,3,53—57

[19] 媒体关系组. (2006). 兼具传统与创新的台师大图书馆. 师大新闻(20060829). 检索自 http://pr. ntnu. edu. tw/news2. php? no=190。2008. 08. 15

[20] 辅仁大学图书馆学习共享空间. (2008). 检索自 http://140. 136. 208. 7/llib8f/. 2008. 08. 18

大学图书馆建筑的走向

李明华

近 30 年来,中国各大学全都建造了图书馆新馆舍,包括学院及高等职业技术学院在内大约 90%新建、改建、扩建了馆舍。如此大规模的图书馆建设,无论从数量、规模、内涵还是从科技含量,都为世人所瞩目。我们可以从中看到其特点及存在的问题,并预测未来走向。

一、大学图书馆建筑的进步的诸多因素

大学图书馆建筑的长足发展,得益于多种因素和客观条件。

(1) 高等教育的大发展促进了大学图书馆的新建设

改革开放后特别是 20 世纪 90 年代末以来,高校招生规模急速扩大,原图书馆普遍不适应学生成倍或数倍增长的要求,许多地方新建了高校,很多中专学校升格为学院,以及高校合并规模扩大,不少大学迁入新的大学园区,这些都需要新建图书馆,从而汇合成一股前所未有的新大学图书馆建设高潮,而且单体建筑规模都很大。

(2) 改革开放使高等教育管理层对图书馆的观念及要求发生很大改变

改革开放后,大学的校长们都放眼世界,依据图书馆在现代高等教育中的作用而提出了新的更高的要求,图书馆在大学里已不仅是学习资源中心,而且成为网络信息中心、学术交流中心、文化活动中心,是教学科研的重要支撑力量。校领导的重视使得新图书馆建设规模和建设标准都大为提高,其总体格局、设施、环境、管理及人员队伍等方面都前瞻性地考虑。

(3) 经济技术条件的改善,为大学图书馆建设提供强大的物质基础和技术支持

国民经济持续高速发展,国家和地方的经济实力不断增强,用于高等教育的投资大为增加,部分企业投资于高等教育,加上海外人士的资助以及银行给予贷款,使得大学图书馆建设有相对充裕的来源,并能支持新技术、新设备等高投资。社会信息化进程加速,信息网络技术日新月异,建筑科技、新型建筑材料不断推陈出新,都为新图书馆建设提供了支持。

(4) 海外人士的资助与支持对大学图书馆建筑的发展给予很大推动

改革开放以来,港澳和台湾同胞,海外侨胞、外籍华人,捐资帮助中国高等学校建设图书馆遍及各省市自治区,数量极多,不但解决了对高校图书馆项目投资不足的问题,促使许多地方和高校相配合投入资金安排图书馆项目的实施,并且带来了图书馆建筑的新观念,带动了用新技术、新设施装备图书馆,直接推动了一大批大学图书馆建筑品质与服务水平的提

作者简介:李明华,杭州时代图书馆建设咨询有限公司研究馆员,中国图书馆学会图书馆建筑与设备专业委员会顾问。

高,并对其他图书馆的建设产生了示范作用,对全国图书馆建筑水平的提高产生良好影响。

(5) 对图书馆建筑的研究不断深入,理念更新,人性化、科学化、生态化、和谐化

大规模建设使研究有了肥沃的土壤,高校图书馆工作者及大学设计院、建筑院系,构成图书馆建筑研究的主体队伍。不断扩大和深化研究,对规划设计图书馆加以总结,发表论文,出版专著,组织研讨,传播了新理念、新经验,倡导着图书馆建筑理念更新:突出人性化与科学化,以人为本,多元共存,大力开放,扩展灵活性,增强交流功能,优化环境,向生态图书馆发展,走向全面的现代化,建设人和自然和谐的、可持续发展的大学图书馆。

(6) 学术研究交流和专业咨询服务促进了图书馆建筑总体水平和品质的提高

30 年来中国图书馆界、建筑界、教育界对图书馆建筑的学术研究不断深入,高校的研究力量尤其雄厚,成果极丰。对于图书馆建筑的新理念及新的设计实践经验概括,往往出自大学建筑学系教授或大学设计院,他们的新探索,专著、讲授和论文不断给图书馆建筑研究与规划设计带来新风。多年来全国或各省高校图工委组织的图书馆建筑学术研讨、报告讲座、培训咨询等,都为大学图书馆建筑水平的提高作出了很大贡献。

二、大学图书馆建筑的新发展

30 年来特别是进入 21 世纪前后,中国的大学图书馆建筑在许多方面有了极大的进步。

(1) 大学图书馆建筑功能扩展与完善,其品质大为提高

今日所见大学图书馆建筑的面貌发生了很大变化,主要在于功能的扩展完善与建筑品质的提高,表现在:读者阅读研究条件变得更方便、环境更舒适,馆员的工作条件也变得更加宽敞与高效;馆舍的功能已从简单的藏书、阅览、外借,扩展到电子阅览、声像视听、网络资源利用与远程服务,读者教育与读者素质的提高,文化与学术交流,休闲与综合服务等功能。

(2) 将建筑布局与服务管理相结合,大学图书馆的空间组织适应新的需要

在提出新建筑的设计要求时,大多把硬件与软件结合起来考虑,研究服务管理方面的要求,引入新的服务理念和服务模式,把"以人为本"落实到人性化服务之中,着力于向读者提供更方便的服务、更完善的设施、更好的学习研究条件,以及更舒适宜人的环境。空间组织适应新服务管理模式的要求,让读者能方便地在图书馆内流动和获取多种资源,而大开架、藏阅借咨查结合于同一连续通畅的大空间,少隔断或无隔断,这些已日益普遍。

(3) 突出文化建筑的内涵,文化氛围与艺术装饰使大学图书馆更具魅力

越来越多的大学把图书馆作为校园文化建设的重点,聘请艺术家为图书馆的文化装饰精心设计,加以艺术布置,大厅内有主题浮雕或壁画、屏风,甚至安放钢琴,阅览区、休息区的各种书画、装饰、盆景,以及馆前广场的雕塑、小品等,形成高雅的文化氛围,使人赏心悦目,同时也突显出大学图书馆作为文化建筑的特质,既供读者欣赏和调节情绪,又起着潜移默化的感染作用,提升了图书馆建筑的品位。

(4) 信息技术的应用与网络化成为普遍的亮点

许多大学的图书馆成为全校的信息网络中心。各大学都以先进的计算机技术和网络技术及海量存储设备来装备图书馆。有些大学图书馆内电子阅览终端遍布全馆各处,读者随时随地可以上网查询或点播。图书馆的网络延伸到学生宿舍和教师住宅。7×24 h 的远程服务亦已很普遍。近年新建的大学图书馆内无线网已覆盖全馆。大学图书馆应用信息技术的水平一向走在全国图书馆业界的前列,往往引领着潮流。大学图书馆建筑的技术含量越

来越高。

（5）生态图书馆的出现引领大学图书馆建筑新方向

由清华大学建筑学院设计的山东交通学院图书馆，称为中国第一座生态图书馆，是探索绿色生态技术策略并得以实施的一个项目，旨在建成集环保、节能、健康于一体的绿色生态建筑，为广大师生提供健康、美观、高效的学习工作环境，并充分体现人、建筑与自然的和谐统一。该项目获第二届全国绿色建筑创新奖综合奖（公建类）一等奖。其影响颇为深远，成为大学图书馆建筑的新方向。

（6）大学图书馆与公共图书馆合建的新探索

1997年10月1日开放接待读者的金华严济慈图书馆，既是金华职业技术学院图书馆，又是金华市图书馆，并且又是严济慈纪念馆、金华市信息中心，集多种职能于一身，经费由学院和市政府分担，职工为学院编制，运行11年来效果良好。宁波大学园区图书馆既是附近大学共用的图书馆，又是宁波市第二公共图书馆，其建造费用及日常费用均由宁波市教育局出资。深圳大学城图书馆同时也是深圳市科技图书馆，兼具公共图书馆性质。

（7）图书馆方面的参与程度增加，专门的课题研究促进了大学图书馆水平的提高

由于学校领导的重视和大学图书馆自身的争取，加上馆长和专业人员对图书馆建筑的研究达到相当程度，又获得已有建设经验的同行的帮助，许多大学图书馆在建造新馆中能较为深入地参与规划与设计过程，与建筑师反复磋商，在一些重大问题上取得共识，因而对设计方案的完善起到良好效果。有的大学图书馆还将新馆建设申报科研项目，跟踪调研，将研究成果直接运用到规划设计之中，产生了很大作用，其效益大大超出一般。

三、大学图书馆建筑发展中的问题

（1）图书馆的位置

许多大学要求把图书馆放在正对校门或靠近校门的显要位置，以图书馆为大学的象征。虽然这样的安排有其好的地方，但也常带来不利之处：有的离教学区和学生宿舍区较远，有的图书馆大门要朝向学校大门而使师生读者进馆不便，有的使得图书馆的朝向不利。

（2）求高、求"标志性"

把图书馆作为校园的标志性建筑，已成为许多大学的要求。而对于"标志性建筑"内涵与外形的要求各不相同。很多大学校长都要求把图书馆建得很高，而不大考虑读者使用和服务管理。有的为求高而把行政楼放在图书馆的上面。这些显然有违于图书馆建筑的规律。

（3）规模超大

进入新世纪前后，大学规模空前扩大，图书馆的规模也超常发展，2万 m² 的已不算大了，4万 m²、5万 m² 的大学图书馆也在多处出现。一方面觉得教育主管部门多年前对高校图书馆建设规模的规定已不适应，另一方面也有高校图书馆建设规模过大的声音。

（4）空间利用不经济

一些大学图书馆建设规模很大，在设计时对内部空间的安排使用大手大脚，门厅超过1 000 m² 而空荡荡，走廊5 m、6 m 甚至更宽。有的图书馆中庭直达屋顶。

（5）建筑封闭

一些大学图书馆四面全是玻璃幕墙，加上玻璃屋顶，没有或很少有可开启的窗户，成为

一座封闭建筑,不利于通风,光线过强。在运营管理方面也成为负担或可能成为安全隐患。

(6) 缺乏环保节能意识,能源消耗过大

把大学图书馆建成封闭式玻璃建筑,加上高中庭玻璃屋顶,空调负荷极大;高层建筑电梯全天候运行,有的还层层设自动电梯;每层平面进深过大,白天也要开灯。由于设计缺乏环保意识,出现了不少高能耗大学图书馆,违背世界潮流和国家发展战略方针。

(7) 相关规定不能遵循,指导与监管缺失

《图书馆建筑设计规范》(GJG 38-99)及《普通高等学校图书馆规程》中有关规定,本应一体遵照执行,但有的大学图书馆建筑却对某些重要原则不遵循,如不是"建造独立专用的图书馆馆舍",而是将图书馆与其他用房拼凑合一,不是充分"利用天然采光和自然通风"等。教育主管部门对于大学图书馆的规划建设缺乏指导与监管,以致问题建筑甚多。

(8) 研究成果没有广泛应用

多年来对于图书馆建筑的研究,特别是高校图书馆建筑研究的成果颇为丰富,内容涉及许多重大问题及细节,虽然不少高校注意到吸收既有研究成果,但从许多有重大缺陷的图书馆可以看出,总体而言是"讨论研究多,实践应用少"。这当然与建筑师的态度不无关系。

(9) 缺乏对图书馆建筑项目的科学评价与学术批评,导致各种失误的低水平重复

图书馆在大学校园里存在几十年,其优劣所产生的影响是多方面的。而对一座大学图书馆建筑的成败得失如何评价,没有更多的关注,加上对图书馆建筑工程缺乏学术批评,都导致各种缺陷在不同高校形成低水平重复。曾有过对某大学图书馆建筑的使用后评估,但不能得到制度性推广,而且用后评估远没有对设计方案的科学评价与修改完善来得有效。

四、对大学图书馆建筑未来走向的展望

中国在未来 10～20 年内还将有不少大学、学院要新建、扩建或改建图书馆馆舍,期望未来大学图书馆能向更好的方向发展。

(1) 走向以科学发展观为指导理念的可持续发展建筑

科学发展观是指导各项事业发展的总要求,图书馆建设也必须以科学发展观为指针,据以研究确立新理念。我们研拟图书馆建筑的设计原则为:实用、高效、开放、灵活、舒适、文雅、安全、经济、绿色、和谐,期待这些被更多的图书馆和建筑师所接受,付诸实践。

(2) 走向绿色环保的节能型建筑

节能减排为中国的大政方针,并对全世界作出了庄严承诺,其约束性指标列入国家建设计划。大学应走在节能减排的前列,其图书馆建筑应严格执行节能设计标准,采取各种措施,使建筑在生命全周期内节能、节水、节省维护力量及费用,今后都成为环保绿色建筑。

(3) 走向人与建筑、环境和谐的环境友好型建筑

人与建筑都存在于一定的环境之中,又给环境以影响。大学图书馆建筑受校园规划的指导与制约,若设计处理得当,它既能为读者及馆员提供优良的环境条件,又使人在馆内能与馆外自然环境相交融;建筑置于校园特定位置与周围环境相和谐,能增添环境魅力。

(4) 走向以人为本的人性化建筑

以人为本,即摒弃以书为主的旧理念,规划设计以读者和馆员的需求为依归,功能设置、空间布局、服务设施、流线安排都充分考虑人们的使用方便与舒适。建筑为人所用,建筑为人而设计,人性的光辉、人与人的情感交流,应为大学图书馆的内核,力求亲切、体贴、温馨。

（5）走向人文与科技相融合的文化建筑

现代社会到处充斥着机器与科技,图书馆之间的比较似乎就在于计算机与网络。然而,人的智慧、文明之光才应是大学图书馆的灵魂。大学图书馆适应社会文明进步潮流,为师生提供获取人类积累的智慧养分的最佳条件,成为人文精神与现代科技相交融的文化建筑。

（6）走向功能优先、功能与造型完美结合的成功建筑

大学图书馆建筑的价值在于给师生读者使用,进行学习研究和交流,无论何时,图书馆的功能永远是第一位的。希望建筑的造型对于校园产生良好的文化艺术效果,但它不是校园里的盆景或纪念碑,不应外加不是它应承载的负担。希望未来有更多的大学图书馆成为功能与造型完美结合的成功建筑。

参考文献

[1] 公共建筑节能设计标准(GB 20189-2005).北京:中国建筑工业出版社,2005

[2] 绿色建筑评价标准(GB/T 50378-2006).北京:中国建筑工业出版社,2006

[3] 孙金华.信息时代图书馆建筑的软件设计[J].戴利华主编.2003 海峡两岸图书馆建筑设计论文集.北京:北京图书馆出版社,2003

[4] 杨明华.图书馆的服务管理模式与图书馆建筑[J].北京:北京图书馆出版社,375—380

[5] 周进良.大学图书馆建筑使用后评估——以唐山师范学院图书馆为例[J].河北科技图苑,2005(2)

[6] 颜务林,李亚芬.从人文角度分析图书馆建筑中的几种关系[J].浙江高校图书情报工作,2007(3)

[7] 袁镞.简单 适用 有效 经济——山东交通学院图书馆生态设计策略回顾[J].城市建筑,2007(4)

[8] 徐伟明,宁耀莉.高校图书馆建筑生态文化观探究[J].河南图书馆学刊,2007(6)

[9] 李明华.多管齐下力促图书馆建筑科学发展[J].中国科协 2007 年会 12.1 分会场交流论文.2007-09-09,武汉

[10] 李明华.国情和时代要求图书馆建筑又好又省节能环保[J].见:中国图书馆学会年会论文集 2008 年卷.北京:北京图书馆出版社,2008

创新型服务与大学图书馆空间设计

——上海交通大学图书馆之演绎

陈幼华　　陈　进

摘　要：图书馆的空间设计与其服务理念与模式密切相关。本文介绍了当今图书馆服务的变革趋势及图书馆空间设计潮流；阐述了上海交通大学图书馆的新型办馆思想，及基于学科服务与信息共享空间的整合式创新型服务模式；详细说明了在新发展思路及服务模式影响下的图书馆物理空间分布及新图书馆设计布局；概述了上海交大图书馆虚拟空间设计的思想并展望了上海交大图书馆的未来。

关键词：大学图书馆　学科服务　信息共享空间　创新型服务　空间设计

一、变化的环境

大学图书馆是一种文化建筑与景观，也是社会发展及民主的体现。因之，每一个时代的大学图书馆无论在内化的管理服务理念，及外化的空间设计与布局上，都呈现出非常鲜明的气质与特色。当今，信息通讯技术的发展，追求人性化、个性化及用户使用体验的服务意识，越来越多的关于开放、平等、民主的社会呼声，对于大学图书馆的管理理念、服务模式、组织形态、空间设计与布局、图书馆员都产生了强烈的冲击。业界无论从建筑风格到新型服务举措都在说明，当今的大学图书馆确确实实处于一个继往开来的革新时期。大学图书馆服务理念的用户中心化、物理空间布局的通透化与功能的多元化、虚拟信息空间的拓展、图书馆员角色的知识工作者化，都显示着图书馆事业的历史性转变与变化趋势。

在这种转变过程中，出现了许多席卷业界的焦点话题，如开放存取（Open Access）、信息共享空间（Information Commons）、Lib2.0、二度人生（Second Life）、社会网络（Social Networking）、泛在图书馆（Ubiquitous Library）；也出现了大学图书馆空间的重新规划配置，如国外许多大学图书馆的信息共享空间设计，强化了图书馆的多媒体功能及学习研讨功能；国内则出现了许多新型设计的图书馆杰出案例，如国家图书馆二期暨国家数字图书馆、深圳图书馆、深圳大学城图书馆、东莞图书馆等。近年来国内新型图书馆的大量出现，既说明中国的图书馆事业处于一个黄金的历史发展时期，另外也表现出建筑美轮美奂、结构通透宽敞、

作者简介：陈幼华，上海交通大学图书馆人文社科部主任；
　　　　　陈进，上海交通大学图书馆馆长，教授。

设施现代而人性化等特点。见图1、图2。

图1 图2

随着社会的变化,图书馆界的裂变之势会越来越迅速与明晰。2003《OCLC 环境扫描:范式识别》、2005《对图书馆与信息资源的认知:给 OCLC 成员的报告》,及美国高校与研究图书馆协会 2007 年的环境扫描报告《关于学术图书馆及图书馆员的未来十大假设》从趋势、使用状况、需求等方面显示了图书馆必须强烈改变的态势;OCLC 副总裁 Chip Nilges 所言"图书馆界正面临裂解性的变化(Disruptive Changes)"绝非空穴来风。新时期的大学图书馆依然是一种文化符号,但是其内涵与外观布局都在,并将继续发生深刻改变。

二、新形势下上海交通大学图书馆的发展理念及创新型服务模式

图书馆事业的发展趋势及已经出台的新型建筑与举措,都说明图书馆的变革势在必行。图书馆必须使自身具备独特的信息吸引力,证明其对于用户及母体机构的价值,才不会在类似于 Google 这样强劲的信息技术公司的冲击下失去其用户群体。变革必须解决的,一是宏观指导思想问题,具体到图书馆就是其办馆思想或者说发展理念;二是操作方案,具体到图书馆即是其服务模式。自宏观的发展理念至具体的服务模式确定清晰,才会取得效果。上海交大图书馆在办馆思想、服务理念、服务模式、服务内容、空间设计布局、组织机构等方面全方位系统规划与改革之前,调研了国内外图书馆发展趋势及现代图书馆建筑潮流,结合上海交大学科发展特点及未来战略目标,经过深入思考及论证,最终的发展理念可概括为"用户中心、服务至上、技术支撑、人文积淀",而最终的服务模式则可视为学科服务模式与信息共享空间模式的整合体。革新后的图书馆办馆思想及整体服务模式深刻地决定着新旧馆的空间设计与布局。

(一)图书馆发展理念

上海交大图书馆将"用户中心、服务至上、技术支撑、人文积淀"确立为办馆核心任务,是在综合考虑图书馆的属性、职能、服务与未来可持续发展的基础上而提出来的。

1. 用户中心

用户中心,指图书馆由宏观及具体、由外在及内涵的方方面面因素,包括建筑空间、服务设施、文献资源、人员、管理方式等,皆依据用户的需要及方便用户使用的方式来设置,而不是按照图书馆如何管理方便来运筹。以此,将整合上海交大图书馆体系建设成为一个为用户所需所喜的大学公共知识空间。当前,上海交大图书馆大力推行的学科服务,即是基于用户中心的

内涵。以学科用户为中心,将阵地服务与深入院系服务、被动服务与主动服务、基础服务与深度知识服务、物理空间服务与虚拟社区服务联动起来,形成动态的、交互的图书馆服务模式。

2. 服务至上

大学图书馆从本质而论,是一种带有研究性质的信息服务机构。服务是其主导角色,其所具备的研究性质也只是为更好地服务而存在。上海交大图书馆很早就明确了服务主导的发展方向。提供适应用户需求的、高品质的信息服务,是上海交大图书馆追求的目标及一贯的办馆信条。图书馆的人、资源、设施全部依据服务来配置;图书馆的服务效果是其考核的基本。新时期教育环境、经济环境的改变,大学对于图书馆的投资回报率将有越来越多的要求。高品质服务,才是大学图书馆的生存之源与发展之本。

3. 技术支撑

所谓"技术支撑",既是趋势所然,也是传统使然。大学图书馆是信息服务机构,现代信息资源海量以数字形式存在,而数字化生存的新一代用户生活学习社交的许多方面都是基于网络来进行——而且这种类型的用户已逐渐成为大学图书馆的主要读者群体。这些现状要求图书馆借助于高科技设施与先进的数字信息处理技术,来为大学图书馆用户群体提供高品质的知识服务。另一方面,从历史发展来看,上海交大图书馆一直是一个非常关注国际发展前沿、在数字图书馆建设方面有许多建树且不辍追求的机构,具有相当强的技术支撑服务的意识及信息技术服务能力。因而,"技术支撑"既是一种服务传统,也是未来的指导方向。

4. 人文积淀

"人文积淀"则回归于大学图书馆作为文化符号、作为大学公共知识空间的本质。一座卓越的学府,必然建有优异的图书馆。大学图书馆的建筑风貌、馆藏体系皆是大学校园文化的一种象征与代表;大学图书馆的声望即源自于她的建筑、馆藏、馆员队伍素质与信息服务能力。"人文积淀"对于上海交大这样一所以工科见长的大学,更是必需且别具意义。当前上海交大以建成"综合性、研究型、国际化大学"为战略发展目标,并推出各种举措欲建"特色文科"、"世界一流文科"。在此进程中,上海交大图书馆在服务理念中特别关注人文积淀,一方面非常适应于学校整体发展目标;另一方面也是希望通过图书馆的资源与服务来提升以理工类师生居多的上海交大人的人文素养,在一定程度上弥补师生的学科缺陷。

(二)创新型服务模式

近年来,大学图书馆一直在探索如何利用先进的信息技术手段,为学科建设及发展提供更主动深入的知识服务模式。上海交大图书馆在制订新型服务模式之前,对于图书馆业界的一些先进服务模式进行了深入的调研及思考。

1. 学科服务模式

在这种探索过程中,上海交大图书馆发现以学科馆员为主体的学科服务模式是一种与用户建立紧密关联的、非常积极主动的形式。从某种意义上说,学科馆员深入到学科院系的服务拓展了图书馆的服务空间。图书馆的整体服务以学科模式来推行,可以依据学科来集中分配人力、设施与资源,产生对于学科用户的累加服务效应;也深刻地体现了"用户中心、服务至上"的思想。

2. 信息共享空间模式(Information Commons,IC)

IC产生于20世纪90年代初,是一种将纸本资源、数字资源、计算机技术、信息服务等整合于一个相对无缝的信息环境中,为人们的信息需求和知识学习提供一站式服务的高度整合的信息服务模式。Library Journal 杂志副主编 Albanese A R. 先生从"一站式用户体验、可伸缩性、组织变革、交流与互动、协作空间、技术支持"等多个方面总结了 IC 的成功因素。从各种关于信息共享空间的资料来看，IC 侧重于虚拟空间的拓展——对应于当今信息技术发展态势，IC 在数字服务方面无疑具有相当大的优越性。IC 模式在本质上体现了"技术支撑服务"的理念。

3. 上海交大创新型服务模式

学科服务模式与 IC 模式都有各自强烈的优势，且都是大学图书馆界颇受欢迎的服务形式。充分利用这两种方式的优势，一方面顺应了业界发展趋势，另一方面能极大地推进图书馆服务。基于上述考虑，上海交大图书馆最后选择了两种服务模式的整合方式作为自身的服务模式。如此，可实现两种服务模式优势效果的乘法效应，大大区别于传统的图书馆服务。该服务模式的创新型即源于此。依据这种创新型的服务模式，上海交大图书馆将服务理念确定为："资料随手可得，信息共享空间，咨询无处不在，馆员走进学科，技术支撑服务，科研推进发展"。这 36 字的服务理念很明确地表达出新服务模式的深刻含义，与上海交大馆的总体发展思想也非常吻合。

新服务模式直接决定了上海交大图书馆的空间分布与布局：整体图书馆空间分布、资源布局、人员配置是基于学科的多分馆协同服务模式；具体空间则采用了信息共享空间思想与国际通行的大开间、无间隔、三统一（统一层高、统一网柱、统一荷载）的模数式设计理念。许多图书馆业内人士都认为：模数式结构设计、大空间、空间的可变性和使用的灵活性是满足现代化图书馆多功能需求的一个较完美的选择。模数式设计理念符合现代图书馆建筑"大开间、开放式、人性化、灵活性、智能化、多功能"的发展趋势。新服务模式支配下的上海交大图书馆空间分布与设计呈现出全新的格局与发展气象。

三、上海交通大学图书馆空间分布与设计

（一）空间分布

当前上海交大图书馆由四个馆区构成，依据学科各自的定位为：主馆（闵行校区新建图书馆）——理工生医农科综合馆、闵行校区包玉刚图书馆——人文社科综合分馆、徐汇校区包兆龙图书馆——管理与社科分馆、卢湾校区医学院图书馆医学馆。整体上上海交大图书馆体系都依据新型服务理念与模式进行了重新规划与调整：新建筑完全依据"大开间、大开放"的格局来设计；旧图书馆在既有建筑的基础上尽可能实行大开间大开放模式。见图3。

图3

在新的服务模式下,图书馆的文献资源不再如以前通过文献类型,如图书、期刊来集中,而是依据学科来集中包括中外文图书、期刊、工具书等不同类型的文献资源,实现了书刊合一的集中方式;在各学科阅览区域配置相应的计算机设备,以备读者查询学科数字资源之用;而具备相应学科知识背景的专业咨询馆员也被分配于相应学科阅览室中;而传统意义上不具备阅览条件的书库不再存在,借阅合一在新的模式下实现;同时,无线网络覆盖了整个图书馆区域。以此,上海交大图书馆实现了"藏、查、借、阅、参"五位一体的一站式服务提供模式。各学科阅览区采用大开放格局,图书馆采用一门式管理模式,大大节减了人力。

（二）新馆空间设计与布局

新图书馆是上海交大几个图书馆中最现代、最富于潮流元素的一个图书馆。新馆兴建于 2005 年,2006 年 3 月 11 日奠基,建筑面积约为 3.5 万 m^2 ,2008 年 9 月正式投入试用。新图书馆建筑为法国人设计,属于比较自然简约的欧式建筑风格。因为是新式建筑,新图书馆无论外观建筑还是内在设计,全部是采用现代图书馆设计理念来布置,呈现出独特的建筑风格特点,具有相当多的新型设计元素。见图 4。

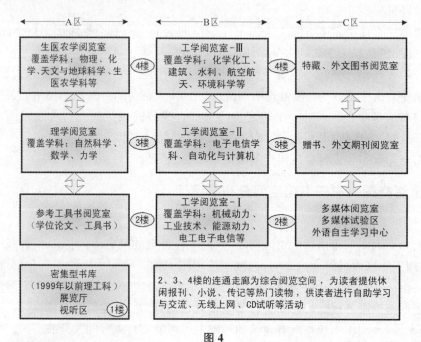

图 4

1. 建筑风格

◆ 大开间、大开放的通透格局

新图书馆的 9 个全开放式阅览室每个面积为 1 700 m^2 左右,且采用挑空式建筑方式,非常开阔,适用于大开放式的阅览室管理。从顶层挑空处向下看,各楼层读者阅读学习的情景即入眼帘,容易形成互动的学习氛围;并且具备了现代图书馆建筑的通透之感,亦适宜于未来的重新规划及改造。见图 5、图 6。

图5   图6

◆ 现代华丽中蕴含典雅宁静

新图书馆的五个学科阅览室采用的是现代型的书架桌椅,适应于读者常规性的阅读学习;挖空立体圆形灯孔设计,与光洁的大理石地面相互映衬,凸显现代建筑的华丽之风。另有三个阅览室则是经过精心设计与雕琢,以适应于其存放的特殊文献性质与特定阅读研究氛围的需求。其中,特藏阅览室C4引入了欧式古典与中式古典相结合的上海石窟门风格,石窟门内布置的为明式古典书架桌椅;石窟门外为欧式古典家具;后墙摆放的为装饰性的中国结式书架;地面铺以淡雅的地毯;加之镂空式建筑及轻风涌动的开阔玻璃窗,整个阅览空间空灵而高雅,恍若一个艺术殿堂,具有非常浓厚的文化气息及文化象征意味。读者在此很容易获得一种从外至内的圣静之感。赠书与外文期刊阅览室C3采用现代欧洲风格装饰,家具材质采用品质很高的桃花芯木,加之桌椅摆放疏落有致,整个阅览室简约典雅,临窗眺远,颇有宁静致远之感。参考工具书阅览室A2同样是一个线条明朗现代、桌椅古雅、颇有怀古之意的区域。不同楼层之间以旋转楼梯相连,给整体空间平添一分灵动。这三个阅览室的设计,给整座现代化的图书馆大楼增添了古朴的文化魅力,动静之间,彰显了图书馆知识殿堂与现代信息中心的双重角色。见图7、图8。

图7   图8

2. 新型设计布局元素

新型设计布局元素除了上述的大开间、大开放格局,另外包括书刊合一、借阅合一、一站式服务、区域丰富、无线网覆盖、自助服务、标识系统统一清晰、一门式管理、楼宇管理智能化等。

◆ 书刊合一：新馆五个学科阅览室中，与学科相关的中外文图书、中外文期刊、工具书皆依据学科集中于同一阅览区域，以便读者同时获取相关的图书、期刊及参考工具书。

◆ 借阅合一：新馆五个学科阅览室全部采取大开间开放式借阅模式，借、阅资源集中于相同区域，以色标的方式来告之读者资源是否可借出。与以前以书库、阅览室来区分图书的借阅性质大不相同。

◆ 一站式服务：将文献资源、计算机设施、人员全部依据学科来分配集中，以便读者在同一学科阅览室即可获取计算机查询、阅览、外借、参考咨询多位一体的一站式服务。

◆ 区域丰富：新馆总体区间可分为比较安静的阅览区、富于文化意味的展览区、现代的多媒体区、交互式的互动研讨区、舒适休闲的咖啡区。后三种区间为新型服务区间，主要设有小组讨论室、课题研究室、多媒体试验区、多媒体制作室、多媒体演播室、外语自主学习中心和休闲咖啡区，能满足新一代读者多元化学习需求。

◆ 无线网覆盖：新馆所有区间全部采用无线网覆盖，以便读者自带电脑在任何区域都可获取图书馆资源与服务。

◆ 自助服务：新馆引进了先进的自助设备，为读者提供自助借还书、打印、扫描、复印等服务，非常人性化及现代。

◆ 标识系统：作为楼宇人性化的考虑，新图书馆启用了统一、明确的标识系统，这包括各阅览区域的标识、楼内场所标识、书刊架标识等，为读者指明方位与内容。

◆ 一门式管理：新馆各阅览区采用大开放式管理模式，读者只需进图书馆大门时刷卡，到阅览区域无需刷卡；大大区别于以前同一图书馆的不同阅览室各自为政，每进一个门就得刷一次卡的繁琐的管理方式。

◆ 智能化楼宇管理：在楼宇的管理上，新图书馆运用先进技术设备，进行智能化管理，如办公区域、电子阅览区的智能管理。

另外，新馆内部还考虑了许多人性化布置，如在某些区域摆放雕塑、油画、人像等艺术品及绿色植物与花卉，以诙谐机智的语言做了许多温馨提示，营造富于美感及亲和力的学习研究氛围。

通过这些新型设计的应用，新图书馆已具备相当丰富的现代元素，非常符合新一代读者尤其是数字化生存一代读者的学习、研究、社交及生活习惯。图书馆不再是一个庄严的、静态的、缺乏亲和力的知识殿堂，而是一个通透现代、炫动多元、装备先进、功能丰富的学习交流中心与研究支撑平台。

（三）包玉刚图书馆新布局

基于学科的规划，包玉刚图书馆被定位为人文社科综合馆。虽然是旧建筑，但包玉刚图书馆基本上也是采用大开间、大开放格局的一门式管理。书刊依据学科分置于不同学科阅览室；取消了书库，实现了借阅合一的开放模式。各学科阅览区实现了纸本、电子、咨询馆员等服务资源的一站式整合，学科读者可同时获取藏、查、借、阅、参五位一体的有机信息服务。见图9。

包玉刚图书馆在重新规划设计时，将部分区域定

图9

义为师生的研讨空间,旨在打破传统既往静态图书馆的风格,更多引入交互元素,以推动上海交大人文社科研究者的文化交流与创新。同时,包玉刚馆位于幽美的思源湖畔,景色宜人,形成了"书在湖边、湖在人前"的心旷神怡之景象,非常适宜于文化研究交流及创作灵感产生。适应现代人生活习性的元素融入沙文性质很强的藏书之中,包玉刚图书馆的功能因为这些改变被重新定位为上海交大的文化沙龙中心。

（四）虚拟空间设计

数字图书馆建设已成为现代图书馆整体建设中非常重要的一部分,国外有些图书馆甚至在向 e-only 方向发展。因此,现代图书馆建设不仅是物理空间的规划布局问题,虚拟空间的设计也是越来越重要的组成部分。尤其对于数字化生存的新一代读者,网络是他们生活中不可或缺的一部分。大学图书馆必须在数字图书馆建设、虚拟空间设计方面作出更多的努力,才能吸引或保持这些未来的主流用户群体。

上海交大图书馆在整体空间设计上都是基于当前校园最受欢迎的信息共享空间模式。信息共享空间是一个物理空间与虚拟空间的统一体,最终目标是为读者提供一站式无缝信息整合服务。上海交大图书馆在数字图书馆建设方面一直紧跟国际发展趋势并处于国内数字图书馆发展前沿,做了相当多的数字资源建设与资源整合工作。如上海交大图书馆自行研制的全文电子资源整合检索系统(ERSA),提供了关键词检索及按字顺或学科的浏览查询方式,并显示电子期刊是否 SCI、EI、CSSCI 等的来源刊信息及期刊的影响因子,同时提供全文链接,方便读者查找全文电子资源。而上海交大基于 SFX 的学术信息资源检索系统提供跨库检索、个性化定制等功能,极大地简化了读者的电子资源使用难度。

信息共享空间(Information Commons,IC_1)所涉及的整合主要在于实体与虚拟的资源、设备、服务的一站式获取;上海交大图书馆目前正在探索一条推动科技创新的虚拟空间设计之道,欲通过新技术应用、新型网络设施、新型虚拟交互机制等来形成虚拟创新社区(Innovation Community,IC_2),实现知识创新的乘法效应,达成 IC^2@SJTUL$(= IC_1 * IC_2)$创新型服务。当前创新社区作为非常超前的一种理念,其创建模式及实现方式还在思考与探索过程中;但是,其必然具备几个基本形态:

◆ 知识的深入描述、揭示、多维表示、广泛关联与基于需要的组合。知识的深层描述揭示与聚合是创新社区形成的基础。在此之上,才能以自由分散的形式取得主题知识。

◆ 智能式知识发现与交互。知识发现、交流是创新的基础。创新社区具备智能式知识发现与泛在交互的机制,为创新提供基础支持。

◆ 知识、人、设施基于知识网络的情景关联。创新社区的智能知识发现功能可将与一定情景相关联的知识资源、人、设施等集中在一起,合力推动某一种知识发现或创新。

◆ 虚拟协同机制。社区中的知识创新是一个不断协同激荡的过程。在某一种知识创新的不同发展阶段,虚拟协同机制使不同的人、资源、设施协同于不同过程,并不断迁移升华,形成最终的创新成果。

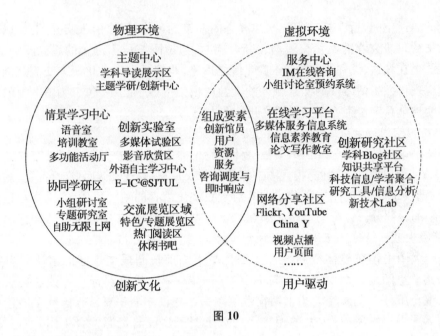

图 10

四、上海交大图书馆未来之展望

大学图书馆是一种顺势而动的有机成长体,其未来形态不能一概而论。但是,有两个趋势必然存在:

(1) 图书馆只以其独特性而存在,无论是纸本图书馆还是数字图书馆。换言之,未来特定机构的图书馆既可能为复合态图书馆,也可能就是纯粹的虚拟图书馆。其形态取决于其资源服务体系的独特性与不可替代性。

(2) 数字图书馆将是任何形态图书馆不可或缺的重要构成部分。从青少年一代的生存特点、信息技术之发展、教育环境的改变、学术交流体系的重塑等,无论哪一方面来看,这种趋势都是毋庸置疑的。

在可展望的上海交大图书馆的未来,她将仍以复合形态而存在。未来上海交大图书馆将跟随学校"综合性、研究型、国际化知名大学"的战略目标而发展,努力打造国际化研究型知名大学图书馆。图书馆的物理空间设计将更加现代化与智能化,具备上海交大独特的文化特色,功能也更加丰富与多元,交互、研讨的氛围更加浓厚。同当前图书馆物理空间因服务而变一样,未来图书馆的物理空间会因为社会的变化而出现更多变数。但是,便捷性、智能性、文化性、效用性依然是其发展趋势。虚拟空间将是未来上海交大图书馆变化最为显著的部分。虚拟空间中的数字资源将海量增加,基于知识的智能化描述揭示方式将出现,交互机制将更为智能灵活,具备较强的情景感知能力。在未来的泛在知识语境中,上海交大图书馆的虚拟空间将作为一种独特而不可替代的、对整体知识语境富于贡献性与交互性的学术知识社区而存在。未来上海交大图书馆员作为信息专家的角色将更加突出,具有更广博的知识、技能与智慧,能快速响应用户的信息需求。其工作一方面会极大地幕后化,处理繁重的知识组织发现工作;另一方面,又会极大地幕前化,为读者提供及时有效的信息指导与帮助。其工作机制也将更为智能,只是因需而现、适时而现。

参考文献

[1] Environmental Scan：Pattern Recognition.（2003）. http://www.oclc.org/reports/escan

[2] Perceptions of Libraries and Information Resources.（2005）. http://www.oclc.org/reports/2005perceptions.htm

[3] ACRL.（2007）. Environmental Scan. http://www.ala.org/ala/mgrps/divs/acrl/publications/whitepapers/whitepapersreports.cfm

[4] 张晓林. 重新定位研究图书馆的形态、功能和职责——访美国研究图书馆纪行. 图书情报工作，2006(12)：5—9

[5] 戴维民,孙瑾. 论信息共享空间. 中国图书馆学报，2007(4)：22—25

[6] Andrew Richard Albanese. Campus Library 2.0：The information commons is a scalable，one-stop shopping experience for students and faculty. Library Journal，4/15/2004. http://www.libraryjournal.com/article/CA408330.html

[7] 刘广明. 图书馆如何在建筑中体现以人为本理念. 河南图书馆学刊，2006(3)：129—130

[8] 张晓林. 重新定位研究图书馆的形态、功能和职责——访美国研究图书馆纪行. 图书情报工作，2006(12)：5—9

从武汉大学图书馆建筑看中国传统建筑文化的传承与发展

摘　要：文献典籍的收藏和传衍依托建筑载体。图书馆既是承载独特功能的建筑体，又是文化知识积聚和文明传承的形象体。大学图书馆建筑应当是建筑符号与实际效用的完美结合，是大学文化地域特征和图书馆独有的文化内涵的有机统一体。本文试图通过对中国图书馆建筑的历史渊源回顾，以及武汉大学的几代图书馆建筑风格及其历史发展轨迹，来探讨现代高校图书馆建筑如何传承与发展中国传统建筑风格和文化内涵的问题。

关键词：图书馆　建筑文化　传承与发展

中国历史悠久，拥有灿烂文化；中国人历来重视历史文化知识的传承与发扬；历史文化知识的传承载体——典籍丰富、卷帙浩瀚，"若玉之珍贵，若海之浩瀚"。我国劳动人民为了保存、传承这些浩瀚丰富的历史文化典籍，从民间的零星收藏，到官方的藏书楼，再到今天遍布城乡各处的图书馆，经历了漫长而又曲折的发展历程。今天的图书馆建筑必然会带着文明古国的历史烙印，表现出深厚的中国传统文化内涵，特别是作为文化知识积聚和文明传承的高等学校，这种历史的传承和延续尤为明显。

文献典籍的收藏和传衍依托建筑载体。图书馆既是承载独特功能的建筑体，又是文化知识积聚和文明传承的形象体。大学图书馆建筑应当是建筑符号与实际效用的完美结合，是大学文化地域特征和图书馆独有的文化内涵的有机统一体。人们对图书馆的认识、接受和依赖，首先源于图书馆的建筑外观、环境设施、空间布局等外在因素的吸引。由于各个学校的地域特征、办学历史、规模大小、专业属性等都不相同，其文化积淀、办学的目标定位等也不相同。因此，各个学校图书馆建筑所代表的文化内涵也各不相同。在一座新图书馆的孕育、诞生和成长中，只有具有较高文化素养的建筑师，对一所大学的文化底蕴、图书馆的文化内涵等特质有深刻的体会和理解，并与图书馆人的智慧和创造力，责任感和使命感有机结合，才能设计建设好一座既秉承学校文化传统，又适应时代发展、适合大学办学需要的新型图书馆。

一、中国图书馆建筑的历史渊源

中国图书馆建筑的历史源远流长。自从人类社会有了文化活动，记载各种文化活动和

知识的历史典籍就层出不穷。从甲骨文、竹简、绢帛，到刻版印刷，给我们留下了中国几千年的历史文明。直到活字印刷术的出现，大量的历史文化典籍涌现，藏书活动也随之发展起来。我国劳动人民为了保存、传承这些浩瀚丰富的历史文化典籍，从民间的零星收藏，到官方的藏书楼收藏，再到今天遍布城乡各处的图书馆收藏，我国的藏书事业经历了漫长而又曲折的发展历程。在我国古代真正形成一定藏书规模的分为官府藏书、私家藏书、寺观藏书和书院藏书四个系统。过去人们把收藏图书文献和档案典籍的场所或建筑称作"藏书楼"。对应这四大系统的藏书楼也可分为官府藏书楼、私家藏书楼、寺观藏书楼和书院藏书楼。在各类藏书楼中，官府藏书楼的历史最为悠久，书院藏书楼则出现最晚。从建筑的角度来看，最初的藏书楼与一般宫殿、官署、寺院、民居没有什么太大的区别，一般就是将这些建筑中的一间或几间房用作为主人的书房或藏书室。随着时代的发展，藏书数量不断增加，才有了专门为保存和利用书籍而建造的"藏书楼"建筑。

据史料记载，我国古代专门为存放图书而建造官府藏书楼，最早的记载是萧何在汉未央宫所建造的"石渠阁"。私家藏书楼早在唐代就已经出现了。中国历史上有一定影响的藏书楼达一千多座，其中最有影响的藏书楼当属清乾隆时期收藏《四库全书》的"北四阁"和"南三阁"。"北四阁"即：北京故宫的文渊阁、北京行宫圆明园的文源阁、河北承德避暑山庄的文津阁、辽宁沈阳故宫的文溯阁。"南三阁"，即：江苏扬州的文汇阁、镇江金山寺的文宗阁、浙江杭州西湖圣心寺的"文澜阁"。但随着朝代更替，战乱频繁，战火毁损的书籍和藏书楼阁不计其数，特别是西方列强的侵略战争甚至把中国古代藏书事业推向了覆没的边缘。大多数古代藏书楼被毁，大量珍贵舆地书籍被侵略者掠走。现存于世的古代藏书楼仅有 120 多座，其中大多数是"楼在书亡"。现存最早的皇家藏书楼为明世宗嘉靖十五年（1536）建成的"皇史宬"，而私家藏书楼尚存四大著名私家藏书楼：天一阁、文澜阁、玉海楼、嘉业堂。

建筑文化是人类文化不可或缺又自成一体，并且是表征文明特质、民族特点及其发展水平的重要分支体系。中国古代建筑既是技术又是艺术，非常注重将技术文化和审美文化融为一体。古代藏书楼建筑就是这种精神的体现。古代藏书楼建筑十分注重周围环境，除了考虑周围的大环境，还要对藏书楼周围小环境进行人工修饰和设计，使之与藏书楼的整体达到协调并为其增色。中国现存的四大著名私家藏书楼都把藏书文化和建筑与园林文化有机地结合起来，形成中国古代藏书楼的建筑特色。

天一阁 坐落在浙江省宁波市月湖之西的天一街。天一阁是中国现存年代最早的私家藏书楼，也是亚洲现有最古老的图书馆和世界最早的三大家族图书馆之一。始建于明嘉靖四十年（1561），由当时的兵部右侍郎范钦主持建造。面积约 2.6 万 m²，分藏书文化区、园林休闲区、陈列展览区。见图1、图2。

藏书楼前的庭院面积虽小，但造型布局独具匠心。园中修一水池，名曰"天一池"，池水清澈见底，池

图1

旁垒石成山。绿阴葱翠披岸，假山被堆成福、禄、寿三个字形。静静清水之上，莲台托起"天一阁"三字碑，水中一巨石犹似昂首的海龟在虔诚地朝拜。环水池里的"老人牧羊"、"九狮一象"、"美人照镜"和福禄寿象形石浑然一体，湖岸植竹，使藏书楼显得格外富丽典雅、清静幽邃。

乾隆三十七年（1772），朝廷下诏撰修的《四库全书》，范钦的八世孙范懋柱进献天一阁所藏之书638种，受到乾隆帝的褒奖，天一阁也从此闻名全国。

中国藏书"第一楼"天一阁，尽管现馆藏书目30万卷，为亚洲之冠，但其创始人、明朝兵部右侍郎范钦在世时积下的7万余卷善本古书，经过盗窃、战争等诸多灾劫后，新中国成立前只剩下1.3万多卷，其他都是新中国成立后各界的捐赠。

图2

文澜阁　位于杭州西湖孤山南麓。初建于清乾隆四十七年（1782）。江浙两地人文渊薮，因在编纂《四库全书》时献书有功，乾隆帝特命四库馆臣"再缮写全书三份"，分别珍藏在江浙一带的"南三阁"。"文澜阁"是清代为珍藏《四库全书》而建的七大藏书阁之一，也是江南三阁中唯一幸存的一阁。这是一处典型的江南庭园建筑，园内亭廊、池桥、假山叠石互为凭借，贯通一起，主体建筑仿宁波天一阁，是重檐歇山式的建筑。共两层，中间有一夹层，实际上是三层楼房。步入门厅，迎面是玲珑的假山，堆砌成狮象群，山下有洞，过山洞是一座平厅，厅后方池中有奇石独立，名为"仙人峰"，是西湖假山叠石中的精品。东南侧有碑亭一座，碑正面刻有清乾隆帝题诗，背面刻颁发《四库全书》上谕。东侧亦有碑亭一座，碑上刻清光绪帝题"文澜阁"三字。平厅前有假山一座，上建亭台，中开洞壑，玲珑奇巧。方池后正中为文澜阁，西有曲廊，东有月门通太乙分清室和罗汉堂。全部建筑和园林布局紧凑雅致，颇具特色。见图3、图4。

图3

图4

玉海楼　位于瑞安古城东北隅，浙江四大著名藏书楼之一。清光绪十四年（1888），由孙衣言、孙诒让父子所建。孙氏父子敬慕南宋学者王应麟之通博，故取其巨著《玉海》作为楼名，以示藏书"若玉之珍贵，若海之浩瀚"。

玉海楼台门石额"玉海楼书藏"为清礼部侍郎顺德李文田书。石联"玉成桃李，海涌波澜"为郭沫若题。见图5、图6。

图5

图6

嘉业堂 位于浙江南浔镇南西街万古桥西,与浙江名园小莲庄毗邻。系刘镛孙刘承干于1920年所建。嘉业堂藏书楼因清朝溥仪皇帝题赠"钦若嘉业"九龙金匾和赏赐"抗心希古"匾额而得名。见图7、图8。

图7   图8

该楼规模宏大,藏书丰富,藏书楼与园林合为一体,以收藏古籍闻名,是中国近代著名的私家藏书楼之一。

1949年后,原书楼主人将其捐赠给浙江图书馆,被列入国家级重点文物保护单位。

鸦片战争以后,西方国家新型开放的藏书楼——图书馆逐步兴起。图书馆概念作为一种新型文化概念传入中国,冲击着中国的传统文化,影响到社会的各个领域。开放的藏书观和图书馆概念的产生推动着中国古代藏书楼向近代图书馆转型。中国早期的改良主义者和维新派人士,针对中国古代藏书楼重藏轻用的观念和清末中国古代藏书楼迅速走向衰落的局面,从社会需求出发,提出学习西方图书馆建筑的新理念,从封闭的藏书楼向开放的图书馆过渡。康有为、梁启超等维新派人士共同创立的学会书藏,开创了新式藏书楼的先河。中国古代藏书楼从封闭走向开放,无疑是中国藏书楼发展史上的一大进步。1904年我国创立了第一个省级公共图书馆——湖北省图书馆,至此,我国图书馆走向了面向民众开放的道路。

二、武汉大学早期建筑文化

1928年11月8日,当时的国民政府决定在武昌东湖之滨、珞珈山麓筹建包括图书馆在内的国立武汉大学新校舍。由新校舍建筑筹备委员会成员著名科学家李四光出面,聘请著名的美国建筑师凯尔斯先生(F. K. Kalse 1899—1979)为图书馆及其他新校舍建筑——武汉大学早期建筑群的设计者。

以李四光先生为首的新校舍建筑筹备委员会为了弘扬中国传统建筑风格,竭力追求大学文化的经典标志性,使武汉大学早期建筑群体现出明显的仿古传统建筑风格。美国建筑师凯尔斯以中国的《营造法式》为准绳,在中国传统建筑风格中巧妙地融入西方哥特式和罗马式建筑的元素,使武汉大学早期建筑群体现出中西合璧的经典之作。

1. 武汉大学早期建筑群,中国传统建筑风格与西方古典建筑文化的自然融合

武汉大学校园位于中国最大的城中湖武昌东湖西南岸,东、北两面湖水环绕,南临三国古迹卓刀泉。校园内有珞珈山、狮子山、侧船山等十几座大小山丘,山峦起伏有致,湖岸曲折环绕,地面最低海拔20 m,山顶最高118 m,占地面积5 000余亩。校园建筑规划布局科学、合理,李四光先生和建筑设计大师凯尔斯等专家学者根据校园的地形地貌和现代高等教育的要求,在尊重中国古代书院选址、相地的传统文化基础上,将中国传统建筑文化和西方古

典建筑文明有机融合,从校园功能区分到依山就势的建筑布局,以及与周边环境协调等方面,无一不体现东西方文化的完美结合。中西合璧,又具有中国民族风格的宫殿式建筑群古朴典雅、巍峨壮观,与诗情画意般的优美自然环境融为一体,构成了古朴、幽雅、宁静、舒适的校园,成为造就千万优秀学子的理想园地,堪称"近现代中国大学校园建筑的佳作与典范",被国务院列为"全国文物重点保护单位"。见图9。

图9

2. 武汉大学早期建筑群的人文精神

武汉大学早期建筑群,规划设计群而不乱,仿古建筑构思精巧,典雅凝重,银墙琉璃瓦掩映于苍翠林木和万花丛中,显得仪态端庄秀丽。位于狮子山的建筑群从各个层面对中国传统文化进行了诠释和升华,凸现设计者独具匠心和独特风格。依山而建的"老斋舍"和位于狮子山顶的图书馆等建筑群是校园内最具特色的建筑,是武汉大学的校园中心。整个建筑群以北京故宫为蓝本,遵从"轴线对称、主从有序"的中国传统建筑思想,融艺术性、科学性、功能性为一体,布局错落有致,整体风格典雅庄重,仪表非凡。图书馆位于整个建筑群的中心。左边是文学院,右边是法学院。法治尚武,象征"武治"与"文教"形成对应,是中国传统文化中"文左武右"的体现。文华武英,立于图书馆的两侧,体现了人类对知识与科学的尊崇。见图10。

图10

依山而建的"老斋舍"为学生宿舍区。是美国建筑设计大师凯尔斯仿西藏布达拉宫而建的杰作。它依山据形,顺势而作,气势宏伟。见图11。

图11

老斋舍在水平面上分别呈"一"、"口"、"日"、"回"等字形。四个单元从东到西分别以"一"、"二"、"三"、"四"舍排序,每单元每层都有一个名字,其舍名顺序从东至西,由下向上为:

张字斋　昃字斋　荒字斋　黄字斋

列字斋　盈字斋　洪字斋　元字斋

宿字斋　月字斋　宙字斋　地字斋

晨字斋　日字斋　宇字斋　天字斋

老斋舍舍名的十六个字取自《千字文》的前十六个字,从东至西,由下向上读,即:

"天地元黄、宇宙洪荒、

日月盈昃、晨宿列张"

3. 武汉大学早期图书馆的建筑风格

图12

位于狮子山顶的图书馆,建筑风格独树一帜,科学地将装饰性与适用性巧妙地结合起来,将中国传统建筑艺术精髓与西方建筑艺术巧妙地结合起来,形成西方建筑雕塑般的单体建筑美感与中国建筑形如绘画般的群体美。图书馆是知识的宝库,又是校园主体的重要建筑。主楼第一层采用厚重的水泥台基和西式双立柱托起中式歇山顶;第二层塔楼则用八棱形墙体承托巨大的钢梁,用钢梁支撑起八角歇山顶。屋面重檐拱顶,孔雀蓝琉璃瓦盖顶,上立七环宝鼎。图书馆东有文学院、西有法学院左右护持,使得图书馆如同宫殿楼阁,雄伟而典雅。从图书馆下面依山而建的布达拉宫式的学生宿舍建筑群(老斋舍)中,沿着116级台阶拾级而上,步步仰视,图书馆给人飘逸凌空、高不可攀的感觉,完整地体现了中国宫殿式建筑的威武和庄严。图书馆独立高处,放眼天下,襟怀四海,英气外溢,豪劲内敛。众"舍"莘莘,谦恭礼让,雅怀高洁、雅量宽宏、雅才高致,犹如丹凤朝阳。

从图书馆整体外观来看,有人将其比作书斋的"斋"字。其上面的尖顶帽子像"文"字,下面四个大柱子像"而",合起来就是"斋"字。而老斋舍上面的三个"角楼"就是三个"舍"字。如此二者合为"斋舍"二字,其蕴意天作之合。见图12、图13。

图13

图书馆内外部装修极为讲究。中部一楼大厅古朴典雅的阅览室,四对方立柱形成高大宽阔的八角形平面空间和回廊,三层挑空,巍峨壮观,气势恢弘。大厅四角都有旋转楼梯,分别上四楼各阅览室、书库和二楼外环形走廊观景平台。在图书馆正门上方镶有中国图书馆祖师——老子的镂空铁画像;在屋脊、环廊、廊檐等处有幡龙、云纹、斗拱和仙人走兽的精美装饰。见图 14、图 15。

图 14

图 15

三、武汉大学图书馆建筑传统、建筑文化的传承与发展

武大为它历来出色的图书馆建筑而骄傲，但是无论是自豪感还是深厚的传统都不足以抵挡现代社会发展和建筑理念的影响。武汉大学现图书馆建筑能否很好地传承、发展早期图书馆的传统建筑风格和文化？曾经有国内知名的建筑学专家，看了武汉大学早期建筑群，认为武汉大学早期建筑群的规划设计已经把民族传统建筑风格与西方古典建筑文化的结合发挥到了极致，任何修改都可能对其造成破坏，学校新的建筑都不可能超越它。现图书馆总馆是一座双塔加裙楼式建筑，坐东朝西，占地面积 1.2 万 m^2，建筑面积 1.54 万 m^2，1980 年 9 月破土兴建，1985 年 9 月交付使用。它地处珞珈山西北麓，位于学校教学区中心，校内主干道学府路东南侧，是新老教学区、学生生活区和教职工家属区的交会处。馆的位置适中、环境优美，方便了读者，有利于教学科研。见图 16、图 17。

图 16

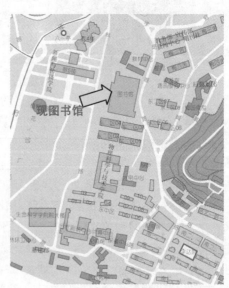
图 17

图书馆的设计和全校整体规划和谐统一，设计风格既保持了同老建筑群体形、色彩的一致，又考虑到向现代建筑理念的过渡。馆舍的主体建筑呈"U"字形，平面为"日"字形，二层的裙楼环绕主体，使其高高耸立的馆主体建筑似与珞珈山媲美；屋顶、裙楼、墙面，绿瓦飞檐，

粉石相嵌，与校园老建筑群体遥相辉映。大楼坐东向西，主体南北朝向。整栋楼宇显得高低错落、层次分明、别具一格。在通风、防潮、避免日晒等方面都具有较好的效果。馆舍的平面分有两个通风、采光天井。内走廊分割三个庭院，内走廊小径相通，既便于分区开放和管理，又使读者、馆员和运书车辆各行其道，互不干扰。第一、二层楼内宽敞的内走廊环绕着庭院、假山、流水、曲径、水池、花坛、小鱼、鲜花、翠竹，构成一幅雅致、优美的园林建筑小品，为读者看书学习提供了一个幽雅、安静的场所。见图18、图19。

图 18

图 19

四、武汉大学新图书馆建筑设计特色

为了充分体现图书馆在高等学校中的地位和作用，各个高校都把图书馆建筑作为学校的标志性建筑来建设，把图书馆建筑放在校园中心位置，建筑外观和体量尽量突出学校的规模、特色。大学图书馆建筑应当是建筑符号与实际效用的完美结合，是大学文化地域特征和图书馆独有的文化内涵的有机统一体。那么，现代大学图书馆建筑如何传承与发展自己民族的传统建筑风格、怎样体现一所大学本身的文化内涵，是摆在建筑师、学校决策者和图书馆人面前的重大课题。最近几年，全国各地掀起了一个新图书馆建设的高潮，一座座现代化的图书馆像雨后春笋般拔地而起，不论数量、质量还是单体规模都超过了我国高校图书馆建设历史的任何时期。这标志着我国高校图书馆事业发展进入了一个新的历史发展阶段。其中涌现出一批颇具代表性的建筑。但是大多数的新图书馆千篇一律的积木式，已找不到自己民族传统建筑风格的影子，也看不到学校本身的文化内涵和特色。要使大学图书馆建筑真正做到与大学的文化地域特征和自身的文化内涵的有机统一，不仅学校决策者和图书馆人要对民族传统建筑风格、学校本身的文化底蕴以及图书馆独有的文化内涵有深刻的认识和理解，而且建筑师也要对此有深刻的认识和理解。武汉大学新图书馆建筑设计过程就充分说明了这一点。虽然还是纸上的东西，它能否反映武汉大学本身的传统建筑风格和文化底蕴尚难下定论，但我们可从其设计思想、图纸来看看建筑师、学校决策者和图书馆人的良苦用心。

1. 新图书馆建设项目提出

根据武汉大学的办学规模、办学层次、教学科研工作的需要，2003年下半年学校批准扩建图书馆的计划，要求学校基建部、图书馆进行调研论证，提出建设方案。2004年3月以后，图书馆先后向学校提交了《武汉大学图书馆新馆建设项目可行性研究报告》《武汉大学图书馆新馆建设项目立项报告》《武汉大学图书馆总馆扩建工程设计要点》《拟建总馆新图书馆使用单位用房面积及使用要求统计表》等资料。学校基建部于 2004 年 4 月 3 日在校园发布了"武汉大学图书馆扩建工程设计方案竞标报名公告",国内 20 余家知名建筑设计单位报名。经基建部组织有关专家根据报名单位的资质、能力和经验,择优选择了五家建筑设计单位参与设计投标。5 月 31 日,参与设计投标的五家建筑设计单位在学校基建部听取了图书馆"关于新馆建筑设计的功能要求"的情况说明,并到图书馆现场考察了解周围环境情况,正式进入图书馆整体方案设计阶段。

"图书馆扩建工程设计方案"经过三轮设计竞标,最后选定了武汉大学建筑设计院的设计方案。该方案又根据图书馆等方面的意见,进行了多次修改后,于 2005 年 10 月上报武汉市规划局等部门办理审批手续。为慎重起见,武汉市规划部门先后组织了两次专家论证会,对该方案进行了认真论证,提出了一些建设性的修改意见。经过设计单位修改,2006 年 10 月批准了该方案。设计单位进入施工设计阶段。2006 年年底完成了施工设计。由于施工区的拆迁问题等原因,图书馆扩建工程迟迟没有动工,我们仅从"图书馆扩建工程设计方案"来探讨一下武汉大学新图书馆建筑的设计思想是如何延续传承武汉大学传统建筑文脉和风格的。

2. 新图书馆建筑项目选址

现图书馆地处珞珈山西北麓,是新老教学区、学生生活区和教职工家属区的交会处,又是连接教学区与学生生活区和教职工家属区的两条主干道的交会处。位置适中,环境优美,交通方便,读者集中,有利于教学科研。新馆与现图书馆结合,节约用地空间,便于管理。

3. 新图书馆建筑设计的基本要求

由于现图书馆是一座双塔加两层裙楼式建筑结构,银墙琉璃瓦,具有传统建筑风格。中间由一座七层阅览室和一座十四层书库组成双塔式建筑,周围配以二、三层式裙楼,中间用天井、庭院分隔成不同的功能区间。新建图书馆形体为遵从周围自然环境和城市规划要求,与现图书馆馆舍形体要整体融合,必须采用低层、庭院式分割的结构布局。

新图书馆建筑设计要体现:百年老校的文化底蕴,中西合璧的建筑风格,与环境融为一体的独特建筑形态。这种要求是要寻找一种与武汉大学早期建筑中的一些传统规划原理,尊重而不是抄袭传统构筑方法里的一些细枝末叶。

(1) 新图书馆的设计应本着"庄重典雅、设施先进、功能灵活、经济实用、适当超前"的原则,达到国内一流大学图书馆的水平,能满足武汉大学今后 15~20 年发展的需要。

(2) 新图书馆馆舍设计必须考虑现图书馆周围的环境和城市规划要求,尽量不破坏现图书馆周围良好的生态环境和自然景观,保留现图书馆高层部分,依山就势,主体轮廓与周围自然山景要协调。

(3) 根据现图书馆所处的地理位置和城市规划要求,新图书馆形体既不能是高层建筑(楼高<25 m^2),又不能是大体量建筑(单体面积<3 000 m^2),应与周围自然环境相协调,要能够"显山露水"。

4. 新图书馆建筑总体设计思想

设计理念:延续传承武汉大学建筑文脉和空间结构;服从建筑周围特定的自然环境;遵循武汉市政府"三边"建筑法规。

延续传承武汉大学建筑文脉和空间结构:文脉是一所大学的历史线索、文化特征、传统风格。

武汉大学建筑文脉主要体现为：优美的自然环境,中西合璧、具有民族风格的宫殿式建筑群体和诗情画意般的园林艺术融为一体,体现出中国传统文化,古朴、幽雅、宁静、舒适的人文精神。

武汉大学建筑空间结构主要体现为：轴线对称,主从有序,中央殿堂,四隅崇楼。

服从建筑周围特定的自然环境：尊重图书馆周围的自然环境,尽量保留原有的树木植被和地势地貌;建筑物与环境和谐搭配,形体不能过高,体量不能过大;依山就势,建筑体量适当分散布局,以分项功能单元式体量围合成庭院形式,形成高低错落的建筑形态。见图20。

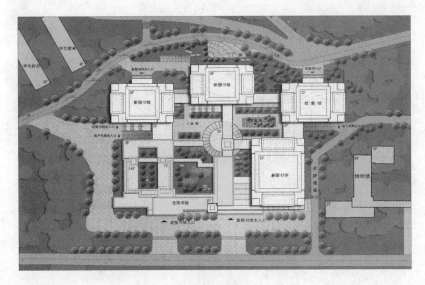

图 20

遵循武汉市政府"三边"建筑法规：沿江、沿湖、沿山的"三边"建筑体量、高度,以不遮挡江河、湖泊、山体的景观为前提,保证"显山露水"的具体规定。

设计策略：单元式体量组合;园林式建筑空间;高低错落的建筑形态;新老图书馆的整体协调。见图21～图24。

图 21　拟扩建的总馆俯视图

设计风格：新建图书馆向现图书馆东南两个方向发展，由四个功能独立、形态统一的单元体组合，并结合地势围合成一高一低两个绿化内庭院；各单元体及现图书馆之间通过连廊连接，在其中心位置形成一个"十"字交叉的交通"枢纽"；各单元体均进行退台处理，形成变化丰富的屋顶形态，呼应校园传统建筑风格。

图22　拟扩建总馆正面效果图

图23　拟扩建总馆大厅效果图(传统风格)

图24　拟扩建总馆报告厅效果图

5.新图书馆建筑内部布局设计要求

新图书馆建筑内部布局设计应遵循功能齐全、动静分区,遵循物流、馆员人流和读者人流相对分离的原则,具有自动监控系统、通讯自动化系统、办公自动化系统和信息网络系统等智能化建筑的功能。内部结构宜采用目前图书馆建筑通行的大开间、统一柱网、统一层高、统一荷载的模式,除外墙用承重材料外,内部分隔墙应采用轻质墙体材料,以便于图书馆以后可以根据情况变化灵活调整用房,但不同的功能区可以根据需要有不同的设计。书刊的物流线路上(从内部工作区、门厅到阅览室、书库等),在没有垂直升降电梯的地方应保持同一平面,以免运书车辆通行困难。大楼各个出入口都要有值班室。体现以人为本的理念,采用较高标准的内部装修和家具配备,注意塑造学术氛围和人文环境。读者和馆员活动区应有一定的舒适度。

由此,我们可以看出,武汉大学新图书馆建筑尽管是一座现代化的图书馆建筑,在当代图书馆建筑风格西化的大潮中似乎显得不够时髦,不够气派,但它抓住了我们正在迷失的建筑的灵魂——以人为本的空间和以自然为本的空间,包括建筑内部和外部空间。它融入了中国传统的园林式设计,追求的是一种山林野趣和朴实的自然美,建筑布局不求对称,而是依山就势,随山而曲。在整个建筑群中新老五幢建筑依地势高低而建,不在一个平面,仅有两层楼能够处于同样的平面。五幢建筑围合成高低不同的三个绿化内庭院,可以设置小桥流水、曲径通幽、千变万化的空间组合。达到写意抒怀、情景交融、人境合一的境界,在一定程度上体现了中国传统藏书楼建筑文化,也延续传承了武汉大学建筑文脉和风格。

参考文献

[1] 赵美娣,叶杭庆. 中国古代藏书楼建筑散论[J]. 图书与情报,2007(6)

[2] 徐凌志,卓腮娇. 中国古代藏书楼向近代图书馆转型原因探析[J]. 江西社会科学,2006(9)

[3] 李东来,刘锦山. 城市图书馆新馆建设[J]. 北京:北京图书馆出版社,2006

[4] 李晓红,陈协强. 武汉大学早期建筑[J]. 武汉:湖北美术出版社,2006

[5] 武汉大学建筑设计院[J]. 武汉大学图书馆总馆新建方案设计. 2006

[6] 吕中校. 珞珈山漫记

[7] 张秀林. 建筑的本原——从外到内的中欧国际工商学院建筑设计[J]. 空间,2003. ID+C

网络时代里大学图书馆的角色转变：
学习资源及校园空间的整合器

——新竹"清华大学"学习资源中心设计理念说明

谢国钟

在网络时代里，大学图书馆的读者群产生了严重流失的现象，探讨其主要原因，乃因为图书馆在资讯供给的速度性、多元性及舒适度上，经常无法满足读者的需求，相对地，书店及网吧则能提供更快速而多元的资讯，同时在阅读空间的设计上也更加舒适且具有魅力。

本文将说明建筑师如何与图书馆工作者一同思考图书馆在网络时代里所应赋予的角色功能，希望营造出一个能够重新吸引学生走进图书馆的多元学习环境。

另外，目前仍有许多大学的校园空间是以车行为主，而人行空间往往被车道切割得支离破碎，台湾新竹"清华大学"的校园也不例外。本案希望借新图书馆的规划兴建，能够将原本组织松散的校园空间改造成一个空间紧密且以人行为主的校园核心区。

一、水木清华

新竹市乃台湾省高科技产业的研发及制造中心，光是科学园区的年产值就约占台湾省年度总产值的十分之一。

此外新竹市也是个景观优美、文风荟萃的古老城市，十八尖山及青草湖、东城门及城隍庙，让新竹兼具了自然及人文之美。

新竹"清华大学"就在一片林木浓绿的坡地上，紧临科学园区，广大的校园里散布着三四个大小不一、景致各异的湖泊及池塘，校园主要干道两侧生长着苍郁挺拔的松树，虽没有北京清华大学的古典园林之美，但同样林木与湖泊相映，景色清丽。

新竹"清华大学"是台湾省科技人才的摇篮，早期以理工教学及研究为主，近年在人文社会科学领域亦有长足发展。"清大"原有的图书馆系利用综合教学大楼装修而成，其内部空间格局并未针对图书馆之特殊需求进行规划，而外观造型也无法突显图书馆在大学校园的重要地位。

因原图书馆之典藏空间已经饱和，故校方拟兴建新馆来满足未来20年间的典藏空间，并因应网络时代所带来的新需求。

大学图书馆是校园空间的精神象征，也是师生学习及研究的核心，但"清大"原有图书馆的地点及外观都无法突显其特殊地位。新馆的基地就位于"清大"校园的核心区域，邻接行

作者简介：谢国钟，台湾兴华建筑师事务所，建筑师。

政大楼及大草坪,与校园内最大最美的湖泊遥遥相对,基地上现有一片美丽的松树林及几株伞状浓荫的老榕树,未来新馆完成后,将与大草坪、成功湖及行政大楼共同形成一个校园核心区。见图1~图3。

图1　新竹"清大"空照图,本案基地就位于中央长方形大草坪的旁边

图2　美丽的成功湖,未来远方将耸立学习资源中心

图3　"清大"校园生长着数千株修长挺拔的松树

二、网络时代带来的新需求

在网络时代里,大学生几乎随时随地都可以透过网际网络搜寻资料,在虚拟的资料海洋里自在地寻找所需的资讯,图书馆作为知识资料库的传统角色被更迅速、更多元的网际网络所瓜分了,因此学生走进图书馆的频率变少了,只有到了考试期间图书馆的阅读桌才会一位难求!

那么大学图书馆到底要做什么样的角色转变,才能在这个网络盛行的时代里,重新将严重流失的读者群给吸引回来呢?

"清大"图书馆在研拟新馆之规划构想书时,曾特别派人到香港及新加坡参观数所大学图书馆的设计及使用现况,观摩到许多因应网络时代的新颖设计,之后馆方的设计顾问也提出一些崭新的设计观念。见图4~图9。

现将这些因应网络时代新需求的设计整理如下:

1. 全馆提供无线上网服务。

2. 规划饮料区,甚至同时提供电脑及上网服务,已具备网吧功能。

3. 规划手机区,允许在该特定区域内使用手机。

4. 将图书馆的宁静要求做等级上的区分,除了传统上要求安静的阅读区外,另规划可轻声交谈及可大声讨论的区域。

5. 规划馆方可举办各类交流活动的多功能艺文空间。

6. 利用 RFID(Radio Frequency Identification)的识别功能可更弹性地规划各类主题性特展(包括书籍及视听媒体展示)。

7. 以书店概念来规划图书馆的门厅空间,展示最新的书籍、期刊、CD 及 DVD 等,并具备试听、试看的功能。

8. 提供远距教学服务。

图4 饮料区——提供网吧功能
("清大"余纯惠组长提供)

图5 手机区——允许使用移动电话
(东海大学陈格理教授提供)

图6 新CD展示空间及试听设备
("清大"余纯惠组长提供)

图7 运用RFID可更弹性地策划各类
主题性特展("清大"提供)

图8 多功能艺文空间——可策划座谈会、
新书发表会等活动

图9 将特色书店的概念运用到大厅的
空间设计("清大"提供)

由上述需求可归纳出下列几项目前图书馆规划的趋势：

1. 提供更多元的学习方式

——实体图书及视听媒体。

——虚拟的网络资讯。

——艺术展示及美学教育。

——远距的视讯教学。

——提供可举办座谈会、新书发表及供读者交流互动的多功能艺文空间。

2. 提供更自由、更生活化的使用机能。

——可打手机区。

——可餐饮区。

——可交谈区。

3. 规划更具特色的空间

——参考特色书店的空间特色，将图书馆规划成更时尚性、更具魅力的阅读空间。

4. 提供更快速的资讯流通

——缩短采编时程，让最新出版物能尽快上架，减少书店及图书馆陈列品的时间差。

——提供可即时聆听及试看最新 CD 及 DVD 的服务。

由上可知，在网络时代里，人们对资讯流通速度的要求更高，但以往的图书馆因采编作业繁琐且人力吃紧，因此新出版物往往要间隔数月才会出现在图书馆的陈列架上，这造成对新资讯渴求迫切的人会直接到书店寻找。所以如果图书馆不能缩减采编作业的时程，加快最新资讯的流通速度，则对新资讯渴求迫切的读者将会舍图书馆而就书店！

图书馆不仅在资讯流通速度上要向书店看齐，同时在服务功能上也要向唱片和录影带店及网吧学习。在唱片及录影带店我们可以试听最新出版的 CD，而墙上电视则播放着最新上市的 DVD，在网吧我们可以一边喝饮料一边浏览网络资讯，但这些服务都是以往图书馆所缺乏的。

图书馆当然不是以商业为导向的书店或网吧，但在资讯流通速度及服务机能上都有向书店及网吧学习的必要。因为在网络时代，提供资讯的速度及多元性、服务机能的丰富及舒适性就是吸引读者上门的最大本钱！

三、学习资源的整合器——内部空间规划

本案的命名以"学习资源中心"取代传统的"图书馆"，就因校方已体会到在网络时代的学习来源更加广泛而多元，而传统图书馆以提供"静态的阅读"为主的空间规划已无法满足网络时代读者的需求，取而代之的是要能提供"动态的资讯搜寻"功能及更多元活泼的学习路径。

从校方提出的主要空间需求中，便可了解本案想要将各种学习资源加以整合，以利于读者更方便地取得各类资讯的意图：

1. 密集书库及书籍期刊典藏区（均开架式）。

2. 多功能艺文空间——作为馆方策划专题座谈会、新书发表会之使用，提供轻食及饮料服务，平时作为读者交流及阅读的场所。

3. 多元数字学习区——在图书馆内规划特定区域，提供上网服务，并允许进行讨论。

4. 训练教室——提供馆员训练、读者推广及资讯教学等功能。

5. 小型讨论室——分布于图书馆各楼层,提供读者讨论。

6. 视听室——提供各种视听媒体资料,含个人席及团体放映室。

7. 校史典藏及特藏资料。

8. 24 小时自习室。

9. 研究小间(共 50 间)。

10. 艺术中心及美术教室——举办各类艺术展览及推广美学教育。

11. 远距教室——提供远距的视讯教学。

12. 国际会议厅及专题研讨室。

13. 视讯会议室。

上述空间机能整合了校内四个独立运作的单位,包括:

1. 图书馆——负责书籍典藏、管理及读者服务。

2. 艺术中心——负责各类艺术活动之策展及美学教育之推广。

3. 电算中心——负责远距教学课程及全校之网络系统维护。

4. 教务组——负责国际会议厅管理及各类专题研讨之召开。

如何将上述复杂的空间机能及各个不同的管理单位以楼层区分及平面配置的手法给予合理的分布,让整个学习资源中心能够发挥最高的服务效率,让未来的

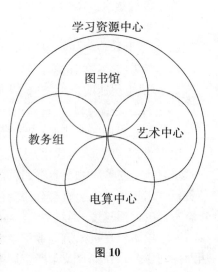

图 10

"清大"师生都能在这里快速便利地取得各自所需的资讯,便成为建筑师所面对的最大挑战!

在研究过各类空间属性及使用机能后,本案的内部空间规划有下列几个主要手法:

1. 机能分栋

校方原计划将可容纳 300 人的国际会议厅置于顶楼,但人潮集散均需依赖楼梯、电梯,将造成等候时间过长而影响服务效率,故本所建议将国际会议厅置于地面层,以提升其可及性。

同时国际会议厅、视讯会议室及远距教室均是使用时段较不固定、人潮集散时间集中且较为嘈杂的空间,而图书馆及艺术中心则属于较为安静的空间,故将两者予以分栋配置,不仅有利于独立管理,且动线区分清楚,栋与栋之间则规划挑空穿廊作为人潮集散的缓冲空间。

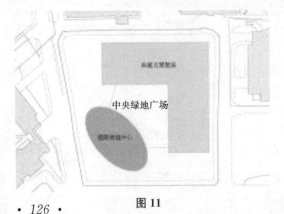

图 11

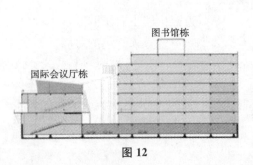

图 12

2. 创造——富有活力的挑空穿廊

此挑高 5 楼的大穿廊,同时兼具下列多种功能:

(1) 校园穿越的捷径——由校门通往西校区的人潮可利用此捷径穿越。

(2) 室内活动广场——此弧形穿廊宽 13 m、长近 50 m、高 20 多 m,两端有采光良好的玻璃幕墙,上有金属屋顶,是一个可举办各类活动的室内广场。

(3) 具有吸引力的艺文展示橱窗——穿廊一侧设有艺术中心、图书馆及多功能艺文空间,朝穿廊侧均规划落地玻璃,具有艺文展示橱窗的效果,可吸引原本只是路过的人走进空间内。

(4) 提供国际会议厅中场休息时之活动交流空间。见图 13。

图 13

3. 图书馆大厅的功能定位为提供最新资讯的时尚空间

典型的大学图书馆除了必备的借还书柜台、检索区及教授指定参考书区外,大都会将参考书及期刊区配置在大厅旁,并将空间做最大的利用。

但这类大厅在资讯快速更迭的时代缺乏对读者的吸引力,因此本案特别参考书店的做法,将最新且较具吸引力的资讯以更活泼、更弹性的陈列方式在入口大厅展示,包括最新的书籍,休闲期刊,新到 CD、DVD 等,并提供立即聆听及看片的设备,必要时还可以配合馆方规划主题性特展。

也就是将大厅的功能定位于更有吸引力、更具弹性运用,提供最新资讯的展示空间,而非永久性的典藏空间。见图 14。

(1) 更具吸引力——室内装修参考书店的做法,塑造出一个更有质感及空间氛围的场域。

(2) 更具弹性——可不定时、不定期配合馆方规划各类主题性资讯特展,包括书籍、期刊、CD、DVD、网际网络等多元媒体,如时尚、饮食及建筑等,若利用 RFID 提供的识别资料将可提供更具灵活变化的应用。

(3) 更即时性——平时提供最新、最即时的讯息,提供立即试听及试看的设备,并规划可即时收看电视新闻及收听广播的区域。

图 14　图书馆入口大厅构想图

4. 将多功能艺文空间及艺术中心置于地面层，以创造更多元的学习环境

多功能艺文空间乃图书馆的延伸空间，并配置在门禁管制区之外，以两层挑高之帷幕空间面向前方之户外广场及大草坪。此空间机能类似咖啡厅，提供饮料及轻食，平时作为读者交流及阅读的空间，但不定时、不定期配合馆方规划专题座谈会、新书发表会、读书会等各类较动态的图书馆相关活动。

"清大"目前有一间二手书咖啡店，名为"苏格拉底咖啡厅"，具有类似的功能。

艺术中心平时策划各类美术、雕塑及装置艺术展览，设置于一楼可提高校园师生接触艺术的机会，并提升校园的艺术气息。

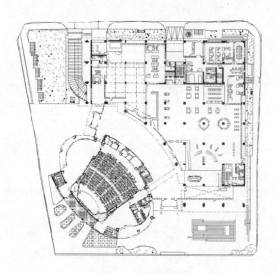

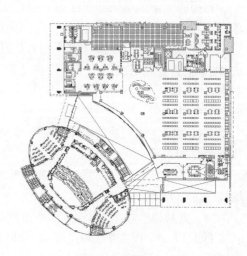

图 15　一楼平面图　　　　　　　　　　**图 16　二楼平面图**

图17 三楼平面图

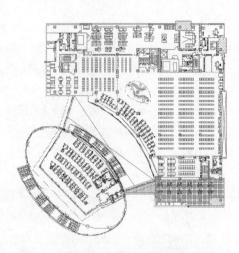

图18 四楼平面图

图19 五、六楼平面图

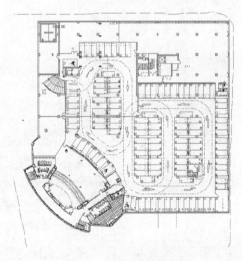

图20 地下一楼平面图

5. 馆员公务区化整为零,分配于各楼层,以便与读者区的使用机能做更密切的结合,并提供更有效的后勤支援及服务品质

本案最初将馆员公务区集中设置于一个楼层,后与馆方讨论后,才拆散分配于四个不同楼层,因为馆方的各编制单位及读者区的部分使用机能的关联性大,且因读者区服务人员编制精简,故公务区人员亦常常需扮演后勤支援的角色。

公务区的分层配置及与读者区的机能关联性说明如下:

楼层	读者区	公务区	机能关联性
一楼	借还书柜台 读者服务台	典阅组(A) 读者服务组 行政组	书籍上架、支援柜台 资讯咨询 处理各类状况
二楼	多元数位学习区 训练教室	资讯组 数字化工作区	网络维护及图书馆网页建构、功能推广等
三楼	视听室及服务柜台	典阅组(B)	支援视听室柜台
四楼	典藏区	采编组	—

公务区于地面层设有独立的出入口,并规划专用的楼梯、电梯可通达各楼层,而公务区与读者区之间则以刷卡管制的门禁系统加以区隔。

6. 赋予24小时自习室更佳的空间品质及象征性

大学图书馆之自习室系提供学生自行携带书籍及作业来进行自修之空间,因此其空间要求更为安静,且通常配置在图书馆之门禁管制区以外。

自习室之开放时间一般为上午至深夜十二点左右,但因利用深夜至凌晨时段进行自修的学生愈来愈多,故本案将自习室规划为24小时开放使用。

一般自习室均配置于图书馆地下室或地面层,本案则特别将24小时自习室配置于前栋顶楼,拥有朝向湖景之最佳视野,外部有大面积露台提供自习者于疲倦时可休憩远眺的空间。因为自习室大都是停留较久且专注用功的人,我们认为应该给予最好的空间品质。见图21。

图21 学习资源中心的夜景模拟图

到了深夜——凌晨时段,"清大"校园内各栋大楼的灯光大都已熄灭,就连学资中心的其他空间也都熄灯了,整个校园仿佛进入了酣睡的梦境中,那时只有24小时自习室的灯光依旧明亮,在校园的核心区域里发着光,就像灯塔一般,当校园里沉沉地进入梦境,但仍有一群人耿耿不寐,专注于知识的探求。

四、校园空间的整合器——外部空间规划

图书馆一向作为大学校园的精神象征及知识供给的中心,同时也通常扮演着校园空间核心的角色。本案的选址就位于"清大"校园的核心区域,行政大楼是管理中枢,而大草坪及成功湖则是校园内最著名的自然景观。

如何利用本基地区位的优越条件,将"清大"校园原本以车行为主且较为松散的空间结构紧密地组织起来,就成了本案外部空间规划时的重要课题。

本案利用下列几项做法将原本松散的校园空间整合成更为紧密的结构:

1. 两种建筑纹理之整合

本校早期建筑物之建筑纹理均采用东—西走向,而邻接主要道路区域之建物则改采东南—西北走向,本基地正处于这两种不同建筑纹理的交会处。

为了同时顺应两种不同建筑纹理,本设计将图书馆以 L 形平面配置在基地北侧,以便与北侧及西侧三栋建筑物的轴向谐调;而椭圆状的国际会议厅及远距教室等,则配置在基地南侧,可与 L 形图书馆产生南—北向轴线,如此便能与行政大楼以西建物之东—西轴向产生交会。

本案利用两栋建筑物的组合有效地整合了两种不同的建筑纹理。见图 22。

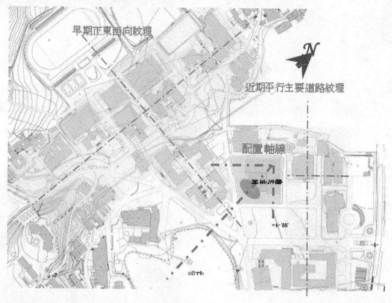

图 22

2. 开放空间系统的串连及整合

本基地邻接大草坪及成功湖这两个景色优美的开放空间,朝向大草坪配置的艺文广场,未来将会配置露天咖啡座,其艺文活动将可延伸至大草坪。同时在化工馆侧,可利用艺文廊道与化工馆前广场串连,而在行政大楼前方则利用改造后的广场及湖岸平台与成功湖联结,自中央挑空的艺文大厅所延伸出的通道,则可与行政大楼后侧的清华广场(设置有北京清华大学校门的纪念模型)相连。

这几个广场及开放空间之间的串连将构成一个完整的艺文活动区。见图 23~图 27。

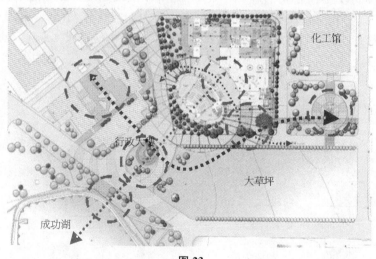

图 23

图24 有北京清华大学清华门雕塑的行政大楼后侧广场 **图25 大草坪可作为学资中心艺文活动的延伸空间**

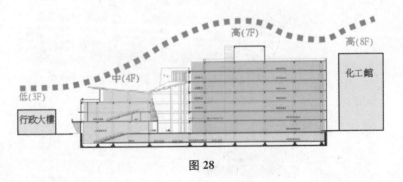

图26 行政大楼前广场目前被车道切割成数块绿岛 **图27 改造愿景图——将周边的开放空间予以紧密联结**

3. 建筑量体之整合

本案主要有图书馆及国际会议厅两种不同机能,因其使用时段及人员差异颇大,故区分成两栋不同的量体。在北侧为L形的高层栋,作为图书典藏及阅览空间,而南侧则是椭圆形的低层栋,内部配置有国际会议厅及远距教学教室。

这两个量体间以挑空穿廊加以联结,如此可避免不同机能使用者的相互干扰,且动线清楚,在邻接化工馆(8楼)侧,配置了7层高图书馆栋,而朝向行政大楼(3楼)侧,则配置了4层高的国际会议厅栋,这两种高低不同的量体组合,可分别衔接在天际线上又可塑造出丰富有趣的天际线。见图28～图30。

图28

图29 南向透视图

图30 东向透视图

五、结语

在网络时代,读者对资讯来源的需求更加多元,同时对资讯取得的即时性也要求更高,大学图书馆如果不能将各种学习资源加以整合并提高资讯供给的速度,则读者将求诸于其他更多元、更迅速的管道来取得资讯。

除了在硬件的空间规划上提供更多元的学习环境外,同时在软件上,图书馆也必须在采编速度上缩短与书店陈列品的时间落差,若要将严重流失的读者再重新吸引回图书馆,那么图书馆就必须认真思考该如何撷取书店的某些优点。

此外,在阅读空间氛围的塑造及服务机能的供给上,受到大众欢迎的书店及网吧也都是图书馆可以参考学习的对象,具有吸引力的空间特色及轻食的提供都是吸引读者走进图书馆的可行方法。

最后,图书馆馆方应该更主动地策划各种富有创意的出版物展示方式及阅读推广活动,例如规划各类主题性特展、举办专题座谈会或新书发表会等,强化校园内的阅读风气。因为建筑硬件空间的规划毕竟只是提供一个容器,唯有后续的软件规划能够予以充分利用,并不断地根据读者的需求进行强化及调整,如此大学图书馆才能在资讯快速流动的网络时代里继续维持高度的使用活力。

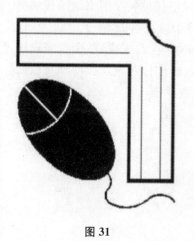
图31

"清大"学习资源中心的平面配置图就像
一本打开的书及一只滑鼠
在网络时代里
大学图书馆必须能够同时提供
多元而又快速的
实体及虚拟的资讯

"进学"与"知新"——暨南国际大学
图书资讯大楼新建历程分享

吴幼麟　　岳丽兰

摘　要：暨南国际大学为一所综合性大学,地处台湾省南投县埔里镇,恰好坐落于台湾省的地理中心点。学校仅创立13年,目前学生人数5 500人,学校的图书资讯大楼于2006年10月落成启用。本文就图资大楼营建过程及后续工程作业所习得之经验,分别以室内装修、视听区规划、木制家具设计及整体空间规划与设计等案之作业过程为例,提出各项成果作为分享与交流。

关键词：大学图书馆　图书馆建筑　空间规划

一、前言

大学图书馆乃学术殿堂之象征,暨南国际大学创校以来随着师生员工陆续增加(目前教职员504人,学生5 500人),系所纷纷设立(共有3个学院25个系所,其中大学部25学系、硕士班23所、博士班14所),对图书馆之需求日益提高,但初期因受限于空间与经费,仅能暂时以科技学院四馆及学校餐厅地下室作为临时图书馆。经过历任校长及图书馆馆长的努力及积极推动建馆计划,于创校十周年时本校图书资讯大楼终于得以落成,并于2006年10月12日正式启用。开馆以来,已有137个校外机关团体、5 938人次前来参观,所有来宾均给予本馆相当高的评价。目前,本校图书资讯大楼已成为本校的地标建筑及接待外宾校园导览时参观的重点。

二、图书资讯大楼工程基本资料

以下列出本校图书资讯大楼之工程基本资料：

1. 规划设计监造单位：徐伯瑞建筑师事务所
2. 工程采取建筑、水电、空调异业共同承揽
(1) 建筑：兴亚营造股份有限公司
(2) 水电：太力水电工程有限公司

作者简介：吴幼麟,台湾暨南国际大学图书馆馆长;
　　　　　岳丽兰,台湾暨南国际大学图书馆。

（3）空调：诚新冷冻空调工程有限公司

3. 发包金额：357 000 000 元新台币

4. 基地面积：26 731 m²（8 100 坪）

5. 建筑面积：4 967 m²（1 505 坪）

6. 总楼地板面积：23 940 m²（7 254 坪）

7. 建筑物主体：地下一层、地上五层，RC 构造

8. 建筑物高度：23.5 m；宽度：108 m；开挖深度：5.9 m

9. 馆舍楼层配置

（1）地下室：自修室、阅报室、密集书库、影印中心、电脑教室、文化走廊、多功能演讲厅

（2）一楼：大厅、流通柜台、行政柜台、参考书区、新书展示区、博硕士论文珍藏区、资讯检索室、办公区

（3）二楼：多媒体视听区、数字学习区、办公区

（4）三楼：期刊区、国外报纸区、微缩资料区

（5）四楼：中文图书区（000—700）、考试用书专区、新书展示可外借区

（6）五楼：中文图书区（800—900）、西文图书区、博硕士论文可外借区、展示区

（7）研究小间（15 间）、讨论室（6 间）、影印室（4 间）、休闲讨论区（6 组）

（8）阅览席位及设备：公共阅览席位 828 个、自修室席位 384 个、馆藏查询电脑 26 部、资料库检索电脑 16 部、多媒体视听个人欣赏席位 50 个、微缩阅读复印机 4 部

10. 重要时程日期

（1）公开征图评审：2000 年 7 月 18 日

（2）开工日期：2002 年 10 月 23 日

（3）上梁典礼：2003 年 11 月 26 日

（4）完工日期：2005 年 1 月 25 日

（5）工程验收：2005 年 2 月 24 日至 2006 年 2 月 13 日

（6）后续工程：2006 年 2 月 14 日至 5 月 31 日

（7）搬迁：2006 年 7~8 月

（8）开放使用：2006 年 9 月 1 日

（9）正式启用典礼：2006 年 10 月 12 日

本馆自 2000 年 7 月 18 日公开征图评审作业开始至 2006 年 6 月完成后续工程，前后近 6 年的时间，其间召开的相关会议共 132 次，平均两个星期召开一次会议，就图资大楼营建进度、装修规划、未来经营管理等方面进行讨论，同时也参访其他图书馆吸取经验，并邀请专家学者到馆讲授图书馆服务及发展课题。各项会议如下：

图书资讯大楼新建工程规划设计案审查会议，共 5 次。

本馆与建筑师讨论图资大楼平面设计规划会议，共 16 次。

本馆与总务处讨论植栽景观会议，共 2 次。

工地会议，共 24 次。

工程监造会议，共 10 次。

数字学习小组会议，共 6 次。

指标系统小组会议，共 6 次。

后续工程工作小组会议,共 11 次。

后续工程委托规划设计会议,共 12 次。

后续工程监造小组会议,共 40 次。

参观其他图书馆,共 19 所。

聘请学者专家到馆演说,学习建馆相关经验,共 7 次。

三、图资大楼营建过程与特色

（一）本校创校后首次单栋建筑采用公开征选建置个案

本校于 1992 年甄选出钱绍明、詹勳次等五位建筑师为校园规划建筑师,分别赋予校园规划以及不同工程金额额度之建筑物设计权,于是分别有行政大楼、科技学院、综合教学大楼、人文学院一期和二期、学生宿舍与餐厅等建筑陆续兴建。图资大楼乃是自 1992 年后,首次以公开征选方式向各界征求优秀建筑师提供方案,由校内外专家学者组成评选团甄选出来之个案。

图资大楼需求书由本馆第二任馆长吴伟特教授(土木系教授)于 1999 年撰写完成,拟定以结合图书馆、计算机中心以及远距教学中心"三合一"的建筑作为征选标的。其规划基地于原先校园规划已选定于本校校园中轴线端点,本案于 2000 年 5 月公开征图遴选建筑师,共有五家事务所参与竞图,结果由徐伯瑞＋俞圣衡建筑师事务所获选,取得本案之规划设计监造权,由徐伯瑞担任主要建筑师,并聘任王夏维先生为设计顾问。

（二）首次筹组规划设计委员会参与设计讨论

由于图资大楼属本校重点工程,故特别组成规划设计委员会,由图书馆以及计算机中心等单位推派代表,及聘请本校土木系教授为营建顾问,并外聘台湾大学图书馆林光美副馆长、东海大学建筑系陈格理教授和王小川等学者专家为委员,共召开 5 次规划设计审查会,确定由原来"三合一"的综合大楼改为以图书与资讯为主之图资大楼,历经多次方案修改与机能调整,由构想方案、初步规划直至细部设计,并由建筑师事务所协助编写"规划构想书"、"工程规划书",协同本校向台湾省教育行政部门进行多次简报以及预算争取,经教育行政部门以及公共工程会核定工程预算为 4.3 亿(另保留购置家具设备费用)。

图 1　图资大楼(正面)

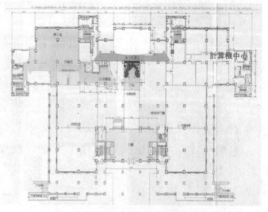

图 2　图资大楼(平面图)

图3 图资大楼(左后侧面)

图4 图资大楼(右后侧面)

图5 图资大楼(后面)

图6 图资大楼(大门雨庇及回廊夜景)

（三）土建、机电、空调工程联合承揽方式发包

工程营造以联合承揽方式发包,对于工作界面协同配合较有效益。在设计定案后,由本馆第三任馆长郭昌宏教授等人组成"工务小组",就技术细节进行确认与修正,并召开数次讨论会议。本校于2002年6月顺利取得建筑执照,并于同年8月21日办理公开招标,以最低标方式发包,共有兴亚营造、德宝营造、德昌营造等五家营造业各自筹组投标团队参与竞标,最后由兴亚营造＋太力水电＋诚新空调团队以台币3.7亿得标。在工程营造期间,屡受营建物价飙涨影响,所幸在校方、监造单位以及营造团队的共同努力下,终于顺利完成大楼新建之任务。

（四）建筑基地位于校园主轴线和制高点

本校图资大楼建筑以对称之量体配置于校园主轴线端点,向前延伸可直接联结行政大楼及人文学院,并以回廊向左右延伸,有效地连接了学生宿舍、餐厅所在之活动区及科技学院和管理学院,使学生的生活区与研究区均与图资大楼紧密联系在一起。因应建筑基地地势之高低差,图资大楼建筑物顺应地形而成为校园制高点,象征了对知识的尊崇,成为本校地标建筑,彰显了本校学术意象。见图7、图8。

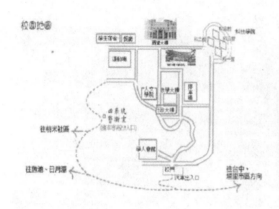

图7　校园地图　　　　　　　　　　　　　图8　图资大楼→行政大楼

（五）建筑结构依建筑技术规则内"强震区"要求，进行规划设计

由于本校坐落于921地震区内，因此图资大楼建筑结构系依建筑技术规则内"强震区"的要求进行规划设计，空间布局方正对称，可以有效地防止地震灾害。

（六）依"绿建筑规范"进行设计，有效节能

图资大楼建筑亦依照"绿建筑规范"进行设计，对于水资源节约以及日常能源节约等指标采用省水器具，可有效节约运营后之管理成本。本图资大楼建筑于2006年荣获台湾省主管部门颁发字号GB111的绿建筑标章证书；另于2008年8月完成全栋对外窗户加贴隔热贴纸工程，更有效地达到节能减碳的目的。见图9。

（七）楼地板荷重高于一般标准

图书馆建筑迥异于一般建筑物，尤其对于楼地板荷重系数的要求更是高于一般建筑物。本校图资大楼楼地板荷重系数在密集书库为950 kg/m^2，空调主机房为$1\,000 \text{ kg/m}^2$，一般图书阅览区为600 kg/m^2，均较一般建筑物$200 \sim 300 \text{ kg/m}^2$为高且更为安全，有利于日后服务空间灵活运用及重新调整、配置。

图9　绿建筑标章证书

（八）营建工程验收作业由图书馆馆员负责

本案营建工程完工后，验收作业系由本校图书馆馆员负责，2人一组，负责检查各楼层营建工程（包含土建工程、水电设施、冷气设备等），除翔实记录各项缺失外，还拍照存档；另于营造商修缮后确实核对，以确保建筑品质。本馆于初验作业共列出工程缺失2\,000余项，其后营造商均完成改善。

由于系馆员协助验收，每位馆员在图资大楼内来回无数次，对于未来内部空间的配置与需求已在脑海中有了初步构想，因此各组对于读者阅览空间、动线、馆藏设备配置等均掌握了具体的概念与想法，甚至于必须利用装修作业予以美化的空间也能确实掌握，这对于后续工程的顺利进行是十分有帮助的。

（九）后续工程由图书馆主导及整合各项界面

图资大楼的后续工程共有室内装修、木制家具设备、视听家具设备、钢制书架、密集书

库、办公家具采购 6 项,其采购案全部由图书馆负责主导,包括提列需求、相关图说资料及整合各项需求与土建工程固定设备(如柜台、木质地板等)之间的界面,如色系、氛围、设计语汇等,这使得图资大楼原来的设计理念仍可保有整体性,却又能在同中有异且异趣横生。

四、后续工程规划与进行

在完成营建工程验收作业后,即开始进行后续工程相关作业。相关后续工程采购案,各案分列如下:

序号	案　　名	预算金额	采购方式	得标厂商	备注
1	室内装修设计施作统包工程案	7 000 000	最有利标评选	萝丹室内装修有限公司	
2	视听设备与家具统包案	14 600 000	最有利标评选	宽普数字科技有限公司	
3	木制家具设备案	9 500 000	最有利标评选	洪安兴业有限公司	
4	钢制书架案	2 288 640	价格标	日盛图书馆设备有限公司	
5	密集书库案	1 967 760	价格标	精业登有限公司	
6	办公家具—人文学院扩充案	949 607	扩充工程	洪安兴业有限公司	
7	办公家具—中信局案	641 247	中信标	正钧企业公司	
8	自助借书机案	1 780 000	价格标	普杰实业股份有限公司	
9	安全门禁系统扩充设备案	900 000	价格标	普杰实业股份有限公司	
10	其他(指标系统局部改善、监视系统、微缩柜等)	3 992 746			
合计				43 620 000 元(新台币)	
11	隔热纸工程(1~5 楼)	983 858	价格标	3M 公司	2008.08
12	空调电力照明系统节能改善工程	2 216 655	价格标	"中华"电信南区分公司	(2008.09) 1997 年度建筑能源效率提升计划,进行中
总合计				46 820 513 元(新台币)	

在此仅针对后续工程采购案中采购方式较为特殊且功能性影响图书馆较大之装修案、视听案及木制家具案提出介绍,兹分述如下:

(一)室内装修设计施作统包工程案

本馆室内装修设计案作业之特点为采用"公开招标,采最有利标,以统包方式办理",投标厂商依本馆需求说明书之需求内容撰写企划书,通过资格审查者始得参加评选作业,并需派员出席简报,评审委员就厂商所提企划书内容、简报答询情形及依评选作业要点之项目评定得标厂商。得标厂商获本案承揽权,序位第二、三名厂商总评分达合格分数者,依序发给奖励金新台币 5 万元、3 万元,得标及领取奖励金之厂商,有关本案所为之设计成果之智慧财产权,本校取得永久无偿使用权。

由于本案采取"最有利标,以统包方式",因此招标文件中公告预算金额为 7 000 000 元,得标之厂商投标金额若高于预算金额仍以 7 000 000 元作为决标金额;若低于预算金额则以其投标金额为决标金额。本案决标金额为 7 000 000 元。

本案另一特点为需求说明书撰写方式采取开放式,于需求内容仅列出需求重点、设计概念、需求项目,并未列出"希望之改善方案",使有意投标厂商得以发挥创意,不受馆方限制。结标后,本馆与得标厂商就其企划内容进行细部讨论及修正,使厂商之设计理念与创意能够真正符合馆方需求,使得装修效果得以发挥至极致。本馆开馆近 2 年的时间,经由本校师生及参访来宾的实际体验,证明本案是非常成功的案例。

本案需求重点仅列出:① 本案系针对图书资讯大楼读者阅览、管理及公共使用空间装修为主;② 主要采购标的物为室内装修及配合装修新增必要之家具、照明灯具及相关设施;③ 本案装修不得妨害或破坏现有防火区块及消防安全设施,说明了本案的重点是以"读者的利用行为"来组织各个公共空间为主,并兼顾消防安全,并非以美观为第一优先。至于设计概念则提出:① 本案应融入现有室内装潢风格,搭配现有各项家具、书架、软硬体设备之配置,考量整体活动机能、读者使用行为,使各空间之活动有所区隔;② 设计重点包括:a. 动线规划:须兼具读者使用、馆员工作动线及安全管制考量;b. 空间设计与布置:应展现不同的空间特性、使用机能,规格应符合人体工学、标准化、无障碍设计。本案虽然是室内装修,但是依此设计概念,对于土建工程既有之设备和本馆原有之家具仍必须纳入整体的设计范围,因而将有限的预算发挥最大的效用,并且提醒设计者本案是以"读者为中心"为设计原则。

在此将本案需求重要项目依装修前、后的状况作一比较:

1. 一楼

(1) 大厅装置条幅

入口处大厅为挑高四层的空间,受限于入口深度不够,进入图书馆入口后又恢复为一层楼的高度,极具压迫感,于是在大厅左右两侧接近三楼的地板处将密闭窗变更为可开式窗户,并加装条幅悬挂装置,一侧各 3 个,共 6 个。本馆设计条幅内容为与阅读相关的名言佳句,营造出气势开阔雄伟的学术殿堂气氛。条幅内容每 3 个月更换一次,让读者走进图书馆时,视线停留在二层楼高的条幅上,同时可以浏览阅读名言佳句,使心情得以沉稳后再进入图书馆。另外,在每个条幅上方有 3 盏投射灯,共装设 18 盏,可以改善大厅夜间照明的问题。见图 10~图 12。

图 10　大厅(原貌)

图 11　大厅(挑高四层)

图 12　大厅(悬挂阅读名言佳句条幅)

（2）一楼入口至主梯之天花板美化

进入图书馆入口后,天花板降至一楼高度,为改善所形成的压迫感,便针对入口至主梯天花板进行美化作业,在门禁安全系统及主梯前上方之天花板加装富有地方特色的原木造型隔板及吸顶筒灯,使原有规则、重复、毫无变化的天花板具有多变的层次造型,宛如玄关的感觉;二者之间的天花板则采用挑高设计,营造出高贵、温馨的环境,迎接每一位读者的到访。见图 13～图 15。

图 13　入口至主梯之天花板(原貌)

图 14　入口至主梯之天花板美化(1)

图 15　入口至主梯之天花板美化(2)

（3）门禁管制口(Checkpoint)

流通柜台的设计原已纳入营建工程施作,但因其距离入口处稍远且本馆人力有限,并无多余人力可以负担入口管制业务,故将原有门禁管制口柜台移除,重新于入口处左侧设计一兼具不入馆还书与入口管制服务功能之行政柜台,右侧空间则设计为展示橱窗作为举办主题书图书展示时用。我们也对二进二出的安全门禁设备进行美化作业,于入口及出口中间设计一弧形屏风,上方喷砂玻璃雕刻有"暨南国际大学"六字,弧形朝内,意指"海纳百川,有容乃大"。见图16～图21。

图16　原 Checkpoint 柜台(1)

图17　原 Checkpoint 柜台(2)

图18　行政柜台、入口、展示橱窗

图19　二进二出安全门禁系统

图20　展示橱窗

图21　入口处(已移除 Checkpoint 柜台)

(4) 1～5楼主梯垂直动线意象塑造

主梯一楼楼梯下方及1～2楼楼梯间以室内造景方式美化,2～5楼楼梯间则以木制壁饰精板造型、中间镶嵌金丝玻璃方式美化,主梯五楼天花板则装设嵌灯及吊灯,完整地型塑主梯垂直动线之意象。见图22、图23。

图 22　1~2楼主梯美化

图 23　4~5楼主梯美化

（5）主梯后方设置新书展示区

配合原有木质地板与窗户设施规划主梯后方为新书展示区，本区亦兼具读者休闲阅读功能，于左右两侧墙面设计井字形书架及活动式高矮展示柜3座，并于窗前设置5张沙发椅，柱子则装修为圆形原木台面并配置10张高脚椅供读者使用，另搭配暖色系吊灯的照明，光线缓缓流泄而出，营造出宛如置身于书店的温馨感觉。见图24~图26。

图 24　新书展示区原貌

图 25　新书展示区（1）

图 26　新书展示区（2）

2. 三楼期刊区

三楼在主梯前方设置强化结晶玻璃屏风，再搭配造型沙发；现刊区的主柱设计为吧台式的休闲风；主梯后方阅览区则利用海湾型沙发、室内园林造景以及两侧墙面加贴实木壁板，营造出温馨、舒适之休闲阅览环境，并可搭配柔和音乐的播放，使本区成为另一处读者流连忘返的阅读、悦读的空间。见图27~图30。

图 27　期刊区——入口处

图 28　期刊区——阅览区

图 29　期刊区——休闲阅览区

图 30　期刊区——现期期刊架

3. 五楼主梯前方休闲阅览区

由五楼主梯前方之休闲阅览区落地窗(观景窗)往外看,全部校园(含埔里市区)可以一览无遗,是观赏校园景观的最佳地点。因此,本区被规划为具休闲阅览及展示功能之空间而不作书库使用。在观景窗左右两侧设计了景观休憩吧台,配有休闲吧台椅;天花板则安装有石英嵌灯、轨道灯及音箱;两侧墙面设计为固定展示墙以供实体物展示用。又因原空间太过于穿透,不利于作为展示空间,特将四根主柱设计为固定式木制展示台,展示台背面则配置两幅大图输出图面,左方图案构图由数个古文明建筑建构而成,旨在提醒读者思考以"人文为本、科技为用"的精神;右方图案则由电脑、物理、化学仪器、中国历史人文地图、满文、图书等元素共同建构而成,旨在提醒读者所有图示元素皆代表图书馆馆藏的各类知识,希望在暨大求学的学生,离校时行囊装满了知识,即期待每位离开暨大的学生皆能"术德兼备"。两个图面中央均配置世界地图,但呈现主轴不同。左方世界地图是以人类文明起源为主轴,右方世界地图则以亚洲为主轴,借此提醒读者须具有多面向世界观,每位暨大人都能"立足暨大,放眼天下,有所作为"。见图31~图38。

图31　五楼休闲阅览区原貌

图32　五楼休闲阅览区(1)

图33　五楼休闲阅览区——大图输出(1)

图34　五楼休闲阅览区(2)

图35　五楼休闲阅览区——观景窗

图36　五楼休闲阅览区(3)

图 37　五楼休闲阅览区——大图输出(2)

图 38　五楼休闲阅览区——大图输出(3)

（二）视听设备与家具统包案

为适应数字时代的需求，本馆特将二楼空间规划为数字资源学习环境，提供读者各项数字资讯服务功能，主要目的在于通过数字资讯设施以协助学校师生之教学与研究，培养学生具备资讯素养及资讯取用能力，从而能掌握终身学习之技能。为达成上述目标，空间规划为多媒体视听服务区、公告导览/数字内容展示/团体欣赏区以及数字教学区。本案通过整体规划、装修及家具与视听设备采购工程，以提供高质感家具、高科技设备为原则，营造出数字化、现代感的优质、便利的资讯资源取用场域，进而提供多元化、专业化与效率化数字服务。

本案采购方式与"室内装修设计施作统包工程案"相同，采用"公开招标，采最有利标，以统包方式办理"，公告预算金额为新台币 1 460 万元。以下依空间功能说明本案执行成效。

1. 多媒体视听服务区

由于本馆视听资料为可外借或在馆内欣赏，或利用校园 VCD 随选系统观赏，因此本区规划项目包含了视听柜台装修、视听资料典藏（开架式）、阅览及休闲功能等服务项。见图 39～图 43。

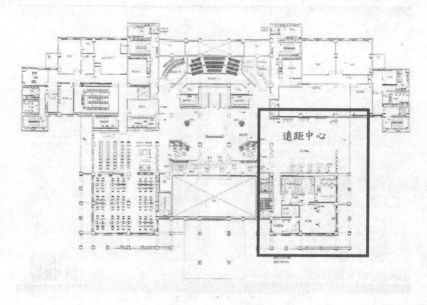

图 39　二楼平面图

图 40　二楼开放式视听柜

图 41　二楼视听柜台

图 42　二楼个人视听席位(1)

图 43　二楼个人视听席位(2)

2. 公告道览/数字内容展示/团体欣赏区

本区规划有资讯检索服务、资讯公告道览与有线电视欣赏、大中小团体欣赏室(共 5 间)。见图 44~图 53。

图 44　二楼多媒体视听区

图 45　二楼凯旋门

图 46　二楼休闲阅览区(1)

图 47　二楼休闲阅览区(2)

图 48　二楼大团体室

图 49　二楼中团体室

图 50　二楼小团体室

图 51　二楼视听元素墙

图 52　二楼视听元素拼字墙

图 53　二楼检索桌

3. 数字教学区

　　数字教学区主要由本校远距中心负责规划与管理,功能包括数字创作学习服务及数字内容研究服务,设立有数字音乐创作区、数字学习教室(MAYA 教室)、数字剪辑教室、摄影棚(含录音室),提供数字化教学教材之制作,同时提供多媒体器材外借服务与技术咨询。见图 54～图 63。

图 54　二楼数字教学区柜台

图 55　二楼多媒体展示橱窗

图 56　二楼数字艺文区(1)

图 57　二楼数字艺文区(2)

图 58　二楼数字音乐创作区

图 59　二楼数字学习教室(1)

图 60　二楼摄影棚

图 61　二楼录音室

图 62　二楼多媒体工作站

图 63　二楼数字学习教室(2)

（三）木制家具设备案

本馆规划读者使用之阅览桌椅(含研究桌)、参考书书架、现期期刊架、新书展示柜、检索桌(含 2、3、4 人用)及展览柜等均采用木制家具。本案采购方式同前两项采购案,公告预算金额为新台币 950 万元。原建筑师聘任之设计顾问王夏维先生所设计之各项木制家具图说(含尺寸),均列入招标文件作为投标厂商之参考。本馆并提供家具平面配置图与相关规范(如材料、涂装、防火等 CNS 规范),投标厂商得依其专业提出创意理念及作业,详制设计图及说明,并列出家具尺寸、材质、施工流程及涂装方式,于投标时更需提供审查样品(包含检索桌、研究桌、阅览桌椅、书架、期刊架及展示柜各一座），及配合评审委员修正意见作为验收参考的依据。

本案执行之特色说明如下：

1. 检送审查样品及进行厂验及抽(拆)验作业

投标时检送审查样品除有助于评审之进行外，对于日后验收作业可有明确的参考依据；此外，规定于原料、备料、成品阶段进行厂验程序，由校方人员到厂办理检验作业，同时于成品阶段进行抽(拆)验，方式为将抽验的成品送至台湾大学森林环境暨资源学系进行破坏测试，确认实木树种及涂装等材料符合 CNS 规范，以上相关作业均确保本案设备之品质掌控。

2. 材质使用老榆木，表面涂料使用生漆

材质使用老榆木，其特色为老榆木经风化处理后产生一种自然纹理，硬度适中，防腐性佳。所有实木制作均采用传统的接榫工法，表面采用古老生漆涂法，可避免读者因置放热水杯于桌面时留下印渍。

3. 四时读书乐——研究桌椅设计

研究桌主要设计为供两人使用，桌两侧有雕刻玻璃，内容为宋朝翁森所撰之"四时读书乐"，共分为春、夏、秋、冬四首诗，每一首诗有 8 句，在每一张研究桌两侧玻璃分别雕刻一首诗之上半首及下半首，因此每一张研究桌即代表一个季节。再依地形自右方至左方将研究桌排成八列，依序为春上、春下、夏上、夏下、秋上、秋下、冬上、冬下，于是营造出可让读者坐拥四时读书乐的阅览区。雕刻玻璃内容之书法，分别请埔里当地四位书法家以不同的字体撰写，作为底稿刻入玻璃。

阅览椅则采仿明式古董座椅设计，椅背上方设计如同中国古时官帽，下方符合人体工学，让长时间阅读的读者不会感到疲劳，同时于椅背雕刻本校校徽，富有中国传统家具设计之美。见图 64～图 67。

图 64　一楼个人研究桌(四时读书乐 1)

图 65　一楼个人研究桌

图 66　个人阅览座椅

图 67　一楼个人研究桌(四时读书乐 2)

4. 书林无止境——检索桌设计

检索桌两侧雕刻玻璃内容为"书林无止境",意取资讯检索如同在浩瀚的书林中查检取得的资讯是永无止境的,必须勤于学习、勤于阅读。同时为了美观,特将"书"、"林"、"无"、"止"、"境"五个字之各种字体以图腾方式雕刻在玻璃上,将"资讯科技"和"传统文化"结合在一起,创造另一种阅读氛围。见图 68、图 69。

图 68　检索桌(书林无止尽)

图 69　检索桌(坐式与站式)

5. 地理元素及建筑元素与家具设计之串联

本校所处之南投县,是台湾原住民人口最多的县份,而台湾原住民的图腾大多是以三角形建构,因此建筑师将三角形作为建筑特色元素,本馆两侧回廊以及五楼造型窗均是以三角形图案建构而成;而在木制家具的设计上,我们在阅览椅的椅脚处、木制书架(含期刊架)侧封板及圆形阅览桌的桌沿均刻有三角形。本案使得建筑元素语汇自人文地理衍出,嵌入于建筑本体,再延伸至家具,一气呵成。见图 70～图 73。

图 70　图资大楼外观(三角形造型)

图 71　五楼三角形造型窗

图 72　圆形阅览桌(三角形桌沿)

图 73　参考书架侧封板(刻有三角形)

6. 书架层板采用 5 个支撑点

木制书架所放置的图书为参考书,大部分参考书为精装套书。为考量木制书架层板的荷重,避免因过重导致层板凹陷,除于层板左右各设 2 个支撑点外,于内侧另加装第 5 个支撑点以加强层板之载重。见图 74。

五、空间及动线规划特色

1. 阅览席位全部邻近窗户。由于本校图资大楼四周皆无其他建筑物且采用大面窗采光,因此阅

图 74　书架层板(5 个支撑点)

览席位之设置全部沿着窗边安放,将校园美景作为建筑的延伸。当读者抬头望外,美丽的校园景色尽收眼底,立即将阅读的疲乏洗涤殆尽,于片刻小歇后,即可再打起精神埋首书堆,充分享受阅读之乐。见图 75～图 77。

图 75　靠窗之四人阅览桌(1)

图 76　靠窗之四人阅览桌(2)

图 77　靠窗之四人阅览桌(3)

2. 空间多功能使用之规划。

(1) 入口大厅延伸至主梯前方之空间宽敞,适合办理活动,每年 12 月图书馆周活动时,本馆邀请中外文图书代理商到馆举办大型书展。见图 78~图 81。

图 78　一楼入口大厅(书展及书香咖啡)

图 79　一楼入口大厅(书展)

图80 一楼室内空间举办书展(1) 图81 一楼室内空间举办书展(2)

（2）新书展示区的空间设计，除了作为每月新书展示的墙是固定的外，其他家具均为可移动式，以利各种小型活动的举办。由于面对校园后山方向设有大面窗，所以利用山景延伸至本区空间，使读者有置身于幽静山林中的感觉，成为学生在图书馆最喜欢流连的空间。本馆曾利用此空间举办演讲、赠书典礼、李家同教授著作展剪彩典礼等，过程与结果温馨感人。见图82～图87。

图82 新书展示区(演讲活动1) 图83 新书展示区(演讲活动2)

图84 新书展示区(赠书典礼1) 图85 新书展示区(赠书典礼2)

图86 新书展示区(著作展剪彩典礼)

图87 新书展示区(著作展剪彩典礼暨演讲)

3. 书库区书架以一列 13 座方式排列,充分将书库空间完整运用,保留前后方空间作为日后扩充使用。读者在书库中找寻图书时,不会有如在"书架丛林"中的压迫感,因为自书架延伸至墙面处,最先映入眼帘的是阅览桌,紧接着是落地窗,光线充足,美景如画,浑然天成。见图 88～图 90。

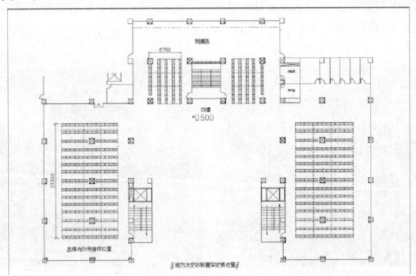

图88 书库区书架空间(13 座排列)平面图

图89 书架区间(1)

图90 书架区间(2)

4. 原安排中文图书放置于四楼、外文图书放置于五楼,但考量外文图书借阅率远低于中文图书,导致读者到五楼的几率较低;又因四楼无法容纳全部的中文图书且须预留每类图书的成长空间,故而决定将文学类及艺术类等借阅率高的中文图书移至五楼,让每个楼层都可以见到读者的踪影,也避免产生"罕有人迹"的角落空间,不会造成空间管理上的死角。

5. 本馆两侧各有一沉降广场,左方命名为"进学",系取自韩愈之《进学解》,意在鼓励学生应以致力学习,无时无刻均以充实自己作为人生目标;右方则命名为"知新",取自"苟日新、日日新、又日新",意在提醒读者在学习上必须掌握资讯的新颖性,跟上时代的脚步,才不会被资讯的洪流所吞没。本馆自修室与电脑教室分别设置在图资大楼两侧地下室,可分别由两侧沉降广场进入,故开放时间不受图书馆闭馆时间限制。见图91~94。

图91　进学广场(通往自修室广场)

图92　进学广场

图93　知新广场(通往电脑教室广场)

图94　知新广场

六、省思及建议

回顾本馆这两年来的使用情形及读者的回馈意见,检讨归纳出以下几点本馆仍待改善或可作为其他图书馆建馆的参考建议,分述如下:

1. 本馆四面采光,由于采用大面窗及落地窗设计,导致缺乏墙面可作为悬挂图画、艺术作品等的展示空间,建议图书馆建筑内部应保留部分墙面,可弹性运用以利营造不同的阅读氛围。

2. 本馆四周无其他建筑物遮蔽,每天日光照射时间由日出至日落,正好环绕本馆一周。

虽然加装窗帘,又因读者的使用习惯不同及大面窗的窗帘面积较大,使得窗帘的维修率提高,也影响整栋建筑的外观;此外长期日照也导致冷气无法节能,所以本馆于2008年8月进行全馆窗户加贴隔热贴纸工程,期待能达到节能减碳的目的。本馆原始设计规划时并未预期会有此"奇异"日照的情形,夏天上午日煦,会自大厅四楼高的窗户直射入一楼的行政柜台,影响馆员的工作。因此在柜台上方加装卷帘式窗帘,也造成另一种难得一见的景色。见图95～图99。

图95　日照进馆(一楼大厅处)

图96　日照进馆(入口处)

图97　日照进馆(行政柜台馆员工作时状况)

图98　日照进馆(行政柜台加装窗帘)

图99　日照进馆(行政柜台学生还书)

3. 由于当初指标系统系纳入营建工程之内,导致品质、内容、色系无法与后续工程装修、家具及空间规划互相搭配,因而全馆指标系统有待改善。本馆在后续工程规划时曾考虑改善指标系统,唯受限于经费所以暂时搁置,俟日后经费允许再进行改善作业。在此建议图书馆的指标系统,应在馆舍装修及搬迁完成后再进行规划,切勿纳入营建工程项目。见图100、图101。

图 100 指标系统(不美观) 　　　　图 101 指标系统(不协调)

4. 营建工程空调系统及外墙渗水问题目前仍在持续修缮中,造成读者使用图书馆的不便。本馆空调系统采用储冰式作业(夜间制冰、日间融冰),原是基于环保考量,可以省水、省电,但经实际运行两年,效果并不理想,无法达到预期之效益。而外墙渗水的问题,主要是大面窗设计,窗框矽胶老化,下大雨时容易渗水,也是目前一直持续进行修缮作业中。见图102、图103。

图 102 渗水 　　　　　　　　图 103 雨庇柱子受损

七、结语

暨大图书馆馆员历经10年的企盼,终于在历任馆长和全体馆员们的共同努力下完成了图资大楼的兴建。落成启用2年来,由每天入馆人数高达全校学生数的1/4及来访外宾给予的正面评价,肯定了我们的努力。这鼓舞着我们,也鞭策着我们,不能满足于建筑成功的喜悦,仍要持续努力充实馆藏,建立独具一格的特色馆藏,有效组织典藏的知识,提升知识加值服务,为暨大师生开创永恒的知识殿堂。

高校图书馆功能布局、现代服务理念的实践与思考

桑树勋　尹良伟　郭太敏　曹作华

摘　要：高校图书馆建筑及功能设计要适应学校教学、科研和图书馆发展的需要，本文结合新馆筹建及运行的工作实践，阐述了如何从高校图书馆建筑外部环境、内部功能设计、功能布局及服务功能等方面处处体现以人为本的现代服务理念。

关键词：图书馆　建筑　布局　功能　以人为本　现代服务理念

随着高校招生规模的不断扩大和办学条件的不断改善，高校图书馆也迎来了高速发展的时期，多数高校在新建、扩建图书馆，以使图书馆的规模和功能满足学校教学、科研发展的需要。中国矿业大学图书馆南湖校区新馆于2005年11月8日奠基，2008年3月10日试运行，在新馆筹建、建成及运行过程中，在新馆建筑及功能布局、读者服务的实践中如何体现以人为本的现代服务理念是我们每一个图书馆人都需要认真思考的问题。

一、图书馆建筑环境及功能布局

（一）图书馆建筑外部环境

高校图书馆不仅是学校的信息资源中心、文献情报中心、书刊借阅中心，也是师生们学习研究、信息交流、休闲社交的场所。所以，图书馆作为校园的标志性建筑，在选址上一般都在整个校园的中心位置，周围较空旷，以方便师生们进出和读者群的集散。环境应该比较幽静，周围有绿地、花园、池塘、喷泉、亭阁、林荫道等。图书馆单体建筑应融入校园整体建筑群中，从造型到色泽力求协调统一，形成一个总体，又在总体中体现单体建筑的独特风格，在总体中突出图书馆的主导地位。

中国矿业大学南湖校区新馆位于南湖校区的中心，紧邻行健路，面朝镜湖，三面环水，周边是校园的中心生态空间，较为开阔，音乐喷泉、亲水广场、小径绿地，给图书馆营造了一个清静幽雅的空间；图书馆南侧通向公教区，北侧与学院办公区相连，西侧与学生生活区相接，从建筑的使用功能和性质地位来看，图书馆具有从中心向周边辐射的功能，也有使师生向之聚集的作用。

作者简介：桑树勋，中国矿业大学图书馆馆长，教授。

　　　　　尹良伟，中国矿业大学图书馆馆长助理。

（二）图书馆建筑合理的内部设计

近年来，高校图书馆开放式管理已成为人们的共识，开放式管理意味着馆藏的开放、功能的开放、服务的开放和内部管理的开放。图书馆建筑内部的设计和规划也要以这种理念做指导，使建筑形象具有开放性，吸引读者走进图书馆，使读者尽快接触到馆藏和服务，馆内实行藏、借、阅一体化管理模式，读者经过一个主入口验证进馆后即可"畅行无阻"，到阅览室后就有坐拥书城的感觉，可以任意选择、任意取舍、任意阅览。这就要求图书馆建筑内部设计要在实行开架管理的前提下，把藏、借、阅活动有机地组织在一个空间中，要求图书馆建筑统一柱网、统一层高、统一荷载，主体部分尽量采用大空间的方式，采用走廊通道等无障碍设计。同时，图书馆建筑中应考虑综合布线系统设计，以一种传输线路满足计算机、电话机、广播、电视、监控等多种通信或多媒体业务终端的要求。

中国矿业大学南湖校区新馆大门和各阅览室的门均采用落地玻璃门设计，良好的通透性将馆内和馆外、室内和室外有效地联系在一起；圆柱体建筑外墙采用玻璃幕墙设计，使得馆内各处均以自然采光为主，更以面积约 1 600 m² 的内庭院及大面积的玻璃顶门厅和休闲区等加强了馆内的自然采光度；馆内采用大空间大进深格局，阅览区、办公区、休闲区（静区、次静区和闹区）自然分隔；阅览区单室面积分 1 100 m² 和 2 000 m² 两种（报刊阅览室上下两层，之间辅以装饰楼梯相连，面积达 3 000 m²），均采用 9 m×9 m 统一柱网（办公区和休闲区采用 5.4 m×5.4 m 以降低建筑成本）；图书馆前广场有方便通道可以无障碍地进入图书馆门厅，门厅两侧都设有验证入口，读者入馆后可以自由选择通过电梯或楼梯进入高楼层的阅览区，馆内除在阅览区附近设有电梯四部（两部在进馆入口处）均可直达阅览室或自习室外，还在读者人流集中的借阅大厅和各层阅览区间以直跑楼梯相连，读者梯即可方便快捷地到达各楼层阅览室；馆内采用结构化综合布线方式，把计算机网络系统、通讯系统、声像系统、监控系统、消防系统等各方面线路统一组合在一套标准的布线系统中，用一次布线完成连接馆内所有系统设备，其中以计算机网络布线为重点，计算机配备的电源线单独布置，有效地防止其他电源电器设备发生故障时干扰计算机工作。

（三）图书馆馆内多元化的功能布局

图书馆建筑的最终目的是服务于读者，读者利用上的便捷是图书馆功能布局设计上追求的主要目标。图书馆功能布局必须以读者为中心、切合图书馆工作流程、针对不同类型的文献和不同类型的读者合理安排，使人流、物流、信息流合理流动，让读者很容易确定自己的位置并得到自己所需要的服务。

中国矿业大学图书馆南湖校区新馆分六层（其中地上五层和地下一层），地面一层到五层设两个主入口：（1）"阅览区主入口"，通向检索大厅（总服务台），设置有借（还）书处、总咨询处、办证处、自助借还处、书目信息检索处等；对内、对外运输量较多的采编部和地面承载负荷要求较高的主机房也设置在大厅周边区域；检索大厅里侧设置"教师与研究生阅览室"，该室环境幽静（位于阅览区最里侧，大部分学生读者在主入口处直接通过电梯或直跑楼梯分流到高楼层的阅览区），同时该室位于一层方便教师读者到达；在检索大厅和教师与研究生阅览室垂直上方 2～5 层分别设置"多媒体阅览室"和"社会科学图书阅览室"、"电子阅览室"和"自然科学图书阅览室"、"外文图书阅览室"和"报刊阅览室（期刊）"、"图书漂流区"和"报刊阅览室（报纸）"；整个阅览区各楼层由三部电梯（配套安全楼梯）和一个直跑楼梯相连，读者可以方便快捷地到达各阅览室，也可方便的到检索大厅办理借还书手续，书刊也可以通过电梯方便地在楼层间流动,不提供外借服务的报刊阅览室设置在高楼层也便于图书馆管理。(2)"休闲、办公区主入口",通向展廊,展廊内设有读者培训室、视听室、报告厅等,垂直上方楼层分别设置有办公区、自习室和读者研究室等,均是读者参加信息培训、获得信息服务、进行学术交流的主要场所。地上五层建筑由两个主入口把人流分成两部分,不同需要的读者可以选择就近入口尽快到达目的地(阅览区或者休闲、办公区)。地下一层设有咖啡吧、读者书吧,给读者提供休闲交流场所;还设有文印室、地下停车场等,为广大读者提供服务;同时,设置"密集书库",将出版年代久、使用率较低的文献从阅览室剔旧到密集书库(提供独立借还服务),从而缩短读者在阅览室查找文献的时间,提高文献利用率。

二、树立"以人为本"的现代服务理念,图书馆实现全方位的服务功能

"以人为本"的现代服务理念强调图书馆的人性化管理,人性化管理是遵循人的思想为基础的管理,它由重视人到以人为中心,再到人是管理者又是被管理者来逐步达到人性化管理。这一理念体现在图书馆的服务上,就是"读者第一,服务至上"的宗旨。就是说图书馆的读者服务要符合"人性",服务者在服务过程中要认识人性,重视人的尊严与价值,包容人性的弱点,同时以满足人对资源的需求和社会需求(安全感、舒适感、自由、权利、关心、尊重、心理满足等)为核心和动力来开展服务。简而言之,就是以人为本、以人为中心的服务。

图书馆不仅是信息知识的集散地,更是重要的文化交流场所,是读者学习和文化休闲的主场所。因此,图书馆在满足读者借阅查询等传统服务功能的基础上,重视读者在心理上和生理上的需求,让读者在图书馆能享受到一种和谐、安详、关爱、自由、自助与互助并存的文化氛围以及能够方便地与其他读者进行交流和沟通的环境。图书馆要从服务理念、服务方式、服务内容、通讯网络、设备设施等多方面,以全方位的服务功能满足不同类型、不同层次读者的需求。

(一) 树立人性化服务理念

图书馆要实现自身的价值,就必须明确图书馆的一切工作都是要围绕着读者的需要展开的,要理解读者、关心读者、尊重读者、爱护读者,对读者坦诚相助。从读者的利益和需求出发,筹划可以预见的读者需求变化趋势,重新整合图书馆的各种资源和服务功能,形成一个以服务为导向,互相协同,能够动态适应读者需求变化的服务体系,让人性化服务理念成为图书馆员工的行为准则和自觉行动。

(二) 服务方式人性化

1. 藏、借、阅一体化服务模式

目前,许多图书馆都采用了藏、借、阅一体化的管理方式,借阅方式简捷、便利,馆藏文献全面开架,读者自由选书,大厅总出入口处办理借阅手续,实行一卡通用,资源共享,依托网络系统,读者通过联机共享馆藏目录,可以在多个校区跨校区借阅图书资料,给读者以开放舒适、通透宽敞的感受,为读者营造一种宁静、宽松的极具人性化的阅读氛围。

中国矿业大学图书馆以校园卡作为主要的读者身份证件,读者刷卡进馆后就可以在馆内自由借阅、休闲;图书馆实行一体化服务模式,在一层总服务台设置借(还)书处,办理各阅览室图书的借还书手续,两校区图书馆实现图书通还;总服务台还设置咨询处,由信息咨询部的专业学科联系人负责为读者解答各种各样的疑难问题;图书馆资源依托网络实现共享,在检索大厅和各阅览室设置检索计算机供读者随时检索查询图书资料信息,各阅览室工作

人员工作职责除维护好各室的图书和读者秩序外,也将把工作重心放到为读者提供咨询服务上来,真正营造一种"人在书中,书在人旁"的环境,使藏、借、阅、参四项功能协调安排、有机统一,力求读者在宽敞明亮的环境中享受学习的乐趣、研究的氛围。

2. 延长服务时间

为最大限度地满足读者借阅需求,图书馆应最大限度地延长读者利用图书馆的时间,图书馆服务的开放时间要求做到节假日和公休日不闭馆,即图书馆无休息日;馆内开展任何公务活动都不影响正常开馆;保证开馆时间的完整性和连续性,避免中断。

中国矿业大学图书馆除周三下午政治、业务学习只开放自习室外,周一至周五,8:00~21:50,周六、周日9:00~21:50,每周开放时间达89小时。考虑部分学生读者假日不离校,在法定节假日也安排部分阅览室开放,同时开放所有自习室,开放时间内读者均可进馆学习或办理借阅,电子资源24小时全天候为校园网络以内的读者服务。

3. 醒目的标识系统

图书馆作为文献阅读、文化传播与学术交流的场所,其内部空间和设施往往比较复杂。为了帮助读者直观地了解其内部功能和服务设施,并引导读者迅速而准确地到达目标空间,同时吸引读者有效地利用图书馆,在其内部空间及家具设备等的适当位置上,装设简明直观、色彩醒目的图案化、文字化或图表式标识,这些标识既整体统一又各有特色,形成图书馆独特的室内标识体系。

中国矿业大学图书馆标识系统由校标、图文元素背景和标识主体组成,除在门厅设有全馆平面示意图外,在电梯、楼梯等主要通道入口处设置醒目的指引标识,各阅览室进门处设置阅览室馆藏布局平面图,各馆藏分区起始处上方设分区指示标识,各阅览区设置各种友情提醒和警示标识,在馆外周边区域主要通道设置指向性标识等。全套标识系统造型新颖、色泽明快、简洁明了,使用效果良好。

4. 服务内容人性化

从图书馆发展趋势上看,图书馆服务内容亟须拓宽,主要趋势是加大信息服务和"便民"服务内容。在信息服务方面,主要是加大网上信息导航服务内容,使参考咨询服务经常化;在便民服务方面,要求图书馆全面为读者考虑,为读者提供方便,使读者充分享受到图书馆的人文关怀。

中国矿业大学图书馆在文献信息服务方面积极创新,针对现代图书馆电子文献资源、网络信息资源所占的比重越来越大,使用手段也不断更新的情况,重视开展读者的指导和培训工作,开设文献检索课、举办各种信息资源讲座、开展新生入馆培训工作等,把各种课件和培训资料放到网上供读者随时学用;同时,加强知识信息导航服务和集成服务,积极开展资源整合和馆藏资源数字化工作,提高读者文献资料利用效率;为读者提供了自助式借还和自助式复印服务,读者可以通过互联网办理预约或续借手续,读者还可以通过网络荐购的方式参与图书资料采购工作;在门厅设置方便雨伞、在检索机处提供便签条供读者使用;除在总服务台设置咨询处解答读者疑问外,还设置网上咨询台、馆长信箱,各阅览室都备有意见本,随时接纳并解答读者提出的各种问题、意见和建议。各种人性化服务内容的实施,使读者感到亲切、自由,充分体现图书馆的平等意识和关爱读者的精神。

5. 服务设施人本化

图书馆的服务设施要方便读者,要让读者感觉到在图书馆中方便无处不在。宁静、典雅、宽松、舒适的环境,能使读者全方位感受环境与人的亲和力。

中国矿业大学图书馆全馆采用无障碍设计,读者凭有效借阅证件入馆后就可以"畅行无阻";一层大厅和报刊阅览室门前提供电子寄存柜供读者存放随身物品;借阅大厅和各阅览室都设置若干数量的检索计算机供读者随时随地检索使用;各阅览室都配备自助式复印机供读者使用;教师与研究生阅览室书架最下层为可抽拉出来的书凳,供读者、特别是年纪大的教师读者查阅图书时使用;学生图书阅览室提供有钢制桌斗的阅览桌,供读者摆放随身物品;在大开间的阅览室用书架、绿色植物等分隔出若干相对安静、不受干扰的小空间;各阅览室进门区摆放适当低矮的家具,既保证了阅览室视线的通透性,又给读者查阅书刊资料提供了便利;阅览区各休闲区和走廊内设置一定数量的样式别致、色彩鲜艳的休闲家具,供读者休闲交流使用;设置若干独立的读者研究室和专家研究室,除配备必要的家具外,还配备了电子放大阅读器供老年读者使用;在各阅览室和自习室等都预留出足够数量的网络接口,并将阅览区大部分区域以无线网络覆盖;全馆无处不在的文化氛围和绿化设置,让读者随时随处感受温馨、惬意的学习和休闲环境。

三、结论

综上所述,图书馆"以人为本"的现代服务理念就是要以尊重读者、关怀读者为宗旨,与读者相互沟通合作并建立一种亲和、平等、相容的服务关系,让读者在图书馆服务中能找到一个充满人文关怀的精神家园,这种理念不仅要贯穿图书馆建筑及功能布局的设计中,而且要将其落实到图书馆的各项工作实践中,唯有如此,图书馆才有可持续发展的未来。

参考文献

[1] 戴利华. 2003 海峡两岸图书馆建筑设计论文集. 北京:北京图书馆出版社,2003

[2] 李明华. 新理念、新模式、新建筑[J]. 大学图书馆学报,2002(1)

[3] 李源江. 21 世纪我国图书馆建筑与设备的建设之我见[J]. 现代情报,2003(7)

[4] 冯瑶,卢高挺. 以人为本的图书馆新馆建设模式:关于宁波大学图书馆新馆建设的几点思考[J]. 宁波大学学报,教育科学版,2003(2)

[5] 刘广明. 图书馆如何在建筑中体现以人为本的理念[J]. 河南图书馆学刊,2006(6)

同济大学嘉定校区图书馆建筑点评

徐忠明

摘　要：本文讲述了同济大学嘉定校区图书馆建筑成功经验，分析了这所高校图书馆建筑的特点，总结了几个方面的缺憾。

关键词：高校图书馆　图书馆建筑　成功经验

同济大学嘉定校区图书馆总投资 1.4 亿元，图书馆于 2004 年 11 月动工，2006 年 7 月竣工，9 月开始试运行。新馆投入运行后，得到了各级领导、广大师生和图书馆同行的称赞，大家对图书馆的建筑模式和管理模式纷纷给予肯定。因此，认真总结同济大学嘉定校区图书馆的特点，使兄弟院校能够在图书馆的规划、设计和建设中有所借鉴，以满足高等教育的发展对图书馆的要求，提高高校图书馆的管理水平。

一、同济大学嘉定校区图书馆建设成功经验

（一）领导重视

校领导十分重视图书馆建设。在图书馆刚开始规划时，就把它作为校园建设中的重点项目。校领导明确指出，在讲究效益的基础上，学校将提供充足的建设资金，只要把图书馆建好，多投入些也无所谓。学校领导从图书馆的定位、运行和管理模式，到图书馆的功能布局，都作了明确而具体的指示。校领导提出，一定要将嘉定校区图书馆建设成为学校最重要的人文环境之一，能处处体现以人为本、读者至上的原则，并充分考虑使用便捷、舒适、人性化，同时注重图书馆在大学的文化传承功能；将嘉定校区图书馆建设成为信息共享的空间，要让读者在图书馆这个物理空间和网络虚拟空间内，共享国内外所有载体的信息资源。在图书馆规划、设计和确定功能布局的过程中，校领导经常听取工程指挥部、建设单位、设计单位和图书馆有关同志的汇报。领导的重视，是建好图书馆最重要的保障。

（二）科学管理

科学管理是建好图书馆的又一重要保证。李明华先生非常经典地概括了图书馆建设的三种管理模式，几乎所有图书馆建设的管理模式可以归纳入其中。图书馆成立筹建小组，派专人参与整个建设工程的管理、协调和规划工作。从笔者调查的结果来看，图书馆参与人员

作者简介：徐忠明，同济大学图书馆。

深入到图书馆建设第一线的情况不多,而且工作深入程度也不够,以至于图书馆在后来的使用中产生这样那样的不如意,当然这些都有各种各样的原因。而这正是同济大学嘉定校区图书馆建设成功的一个重要因素。本人有幸参加同济大学嘉定校区图书馆建设的全过程,体会尤为深刻。深入建设工地一线及时了解掌握图书馆建设的进度情况,及早发现那些与图书馆布局和使用功能有冲突的问题,及时提出问题,及早与基建指挥部、施工单位及设计单位进行沟通协调。尽可能减少图书馆在使用过程中的缺憾。

（三）设计理念

学校领导提出,图书馆要以现代图书馆为导向,一定要成为学校的学习中心,为学生成才创造一个良好的环境和条件。所以,图书馆从设计、建设和布局上都以这种思想为指导,做到以"读者为中心"来规划设计图书馆的功能配置和空间布局。同济大学图书馆建筑设计理念：塑造人性化图书馆,强调"人—建筑—环境"的对话与交流;塑造高效性图书馆,为读者提供便利快捷的借阅方式;塑造网络化图书馆,强调实体建筑空间与虚拟网络空间的有机结合;塑造开放式图书馆,强调多种空间的穿插与组合。

二、同济大学嘉定校区图书馆建筑的特点

（一）选址

图书馆选址是筹建一座新图书馆首先要解决的问题。根据鲍家声教授的观点,图书馆选址的一般原则：(1) 位置适中,交通方便;(2) 环境安静;(3) 适宜的自然环境及地质条件;(4) 留有扩建余地。图书馆位于校区核心区域,处于三条校园主轴线的交汇点。东侧是综合教学楼和教学科研楼;南侧是大面积人工湖,主楼邻近水面放置,尽享优美景色;西侧是规划中的校礼堂;北侧为校园主车行道和校园景观大道,交通方便。图书馆在选址上便利师生利用,体现了"读者至上,服务第一"的现代化图书馆办馆理念,为师生提供了一个学习、交流、休闲的场所,同时也表现出学校浓郁的书香特色,创造出高雅、宁静、舒畅的校园文化氛围。该图书馆的选址可以说是恰到好处,如果说有什么美中不足的话,就是离生活区较远。

（二）朝向

现代图书馆已呈现出完全开放的格局,层高、柱网、荷载三统一的模数式建筑设计已被广泛接受,在一个开放的大空间内同时完成藏、借、阅、管多种功能,因模数式建筑要求完全人工照明和人工通风,所以朝向问题变得不那么关键了。虽然模数式建筑已深入人心,但限于我国财力和各院校的经济状况,仍然要立足于自然通风和采光。目前,国内建成使用的模数式图书馆大部分是模数式设计的变种,通过天井和变形来取得自然通风和采光的效果。在已建成的图书馆中,真正在一个完整的大体量建筑内完全依靠人工照明和空气调节的图书馆尚不多见。而且,立足自然采光和通风对于减少室内空气污染和节约能源以及促进可持续发展也是非常重要的。2003 年春季"非典"(SARS) 肆虐流行,医学专家指出阳光照射和空气流通是阻断传染源的最佳手段。对于图书馆这样人员密度大、交叉感染机会多的建筑更应重视通风问题。同济大学嘉定校区图书馆建筑平面轮廓方整,约 52 m×52 m,南偏西约 $36°$,东侧与南侧设计为开放式阅览区域,西侧和北侧设计为开放式书库,这样的设计理念和形式有利于图书馆利用自然采光和通风,也有利于图书馆的节能。

（三）造型

为体现图书馆的纯净和现代感,嘉定校区图书馆建筑外形轮廓采用矩形,个性鲜明,形

体明快简洁,显得稳重大方,内容丰富但含蓄谦逊,具有强烈的现代感和开放性;垂直线条的运用使图书馆建筑挺拔向上;东、南立面为玻璃幕墙,西、北立面为干挂花岗岩,与建筑物的内部功能相符合;图书馆一层主入口在东侧,经25 m宽的入口进入4层通高的共享大厅,大厅西侧为图书馆总服务台,有图书外借、信息咨询等功能,北侧为图书馆北侧门厅,南侧为展示、休闲开放空间;沿共享大厅内的直跑钢楼梯可直达2、3层,112座的报告厅跨越2、3层,丰富了中庭的内部空间处理;建筑大致分为三个区域,1～4层为一个共享中庭,5～10层为一个区域,11～14层为一个共享中庭。建筑第14层为办公、研究区域,包括有100 m² 的贵宾接待室,另外在建筑东南角还设计一处外侧有幕墙围护、顶部开敞的绿化庭院,营造出别致的内部景观。

(四)开间

同济大学嘉定校区图书馆是现代模数式图书馆建筑的典范,使集藏、借、阅、管功能于一体的大开间成为可能,正确处理了大开间与小房间的矛盾,在一层西半部设置了行政办公区和业务办公区,根据实际需要设计成小房间,便于使用;二层西北两侧设置了14间小型研究室和十四层北侧设置了10间大中型研究室,方便读者研究问题。为适应图书馆功能多样化的趋势,对功能空间作了多样化的设计:综合服务空间有一楼的接待会客室、总出纳台、总咨询台、休闲咖啡厅等;学术活动空间有二楼、十四楼的学术研究室;三楼的学术报告厅;六楼、七楼电子阅览室;边角和走道处的读者休闲、交流区配置了座椅,有面向校园、视野比较开阔的走廊。

(五)层高、柱网与荷载

同济大学嘉定校区图书馆采用了三统一模式,建筑平面采用8 m×8 m的柱网,统一层高、荷载,通层为可灵活划分的大空间,各阅览空间内藏、借、阅、管合一,开放式的空间布局能在多层次上满足现代数字化图书馆的实体要求;图书馆设计较为突出的地方是层高在6 m上的阅览区域,可以使读者享受更多的舒适环境,阅览心理更加舒畅。美中不足的是,局部夹层吊顶后的层高仅2.4 m,在500多 m² 的开放式书库区域有压抑感,而且层高太低也不利于自然采光和通风。另外,关于层高对读者心理上造成的压抑感,这里面有一个个性审美的差异问题,同样3.2 m的层高,部分读者可能觉得压抑,另一部分读者却觉得无所谓。从其他已建成的馆舍来看,层高在3.6～4 m较为合适,太高了浪费空间,也无必要。

(六)色彩

建筑造型和色彩是给人的第一印象。在各种色彩中,红色热烈,黄色明朗,绿色安静,白色纯洁,蓝色冷静,黑色深沉。同济大学嘉定校区图书馆东南两侧拥有大面积的采光玻璃幕墙,室内的色彩在室内和室外、白天和夜晚都会对周围的环境产生影响,给读者以明朗愉快的感觉。在二层与三层之间的外墙使用"简中艺"体的正反"图书"字样的拼花,使图书馆更加显示出一种古朴典雅的建筑氛围。馆内墙面以白色为主调,配以木本色阅览桌椅和加装木纹护板的钢制书架,给读者创造一种宁静温馨的学术环境,一层大厅地面中央铺设了一直径为1.5 m的木纹硅化石,显得庄重典雅;地面采用PVC人造橡胶地面,静音和耐磨效果非常好,符合"适用、经济、美观"的原则。

(七)无障碍设计

根据国家有关的建筑规范规定:"建筑设计应进行无障碍设计,并应符合现行行业标准《方便残疾人使用的城市道路和建筑物设计规范》的有关规定。"图书馆规程也有相关的规定:"高等学校图书馆应保护读者合法、公平地利用图书馆的权利。所以应为残疾人等特殊读者利用图书馆提供便利。"为残疾人读者利用图书馆提供便利体现了民主和自由平等的原则,包括轮椅坡道、盲道、残疾人专用厕所等,目前已有多所图书馆进行了这方面的实践。随着民主政治越来越发达,高校招生人数逐年增多和高考体检制度的放宽,会有越来越多的残障者进入大学校园实现人生理想,而且校园内也有因意外事故造成的短期残障者,为了公平地为每位读者服务,《方便残疾人使用的城市道路和建筑物设计规范》和规程都做了要求,而且《方便残疾人使用的城市道路和建筑物设计规范》还是强制性行业标准。同济大学嘉定校区图书馆也进行了无障碍设计,有轮椅坡道和专用的残障人员卫生设备等。

三、建造图书馆应注意的几个问题

建筑是凝固的艺术,也是遗憾的艺术,提供图书馆建筑使用后的评估经验,就是为了减少遗憾。建造一个图书馆是百年大计,要妥善处理好各种矛盾关系。笔者见证了同济大学嘉定校区图书馆建筑的全过程,认为有这样几个需要注意的问题。

(一)造型和功能的关系

图书馆的造型向来被十分看重,特别是它往往代表着一所大学的形象和校园的品位。漂亮的建筑造型给人以赏心悦目的审美感受。近年来,由于经济相对宽裕,大学图书馆越来越讲究建筑风格和造型,但应与功能结合起来。有的图书馆单纯追求标志性,造型独特,标新立异;有的图书馆为了追求"气魄",在馆舍大厅中心位置设计"共享空间",其底层面积有成百上千平方米,直贯楼顶,并覆以全新材料的玻璃屋顶,悬挂大型吊灯,体积有约数千立方米,不仅给冬季采暖保温和夏季通风降温带来了困难,而且有的因难以清洁而造成卫生死角,给读者和到馆参观者以负面印象。这种单纯追求造型的做法,忽视了造型必须满足功能需要的原则。同济大学嘉定校区图书馆属小高层建筑,过多的通道,既造成了空间的浪费,也给读者带来了不便。大学图书馆是学校的文献信息中心、学术交流中心,造型要体现学术性,不能商业化,不能脱离功能而单纯追求漂亮造型,因此要妥善处理造型和功能的关系。

(二)当前和长远的关系

建设大学图书馆要有长远的眼光,尤其在高等教育空前发展的阶段,不能单纯考虑到当前够用,一个图书馆建成后要使用几十年甚至上百年。单从图书馆建筑的角度来考察当前和长远的关系问题,一是在设计图书馆时既要考虑图书馆建筑本身的扩展空间,而且应考虑学校规模的发展需要。同济大学嘉定校区图书馆建筑周边的扩展空间不足。同时,学校各校区功能的转变和整合,图书馆空间也在不断地变化,以本科教学评估的对图书馆建筑的要求标准,图书馆面积又显得不够了。二是筹建图书馆不但要考虑一次性建设投资的费用,而且也应考虑建成投入使用后的管理力量与运转维护费用。在玻璃幕墙、中央空调、高层建筑等方面的选择和使用上尤其值得重视。同济大学嘉定校区图书馆为 65 m 的高层建筑,投资高,平面利用系数低,管理人力也会增加,终日电梯升降,读者又很不方便,消防和安全疏散难度增加。因此在建设图书馆时应具有前瞻性的眼光。

(三)图书馆与建筑设计的关系

一般来讲建造一所大学图书馆涉及多方面的关系 ,如图书馆、学校基建处、建筑设计师、工程施工单位等,以上几个方面的关系是否默契、融洽和通力合作是建好图书馆的关键。而在实际操作过程中,图书馆往往是最容易被忽略的。李明华先生曾概括大学图书馆建造有三种模式：一是自始至终由基建部门一手操办，不与图书馆馆长商议，不听取图书馆的意见，不让图书馆工作人员参与，其结果往往是功能不到位、不适用、不便于管理，留下一大堆无法解决的问题和永久的缺憾；二是校长或主管副校长说了算，虽然让图书馆在一两天内拿出简单的要求来，却并不当回事，设计方案早已出来，大局已定，不容改动，图书馆方面没有更多参与讨论和发表意见的机会，提了也没人听，或者说急着开工，来不及改动了，其效果同样不好；三是校长授权，组成由图书馆馆长承担相当责任的新馆筹建组，进行广泛调研，听取专家意见，形成规划方案，拟定可行性报告、设计任务书，征得若干设计方案后邀请图书馆学专家、图书馆建筑专家和建筑师一起进行评选，提出修改要求和建议，然后深化设计，得到更为完美的设计方案，这样做的图书馆建成后使用效果当然很好。同济大学嘉定校区图书馆建造模式属于第三种模式。由主管副校长授权图书馆馆长组建新馆筹建小组，由筹建小组具体负责新馆的规划方案。本人有幸参加了筹建小组的工作。筹建小组进行了广泛的调研摸底工作，听取各方专家的意见和建议，包括听取广大读者和员工的意见和建议。从多方调研的情况来看，广泛听取读者和员工的意见和建议的方式，在高校图书馆建设工作中还是比较少见的。图书馆是供广大读者利用文献信息资源的建筑，并通过图书馆员工的工作为广大读者服务的，因此听取使用者（读者和员工）的意见和建议，是做好图书馆设计和规划方案不可缺少和重要的环节。

以上几个方面是笔者见证同济大学嘉定校区图书馆建设及使用后的切身体会，写出来以就教于行家，并期待对新建馆有一定借鉴作用。

参考文献

[1] 鲁黎明. 成功的范例——浙江万里学院图书馆建筑点评[J]. 农业图书情报学刊，2004(8)：73—76

[2] 鲍家声. 现代图书馆建筑设计[M]. 北京：中国建筑工业出版社，2002

[3] 赵雷. 现代化图书馆馆舍建设研究[J]. 图书馆论坛，2005(2)：19—23

[4] 邢宁. 传统和现代视角下的图书馆建筑设计[J]. 图书馆，2004(6)：31—34

[5] 李明华. 新理念新模式新建筑[J]. 大学图书馆学报，2002(1)：68—71

图书馆功能与建筑设计

——中国人民大学四代图书馆的布局特点与设计理念

刘春鸿

摘　要：本文通过校图书馆馆舍建筑的变迁，从图书馆功能的扩展、管理模式的改变等方面，探讨由此对图书馆建筑设计思想的影响；同时通过对四代图书馆建筑特点的研究，阐述新观念、新技术对图书馆管理思想的影响。

关键词：图书馆建筑　管理模式　图书馆功能

一个好的图书馆从设计之初就应该是图书馆功能的完整体现，而图书馆的功能则折射出一所高校的教育管理思想和理念。图书馆设计首先要与图书馆现在和未来的图书馆功能相适应，图书馆的管理模式和理念是随着科学技术发展、社会环境变化、学校教育思想以及学科发展等诸多因素紧密联系，随着这些因素的变化而变化，所以图书馆的功能也是处在发展和变化之中。

综观我校图书馆的演变史，从时间、地域、空间的角度看，经历了三代图书馆馆舍的变迁，即将进行的是第四代图书馆建设。从图书馆的功能的延续和扩展以及管理模式的演变看，四代图书馆建筑是在适应传统管理方式（以闭架管理为主）的一代馆、二代馆，逐步向现代管理方式（以开架管理为主）的三代、四代馆转变。这四代图书馆建筑正是图书馆功能变化与建筑设计理论的现实体现。

一、图书馆馆舍变迁概况

建校之初，人民大学图书馆总馆设在北京东城区铁狮子胡同 1 号（今张自忠路），馆舍面积约 4 000 m²。并先后在张自忠路 1 号、3 号，棉花胡同，马大人胡同，王大人胡同，干面胡同，东四九条，拈花寺，方家胡同，沙井胡同，鸭儿胡同，国会街，先农坛，东厂胡同，襄衣胡同，海运仓等校舍处设分馆。总馆后于 1957 年随校部迁到海淀区双榆树新校址一代馆内，铁狮子胡同 1 号改为分馆。

二、一代馆——中国人民大学半个世纪发展历史的见证

第一代图书馆位于西郊校区中心位置（现在的学生活动中心所在地），始建于 1950 年，

作者简介：刘春鸿，中国人民大学图书馆副馆长，副研究馆员。

经过两年的施工建设,1952年竣工,1953年投入使用。建筑面积2 498 m²,坐北朝南,平房建筑,俯视呈"工"字形布局,门前有林木、草地,东西两侧为树木环抱。可入藏20万册图书。

内部格局根据功能划分为南北两个出纳台、四个阅览室、办公区、一个两层书库(由木质材料分隔成两层书库)。南出纳台负责出借普通中外文图书,北出纳台负责全校教材的出借,当时学生所用教材一律由图书馆负责供给。该图书馆一直为西郊校区读者提供外借普通图书、教材,并且提供阅览的服务。

由于一代图书馆的地理位置居中,同时作为我校发展史上具有纪念意义的建筑,经过整修,现在作为"学生活动中心"所在地,并且作为学校永久性保留建筑加以保护。学校于2001年12月在该建筑物墙上立牌匾:"图书馆旧址 该图书馆建成于1953年,是中国人民大学西郊校园首批建筑之一。作为西郊校园第一代图书馆,一直使用到1980年,老校长吴玉章、成仿吾经常来这里和教师、学生一起探讨学术问题。这座建筑物是中国人民大学半个世纪发展历史的见证,也是学校目前保存最完整的平房式建筑。现改建成学生活动中心。"

一代馆具有典型的传统图书馆建筑的特点:阅览室在四周,书库在中央,适合闭架管理方式。其基本设计想法是书库可以不需要采取自然光线,用人工照明。这样书籍少受外界阳光的直射和气候的影响,对防晒、防尘、防潮都有利。这样的布置方法可以使书库与各个阅览室和工作室的关系较为紧密,每个阅览室都与书库取得直接联系。

这种方式平面紧凑,借阅方便,管理集中,造价经济。它的缺点是:馆内交通组织困难,前后两部分难以联系。在书库四周或书库中间布置走道,前者使书库与阅览室的直接联系被走道所隔,后者穿行书库,更不合理。

这种布局的图书馆在扩建时,书库只能向上发展。由于一代馆在实际应用上有一定局限性,在西郊校区规模扩大后,无法继续校图书馆满足教学科研的需求了。

三、二代馆——亲历图书馆复馆30年

二代馆位于一代图书馆东南方向(现在图书馆东馆),与一代图书馆相隔一条马路,1964年开工修建,1966年完工,"文革"期间该建筑没有投入使用,一直到1978年我校复校,经过整修之后才正式投入使用。

二代馆建筑面积10 319 m²,为砖混结构。坐北朝南,俯视呈"回"字形格局,南面地上四层、地下一层,主要是门厅、办公区、阅览室;东西两侧为四层的辅助书库;北面为六层钢架结构的书库。

二代馆从复校后投入使用,几经改造、维修,直到现在仍在使用中,与三代馆(西馆)共同承担校图书馆的功能。

二代馆具有典型的传统图书馆建筑的特点:阅览室在前,书库在后,采用闭架管理方式。其主要优点是分区明确,便于管理;阅览室容易获得良好的朝向和自然采光与通风;结构比较简单,造价比较便宜;便于书库和阅览室的扩充。但这种方式由于把书库和阅览室分开,布置在建筑物前后两部分,二者之间又置以目录厅和出纳室,彼此之间的关系比较松散,无论是阅览室与书库之间,阅览室与阅览室之间,还是采编办公等用房各部分的联系都不够直接,其最大的问题是把藏书和读者隔开,增加了内部流线的距离,降低了工作效率。随着图书馆规模的扩大,这些缺点更为明显地表现出来。

目前在该馆中有古籍特藏部及古籍阅览室、文库、线装书、旧平装书阅览室、古籍特藏书

库;期刊部的外文期刊阅览室、学位论文阅览室、中文过刊、港台刊、复印报刊资料等阅览室;技术部的复印、论文制作、装订室;图工委秘书处所在地。

四、三代馆——向现代图书馆转型的图书馆建筑

三代馆(现在的西馆)位于一代馆正南方,与二代馆平行。三代馆与二代馆之间不相通,由一条小路相隔。1989年9月开工,1992年完工。建筑面积15 850 m²,地上五层,地下一层。由有色冶金设计总院设计。

现代图书馆管理方式要求图书馆建筑设计需要在平面布局、空间布局和结构方式等方面探索和采用新方法。如变分散的条状体形为集中的块状体形;变分割固定的小空间为开敞连贯的大空间;变小开间为大开间;变多种柱网为统一柱网。

三代馆是在适应开架、开架与闭架相结合的管理模式的情况下,向现代图书馆转型的建筑,其特点是:

1. 立足于开架设计,阅览室面积扩大了。

20世纪90年代,我国图书馆管理方式从闭架管理走向开架管理已成为主流,立足于开架、闭架与开架结合设计,按照藏、阅有分,可分、可合的方式进行设计,以适应过渡时期图书馆的需要。因此,三代馆的八个大阅览室的面积分别为800~1 000 m²,而二代馆的阅览室只有200多 m²。

2. 图书馆建筑使用的灵活性增强了。

三代馆采用大开间设计,7.5 m的柱距,块状布局形式以及荷载标准的提高,增加了图书馆使用的灵活性。90年代三代馆中有开架借书处,只阅不借的阅览室;到21世纪初,图书馆开放管理的程度更加深了,借书处、阅览室都实行可借可阅的借阅处。

从2008年起,我们又实行了总借总还的管理模式,每个借阅处门口不再设置工作人员及图书检测仪,读者可以自由地在图书馆内看书、学习。

3. 现代化管理手段的引进提升了服务水平。

90年代末,我馆引进美国SIRSI的UNICORE管理系统,很好地实现了图书馆管理中的采访、编目、流通管理模块的功能,经过近十年的努力,把馆藏文献的书目进行了著录,在图书馆的公共查询系统中加以揭示,读者不再需要翻目录卡片就能找到所需图书的馆藏位置,同时各馆对数字资源如电子期刊、数据库、电子图书等都与OPAC系统进行链接,读者通过关键词、作者、出版社等途径查找文献,实现了方便、快捷。目录卡片被弃之不用,编目人员也不再继续制作新的书目卡片,昔日图书馆大厅或走廊中成片的目录柜正在逐步撤除。新图书馆设计中也不再考虑目录柜的空间位置了,取而代之的是计算机检索终端的位置设计。

五、四代馆——集藏书、阅览、展览、办公为一体的多功能现代化图书馆

四代馆位于东北区新教学区内,西侧为国学馆,东侧是教师公寓,北侧是信息楼。总用地面积22 000 m²,建筑占地面积10 634 m²,总建筑面积44 620 m²,其中地上建筑面积27 609 m²,地下建筑面积17 011 m²。建筑层数为地上局部五层、局部四层,地下两层,建筑高度24 m。阅览座位4 500个左右,藏书340万册。2008年年底开工,预计2010年投入使用。

（一）四代馆的功能定位

1. 新馆应该是中国人民大学的标志性建筑,体现"人文、人本、人民"的理念。

2. 新馆既要成为全校信息服务中心,也要成为全校师生从事学习与研究的学术活动中心、交流中心。因此,要向读者提供优美、舒适、安静的内外环境。

3. 新馆要利用现代化的管理手段,采用各种现代化设施,创造一流的软硬件条件,进行各种文献的收集、整理、保藏和利用,更好地为读者提供最新、最有价值的信息服务。

4. 新馆要最大限度地方便读者使用,按专业和载体,实行藏、借、阅一体的布局,开展全方位的人、机、书一体化服务。

5. 随着时代的发展,图书馆的使用功能将不断变化,新馆要考虑建筑内部的灵活性,以利于图书馆进行功能调整。

（二）功能及布局特点

1. "三统一"大开间阅览区成就了"藏借阅一体化服务模式"

"三统一",即图书馆建筑内部采用大开间、大平面格局,实行统一柱网、统一层高、统一荷载的结构设计。

"藏借阅一体化服务模式"是相对于封闭书库、闭架借阅、读者与文献分离的服务方式而言的现代图书馆的服务管理模式,是以读者完全接近文献信息资源,集图书、报刊、电子文献、音像文献、网络文献于一体,集藏书、阅览、查询、检索、外借于一身,改变了分散管理,初步实现了文献资源的一站式服务。

四代图书馆采用统一的 8.4 m 柱网,平均荷载 600 kg,层高 5 m,最大阅览区面积近 2 000 m²。以专业划分阅览区,阅览区内集专业图书、书目查询、网络资源检索、学术探讨于一体,让读者能够在特定空间内享受一站式服务。工作人员的职责也不再是办简单的借还书手续或监视读者的行为,而是起到导读、咨询的作用。

根据各个图书馆实际馆藏情况和管理原则,如库本图书、古籍特藏,现刊阅览室、艺术类图书实行只阅不外借式管理。此外,新书单辟阅览区,实行短期借阅等方式。这些馆藏在大开间平面阅览室隔出相对独立的空间,便于管理。同时,在新图书馆建设中,设计了 2 000 多 m² 的密排书库,密排书库设置管理台、阅览桌椅、检索终端,向读者开放。

2. 各功能分区的设置是信息中心、学习中心、交流中心的完美体现

现代图书馆从闭架到开架的变化不仅是管理方式的改变,而且是图书馆职能的变革。图书馆已经由传统的单一功能转变为一个开放的多功能的综合文献信息中心、学习中心、交流中心。现代图书馆要求灵活可变的空间和动态的功能分区,以适应不断增长和变化的功能要求。

四代馆除了三代馆原有的阅览区、藏书区、办公区之外,还增设了一些新的区域,整合了一些服务功能,如:

入口区（信息服务区）——包括门禁匝道、公共目录检索区、总借还书台、复印、办证、咨询台、电子显示屏、指示标识等,该区需要能方便地与其他区联系,尤其是让读者直接、方便地到达信息服务区、阅览区。

公共活动区（交流区）——新图书馆设有多功能厅、视听室、展览厅、讨论室、新书陈列区、咖啡吧、休闲区等,以作为读者开展学术交流、休闲等多种形式的活动空间,体现了图书馆功能的多样性。

3. "以人为本"的管理理念与图书馆建筑布局

与以往图书馆建筑以藏书为中心根本不同,现代图书馆强调以人为本,处处给读者以亲切和关怀,充分考虑读者的意愿与习惯,以方便读者利用文献信息和进行交流活动为出发点和归宿,为读者提供舒适、优美的环境是最大的追求。

在图书馆建筑平面布局时,将对内和对外两大部分分开,闹区与静区分开,以及将不同对象的读者群分开,从而为图书馆的高效性创造条件。

内部分区主要是工作人员活动的区域,包括藏书区、办公区、内部作业及加工区。外部区域主要是读者的活动区域,包括阅览区、公共活动的报告厅、展厅、咖啡吧、超市、休闲区等,这两个区域既要区分明确,又要联系方便。但是内外分区并不意味着这两个区域截然分开。现代图书馆的开放性与高效性、人性化的特点以及新的技术、新的管理方式的采用,要求内外区域联系密切,交通便捷。

闹静分区:图书馆的一些用房会产生噪音,如装订室、打字室、设备机房。有的在使用过程中人多嘈杂,如报告厅、中厅、展览厅及对外商业用房。而采编部门业务用房及阅览区都需要非常安静的环境。一般的阅览室都应宁静,尤其是研究厢、视听阅览室、多媒体阅览室要求更安静,而报刊阅览室相对嘈杂一些。新图书馆设计将内部加工区与读者使用区分开,阅览区和公共活动区分开。

优美的阅览环境也是"以人为本"管理理念的具体体现。在新馆中设置南北两个内庭院,可以进行绿化,给读者提供赏心悦目的外部景观。在图书馆主体建筑的外围,学校也在千方百计的创造条件,美化环境。图书馆内部的文化建设、环境建设也是经过专家的精心设计,创造浓郁的书香氛围。

4. 建筑智能化系统的应用是现代化图书馆的标志

楼宇自动化系统是实现环境控制的高效经济以及对人、对物的安全性的现代化管理系统。包括:

(1) 中央监控系统:以计算机和通讯技术为基础,采用集散控制技术及智能化的调节和管理技术,对空调、给排水、通风、电力、电梯、照明等设备的运行状况进行监控并制作报表、记录和保存维修资料,在不影响舒适性的前提下,保证系统运行的节能和高效。

(2) 安全保障系统:通过对楼内状况进行监控和记录,综合防火、防盗功能,并与其他系统等实现联动控制,为楼内人员及设施提供可靠的安全保障。

① 防盗报警系统;② 闭路电视监视系统;③ 设置公共广播系统;④ 门禁系统:应与校园一卡通系统相一致,只要一卡在手,即可在图书馆内通行及消费;⑤ 车库管理系统:工作人员与读者停车区、机动车与非机动车停车区分开,使用校园一卡通系统进行身份认证和收费,使用闭路电视进行安全管理;⑥ 巡更系统。

5. 软硬件条件的改善使图书馆古籍保护及阅览环境进入了新阶段

新馆的地下一层专门为我馆的珍贵藏书如古籍善本、民国出版物等配备了恒湿恒温空调系统、自动气体灭火装置,使珍贵馆藏的保护进入了新阶段。

此外,在第四层设置了环境优雅的现代古籍阅览室,加装配套的仿古家具,格调融洽,古雅精致,活色生香,将以其独特的魅力吸引读者、熏陶读者。

第四层单辟了 400 m² 的展厅作为学校、图书馆珍贵藏品的陈列区,届时会有我校社会知名人士的作品及镇馆藏品在此展出。

6. 新设备、新设施帮助图书馆实现服务功能的多样性,也成为图书馆建筑中的亮点

四代馆采用中央空调、滚梯与竖井梯相结合、无线网络覆盖全馆主要阅览区、自助式复印机、视频点拨系统的应用、RFID 无线射频技术的应用等,打破了传统图书馆的服务方式,开创了现代图书馆新的服务模式。

参考文献

[1] 鲍家声. 现代图书馆建筑设计[M]. 北京：中国建筑工业出版社,2002

[2] 徐革. 大学图书馆建筑的新理念与新模式[J]. 西南交通大学学报,2006(1)

[3] 张继兰. 高校图书馆的功能与建筑设计[J]. 航海教育研究,2006(1)

[4] 林平. 现代图书馆建筑与环境建设[J]. 福建图书馆理论与实践,2005(3)

大学图书馆环境设计的理念与案例分析

李冠强

随着我国高等教育步入大众化发展阶段,国内大学近几年的招生数量呈递增趋势,在校生人数急剧扩大,造成学校的资源配置出现了困难。为了有效地解决这一矛盾,保证教学质量的持续稳定与提升,各大学都相继投入资金开展硬件建设,努力改善教学条件,满足教学科研所需。在各项基础设施建设中,大学图书馆一马当先,许多大学新校区图书馆拔地而起,因其在大学校园中具有重要性与标志性的双重因素,所以,新馆建设不但投入巨大,而且十分注重体现图书馆的先进性与时代性,从而推动了我国图书馆一轮新的发展浪潮。图书馆总体建筑规模的急剧扩大,无疑是此次发展浪潮的标志性成果,而随之带来的是图书馆环境设计理念的革命,一种符合国际化图书馆发展趋势、以人为本的环境设计理念,正突破传统图书馆思想的束缚,精彩纷呈地展现在我们的面前。

一、大学图书馆环境设计的理念

从大学图书馆的传统职能定义来看,大学图书馆主要发挥文献保障和情报服务的职能。但是,随着大学教育理念的不断嬗变,大学的工作中心在围绕教学和科研开展的基础上,所有工作的目标,最后都落实到人才培养方面,努力造就和培养学生适应社会需求并具有可持续性发展的能力。因此,大学图书馆的职能也与时俱进地增添了新的内容,其中最显著的就是大学图书馆承担了服务育人的重要职责。随着大学图书馆职责的变化,带动了大学图书馆功能定位的不断创新,一种以人为本、注重人性化服务的理念,不仅影响了大学图书馆的服务思想,也渗透到大学图书馆的环境设计理念之中,而以质量、特色、服务、育人为主要特征的设计元素已渐成为大学图书馆环境设计的重要理念。

（一）质量

大学图书馆环境设计的质量主要体现在以下三个方面：

设计质量：这是环境设计的专业要求,其设计效果需要符合图书馆的工作特性,并具有一定的先进性。

馆藏质量：图书资料的收藏质量是图书馆服务质量的重要基础,也是体现图书馆办馆水平的重要标志,环境设计方案要注重体现、烘托图书馆的馆藏质量,尤其是特色馆藏的环境设计。

作者简介：李冠强,南京审计学院图书馆馆长、研究馆员。

服务质量：图书馆以服务为生命线，环境设计中要充分重视图书馆的开放性、开放时间、开放窗口以及服务模式，设计方案要与之相适应，并能创造良好的服务环境。

（二）特色

设计特色：吸收传统图书馆的环境风格，重视大学图书馆的服务对象绝大部分是20岁左右的学生，具有生命力鲜活与彰显的特点，环境设计不仅要有时代特色，而且要在一定程度上适应年轻人的审美情趣。

功能特色：根据图书馆不同区域不同功能的需求，在环境设计中力图烘托学术自由、学习便捷的大学图书馆的服务特点，诸如学术交流区、数字服务区的环境设计等。

（三）服务

图书馆的工作中心是为读者提供优质服务，环境设计要求体现出以人为本的具有时代特征的图书馆服务理念，无论是布局、色调还是设施的设计，都要从人性化角度出发，让大学图书馆成为广大师生温馨的学习场所。

（四）育人

服务育人是大学图书馆的工作宗旨，环境设计要突出大学图书馆的育人功能与氛围，同时也要结合不同大学人才培养的目标来做设计方案的实施计划。

二、南京审计学院图书馆环境设计案例分析

南京审计学院浦口新校区图书馆于2007年4月落成，建筑面积27 000 m²，拥有图书资料110万册，电子文献50余万册，数据信息点1 200个，阅览座位3 000个，以"特色、质量、国际化"为办馆指导思想，以"大爱为基，育人为本"统领全馆服务理念，在建设具有审计特色的数字化图书馆的平台上，成为学院的文献信息中心，信息交流与传递中心，知识管理中心和素质教育基地，为学院教学和科研起到了积极有效的文献保障作用。

（一）环境布局

馆内环境布局主要从整体布局、功能布局和家具布局三个方面来考虑。

1. 整体布局

整体布局主要考虑三个方面：学习区；数字区；信息交流区。

学习区主要考虑三个方面：书刊全开架；图书借阅一体；图书分类归放各借阅室，并以设立"新书借阅室"、"经典文献借阅室"和"审计特藏资料展室"来体现馆藏质量与特色。

数字区主要考虑三个方面：数字文献学习区；数字检索教学区；特色数字成果展示区。

信息交流区主要考虑三个方面：读者信息交流区；教师信息交流区；师生信息交流互动区。

2. 功能布局

根据教学和科研的需求，以及图书馆管理的要求，在全馆的功能布局上主要考虑到以下几个方面：

书刊借阅：书刊借阅室是全馆提供读者学习的主要场所，书刊全开架服务，借阅一体。

数字信息服务：以电子阅览室为主，在其他阅览室和公共大厅也提供浏览数字信息的电脑设备和网络接口，无线网络覆盖全馆公共区域。此外，为了方便读者利用图书馆的特色数字化成果，设置了"金审工程——审计文献资料库工作室"；设有信息检索教室，培养学生获取有价值的信息的能力。

信息交流：以一楼水榭作为读者公共信息的交流平台，阅览室内的休闲靠椅和交流桌可以让读者轻语交流，素质教育区是读者进行学术交流的重要场所。

学术研讨：各阅览室内设置学术研讨室，主要为教师提供学习与学术交流之用。此外，馆内还设有导师指导室、博士沙龙室、学术报告厅等，充分满足读者学术交流的需求。

简餐区：馆内设有咖啡厅，为读者提供简餐服务，亦可作为读者信息交流之用。

工作区：行政办公室、采编部、数字信息部（特色数据库建库工作）和机房。

3. 家具布局

图书馆家具主要集中在书架、阅览桌、阅览椅和服务台。

在每一个阅览室内，充分考虑到书架与阅览椅之间的疏密度，以及两者位置的呼应关系，力求满足读者舒适、方便的学习需求。根据所陈列的图书的利用率不同，1～3楼的书架层高5层，便于读者选取，4～5楼书架层高6层。各阅览室的阅览椅分为一般阅览椅、休闲阅览椅和沙发交流椅三种，错落布置。总服务台满足办理图书借还、图书遗失赔偿、办理借书证、参考咨询等业务的需要，各阅览室的服务台满足管理人员的工作需要。

（二）环境色调

1. 墙面色调

传统图书馆的墙面色调多以灰白色为主，保持读书学习的宁静氛围。而南京审计学院图书馆在尊重传统色调的基础上，在局部墙体或墙面装饰了鲜艳的暖色调，以彰显大学图书馆特定服务对象（学生）的生命活力，在不影响学习心绪的前提下，得到了服务对象的高度认可。馆里每楼层都有不同的主色调，例如在三楼的电子阅览室里，局部墙面装饰色为紫色，利于缓解学生网络学习时的视力疲劳。

2. 灯光色调

阅览室、大厅和走廊都以暖色灯光为主，阅览桌配冷色台灯，书库光线与书架走向一致。

3. 家具、地板色调

家具以白枫为主，地板为蓝色亚麻油地板，整体色调时尚宜人。

4. 标识系统

楼层分布标识：一楼大厅设置全馆分布图及读者文明行为标识（保持安静、禁止吸烟、手机静音），各阅览室内不再设置读者文明行为标识；每层楼设有本层服务窗口分布图。

书架分类标识：根据《中图法》设计与书架色调相匹配的分类标识。

室铭牌标识：色调与楼层标识相一致，服务窗口增加主标识。

（三）环境氛围

1. 学习氛围

以下列形式营造学习氛围：

一楼大厅背景墙雕刻仿竹简形式的《劝学篇》，意在勉励学生珍惜时光，勤奋学习。

新书借阅室里设置"QQ学术争鸣墙"，借用学生喜爱的网络交流形式，为学生提供学术争鸣的园地，以弘扬学术自由的大学精神。

三楼走廊设置"诺贝尔奖华人获得者雕塑群"，与真人1∶1的比例，造型各异，栩栩如生，意在激励学生追求崇高、追求卓越。

一楼设有"读书沙龙室"，辅导学生读书社团开展系列读书文化活动，通过读书节、读书感悟征文活动等形式，提高学生的文化素养，在与学生的互动中达到服务育人的目的。

2. 休闲阅读

馆内设有多处休闲阅读区,水榭平台、休闲阅读桌椅、走廊休息区、咖啡厅等等,都是读者休闲阅读的理想场所,适宜读者轻松阅读,交流信息,充分享受学习的快乐。

(四)人性化服务设施

1. 阅览桌

阅览桌上设有台灯,读者可根据自然光线的强弱选择使用;阅览桌四人(或六人)一组,中间设置隔视板,避免学习间的相互干扰;阅览桌下可摆放书包,方便学生学习。

2. 书架

大部分书架层高5层,利于读者选取图书;书架第三层设置抽板,方便读者选择图书。

3. 还书台

阅览室内放置还书台,读者阅读后的图书可就近放置此处,由工作人员归架。

4. 休闲阅读区

设置休闲阅读桌椅,读书、交流皆可;桌椅附近配有强弱电接口,方便读者使用自带的笔记本电脑。

5. 地板

采用亚麻油材料地板,减少噪音和灰尘,并具有很好的舒适度。

6. 电子阅览室

取消静电地板,采用亚麻油地板,电脑强弱电在土建施工时铺设到位,方便读者出入;电脑桌较常规尺寸略大,一方面加大读者与电脑屏之间的距离,尽量保护学生视力,一方面可以摆放图书,利于学习;室内局部墙面以紫色装饰,可缓解视觉疲劳;室内休闲区可临窗欣赏校园湖泊,可以放松学习的紧张心绪。

7. 无线上网

馆内所有公共区域都有无线网络覆盖,读者可通过自己携带的笔记本电脑上网浏览查阅所需信息。

8. 水榭回廊

一楼的水榭回廊为读者提供了良好的公共信息交流的场所和环境,方便读者多元化的信息需求。

9. 残疾读者通道

由图书馆门外开始,设立通入图书馆的残疾车道,各服务窗口实现无障碍学习,上下楼提供电梯服务,各楼层设有残疾人洗手间。

10. 开水间

馆内各层设有开水间,为读者免费提供不间断饮用水,并保证卫生。

三、大学图书馆环境设计的发展趋势

(一)更加注重人性化服务

以人为本是科学发展观的核心价值,大学是培育人才的基地,大学图书馆的环境建设愈加注重通过以人为本、尊重读者的学习习惯、研究读者的阅读心理来吸引广大学生喜爱图书馆的阅读环境,从而发挥图书馆的最大功用。大学图书馆力图通过人性化服务,培养学生良好的学习风尚,提高学生的整体素质,为培养适应社会需要的人才发挥积极的作用。

（二）愈加满足多元化服务的需求

现代大学图书馆不仅包含了传统图书馆读书学习的功能，而且还扩大了信息交流、学术研讨、休闲阅读的功用，引领学生个性化选择、自主性学习、多元化发展，追求卓越，追求真理。因此，现代大学图书馆的环境设计越来越注重满足图书馆多元化服务的需求，从而发挥大学图书馆的最大利用价值。

（三）环境色调力图趋向于服务对象的审美情趣

大学图书馆的服务对象，绝大部分是在校大学生，而大学生区别于其他读者群的最主要的特点，在于他们是 20 岁左右年轻的生命，具有朝气蓬勃、不断革新的特性。因此，在大学图书馆的环境设计中，可尝试性地突破图书馆的传统色调，让大学图书馆尤其是新建的大学图书馆，在大学生的眼里显得先进与时尚，这样能够增强学生对图书馆的喜爱度，从而提高图书馆的利用率。因此，在如何把握现代图书馆环境色调的研讨声中，大学图书馆环境色调的设计，越来越趋向于符合大学生的审美情趣。

公共空间中个体行为空间离散特征的价值分析

——以天津大学图书馆为例

刘芳超　范超英　袁逸倩

摘　要：当代社会已进入一个高速运转的时期，人们的生活方式也随之发生着转变和更新，因此，使用者要求公共空间提供更为高效、快捷、人性化服务的愿望越来越强烈。我们针对这一趋势，以天津大学图书馆为案例，通过调查研究分析，提出了个体行为空间的离散特征概念，为公共空间的功能设计提供新的思路。

关键词：个体行为空间　离散特征　自助服务　设计前预估　使用后评估　优化设计

一、个体行为空间离散度释义

（一）个体行为空间

在一个特定的功能空间中，当个体的行为活动发生时，将产生以个体为中心的一系列的功能内容，其载体就是个体行为空间。

（二）个体行为空间离散特征

离散，最初是一个数学概念，用来描述一组数据的分布状态，通常用方差或标准差来测度和显示其离散程度。不同的个体行为空间之间存在着一种相互聚合或相互离散的趋势，其相对于可被认知的特定功能空间的离散状态和程度，就被称为个体行为空间离散特征。目前，应用离散理论进行科学研究和分析的领域有数学、物理、化学、生物、环境、信息、工程、医疗、地球、交通等，其中，QT离散度对于治疗心脏疾病起着至关重要的作用。

作者简介：刘芳超，天津大学建筑学院硕士研究生；
　　　　　范超英，天津大学图书馆副研究馆员；
　　　　　袁逸倩，天津大学建筑学院副教授。

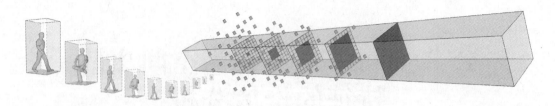

个体行为空间和可被认知的特定功能空间的离散关系示意图

（三）个体行为空间的发展趋势

随着社会节奏的加快、物质生产水平的提高以及人们生活方式的转变,要求公共空间为使用者提供更加高效、快捷、人性化的服务,如在某些公共服务空间中,自助服务所占的比例已经大大增加。因而,个体行为空间的离散程度将呈现出增大的趋势,这种趋势,在公共空间当中表现得尤为突出。公共空间中个体行为空间离散特征的研究意义是,在建筑投入使用后,有的空间未被充分利用,开始闲置;有的空间利用紧张,常有等候现象发生;有的空间受噪音、光线、视线干扰严重,使用者要求空间更加封闭集中且具有一定独立性;有的空间中的使用者常常需要进行多种行为活动,呼吁更加开敞的空间形式或私密而分散的空间载体;有的使用者喜欢高效、快捷、保密的自助服务,有的使用者则喜欢传统的人工服务模式……我们的研究将针对这些问题,提出解决思路。以个体行为活动为切入点,为设计前预估建筑空间的设置情况提供更可靠的参考数据,为进一步的功能及流线设计提供更直接的指导,优化建筑设计。

为此,我们选取高等学校的图书馆作为研究案例。

二、研究对象的背景资料

天津大学图书馆的前身为北洋大学图书馆,于清光绪二十一年(1895)随学校同时成立,为全国大学图书馆中之最先者。该馆现有馆舍面积 2.6 万 m^2,由南馆、北馆和建筑分馆三部分组成。

该馆围绕着学校"以工为主、理工结合,经、管、文、法等多学科协调发展"的办学定位,通过引进、自建数据库,以及资源的共建共享,并进行充分的整合、链接,使纸质文献和电子文献相互补充,实体资源和虚拟资源并行发展,已形成一套学科门类较为齐全、重点学科重点保证、包含多类型多载体多语种的文献保障系统。

天津大学图书馆年均接待读者 170 余万人次,借还书总量达到 180 万册次,实行开架阅览、借阅合一模式,周开放 108 小时,为全校 3.4 万读者提供 7 天×24 小时网络服务,7 天×14 小时借阅服务。随着数字图书馆建设进程的加快,电子资源的网上阅览下载次数也逐年上升。该馆主要服务教学科研,是一所综合性、研究型、开放式、具有现代化水平的图书馆。

学校规划在"十一五"期间进行新图书馆建设。

三、研究思路

首先,将人的行为纳入功能空间当中进行分析,对建筑的使用功能空间进行统筹规划。

理论依据:在空间中,人的行为聚集过程,内在的共同的规律性或秩序性,就是人在空间里的行为特征。

其次,将个体行为空间抽象出来,与各项功能依次地对位,通过对个体空间离散特征的分析,将各项功能的设置情况进行预估和落实,对功能设计提供指导性意见,进行优化设计。

理论依据:数据的统计与整合方法。

最后,建筑建成投入使用后,再进行使用后评估,对先前预估的结果进行修正,对可能进行改进的功能进行实际的调整,并刷新原有的数据,为日后相关案例的功能设计提供更有价值的参考。

理论依据:建筑使用后评估体系以及相关的建筑设计方法论。

此研究思路依次类推操作下去,两个环节的介入,将使优化设计成为可能,最终形成功能设计循环运作的一套范式:

……| 经验值 | → | (设计前)对离散程度预估并得出结论 | → | 建筑师对功能及流线的深入推敲 |

→ | 使用后评估以刷新数据并调整实际功能 | → | 下次设计 | ……

四、具体的调查和分析方法

(一)功能罗列

根据现有的同类建筑的功能设置,通过资料的搜集和访谈形式,尽可能多地罗列功能项,并加进可能在以后的发展中重新生成的新功能项。

(二)问卷调查

将使用人群进行合理化分类,按照个体知识背景、行为活动内容、思想观念、思维心理等标准,将人群分为:理科本科生、文科本科生、硕士研究生、博士研究生、青年教师、老年教师、图书馆管理及服务人员、外来读书人员 8 类,分别用 A_n、B_n、C_n、D_n、E_n、F_n、G_n、H_n 来表示,其中 $n=1、2、3、\cdots$。同时,与服务人群直接相关的功能项(Function)将用 F_m 进行标记,其中 $m = i$、ii、iii、$\cdots$,再将选项按照四个离散程度,分层次列出,问卷设计如下:

图书馆设计前/使用后调查问卷

您的专业　　　　　性别　　　　　年级

学校图书馆新馆正在筹备建设当中,下面是关于新馆的功能设计,请选出您所期望的空间形式,并在相应的选项处作出标记。您的建议将成为新馆建设的宝贵参考,期待并感谢您的合作!

自习	A 随时随地分散	B 一区一处开敞	C 一区一处封闭	D 一层一处开敞	E 一层一处封闭式
阅览	A 随时随地分散	B 一区一处开敞	C 一区一处封闭	D 一层一处开敞	E 一层一处封闭式
休息	A 随时随地分散	B 一区一处开敞	C 一区一处封闭	D 一层一处开敞	E 一层一处封闭式
交流	A 随时随地分散	B 一区一处开敞	C 一区一处封闭	D 一层一处开敞	E 一层一处封闭式
检索查询	A 随时随地自助	B 一区一处自助	C 一层一处自助	D 一层一处人工	E 集中一区人工式
打印复印	A 随时随地自助	B 一区一处自助	C 一层一处自助	D 一层一处人工	E 集中一区人工式
咖啡	A 随时随地自助	B 一区一处自助	C 一层一处自助	D 一层一处人工	E 集中一区人工式
电话接听	A 随时随地接听	B 一区一处开敞	C 一区一处封闭	D 一层一处开敞	E 一层一处封闭式
电子阅览	A 随时随地自助	B 一区一处自助	C 一层一处自助	D 一层一处人工	E 集中一区人工式
售货	A 随时随地自助	B 一区一处自助	C 一层一处自助	D 一层一处人工	E 集中一区人工式
借还书	A 随时随地自助	B 一区一处自助	C 一层一处自助	D 一层一处人工	E 集中一区人工式
……					

图书馆的功能空间非常丰富，在这里就不将问题全部列出，其他与服务人群相关的功能项还包括：新书推荐及阅览、公告栏（电子屏）、出纳口、存包处、开水饮水房、手机加油站、洗手处、绿化空间、流通阅览区、学术阅览区、特藏阅览室、外文阅览区、文献传递区、报纸和期刊阅览区、查新接待区、论文管理区、学术服务区、信息素质培训教室、素质教育实践教室、语音听力室、电影播放室、通宵学习场所、教师研讨空间、学生研讨空间、露天阅览室/朗读室、读书会、研究小间、多功能厅、会议室、报告厅、校史文物展厅、保安监控室、服务间或服务台、设备用房、二线书库、密集书库、自动扶梯、垃圾桶、自行车停车位、汽车停车场等。

本次调研发放问卷总数为 160 份，针对不同人群进行调研，统计后的结果将进行如下处理。

（三）赋值，列表

根据"5 点量表"，将 A、B、C、D、E 五个选项依次赋值为 $-2'$、$-1'$、$0'$、$1'$、$2'$，然后按照问卷调查结果将得分相加求和，进一步求出平均分值。统计结果如下：（单位：分）

Function \ Group	F_i	F_{ii}	F_{iii}	F_{iv}	F_v	F_{vi}	···	F_m
A_1	$A_{1i}=-2$	$A_{1ii}=-1$	$A_{1iii}=1$	$A_{1iv}=1$	$A_{1v}=-2$	$A_{1vi}=-1$	A_1···	$A_{1m}=-1$
A_2	$A_{2i}=1$	$A_{2ii}=-2$	$A_{2iii}=1$	$A_{2iv}=2$	$A_{2v}=-2$	$A_{2vi}=1$	A_2···	$A_{2m}=-1$
A_3	$A_{3i}=-1$	$A_{3ii}=-2$	$A_{3iii}=-1$	$A_{3iv}=1$	$A_{3v}=-1$	$A_{3vi}=2$	A_3···	$A_{3m}=-1$
A_4	$A_{4i}=-2$	$A_{4ii}=-1$	$A_{4iii}=-1$	$A_{4iv}=-1$	$A_{4v}=1$	$A_{4vi}=2$	A_4···	$A_{4m}=2$
···	···	···	···	···	···	···	···	···
A_n	$A_{ni}=1$	$A_{nii}=-1$	$A_{niii}=-2$	$A_{niv}=1$	$A_{nv}=1$	$A_{nvi}=-1$	A_n···	$A_{nm}=1$
B_1	$B_{1i}=-2$	$B_{1ii}=1$	$B_{1iii}=-1$	$B_{1iv}=1$	$B_{1v}=1$	$B_{1vi}=1$	B_1···	$B_{1m}=-2$
···	···	···	···	···	···	···	···	···
B_n	$B_{ni}=-1$	$B_{nii}=-2$	$B_{niii}=-1$	$B_{niv}=1$	$B_{nv}=-2$	$B_{nvi}=-1$	B_n···	$B_{nm}=1$
$\sum C_n$	$\sum C_{ni}=-14$	$\sum C_{nii}=-13$	$\sum C_{niii}=-15$	$\sum C_{niv}=-2$	$\sum C_{nv}=-18$	$\sum C_{nvi}=6$	$\sum C_n$···	$\sum C_{nm}=-9$
$\sum D_n$	$\sum D_{ni}=-6$	$\sum D_{nii}=-8$	$\sum D_{niii}=-11$	$\sum D_{niv}=0$	$\sum D_{nv}=-10$	$\sum D_{nvi}=8$	$\sum D_n$···	$\sum D_{nm}=-7$
$\sum E_n$	$\sum E_{ni}=-9$	$\sum E_{nii}=-10$	$\sum E_{niii}=-12$	$\sum E_{niv}=4$	$\sum E_{nv}=-6$	$\sum E_{nvi}=13$	$\sum E_n$···	$\sum E_{nm}=-12$
$\sum F_n$	$\sum F_{ni}=-2$	$\sum F_{nii}=-4$	$\sum F_{niii}=-2$	$\sum F_{niv}=3$	$\sum F_{nv}=5$	$\sum F_{nvi}=24$	$\sum F_n$···	$\sum F_{nm}=8$
$\sum G_n$	$\sum G_{ni}=7$	$\sum G_{nii}=0$	$\sum G_{niii}=-2$	$\sum G_{niv}=5$	$\sum G_{nv}=6$	$\sum G_{nvi}=9$	$\sum G_n$···	$\sum G_{nm}=0$
$\sum H_n$	$\sum H_{ni}=2$	$\sum H_{nii}=-5$	$\sum H_{niii}=10$	$\sum H_{niv}=8$	$\sum H_{nv}=-20$	$\sum H_{nvi}=-10$	$\sum H_n$···	$\sum H_{nm}=-15$
S_{hm}	-39	-63	-46	41	-84	68	···	-52
Average	-0.2438	-0.3938	-0.2875	0.2563	-0.525	0.425	···	-0.325

（注：F_m 表示第 m 项功能；A_n 表示被调查的第 n 位理科本科生；$\sum C_n \cdots \sum H_n$ 表示被调查的硕士研究生等其他组的得分之和；S_{hm} 为被调查的所有人在某功能项中的得分之和；Average 为被调查的所有人在某功能项中的平均得分）

表中的总分及平均分显示了使用者对空间的离散或聚合的意向。根据"李克特量表"的数据处理方法，将各受测组的各个项目总分计算代数和，得到各组态度总得分，通过比较，F组和 G 组（老年教师和图书馆管理及服务人员）为高分组，C 组和 E 组（硕士研究生和青年教师)为低分组;而按照学历高低、思想观念新旧、思维心理开放与保守等多项因素综合分析,C组和E组占据相对优势,倾向于相对离散的空间形式,F组和G组则占据相对劣势,倾向于相对聚合的空间形式。

（四）绘制示意图

根据统计数据分析,将各功能项的最后得分情况落实在数轴上:

$$
\begin{array}{llll}
& F_v \quad F_m \ F_i & & \\
离散边值 & F_{vii} \ F_x \ F_{ii} \ F_{iii} & F_{iv} \ F_{vi} & F_{ix} \ F_{viii} \qquad\qquad 聚合边值
\end{array}
$$

$$-320 \qquad\qquad -122\,{-}98\ \ {-}63{-}46\ \ 0 \quad 41 \ 68 \qquad 120\,136 \qquad\qquad 320$$
$$\qquad\qquad\qquad\qquad {-}84\ \ {-}52{-}39$$

求各功能项总分之标准差:

$$\overline{R}_1 = (-39-63-46+41-84+68+\cdots-52)/54 = -259/54 = -4.796'$$

$$\delta_1 = \sqrt{\sum_{i=1}^{n} \frac{(R_{1i} - \overline{R}_1)^2}{n}} \approx 23.036\,5'$$

标准差越大,表明该建筑的各功能空间由离散到聚合的分化程度越显著,空间存在形式越多样,空间组织越活泼;相反,标准差越小,表明各功能空间由离散到聚合的存在特征越均衡,空间存在形式越单一,空间组织越稳重。例如,与理工科高等院校的图书馆相比,社会上的大型综合性图书馆的各功能空间由离散到聚合的分化程度就会更加显著,空间存在形式就会更加多样丰富,如更加集中存在的大型报告厅和更加分散存在的自助式服务等,因此,其空间的组织方式也会更加灵活。

为了更直观地将该馆与其他高等学校的图书馆进行横向比较,我们将各分值分别与离散边值、聚合边值求差,并将其差值的绝对值作为标记功能项的两个参量(X_F, Y_F),如$F_{vii}(198,442)$、$F_x(222,418)$、$F_v(236,404)$、$F_{ii}(257,383)$、$F_m(268,372)$、$F_{iii}(274,366)$、$F_i(281,359)$、$F_{iv}(361,279)$、$F_{vi}(388,252)$、$F_{ix}(440,200)$、$F_{viii}(456,186)$……再对应落实到二维坐标系上,形成散点图,从而绘制出个体行为空间离散特征示意曲线。

该示意曲线表明,沿横轴的参量越大,对应的纵轴参量就越小,即离散程度和聚合程度之间是"此消彼长"的关系,因而曲线呈递减趋势,各功能项的个体行为空间离散程度均会在这个曲线上有所反映,有相应的坐标点来对位。因此,前期的调研工作越细化和深入,得到的统计数据就会越接近真实数据,这个曲线也就会越真实地反映实际的需求情况。

然而,同类建筑,由于不同的地域环境、意识形态、思想观念、思维心理、技术经济条件等因素的影响和制约,通过调查统计,最终会得到完全不同的曲线,因此这条曲线也是一个特征曲线。例如,南方受气候条件的影响,空间本身就很开敞;又如,思想观念开放而先进的使用人群,会更加喜欢高效、快捷的"自助式服务",而思想观念保守而落后的使用人群,则会更青睐于人工服务,以便随时咨询和寻求帮助;再如,经济条件好的业主更有能力将智能化设计纳入建筑设计中,更好地配合信息时代社会发展的节奏,而经济条件差的业主则没有能力购置硬件设备,则相关的离散空间也就没有设置的必要和可能。

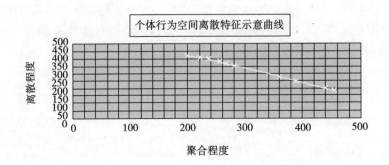

个体行为空间离散特征示意曲线

（五）从定量到定性

显然，离散程度越大，表明功能分布越趋于分散，空间存在形式越趋于开敞，平面布局形态越趋向于"散点状"，个体行为的实现形式越趋向于"随时随地"，对使用人群的服务方式越趋向于"自助式服务"模式，这一类空间更多地反映在与服务人群行为活动直接相关的公共空间当中，如阅览空间、借还书处等，这是充分利用空间的体现，会大大提高空间的使用效率。

相反，聚合程度越大，表明功能分布越趋于集约，空间存在形式越趋于封闭，平面布局形态越趋向于"面块状"，个体行为的实现形式越趋向于"固态稳定"，对使用人群的服务方式越趋向于"人工服务"模式，这一类空间则更多地反映在与建筑经营和管理者行为活动直接相关的服务空间当中，如密集书库、办公区等，这是集约利用空间的体现，同样也在提高空间的使用效率。

然而，对于使用者和空间本身来说，从离散到聚合并不是绝对的，而是一个渐变的过程。

因此，通过这种研究分析，我们在参考以上统计数据的同时，还将参考该图书馆的其他指标，如建筑使用面积（总计约 3.5 万 m^2，不含辅助用房、交通空间等）、藏书量（总计 350 万册）、服务人口数量（3.4 万）、学生入馆次数（5 000 人次/天）、学生的入馆频率（本科生 68.55%，硕士研究生 4.92%，博士研究生 2.58%……）等多方面统计数据，最终得到一套空间的功能设计方案，涉及空间设置中"有无必要设"、"设多设少"、"分散还是集中"、"开放还是封闭"等几个方面的问题，最终完成功能的定量与定性设计，从而更加科学地指导接下来的设计工作，结果部分展示如下：

功能项	总分	修正因素	离散特征	初步定量//参考意见
自　习	−39′	视线及噪音干扰	中度离散	一区一处封闭空间//其余与休息及阅览空间结合
阅　览	−63′	读者群变幻无常	中度离散	一区一处开敞空间//另外与休息空间结合，在使用后可调
休　息	−46′	太分散不便管理	中度离散	一区一处开敞空间//大交通空间每隔一合理距离设休息座椅
交　流	41′	对私密性的要求	轻微离散	一层一处封闭空间//其余与交通及休息空间结合
检索查询	−84′	要兼顾入门新手	严重离散	一区一处自助设备//同时设一视听培训室
打印复印	68′	装订等特殊服务	轻微离散	一层一处自助设备//同时设一服务室以满足装订出图等需求
咖　啡	−122′	考虑座谈及休闲	严重离散	一区一处自助设备//同时设一休闲咖啡厅

续表

功能项	总分	修正因素	离散特征	初步定量//参考意见
电话接听	136′	接听者心理感受	负离散	一层一处开敞空间//与交通空间结合,与阅览空间隔离
电子阅览	120′	避免功能的移植	负离散	一层一处封闭空间//全馆覆盖无线网络可供自助服务
售 货	−98′	纸尺等大件商品	中度离散	一区一处自助设备//同时设一人工售货区
借还书	−52′	意外情况的处理	中度离散	一区一处自助设备//同时每层均设有人工咨询处
……	……	……	……	……

(注:第二列总分值越小,表明该功能项的离散程度越大,总分值越大,表明该功能项的离散程度越小;综合参考总分大小及修正因素,离散特征呈现出四个梯度:严重离散、中度离散、轻微离散、负离散)

五、小结

我们的研究工作,主要是从"以人为本"的设计理念出发,以使用者的个体行为空间为研究对象,着眼于当前社会发展的形势和趋势而展开的,具有现实价值和时代意义。我们更希望能够通过研究工作的进一步深入,使"设计前预估"及"使用后评估"真正成为建筑设计中不可或缺的重要环节,刷新建筑设计程序,解决各环节间的断层问题,实现真正的优化设计。

关于公共空间中个体行为空间离散特征的价值分析,其思路可以类比外推至办公空间、住宅空间等。如办公空间中,人们到底喜不喜欢大而开敞的办公空间形式?在居住小区内,人们到底需不需要楼廊式的交流空间?人们对住宅的私密性要求越来越高,建筑师又当如何客观的认识这一现象,如何做出回应?我们发现了一种趋势或者问题时,又该采取怎样的态度或怎样的解决途径?如何使建筑设计过程成为一种前进的、发展的良性循环运作?建筑师能够在哪些方面对使用者进行人性化的呵护?这都是我们需要解决和思考的问题,对个体行为空间离散特征的价值分析,将为我们提供新的思路。

参考文献

[1] 左泓,梅洪元.图书馆建筑的开放性设计理念[J].低温建筑技术,2004(5):34—35

[2] 于淑华,李一军.客户空间行为的空间交互和离散选择模型研究[J].管理工程学报,2008,22(3):84—89

[3] 张运章.离散度量空间的应用[J].云南民族大学学报:自然科学版,2006,15(3):181—184

[4] 王志平,任光.离散度意义下网络图的优化设计[J].大连海事大学学报,2002,28(1):79—81

[5] 常怀生.建筑环境心理学[M].北京:中国建筑工业出版社,1990

[6] 武昕.建筑使用者的愿望与建筑专业人士的预估之间的差异——以中国同堂住宅设计为例[C].舒适宜人的空间环境/EBRA2004论文集.天津:百苑文艺出版社,2004

[7] 鲍家声.图书馆建筑设计手册[M].北京:中国建筑工业出版社,2004

[8] 李东来,刘锦山.城市图书馆新馆建设[M].北京:北京图书馆出版社,2006

重庆大学新图书馆建设的理念

谢　蓉　郑荣娟

摘　要：我国高等教育的快速发展，高等院校学生量迅速增大，以教育科研为主的重庆市大学城应运而生。重庆大学新图书馆建设成为重庆市重要科教文化基础设施项目和重点工程之一，通过对重庆大学新图书馆概况的描述，把握建设项目设计的难点与重点，以继承与发展、以人为本的设计理念渗透于新图书馆建筑的每个内部功能结构及布局风格中，实现了空间布局、建筑色彩、家具装备以及图书馆设备的和谐统一。

关键词：重庆大学图书馆　建筑　设计　理念

一、新馆概况

重庆大学是国家教育部直属的国家"211 工程"和"985 工程"重点建设大学。近年来我国高等教育的快速发展，高等院校学生量迅速增大，重庆市大学城因此应运而生。重庆大学城以教育科研为主，是重庆市重要科教文化基础设施项目和重点工程，按照"五城"（教育城、科技城、人才城、文明城、生态城）、"四化"（现代化、国际化、网络化、生态化）的理念打造西部领先、全国一流的大学城。它位于沙坪坝区西部虎溪镇和陈家桥镇，占地 20 km²。背倚缙云秀峰，远眺歌乐美景，林木葱茏，依山傍水，交通便捷。重庆大学 2005 年以规模最大、学生人数最多进入大学城，现在的重庆大学虎溪校区占地 3 800 亩，在校学生 1.5 万人。为适应学校的发展，2008 年初开始修建新图书馆。新图书馆总的工程用地 29 783 m²，建设占地 5 978 m²，场地地势低平，地貌属山丘地，地上建面 32 861 m²，地下建面 3 357 m²，基建总面积约 3.6 万 m²。

二、设计理念

几千年来，不管图书馆的性质和功能发生了多大的变化，丝毫都没有影响人们对图书馆的看法，图书馆是心灵的圣地，是标志性的文化建筑，古代的藏书楼也好，现代的图书馆也好，犹如一部部永恒的作品，一部部立体的多色彩的教科书，刻写着不同时代、不同地区的文明轨迹。

作者简介：谢蓉，重庆大学图书馆副馆长，副研究员；
　　　　　郑荣娟，重庆大学图书馆馆员。

新重庆大学是由原重庆大学、重庆建筑大学、重庆建筑专科学院三个特色大学合并组建而成。三强合并前的原三校在长期的办学历程中,形成了各自的优良传统和各具特色的"学校精神"。新重庆大学精神是原三校"学校精神"及优良文化传统的继承和发扬。经过近十年的碰撞和融合,已经形成了独具个性的新重庆大学精神。如何让图书馆能较好地概括学校的整体价值追求,反映学校的独特气质,体现出学校源远流长的文化底蕴和雍容高雅的名校风范,是该项目设计的难点。

随着社会与科技的进步,人类对自然生活、学习环境提出了更高的要求,时代的发展也让图书馆建筑的空间环境艺术设计备受关注,现代电子和计算机技术的不断普及和深入,对图书馆服务和管理工作带来一系列巨大变化,图书馆的内涵不断延伸,社会职能不断扩充,图书馆及图书馆建筑的构成及结构也受到直接影响。信息技术改变了图书馆的工作服务模式,也导致图书馆建筑空间的变化和设计原则的调整。如何科学地营造图书馆建筑的内外部环境及建筑美与环境美的和谐统一,以富有时代气息、个性化、环境幽雅舒适、人文关怀、文化教育特色、生态概念等为设计指导思想,设计出一个宁静、优美、舒适的现代化图书馆,是本方案设计的重点。

为了让新图书馆更好地适应未来的发展,为了让新图书馆刻写出重庆大学的文化、精神和品质,为了让新图书馆首先带给读者"耳濡目染、不学自得"的氛围,为了让新图书馆真正成为重庆大学的"书房"和"客厅",我们本着"美观、经济、实用"的构思原则,综合重点、难点,对新图书馆进行全方位的设计、装修,实现:继承与发展,以人为本。

(一)继承与发展

重庆大学学科较全,文、理、工、经、管、法,各学科如众水相聚,相互激荡、相互融会、相互交叉、相互渗透,推动科学技术向着高、精、尖的层次发展。新图书馆以重庆大学"研究学术、造就人才、佑启乡邦、振导社会"的办学宗旨为指导,为实现"服务教学、服务科研、服务社会",对新馆的主要服务功能进行定位:图书馆不再是简单的藏书楼,我们打造的新馆是读者的信息共享空间,是生产和传播新思想、新理念的重要基地,是先进文化的示范区和辐射源。所以新图书馆在功能上有:构建美观和谐的信息共享实体空间和开放地获取信息共享虚拟空间,让读者与图书馆互动,读者与读者互动,让读者自由的利用共享资源,帮助读者解决深层次的需要。而新图书馆环境艺术作为一个系统、整体,是由许多不同功能的单元体组成,众多功能体巧妙地衔接、组合,形成一个庞杂的有机整体,让我们深刻感受地域文化、重大精神。

图书馆建筑物风格是校园文化的延续,寓意发展。新图书馆代表的是重庆大学新校区的一种文化、一种精神。它的造型美观大方不失内敛,现代休闲不失纯粹与安静,清晰单纯的外立面引领着重庆大学大学城全貌的整体规划,充分的彰显新馆建筑的文化蕴涵,鲜明的突出新馆在大学城建设中的标志性影响。

以后现代主义建筑风格把新馆建筑设计成既像一把砖红色的椅子、一架红木钢琴,又像一本打开的较为厚重的红皮书,喻意极其深刻的椅子以简单又舒适的休闲方式充分展现在读者面前,从视觉上满足读者苦读之后的悠闲;红木钢琴象征着高雅浪漫,从内心深处激发人的梦想;一本打开的红皮工具书宛如蕴藏着中华民族上下五千年来的历史文化古迹,呈现出一个仪态万千的世界,凝聚着每个读者对知识的神思。它背依缙云山,前临缙湖,在传统"和"、"气"的基础上突显现代化,给人一些遐想,一点穿透的突兀。它与第三实验楼、艺术馆共同组成的建筑群体与其他校区建筑形成对比协调。总之，新馆实体立面在处理上既体现了时代精神，又与校区建筑环境有机融合、相映生辉。

（二）以人为本

图书馆环境艺术的整体效果体现建筑整体表现力，形成图书馆建筑的文化、生态与人文精神氛围，向人们传递建筑的信息，表达它的感情、进行对话，从而最大限度地满足人们的心理追求。这是图书馆建筑环境艺术"整体性"的追求。

重庆大学新图书馆正是用艺术的语言给读者心灵上的震撼，让读者感悟浓厚的人文意韵。新馆建筑无论从外部环境还是从内部布局设计装修的每个空间与细节都渗透着以人为本。我们在选址时以方便读者为原则，把新馆建于第四综合教学楼、第二实验楼、艺术馆、学生宿舍、食堂及教职工住宅区的中心位置，方便四面八方读者出入图书馆。以"依山傍水"为基点，四面以绿化长廊、生态植被环绕，并配以闲亭、座椅，突显天人合一。

在内部环境布局设计上，从读者角度去思考，感受建筑环境的舒适、优雅。馆内布置要方便借阅，力求体现和谐的文化氛围。在功能区域划分方面，要注意人流与物流、读者进出与工作人员进出的区别。各功能分区明确而不互相干扰交叉，交通路线尽量短，大空间，短走廊。

新图书馆以人为本，亮点突出。亮点一：主厅精心装饰设计，用高档石材铺就的图书馆大厅，是图书馆现代化多功能空间设计的重要部分，对于它的设计我们要求结合服务的人性化和标准化模式，把握现代化、信息化、效率化的理念，表现出开放与流动，简约与宁静，风范与气度。各单元空间都是以总服务台向大厅四周发散，有功能设备齐全的大型报告厅，有精致的小会客厅，有以体现重庆大学精神、重庆地域文化的大型画卷，有小书店、有以玻璃墙隔离出的慵懒的报刊阅览室，休闲沙发旁设置有电脑触摸屏，指示牌上各部室方位、楼层及路径、入馆须知、借阅规则、开放时间等一目了然，还有检索中心，配有多台电脑，供读者快捷、有效地检索书目，还设置有寄存箱设备。亮点二：图书馆采用"藏、借、阅、咨一体化"的管理模式，2楼与3楼分别是4 000 m^2 的大开间社科阅览室和自科阅览室，密切了人与书的关系，让读者感受"书在人中，人在书中"的现代超市理念，同时还减少了馆员的工作量。亮点三：重庆大学"客厅"中的"客厅"——"重大文库"，展示了重大人、校友著作、作品。展厅的设计强调空间与展品的互动，彼此之间相互借景，使得空间形成一种动态的和谐。围绕文库，又将展厅空间功能一分为二，设有中国特色的小茶吧，品书品历史，谈古论今。展厅外是4 000 m^2 的大露台，露台的园林规划延伸着"重大"文化，在径幽草皮植被之间，刻写着"重大"元素，充满现代休闲气息的空间中蕴含华贵、典雅，与重庆大学的校园环境浑然天成。开放式的设计感染着潜在读者，激起他们走进图书馆深入了解其人文内涵的欲望。亮点四：作为读者互动空间的研究室及专题阅览室外都设有大小不等的露台，读者可通过玻璃幕墙欣赏露台景观。读者还可在读书之余"闲庭信步"，放松身心，也可以三五成群在这里探讨、学习，形成一道亮丽的人文风景线。亮点五：每个阅览室都设有自动借书机、自助复印打印机，每个电梯口设有电子显示屏，充分体现了现代图书馆经济、实用、人性化及快捷的特点。亮点六：天地墙的材质和色彩、家具样式与摆设、标识系统、室内花草树木，都在追求环境艺术的"整体性"，为读者营造一种优雅、舒适、宁静、赏心悦目、充满生机的阅读环境，使读者一进入图书馆就有一种美好的享受。

重庆大学新图书馆让自然与人工相辅相成，思想和风景相借相和。一杯清茶，一杯美酒,一缕思绪在这有限的空间与无限的美景中飘然,成为一种快乐的生活体验。

参考文献

[1] 薛恩伦.阿尔托的建筑风格与设计理念[J].世界建筑,2007(7):136—140

[2] 马立.高校新馆建设中应遵循的五原则[J].农业图书情报学,2008,20(7):57—60

[3] 温国栋,任函.谈大学图书馆设计[J].山西建筑,2008,34(21):36—37

[4] 常林.数字时代的图书馆建筑与设备[M].北京:北京图书馆出版社,2006

[5] 杨振远,王瑞.图书馆建筑选址新论[J].河北科技图苑,2007(2):10—13

[6] 冯梅.重庆大学城图书馆的运行管理机制研究[J].高等建筑教育,2008,17(2):165—166

绿色理念在图书馆建筑中的体现

——浅议南京工程学院逸夫图书信息中心

李桂贞　韩　枫　吴钦宽

摘　要：绿色图书馆是现代图书馆建筑的发展趋势。文章阐述了南京工程学院逸夫图书信息中心在设计与建设过程中体现的绿色理念，并分析了后续使用中存在的问题，以期对将要新建的图书馆有一定的借鉴作用。

关键词：绿色图书馆　图书馆建筑　设计理念

当前，随着绿色运动的迅速发展，全球正日渐形成一种保护环境、改善生态、崇尚自然的生活风尚。作为社会的一个有机体的图书馆，其发展自然不能免于这一世界性绿色潮流的影响。20世纪90年代国外一些发达国家已经陆续建成了一些绿色图书馆，国内对绿色图书馆的研究始于90年代后期。1998年，南开大学图书馆的孙玉宁在《南方建筑》发表了题名为《未来图书馆建筑设想》的研究文章，文中提到了绿色图书馆的概念。其后的十多年间，国内对绿色图书馆的研究日趋热烈，研究也从概念、理念的探讨转为实践运用。在图书馆建筑中，绿色理念也正被越来越多地运用于其中。

南京工程学院逸夫图书信息中心，由华南理工大学建筑设计学院负责总设计，为邵氏基金第19批教育赠款大学项目之一，于2006年2月开工，2008年3月交付使用，总投资1.4亿元。从中心的规划、选址、筹备、设计、施工、设备安装、装饰装修，直到后来的交付使用、用后评估，图书馆均积极参与。整栋建筑共分五层，总建筑面积约3.8万 m^2，其中图书馆面积为3.1万 m^2。逸夫图书信息中心集节能、环保、健康于一体，为南京工程学院的广大师生提供了一个健康、美观、舒适、高效的学习工作环境，充分贯彻了绿色图书馆的理念，达到了人、建筑、自然的和谐统一。

一、绿色图书馆的概念

"绿色"原本为一种色彩类型，为大自然色彩构成中的主色调；从色彩学的角度，"绿色"对人的心理影响及象征性寓意呈多元性，包含了"生命、生长、和谐、亲和"等象征性隐喻。

作者简介：李桂贞，南京工程学院图书馆馆员；
　　　　　韩　枫，南京工程学院基建处；
　　　　　吴钦宽，南京工程学院图书馆馆长，教授。

图书馆是人类社会不可或缺的一个重要的知识文化系统，它传播着人类文明与知识，支撑着社会的进步与发展。它不可能游离于人类社会而孤立存在，而适应社会的发展是图书馆发展的必要前提。人、自然、社会、图书馆应是一个统一和谐的整体，在这个意义上，绿色图书馆的概念被提了出来。

绿色图书馆也称生态图书馆，就是以绿色理念为指导，以传播绿色信息为途径，以绿色服务为宗旨，符合大众审美标准、不断自我更新换代、节约能源、无污染、高效能、多功能、充分运用高新技术和数字技术、适应时代发展、紧追时代潮流、可持续发展的新世纪图书馆。因此，绿色图书馆贯彻的是一种科学、健康、创新、可持续发展的理念。

绿色图书馆应包括"硬"和"软"两部分，"软"的部分包括图书馆服务、图书馆教育、图书馆管理、信息资源建设、人文精神环境等，而"硬"的部分则主要指图书馆的建筑部分。图书馆建筑是其他部分的基础，其他均是依托图书馆建筑而存在并受其影响和制约。因此绿色图书馆建设首要从建筑做起，在建筑上的绿色精神突出体现在尽可能地自然采光、自然通风、自然调温，节能、节水、节材，同时兼有优美清雅的馆外环境和足够的植物配置、丰富的人文景观，以及它与周围建筑群之间的自然联系等等。南京工程学院逸夫图书信息中心设计团队在设计中坚持绿色理念贯穿其中，建成了一个既具有艺术美感又经济实用的现代化图书馆。

二、南京工程学院逸夫图书信息中心的绿色体现

（一）选址

图书馆选址是筹建一座新图书馆首先要解决的问题。根据鲍家声教授的观点，图书馆选址应从高等学校的实际情况出发，其一般原则为：① 位置适中，交通方便；② 环境安静、优雅；③ 适宜的自然环境及地质条件；④ 留有扩建余地。南京工程学院逸夫图书信息中心位于天印湖西侧，礼仪性入口与功能性入口轴线的交点，主入口面向校园主入口轴线，是整个校园的中心地带，地位突出。整个建筑用地大致为圆形，向南侧湖面逐渐放坡。用地北侧为人行绿荫步道以及工科系馆及其实验室用地，东北侧为公共教学组团，东侧与文科系馆隔水相望，三个组团之间是休闲场所、开阔草地等人文景观场所。中心居于学生宿舍东区和北区的交通交点上。图书信息中心选址地形集中，便于扩建，其四周均被校园道路所围绕，因此交通方便而又闹中取静，非常便于师生利用，体现了读者至上、服务第一的现代化图书馆办馆理念，符合绿色图书馆的宗旨，中心的选址可以说是恰到好处。

（二）造型及色彩

图书馆建筑作为一种艺术品，一方面必须具有美观性，另一方面外在造型必须能够反映其内在的价值取向。图书馆是高校的一面镜子，历来有"标志性建筑"之美称，其建筑形式不仅反映该校教学、科研的势力和特色风格，反映其文化底蕴，也反映了建筑物本体的文化内涵。其外观形成一种气势和气质，这种气势和气质使得年轻的学子们面对一座立面朴实、高雅、真实反映知识传播与信息交流先进技术的图书馆建筑，产生一种神圣、高尚的震撼心灵的感觉。南京工程学院逸夫图书信息中心在造型上犹如一堆随意堆放的书籍，寓意其为资源的汇集处，知识的海洋。中心从任何角度看过去都有一种强烈的形体变化和虚实对比。中心主色调为灰色，其间点缀少许暗红色，使整个建筑看起来庄重、肃穆，而又不失生动活泼。这与图书馆是学习交流的场所，而主要读者又为青春有朝气的大学生是相一致的。逸

夫图书信息中心作为校区最主要的标志性建筑,一进入学校主大门便可看到,中心总用地面积为 5.6 万 m^2,周围被草地、绿树、鲜花所环绕,东侧则毗邻波光粼粼的天印湖,创造出宁静而有文化意蕴的环境,相信莘莘学子面对这样的建筑和环境,总有一种抑制不住走进图书馆的冲动。远远望去,进出的读者、周围的景观和建筑形成了一幅优美和谐的画面。

（三）节能

"经济"是建筑设计的原则之一。目前我国单位建筑面积能耗是发达国家的 2～3 倍以上。2005 年 4 月,建设部发布了《公共建筑节能设计标准》(GB 50189—2005),对公共建筑的节能设计提出了具体的要求,图书馆被列为科教文卫类的公共建筑。在全社会对建筑节能问题高度关注的大环境下,作为传播人类知识和文明的图书馆在建筑节能方面理应走在社会前列,因此节能问题是建造绿色图书馆的核心。图书馆建筑设计的节能主要体现在体量设计、建材选择、自然通风与采光等方面。南京工程学院逸夫图书信息中心通过优良的设计、适宜的技术,充分利用气候条件及周边环境,最大限度地使建筑节能,实现了自然通风和天然采光,减少了空调能耗和人工照明。

1. 体量设计与建材选择

由于建筑的热工性能与体型系数(建筑物表面积与建筑的体积比)密切相关,一般通过减少建筑外墙面积、控制层高、减少体形凹凸变化、尽量采用规则平面形式等方法达到保温节能的目的。逸夫图书信息中心层高为 4.5 m,外形平滑规则。从建筑材料的选择来看,外墙采用通风式的干挂石材、内贴保温板与页岩模数砖墙体形成低热阻的复合保温墙体,所选用的页岩模数砖蓄热系数较大,也有助于减少使用空调时室内温度的波动,节约电能。外窗和幕墙全部采用中空 LOW - E 玻璃,外部配置固定式的孔板外遮阳。屋面采用 40 mm 厚的挤塑板,地面做 20 mm 厚挤塑板阻热层。这些材料的运用起到了节约资源与能源的双重目的。

2. 自然通风与天然采光

南京工程学院逸夫图书信息中心在平面设计上采用"回"字形平面,节省了用地,而通过在中间设庭园,也可以形成良好的自然通风采光条件。国内许多图书馆为了追求与国际接轨,使用了玻璃幕墙。玻璃幕墙因其视野开阔、通透性能与采光性能好、华丽大方具有现代气息、可以强化外立面的效果,恰当地使用可以起到锦上添花之功效。但是玻璃幕墙也有很多缺点,如多不能开启、通风与保温性能差,由此带来了许多新的问题,如能耗大、光污染、结露"热桥"、隔音、日后维护困难等且经费支出惊人,有些图书馆需要常年开空调以保证适宜的温度和湿度。为了避免此问题的出现,中心幕墙采用断桥隔热型铝型材,并在设计上考虑到了合适的窗墙比。外墙采用大窗户,保证了合适的通风与采光,读者在室内阅读之余,既可欣赏室外优美的景色,又可呼吸到室外新鲜的空气,使读者心旷神怡,顿扫疲劳之感。在中庭位置,为了达到更好的采光效果,北面采用了玻璃幕墙加铝格栅遮阳,其他面依然是大窗户,既有充分光照,又避免过分阳光直射。大厅照明系统则采用了节能灯,并分区域设置开关。所有这些既节省了能源,又达到了环保、健康的目的。

3. 先进的空调系统

南京工程学院逸夫图书信息中心采用的空调系统是该项目的亮点之一。该项目采用了闭式地表水地源热泵空调技术,充分利用校园内的湖泊资源,将天印湖的水体作为可再生能源应用于本工程空调系统中,使用节能、环保、可再生的地表水热泵系统作为空调系统的冷热源,使该工程在保证建筑物舒适的前提下进一步降低供应能耗。这种利用天然湖水作为可再生能源的中央冷热源系统,被列入建设部节能示范工程,技术上处于国内领先水平。

（四）合理的功能区域设置

现代图书馆完成了从传统图书馆以藏书为中心,到强调以人为本的转型。其突出表现在改变了传统的借阅方式,创立了"开架阅览"服务方式。读者希望能直接地接触到馆藏资源,尽量减少通过第三者——馆员的服务。在搬入新馆之前,迫于馆舍结构的限制,南京工程学院图书馆一直采取的是闭架或半开架的流通模式。而事实表明,藏、借、阅、咨、管等多项功能集于一身的新模式即一体化管理模式更有利于服务读者。逸夫图书信息中心正是基于一体化管理模式进行功能区域设计的。在设计时又根据开放、实用、灵活、高效的原则,从利用率方面考虑整个布局。整栋建筑为五层高,具体功能如下。

首层:因主入口设置在二层,所以首层较为安静。因此首层设置了流通率较低的基本书库、文献搬运量较大的文献资源建设部以及学生自修中心。东面设有中心的次入口。

二层:中心主入口均设在此层,故此层人流量较大。北厅是学生的主要出入口,设总咨询台、总借还台、检索终端和读者服务部,此处为图书馆的管理核心,一系列服务都可在此完成。南京工程学院是工科院校,科技方面的图书利用率较高,因此科技图书借阅Ⅰ室和Ⅱ室设置在此层。二层还设置了报告厅,经由南厅入口可到达。

三层:设置了社科图书借阅Ⅰ室、Ⅱ室。考虑到本校艺术专业的需要,在Ⅰ室和Ⅱ室之间单独设置了艺术书刊阅览室。

四层:设置有中心机房、信息技术部、信息咨询室、报刊阅览室、样本库、外文书库和教师阅览室。

五层:在功能上此层有两片,西面为办公区,其他包括工具书阅览室、多媒体阅览室和电子阅览室。另外一个有特色的地方是,此层设置了信息检索教室,供文献检索课程讲授和实习及读者培训使用。

因为新馆的管理方式为"流阅一体"的大流通方式,所以交通组织方面,中心设计的借阅路线相对集中。为了使还回的书能及时上架,北侧总借还台内设文献专用电梯,通过书流与人流分流,不仅提高了文献的利用率,还保障了文献的安全;北厅为学生读者主入口,设电梯,可达各层;西入口也设置了电梯,联系各层。

（五）智能化系统

随着现代信息技术的飞速发展,图书馆建筑的智能化水平愈来愈高。图书馆建筑智能化是指综合采用电子信息技术、计算机技术和现代通讯技术对图书馆建筑内的设备进行自动监控,信息资源实施科学管理以及提供优质高效信息服务通道的现代化建筑物。现代智能化建筑通常具有楼宇自动化、通信自动化、办公自动化、布线综合化等特征。南京工程学院逸夫图书信息中心十分重视智能化设计,设计有楼宇自动化系统、火灾报警和消防联动系统、安保监控系统、综合布线系统、公共广播系统、数字程控交换机系统、一卡通系统、办公自动化系统等多个智能管理系统,有效地提高了图书馆运行、管理、安全防护及信息服务等方面的自动化程度。

在这些智能化系统中,布线综合化是图书馆智能化的重要特征,是保证计算机网络与通信系统正常运行的基础。综合布线系统是一个用于语言、数据、影像和其他信息技术的标准结构化布线系统,它是建筑物内的传输网络,能使语言和数据通讯设备、交换设备和其他信息管理系统彼此连接。在数字图书馆时代,图书馆的网络综合布线系统尤为重要,其科学合理性直接影响今后图书馆的功能使用。综合布线系统应与建筑同步进行。逸夫图书信息中心在进行整体设计时,对图书馆全局进行了综合布线,馆内计算机终端的专用连线、电源、电缆、通讯、照明、插座、开关等都给予了充分考虑,并留有扩充发展及调整的余地,特别是每个读者活动区设计了适当数量的电源插座和网络接口,供读者和工作人员连接便携式计算机、打印机、缩微阅读机等设备,这对于提高馆舍使用功能的灵活性有十分重要的意义。

(六) 无障碍设计

我国新修订的《图书馆建筑设计规范》特别强调要进行无障碍设计,《普通高等学校图书馆规程》第十九条规定:"高等学校图书馆应保护读者合法、公平地利用图书馆的权利。应为残疾人等特殊读者利用图书馆提供便利。"随着民主政治越来越发达,高校招生人数逐年增多和高考体检制度的放宽,会有越来越多的残障者进入大学校园实现人生理想,而且校园内也有因意外事故造成的短期残障者,为了公平地为每位读者服务,图书馆建筑必须考虑无障碍设计。逸夫图书信息中心在设计中充分考虑残疾读者的困难,在门厅设计了轮椅、电梯等无障碍通道,在阅览场所修建了残疾读者专用厕所,体现了图书馆建筑应有的人文关怀。这些都充分体现了现代图书馆建筑设计越来越关注是否方便读者使用这一基本原则,使人产生亲切自然、易于接近、便于利用的感觉。

三、后续使用中的问题及思考

建筑是凝固的艺术,也是常常令人遗憾的艺术,在半年多的使用过程中,逸夫图书信息中心设计中的一些弊端渐渐暴露出来,在这里探讨这些问题,是为了更好地营造绿色图书馆,减少遗憾。

(一) 造型与功能的冲突

图书馆的造型向来被十分看重,因为它往往代表着一所大学的形象和校园的品位。图书馆建筑作为一门艺术,追求建筑风格和造型是无可厚非的,但应与功能结合起来。

(1) 关于共享空间。逸夫图书信息中心在设计时,为了配合中庭玻璃幕墙,使得整个图书馆看起来有气魄,在一楼设置了"共享空间",面积有几百平方米,直贯四楼,直接造成了空间的浪费。还带来另外两个方面的问题,一方面不仅给冬季采暖保温和夏季通风降温带来了困难,而且有的因难以清洁而造成卫生死角,给读者和到馆参观者以负面印象;另外一方面也非常重要,给楼层之间的隔音造成了很大的障碍,一个楼层发出声音,整幢楼都会受到影响。

(2) 关于电梯。中心在北厅主入口处设置了电梯,方便读者到达各层。每层的三个电梯紧密相连,在设计时为了美观,三个电梯并非并排在一起,而是错落地呈阶梯状排在一起。为了方便读者,电梯为智能型的,即一个电梯接收到命令,其他电梯都能接收到,这就带来一个问题,因为读者站在一个电梯门前看不到其他电梯门,为了看到其他电梯的门是否打开,不得不来回跑,非常不便。

(二) 人文关怀不仅是对读者的关怀,也是对职工的关怀

南京工程学院逸夫图书信息中心在设计时充分考虑到了读者,尽量为读者提供一个舒适的环境,这也是绿色图书馆的基本要求。但绿色图书馆同样也要做到对图书馆职工的人文关怀,职工的工作环境也是需要关注的重要环节。中心在设计时把文献资源建设部设置

在一楼,从文献资源建设部功能来看,一楼无疑是理想的。但文献资源建设部办公室设置在一楼的中间部分,通风和采光都非常不好。后来不得不搬到相邻的几个小房间,条件算是改善了不少,但又带来新的问题,即采访、分编、验收是流水作业,这样硬是给分隔成了几个部分,非常不科学。其实这反映了另外一个方面的问题,即在设计时,设计单位与图书馆相互之间一定要积极地沟通,不仅要与图书馆领导沟通,还要与普通职工进行沟通。

四、结语

在全球绿色浪潮的冲击下,绿色图书馆既是一种趋势,也是图书馆发展的必由之路。作为公共建筑之一的图书馆建筑更是应建造以人为中心,科学、艺术、健康、和谐的绿色图书馆。图书馆建筑不仅仅是馆舍建设,其功能也不仅仅是集聚文献,它同时对文化、个性及价值是一种极好的张扬和诠释。笔者见证了南京工程学院逸夫图书信息中心的建设,建成后体会到了它的魅力和不足,希望能对新建馆有一定的借鉴作用。在如今图书馆建设热潮兴起的新时期,不遗余力地进行图书馆建筑绿色生态化设计的探索,创造亲和人性、回归自然的绿色生态图书馆新建筑任重而道远。

参考文献

[1] Francine Fialkoff. Green Libraries Are Local[J]. Library Journal ,2008(11):8

[2] 孙玉宁. 未来图书馆建筑设想[J]. 南方建筑,1998(4):50—51

[3] 张显峰,董宇昭. 对绿色图书馆的思考[J]. 河北科技图苑,2006(5):31—33

[4] 吴小英. 绿色图书馆展望[J]. 图书馆理论与实践,2005(5):16—17

[5] 鲍家声.图书馆建筑设计手册[M].北京:中国建筑工业出版社,2004

[6] 潘向泷. 关于图书馆建筑节能的研究与实践[J]. 图书馆论坛,2007(6):147—149

[7] 寇晓燕,罗均. 现代图书馆建筑空间设计理念与空间组织模式[J]. 高校图书馆工作,2008(4):9—11

[8] 徐忠明.高校图书馆建筑设计理念和实践——以同济大学嘉定校区图书馆为例[J]. 高校图书馆工作,2008(4):1—4

高校图书馆环境与人性化服务

——以湖北大学图书馆为例

张惠芳

摘　要：本文论述了图书馆环境与人性化服务的基本含义，并以湖北大学图书馆为例介绍了图书馆建筑、图书馆基础设施、读者服务工作和工作人员管理等方面所做的人性化服务。

关键词：环境　图书馆环境　人性化服务

一、图书馆环境与人性化服务的含义

环境是人类赖以生存和发展的物质条件的综合体，为人类的社会生产和生活提供了广阔的空间、丰富的资源和必要的条件。图书馆环境是在图书馆范围内可以直接、间接影响读者阅读，增进读者知识和技能的各种因素的总体，它包括综合建筑的形式、场馆的分布与格局、馆藏资源体系、图书馆微环境的空气质量、周边环境、图书馆工作流程以及工作人员的服务质量等。高校图书馆是学校的文献信息中心，是高校学子的第二课堂，应该打造一个可以激发和提升读者的求知欲望与探索热情，提高学习和研究效率的优雅环境，使读者在舒适的环境中完成对信息的有效利用，并大大提高文献资源的利用率的场所。

人性化服务是在图书馆整个运行过程中所蕴含的承认、尊重和实现人的价值精神，它的基本含义是尊重人、爱护人、关心人、理解人、造就人、维护人的人格和尊严，了解人的需求和帮助，充分认识和体现人的价值。图书馆环境与人性化服务有着必然的联系，图书馆人性化服务具体体现为：从图书馆的布局、服务方式的选择、开放时间的安排以及一切规章制度的制订都遵循人本管理的原则，以最大限度地方便读者为出发点和归宿等等。现以我校图书馆为例，探讨如何从各个层面营造图书馆环境来开展人性化服务。

二、图书馆建筑环境的人性化

图书馆不仅是传播科学文化知识的场所，也是大学生的精神家园。学生良好的文化素质、思想品德和行为习惯是在环境的作用中形成的，这种环境是一种无形的力量，它对学生思想品德、行为习惯的影响是春风化雨、润物无声的。

作者简介：张惠芳，湖北大学图书馆信息咨询部。

（一）图书馆建筑

我校面积 42 051 m² 的新图书馆于 2005 年正式落成开放之时,力图营造一种清静、舒适、整洁、有序、宽松、奋发向上的环境来吸引本校学子踏入新图书馆的大门。新图书馆位于学校的教学中心地带,成为学校的标志性建筑。它的楼体为三角形结构,墙面为钢化玻璃镶嵌构造。正门面对学校通行的主干道,能吸引过往行人的眼球,东面相对的是校行政办公大楼,南面是人文大楼,西面是学校的运动场,北面邻近学生食堂和学生宿舍。图书馆正门有一 200 m 长的通向主干道的宽敞人行道,两边布置有成排的灯柱,外围是树林草坪,夜晚灯光照映时非常壮观,已成为人们休闲的风景地带。经过人行道进入图书馆大门时,是阶梯式的台阶,象征步步高升。师生从各个方位到图书馆都非常方便,同时从馆外到馆内,从入口处到各个部门、各个阅览室,各项服务设施都规划得比较合理,为方便读者使用图书馆为宗旨。在我校图书馆大门入口处、电梯处都设计有读者服务导引系统和楼层布局,使读者进馆接受服务一目了然,方便快捷。经过几年的运行,在我校总招生人数变化不大的情况下,通过校园一卡通的使用统计,全年日均接待读者 7 000 多人,进馆人数逐年增长。

（二）楼层布局

新图书馆共有 12 个楼层,内部空间由两部分构成:一是各种使用空间,包括办公用房、基本书库、阅览室和现代化设备用房;二是交通联系空间,如过道、走廊、门厅、楼电梯等。我校图书馆设阅览室 26 个,全部为大开间式藏、借、阅、参一体化的服务格局,纸质资源按图书、期刊分别存放。图书按不同的学科设置有文学、语言与艺术、哲学与经济、政治与法律、历史与教育、数学与计算机、化学及生命科学与环境科学、物理工程 8 个专业书库,连续出版物划分中文现刊、中文过刊、报纸和外文报刊等库,分设有教师、研究生阅览书库,古籍特藏阅览书库等。一方面方便师生查阅报纸杂志及图书资料;另一方面也便于读者按学科知识类别查找资料。

（三）内部公用区域

图书馆内设置人行电梯 1 部,货运电梯 1 部,人行楼梯 2 部,由不同的方位通行,人行走廊及通向各个功能与服务区的通道分别有序,充分考虑人行与货运的分离,高峰时人员的分流,消防及其他紧急情况时人员的疏散。每层楼设卫生间 4 个,公共卫生间、工作人员专用卫生间,并配备残疾人卫生间。我馆一直致力于优化馆舍服务设施,为读者小憩或学习提供方便。开馆以来,购置 4 台开水机,安放在饮水间供读者使用;增设读者休息区,在电梯门口和走廊安放了休闲沙发,为读者增设舒适的自习或休闲场地,提供多途径的服务空间。

（四）图书馆标识

图书馆各类标识醒目,让人一目了然。无论各部室和阅览室的名称标识还是书库中书架上的书刊中图法分类代号及学科类别标识,书架上书刊上下左右排放的次序,都能使不熟知图书馆及图书资料分类的读者从进图书馆大门和电梯处的楼层导引图示上知道,很快就能找到相关的部室和某一书库的相关书刊资料。

（五）规章制度

为了规范管理,我们通过多方征求师生意见和建议,修改补充了原有许多不太人性化的规章制度,让全校的图情委员参与讨论,力求让每一位读者都能平等地享用书刊及电子资源,对读者借阅书刊管理、公共设备管理及违章处理等相关办法制订时,尽可能不使用命令式或禁止性的语气和口吻,不采用批评、罚款等字句,杜绝语言表达上"生、冷、硬",缺乏亲切感,对读者也很不礼貌,易使读者产生逆反心理,始终站在读者的角度来分析和考虑,使读者不忍心毁损图书资源和公共设施。

(六)人文装饰

为了营造图书馆的文化氛围,图书馆内墙上装饰有高雅的艺术作品,馆内随处可见有关的温馨提示,阅览室内随处悬挂爱书读书的名人警示标语、校内院士及名师风采,各个角落布置绿化盆景,图书馆物业社会化管理后干净整洁的大厅和书库,让师生在这座知识宫殿里自由地呼吸和学习。

三、图书馆基础设施的人性化

图书馆的基础设施主要有几个方面:一是物理资源设施,主要有书刊、书架、阅览桌椅;二是智能化设施,主要有网络布线、监控系统、门禁系统、安防系统、广播系统、会议系统、数字程控交换机系统、图书监测仪系统、空调系统等。

(一)借阅设施

我馆在二楼正对图书馆大门处设有总服务台,负责全馆各楼层的借书与还书,装备有大型投影幕墙,经常放映一些重大活动与相关通知,让进入图书馆大门的师生一览无遗,同时二楼大厅还配备了图书馆馆情触摸屏和公共检索机,给到图书馆的每一位读者了解图书馆各种资源以极大的便利。图书馆每个楼层的书库设置有阅览区间,配置有干净舒适的木质桌椅,读者既可以借书也可以坐下来阅读,各阅览室内也配有书目检索机,可查询书刊收藏及借阅状态,避免读者在书库盲目查找。

(二)信息资源

我馆购买的书刊资源和电子资源全由师生参与挑选,各个学院有专门的图书情报委员和学科选书员,图书馆的大事均由他们一起研究解决,选书、采书、选刊、电子资源的购买与认证也由他们提出意见和建议。同时,馆内购买的高质量的图书、期刊、报纸及各种电子资源,图书馆定期给未参与选购的师生推荐;图书馆网站栏目清晰明确,使用方便,不设障碍,界面简单友好,老少都易检索,各种网络服务响应很快,网络资源全天候 24 小时开放,无网络运行障碍、网页打不开等情况,电子资源阅读器、播放器、浏览器在网站上也清晰地告诉读者,有些数据库的用户名和密码也标注清楚,不给读者检索带来麻烦。网站上设有荐购平台,给师生提供推荐书刊的机会;各种服务方式及联络方式网站也醒目地给予提示,让读者遇到问题时找寻方便。

(三)智能化系统

我馆在新馆建成之际,为确保各种功能与设施的安全运行,装备有智能化的系统。综合布线系统保证了新馆的信息处理和通信(包括语音、数据、图像及多媒体信息等)能力达到一个较高水平。我馆在相关楼层设置了无线网点,给有笔记本电脑的同学上网提供免费服务。监控系统防止师生财产及公共财产的丢失。安防系统,为紧急的防火防盗等发送警报和疏散通报。广播系统进行消防播音、通知和背景音乐的播放。会议系统能组织和承办相关会议。图书监测仪系统防止书刊丢失。空调系统采用地源热能中央空调,既节能又环保,为师生提供冬暖夏凉的学习环境。

四、读者服务工作的人性化

读者是图书馆存在和工作价值所在,"一切为了读者"是图书馆工作的出发点和归宿,是图书馆工作者应尽的职责。我馆从 2000 年以来一直奉行的服务理念是"读者的需要就是我们最大的追求"。我馆从 2005 年新馆开馆之始，对读者实施全开放式管理模式，允许读者携带书包或自己的书籍进入所有的服务场所，相关楼层配备有存包柜，读者的贵重物品可以暂时存放在此。在每个服务楼层都配备自助复印机，读者需要的书刊资料可就地复印，价格低，一张纸复印费仅 1 角钱，为师生带来了极大的便利。我馆的读者服务主要从以下方面开展。

（一）关爱读者

在服务态度上对读者热情，在文献信息获取上方便，在服务时间上快捷，在服务环境上舒适；任何读者到图书馆我们都平等相待，借还书的办理真正做到不耗时间，力求创造有人情味的服务。在每一个阅览室配备有读者需要的一些常用小物件和常规药品，给未带文具、雨具的读者或生病的读者提供帮助，同时对读者遗失的物品，工作人员尽力保管好，并通知读者前来认领。

（二）尊重读者

平等对待每一位读者，切实保护读者的合法权益不受侵犯；对任何读者无论是学生还是教授都平等对待，不划等级和差别，享有同等的资源利用权利和服务。我们每年会根据我馆江苏汇文自动化管理系统提取的读者借阅数据，评选读书最多的前十名读者活动，给他们物质和精神奖励，请他们向其他同学介绍读书的体会和心得，重在引导读者多读书，读好书。

（三）依靠读者

鼓励读者参与管理，及时吸纳其合理意见和建议，将图书馆工作置于读者的监督之下，视读者的满意度为检验工作质量的根本尺度。我馆每年招聘 30 多位勤工助学工到各个阅览室协助管理，既解决了他们的生活困难问题，也让他们参与和监督图书馆的具体工作，体味图书馆的服务情况。我们曾进行了读者满意度抽样调查问卷，经过统计与分析，读者满意度达到 94％；同时，每年组织两次由各院系各年级读者代表组成的互动和答复会，由读者提出他们对图书馆管理与服务的意见和建议，馆领导和部室主任现场解答问题及承诺解决办法，并由读者监督落实。

（四）一切为了读者

读者的需要是我们最大的追求，为了读者，我馆一再延长开放时间，借还书阅览室周开放时间达 84 小时，电子阅览室周开放时间达 98 小时，而且在每学期复习备考期间（两周左右），所有的阅览室从 8:00～22:00 全天候不间断开放，为学生提供舒适便利的复习场地。除国家法定节假日外，全馆对外服务部门双休和假期都为读者开放。为了提高图书资源的利用率，图书馆为读者提供了各个层次各种资源的咨询与培训，为师生进行馆际互借与文献传递，读者需要什么我们就挖掘什么。为了服务教学科研，我馆也开展了个性化服务，为特殊读者送书刊资料上门，开展个性化专业化的信息定制和推送服务等。

五、工作人员管理的人性化

图书馆职工是做好人性化服务的核心，高素质的员工是人性化服务的主体，网络基础设施是人性化服务的条件，只有充分发挥员工的积极性和创造性，调动员工的自主能力，才能在读者服务过程中，真正做到以奉献精神塑造读者，以优质的服务感动读者，以科学的方法引导读者，以渊博的知识培养读者，以优秀的作品鼓舞读者，以高雅的气质影响读者。我馆一直致力于从以下方面挖掘职工的智力潜能。

（一）关爱职工

关心职工的物质需求、精神需求和政治需求，及时为职工排忧解难，尽最大努力为职工发展提供途径、机会和空间；给职工提升自己的机会，提高业务素质。我馆定期选派不同层次的职工到图情部门和学会进修和短训，参加各级各类国际国内学术会议，每年组织1～2次学术交流，并推行学术奖励制度，创造使职工无后顾之忧全身心投入服务工作的各种环境。

（二）尊重职工

尊重职工的人格，保护职工的合法权益，为职工营造一个宽松、平等、和谐的工作环境。给每位职工充分的自主权，选择自己适合的部门和工作，做到人尽其才，给职工相对自由灵活的工作空间，让职工斗志昂扬心情舒畅地全力工作。

（三）依靠职工

鼓励职工参与管理，赋予对重要事情的知情权、参与权和监督权，及时吸收其合理意见和建议。只有职工的自主创新能力和主观能动性充分调动起来，发挥自己的业务能力和信息技能，才能真正做好人性化的读者服务工作。

参考文献

[1] 贾靓. 高校图书馆环境营造研究[J]. 科技情报开发与经济, 2008(15)：66－67

[2] 王丽娟. 浅谈图书馆环境及其对读者情绪的影响[J]. 河北科技图苑, 2007(1)

[3] 刘丽. 图书馆环境构建思考[J]. 辽宁行政学院学报, 2006(5)

[4] 王雅娟. 浅析图书馆人性化服务[J]. 黑龙江教育学院学报, 2008(3)

图书馆新馆建设理念的实现

——以大连医科大学图书馆为例

王虹菲　原　增

文　摘：以人为本的新馆建设理念已经成为图书馆界的共识,本文以大连医科大学新图书馆建设为例阐述了新馆建设的理念及其具体实现。

关键词：图书馆建筑　建设理念　以人为本

近年来,国内高校图书馆纷纷建设新馆,在新图书馆建设中以人为本的建设理念已经深入人心,成为业界共识。大连医科大学新校区图书馆在新馆建设及建成后使用过程中始终坚持以人为本的理念,新馆对图书馆的功能、布局、设施的安排及内外环境的营造、服务模式的选择,都充分考虑到人的意愿与习惯,以人为中心去努力营造一个富有亲和力的、舒适方便的人性化环境。

一、以人为本的图书馆建设理念

"以人为本",即一切要围绕人的需求而展开。读者是图书馆的真正主人,图书馆建筑的规划设计、设施装备与服务运营,均以读者的要求为中心,同时兼顾馆员的工作条件,而不是以书为本或以管理为中心、以技术为中心,也不应以领导的意志为转移。

（一）功能布局体现以人为本

现代图书馆管理强调以人为本。以人为本应该包含两个方面的含义:以读者为本,以馆员为本。图书馆功能区域的划分应该以方便读者为原则,从读者的角度出发来进行平面布局,为读者提供方便、舒适、能够满足读者需求的多种形态的阅览空间。图书馆在平面布局时,不仅要重视读者阅览的环境质量,也要考虑读者交流、活动和休闲功能的需求。因此在新馆功能布局时,主要的读者阅览空间都处在图书馆内朝南向、通风、采光、风景俱佳的位置。同时,在各楼层都设计了不同的休闲空间。以读者为本还应该体现在图书馆对读者服务的一视同仁,新图书馆采用了无障碍设计,所有的阅览区域对全体读者开放,充分体现了为所有的人提供平等服务的图书馆思想。

图书馆内实行人本管理强调对馆员的关心与尊重,不但要尊重馆员的个人人格,关心馆员的事业发展,还应该为馆员创造一个舒适的工作环境。新馆的行政办公、业务工作区的设

作者简介：王虹菲,大连医科大学图书馆馆长,研究馆员。

计体现了以馆员为本。工作人员较多并且活动性少的书刊采访、编目、计算机网络中心工作间都设置在工作区的南向,这些房间阳光充足、通风良好。相对工作人员少,工作活动性较大的如期刊送装等在西侧,而中心机房、基藏书库位于北侧。中心机房和馆员工作间有一定距离的间隔,避免噪音对馆员的影响。考虑到新校区距离市区比较远,新馆还设计了两个馆员休息室。有馆员单独使用的卫生间和楼梯。

(二)环境设计体现以人为本

现代图书馆建筑设计注重绿色生态环境设计,体现人文关怀。图书馆空间环境设计的重心已从单纯的效率性的物用功能逐渐转向调节与启迪读者的情绪与心理需求为主的阶段,除了必备的实用功能外,读者环境的舒适性、室内外布局的艺术性都是必须考虑的因素。绿色、生态、环保的图书馆环境设计不仅给予读者舒适优美的阅读环境,更能起到规范和引导读者行为、净化心灵的作用。

新馆采取一切措施追求自然、馆舍和人的三者和谐。图书馆采用自然光,以自然通风为主,窗户的大小高矮设计适宜,便于工作人员、读者开启关闭,阅览区除自然通风外,还辅助采用大型换气设备进行换气,确保馆内空气清新。动静区分开,阅览区置于无噪声区一侧,阅览区外部有专门的交流空间,有颜色清新、样式迥异的桌椅、沙发给读者以家的感觉,供读者休息时有声交谈;在书架密集的区域内适当安置了圆形沙发,使读者在书架上找到书后可以就近坐下阅览。

背景音乐在图书馆建设中有着不可忽视的作用,舒缓的音乐可以给读者营造温馨的学习氛围。新馆启用后,工作人员精心挑选了优美的乐曲,在闭馆前15分钟播放提醒读者在闭馆前完成借书手续,在下午上课前20分钟播放,以便提醒读者下午上课的时间。让读者在舒适的学习环境中身心得到美的享受。同时,馆内广播系统在紧急情况下可发布通知和报警。

绿化不仅能美化环境,衬托建筑物,增加艺术效果,而且可以净化室内空气,调节气温,读者在长时间阅览、学习后观赏植物,可以缓解疲劳,得到放松,消除阅读学习中的枯燥和单调感。工作人员还专门设计了漂亮的标签挂在花木上,介绍花木的品种、习性和观赏特征,集养花、赏花、小憩于一体,为读者提供一个舒适、温馨、优美、健康的学习氛围。

(三)以人为本的管理与服务模式

图书馆管理和服务模式与图书馆建筑有密切的关系。图书馆的建筑设计不仅是建筑和环境的设计,更是对图书馆服务模式的选择和设计。藏、借、阅、查询一体化的大开放管理服务模式可以最大限度地为读者提供一个自由的、宽敞明亮、人性化的读书学习空间。其思想基础和逻辑基础是尊重读者的客观需求,尊重读者公平使用图书馆的权益,提高书刊利用率。这也是新建图书馆共同的选择。而大开间、大平面的设计是这种管理服务模式对图书馆建筑的基本要求。读者空间没有房间的分隔,只有不同阅览区的划分,各阅览区域通过地面的颜色或家具的不同和摆放来划分。大平面的布局使图书馆能够将文献的典藏、读者阅览、信息查阅和咨询检索集中在一起,形成信息共享服务的空间。

读者通过图书馆设在大门的门禁监控系统,经过身份认证后,可以携带自己的学习资料和物品自由进入各个阅览区,自主地阅览或自习。在一楼大厅设置了总服务台和总咨询台,完成图书借还手续,进行咨询服务。在各服务区也设置了咨询台,随时给读者以帮助。图书馆的电子阅览设备采用了集中与分散相结合的方式布置。除了在总服务台附近设置了20

台公共目录检索终端外,还在各阅览区域内分散放置了计算机,供读者随意使用,进行目录检索和信息查询。图书馆的主要服务实现了每天 13 小时不间断连续开放,自助借还系统提供全天候的文献借阅服务。

二、新馆设计理念与服务模式实现的基础

新图书馆建设是一个系统工程,要想取得满意的效果需要多方面合作完成。图书馆的建设理念从思想达成现实,需要设计师与图书馆通力合作完成图书馆的建筑设计和环境设计,需要学校领导和职能部门的理解与支持。图书馆建成后的管理与服务模式的有效运行离不开全体馆员对图书馆建设理念的充分理解和认可。

(一)图书馆的参与是基础

2002 年学校启动新校区建设计划,图书馆就积极行动起来,通过文献调研和网络调研了解图书馆建筑的有关知识。所有馆长都参加图书馆建筑、图书馆环境设计和家具方面的研讨会和学习班,汲取先进的图书馆建筑的理念和经验。利用一切机会参观国内外各类图书馆,学习科学的管理经验,深刻理解现代图书馆管理与服务的模式。通过学习和参观,馆领导在图书馆建筑理念、未来图书馆的管理模式和服务模式的选择上产生共识,从而形成了目标清晰、内容明确的图书馆建设规划,最后形成内容完善的新馆建筑工程设计任务书。

(二)与设计师的融洽合作是保证

大连医科大学新校区设计采取了国际招标的方式,最后由日本三井住友建筑公司中标来完成新校园的整体设计以及全部建筑单体的建筑设计和室内环境设计。虽然设计师没有图书馆设计的经验,但是他们很用心,仔细研究图书馆设计任务书,与图书馆人员充分沟通了解图书馆的功能需求,同时实地考察和参观国内外图书馆建设的成功范例。图书馆与设计师合作融洽,在各自的专业领域上提出建设性的设想。设计师在平面布局和室内环境设计上尊重和满足图书馆功能需求的同时对整理建筑风格进行把握。特别是在室内环境设计和家具的配置上,由设计师对整体风格和色彩搭配进行把关,图书馆从功能需要上提出设想,共同选定家具的颜色、式样,从而保证了图书馆内部环境整体风格的协调和一致。

(三)学校领导和职能部门的支持至为关键

一些图书馆在建馆的过程中自始至终由领导说了算,基建办一手操办,不与图书馆馆长通气,不听图书馆方面的意见要求,不让图书馆员参与。设计方案出来了,大局已定,图书馆方面没有更多的参与论证和发表意见的机会,还美其名曰"交钥匙工程"。闭门造车的结果往往是功能不到位,不适用,不好管理,造成一大堆问题。为了避免此类情况的发生,我们在规划之初就主动参与,积极提建议,并邀请主管新校园建设的学校领导参加图书馆建筑学习班,从而赢得领导的信任与理解。在建筑设计过程中积极与学校基建部门协调,和设计师共同讨论图书馆设计方案。邀请学校资产管理部门的领导参加图书馆环境设计和家具的研讨会,让他们了解现代图书馆家具设备的发展趋势,从而理解图书馆提出的家具设备的要求。

(四)馆员是最终的实践者

新图书馆的建成为图书馆管理和服务水平的进一步提升提供了机遇,为图书馆采取开放式管理与服务模式提供了物质基础。而图书馆新服务管理模式真正有效地实施,离不开全体馆员对图书馆建设新理念的理解和认同。因此图书馆新馆建设绝不仅仅是馆领导的事情,全体馆员也要参与始终。在进行新馆建设规划时,完成设计方案后馆长专门就规划方案

向全体馆员宣讲，并将规划方案放在馆内网站供全体馆员阅读，随后又召开了全体职工大会对建设方案进行了认真讨论。馆员们从各自工作岗位出发就某些细节问题提出了很多具有建设性的意见和建议。在家具的选定过程中特别是服务台和工作台的选定中，充分考虑馆员的需求，在符合整体环境要求的情况下按照馆员们的要求进行设计，达到满意的效果。

我们还组织馆员到采用开放管理的图书馆参观学习，了解开放的管理服务模式的优点和其中的问题，并就有关问题进行讨论，提出解决问题的具体方案。在新馆搬家之前，根据新馆的管理服务要求重新调整内部岗位的设置和岗位工作内容，并进行了新岗位的聘任工作。我们预先组织馆员到新图书馆参观了解新的工作环境，因此在搬迁整理结束之后，馆员迅速进入角色，顺利开馆。由于有充分的思想准备，对于开放管理带来的问题，馆员能够从容面对，妥善解决。这样，新的管理服务模式顺利地得到有效实施，图书馆新馆的建设理念成为现实。

图书馆的建设最终的验收者是读者，只有读者满意的图书馆才是一个成功的图书馆。新馆建成使用后，环境优雅舒适、功能齐全、设施先进、服务周到，受到读者的欢迎，已经成为大连医科大学新校园内一道最亮丽的风景。

参考文献

[1] 李明华. 以人为本的图书馆建筑[J]. 图书馆工作与研究,2006(3)：83—85

[2] 侯集体. 现代图书馆建筑人性化设计的思考[J]. 图书馆工作与研究,2005(6)：63—64

[3] 竺海康. 高校图书馆新馆建设的若干思考[J]. 大学图书馆学报,2005(4)：68—71

[4] 李明华. 图书馆建设规划设计新理念新模式[J]. 南方建筑,2002(4)：38—40

图书馆大型馆舍的三大设计理念

——以江苏高校图书馆和公共图书馆为例

摘　要：江苏省高校图书馆和公共图书馆大型馆舍的建设,在 2000 年以来掀起了又一高潮。馆舍设计中涉及的诸多问题,需要图书馆界给出理论诠释和科学回答。为此,本文在调研江苏省情况的前提下,提出了大型图书馆馆舍建筑的"真"、"善"、"美"三大设计理念,并结合部分案例对三大设计理念做了比较详尽的阐述。

关键词：图书馆建筑　馆舍设计　馆舍设计理念

本世纪以来江苏高教规模和城市规模的迅速扩大,带来了江苏高校图书馆和公共图书馆馆舍建设的又一波高潮。根据笔者统计,2000 年以来,江苏 2 万平方米以上的图书馆落成 26 个,在建 5 个,面积最大的达 5 万平方米。江苏图书馆大型馆舍发展的速度之快、规模之大、密度之高是史无前例、独一无二的。面对那么多拔地而起的大型馆舍,人们有理由知道:这些馆舍建得怎样,它们在造型的设计理念、结构的主要特点、功能和设施的主要要求等方面究竟有哪些规律性的东西,对其应如何评价,其设计上的优劣得失是什么,等等。为此,笔者做了一些调查,还就此做了一些分析探讨,并以此文抛砖引玉,请教行家。

一、设计理念必须清晰的理由

建筑设计就是以构图、布局、组件、比例、尺度、色调、采光、质感、装饰、花纹、绘画、雕刻、雕塑、园林小品、家具、景观等作为技法和手段,把自己的价值诉求在图纸上表达出来,让人意识到,感受到,理解到,并且引起认同和共鸣。

所谓建筑设计理念,实际上是用建筑设计手法所表达的价值诉求。没有设计理念的建筑,如同没有灵气、没有个性的人,显得索然无味。

对江苏大型图书馆馆舍的设计理念,从调查情况看,总的来说各家馆长都相当重视。但就表达而言,很少有比较清晰的。多数馆长的表达停留在"学校(或城市)的标志性建筑"、"宏伟"、"知识殿堂"等一般的理解上。应该说,这并无什么不对之处。问题在于:这些馆长本身代表馆舍使用方,又是馆舍建设使用方的具体责任人,其表达就有必要尽可能清晰。

首先,设计理念尽管是一个概念,但对一座图书馆设计和建设来说却至关重要。它集中

作者简介:朱同同,南京师范大学泰州学院图书馆馆长。

体现了人们对这座图书馆的总体要求,也包括对方方面面的建筑构成要素的具体要求,如造型、风格、结构、功能、效果等。它在一个图书馆的设计和建设过程中,将持续发生指导作用和规范效应。如果表达过于笼统,则很难让人理解。唯有给出清晰的表达,才会给设计方、建筑方、装修方等以明确的指导。

其次,"你到底要什么",这是馆舍设计方在一座图书馆设计之初,与馆舍使用方在设计博弈中提出的第一个问题。馆舍使用方在这个问题上是交白卷,是不及格,还是交出优秀答卷,对馆舍设计方来说,感受绝对是不同的。由此形成的馆舍设计方的应对策略也将有很大不同:对交白卷者可以糊弄之;对不及格者可以应付之;对答卷优秀者则必须认真对待,拿出创意。

总之,设计理念对馆舍建设影响极大,又是设计招投标双方在设计博弈中遇到的首要问题,因此作为馆长必须首先明确。

怎样才能明确大型现代图书馆的设计理念呢?笔者根据自己作为馆舍使用方参与南京师范大学敬文图书馆(2.08万平方米)和南京师范大学泰州学院图书馆(2.30万平方米)设计的实践,并参考分析江苏许多大型图书馆设计的实践后认为,为了全面,也为了便于统一不同人群的不同认识,对大型现代图书馆的设计理念,最好是利用人类共同的价值标准来进行界定,即从"真、善、美"三方面来进行诠释和阐发。

二、"真"的设计理念

"真"的设计理念,是就一个建筑物的实用性而言的。在这里,就是指要符合大型现代图书馆最为基本的功效要求。

大型现代图书馆是专门从事搜集、整理、序化古今中外各种知识载体,并向每个有阅读愿望的成人免费提供利用,以便满足大量社会阅读需求的公益性场所。因此,大型现代图书馆的设计,如果要体现上述这些最为基本的功效要求,要体现"真"的力量,就必须一方面昭示知识的博大精深,另一方面昭示知识的平等利用。

昭示知识的博大精深,即表现强烈的知识感召力。即用外形、风格、体量、色调、材质等建筑设计要素,来表现思想的深邃、哲理的智睿、人文的感召、伦理的修养、历史的轨迹、文学的魅力、计算的精准、科学的力量。或者说,图书馆的外观设计效果,必须让人们认可它"是个图书馆",颇具"知识含量",而不能给人以错觉,误以为它是个写字楼,是个工厂,是个天文台等。这里有个它"像不像图书馆"的问题。

昭示知识的平等利用,即表现强烈的知识共享性。大型现代图书馆内部的库室配置、设施条件、环境布置等,应该完全契合当前面向大量读者大规模提供利用图书馆资源的平等要求。大型现代图书馆应该满足不同社会群体的不同阅读利用需求,包括满足一些个性化的阅读利用需求。但是,所有这些都必须以首先满足知识的大规模平等利用为前提。大型现代图书馆应完全剔除贵族等第观念,只要是合理的文献需求,应该向每一个有阅读愿望的成人提供。

(一)关于"像不像个图书馆"

对"像不像个图书馆"这个问题,现代人与古代人的认识不太一样。

中国古代藏书楼起源于王室档案馆。埃及十九王朝图书馆门口镌刻有"灵魂净坛"字样。亚历山大图书馆和收藏《四库全书》的"南三阁"、"北四阁"都是为了弘扬帝王的文治武功。中世纪的欧洲认为"没有图书馆的寺院如同解除武装的城堡"。基于以上理念,古代的图书馆或藏书楼在造型上免不了大量采用高台基、全对称、大屋顶、罗马柱、哥特式、洋葱帽等传统宫殿样式,以便凸显皇家或神权对知识的统治。

"知识殿堂"这个词儿,经常被老一辈读者和图书馆人用来指称图书馆。这实际上表达了他们尊崇知识应犹如尊崇神权或皇权,因而图书馆外观应犹如一所殿堂的传统理解。如北京一所采用大屋顶装饰其主楼的著名大学图书馆,其网页的图书馆简介结尾,就自喻为"知识圣殿"。

但图书馆是近现代公共服务的产物。在现代提倡多元文化和谐相处的背景下,年轻人,特别是 80 后、90 后等新人,对大型图书馆的造型并无成见。有意思的是,埃及现在的亚历山大图书馆最终采用的设计方案,是一个面对地中海的玻璃幕墙围成的巨型扁平圆柱饼楼体,似乎半截埋在海滩边,其一侧外接一条优美的弧形高架桥,连到比邻的一所大学校园内。这个设计方案能在世界 120 多个招标方案中脱颖而出,无非说明了:只要创意十足、有味、隽永,现代人对什么样的图书馆造型方案都可能接受。

（二）关于契合"大规模平等利用"的要求

古代图书馆外观上凸显皇家或神权的威严,内部的库室配置、设施条件、环境布置等则服从于满足少量贵族和文人的阅读需求。中国典型的藏书楼宁波天一阁和沈阳文溯阁,其所设库室实际上不大,最大不过 100 多平方米。特别是读者空间,不过是间传统书房而已。

大型现代图书馆要实现"大规模平等利用"的要求,应考虑运用各种现代服务、教学、传媒和宣传手段,保证进行大规模的自修学习,大规模的浏览阅读,大规模的检索借还,大规模的在线利用图书馆的数字资源,大规模的开展各种形式的文化知识传播活动,包括举办各种形式的大型文化知识展览、讲座、影视、竞赛等活动,从事文化交流、学术研讨活动等。

为了满足"大规模平等利用"的要求,也为了便于组织方便读者的"一体化"布局(请见下文"馆舍布局和装修中的'善'"一节),大型图书馆的馆舍设计有必要贯彻以下三点:一是整个楼体采用层高、载荷、网柱统一的钢筋水泥框架结构,以便书库格局按需调整;二是馆舍面积的三分之二,组织成便于大量读者阅读利用文献的大开间;三是配以一些报告厅、会议室、展览厅、休闲茶室、小卖部等,以便开展大型文化宣传活动,以便读者休息,调剂身心。

三、"善"的设计理念

"善",是就大型现代图书馆的便利性而言的。大型现代图书馆是一类使用频率极高的现代公共场所。它大到外部造型风格、内部用房组合、功能设施,小到装修、装饰的具体细节,都应当渗透当今时代人文关怀的文明精神。一句话,它的设计必须蕴涵"善"的温馨!

公共建筑场所在设计上缺失"善"的理念,例子比比皆是。首都机场何其宏伟壮丽,但日前该机场新闻中心统计称,每天竟有上千人走错航站楼。我国火车站的候车厅与购票处、存包处从来都是分开设计的,乘客拎着包在几处之间不往返几趟上不了车,这种现象建筑设计人员几十年来熟视无睹。我们图书馆建筑,在设计上千万不能再重蹈覆辙。

"善"的理念从理论上讲,应体现在两个方面:一是对人的善待,包括对读者以及对图书馆工作人员的善待;二是对物的善待,包括对楼体材质、能源消耗、所处环境的科学利用,如在方便读者的同时,尽量兼顾环保、节能、生态保护要求等。在设计实践中,馆舍使用方往往是按馆舍的建筑功能系统来考虑和贯彻的,下面就按此逻辑分述。

（一）馆舍环境、布局和结构中的"善"

在馆舍与环境的关系上，一要远离运动场地、集会场所、商业网点；二要绿化周边环境并配以适当的景观或园林小品；三要布置开阔的疏散道路，包括快慢车道、人行道；四要根据目前国情设计足够的自行车库，车库外观要与整个楼梯一致，还要超前考虑设计足够的汽车库；五要合理配设路灯，以便读者晚间疏散。

在用房的比例和布局方面，一是读者活动的库室至少要占三分之二。如果馆舍超过3万平方米，则应占到四分之三甚至五分之四。业务用房面积控制在 1 000～2 000 m² 即可。二是供读者借阅活动的大开间，每间面积可在 600～1 500 m²。一般 2 万～5 万 m² 的馆舍可划分为十几个到几十个大开间，以便读者辨认和工作人员管理。三是大开间应按读者流量划分：用做高频服务的大开间应尽量布置在低层楼面，用做低频服务的大开间应尽量布置在中高层楼面。这样既方便读者进出，也可减轻电梯运送压力。

在通行与疏散系统方面，一是楼体主入口不要太多。再大的楼体，主入口一般不要超过东南西北四个，平时可酌情开放一两个或全开。平时不开的安全出口可多设一些，以防不时之需。二是主要步梯应靠近主入口，以便读者辨认和上下。三是各层步梯应按峰量设计，低层步梯应宽些或多设些，中层（四五六楼）步梯可窄些或少设些。四是通道和楼梯的指示牌，应表达制作得非常明确，并置于明显处。图书馆变成迷宫，不是设计者的成功，而是愚蠢。五是要留出残疾人通道。

在装修和设施安装方面，一是采用"一体化"布局，即据情逐步破除书库、阅览室、借还出纳台、检索厅、电子阅览室、多媒体阅览室的明确界限，尽量让每个读者活动大开间，都可方便地进行借书、阅览、检索、上网等各种活动，做到"借还和阅览一体"、"书库和阅览一体"、"读书和读屏一体"、"检索和读屏一体"等。如借书，可采用分库自助借书与总服务台集中借书相结合的办法。总之，要方便到位，服务到家。二是外墙尽量采用玻璃幕墙和落地大窗，大开间隔墙也尽量采用玻璃材质，以便采光，增加空间感。三是外窗采用双层玻璃以便隔热。南京航空航天大学图书馆特地将低层楼面的外窗做成三分之二固定，三分之一可开启，而可开启部分，再安装加有铁丝网（网眼如 1 元钱币大小）的固定栅栏防盗窗和可启闭的隐形纱窗，以防偷书和蚊虫。这一做法对观瞻稍有影响，但舍此似乎也再无更可取的办法了。

（二）采光、水暖系统中的"善"

图书馆的大开间方便读者，方便管理，但自然光照肯定不足，因此须提供足够的光照，以保护读者视力。馆舍 2 万～5 万 m²，电费每天将高达 6 000～15 000 元。据东南大学图书馆测算，全馆光照占全年用电的三分之二。因此光照方面任何节电小措施，对大型图书馆而言，均有重大意义。为此建议：除尽量采用节能灯外，一是大开间顶灯按靠不靠窗两类分组布线，二是不靠窗的顶灯按单双排分组布线，以便根据天气阴晴控制光照，节约用电。三是作为公共场所的大开间和一些没有外窗的房间，长期使用，霉菌甚多，建议另装紫外灯系统，以便每天闭馆后统一消毒。紫外灯开关应加盒加锁，以防有人无意开启伤人。

大型图书馆有必要采用中央空调，特别是位于中低层的读者高频活动大开间。中央空调应分楼层、分库室控制，以便合理送风调温。业务、行政用房面积小些，宜另装家用空调。

上下水系统在图书馆中必须认真监理，认真施工，严防淹漏，不留后患。盥洗卫生设施中，目前的设计问题主要是女厕便位不足，有必要增加。残疾人便位每层另设一个即可，并做成男女通用式的。开水供应每层均须设置，以便读者取用。至于饮用水免费还是收费供应,准备人工收还是自助刷卡收,则由各馆自己决定,不再赘述。

（三）强弱电及楼宇安全管理中的"善"

大型图书馆的强电弱电系统,要通盘考虑用电流量,合理配电,并备有不间断电源,以便停电应急。强电一般应保证续电15分钟,机房应确保续电24小时。

安全监测系统一般分为门禁系统、图书检测系统、红外监测和摄像监测系统三部分。门禁对确认进出者身份和闭馆清点进出人数,防止有人滞留,起到一定作用,从目前来看还不宜废除。图书检测系统的分库设置,有利于防止各库之间图书串架,建议不要轻易废除。红外监测和摄像监测系统,宜结合使用,东南大学李文正图书馆将红外监测点与其走廊附近的照明系统联系起来,一旦红外报警,就亮灯以便摄像监测,保留现场证据,设计得比较合理。

消防设施应按国家要求配备充足,置放位置合理。安全门的启闭自动管理,目前已有自动化的案例。如东南大学李文正图书馆外出的、走廊的和各个库室的安全门,一律安装拉力达800 kg的电磁门。平时有关工作人员可划卡进出。一旦有警,可总控开启,以便疏散读者。

四、"美"的设计理念

"美",是就大型现代图书馆的品位性而言的。建筑是艺术作品,是"凝固的音乐"。建筑的外形和内部设计,说到底,是一个运用美学创作原则,妥善反映建筑功效的问题,即用建筑"美"来体现其功能上的"真"和"善"。从某种意义上讲,知识的博大精深、平等利用和人文关怀精神,都要靠建筑设计的美学理念来解构,来阐发,来诠释。图书馆的实用功能和人文善意,只有经过富有创意的美学加工和包装才能引发更强烈的共鸣,从而更深刻地被人感染,被人接受,被人认可。因为"美"的感受直指人心,"美"是人类评价观念的重要构成和共同标准。人心爱美。

值得注意的是,在图书馆建筑设计中,"美"的理念除了应该对"真"和"善"有弘扬作用外,也会有一定的相对独立性。换言之,可能会存在仅仅为了"美"而附加的建筑设计构件。只要不属"狗尾续貂"之列,人们应该理解和容许建筑上为了"美"而进行的某些"多此一举"的设计。

"美"的理念受代沟、民族、地域和阅历的影响,确实很难统一,但也不是说就无法构思出比较统一、比较被认同的"美"的设计方案。否则,悉尼歌剧院的"风帆"造型,北京奥体中心的"鸟巢"造型,以及首都博物馆的"出土爵"造型,何以都取得非常高的世人认同率呢?

因此,大型现代图书馆"美"的设计关键,一是取譬恰当,具有强烈的表现力;二是创意十足,不能落窠臼;三是新潮前卫,有巨大的视觉冲击;四是不失隽永,有品位,要耐看,要经得住时间考验。

大型图书馆的"美"的设计,大致可从外观和内装两方面考虑:外观应蕴含博大精深的感召力,内装应处处渗透温馨舒适的亲和力。下面通过案例来说明之。

（一）关于外观设计的案例

江苏近年来兴建的大型图书馆,从外观上看,总体尚可接受:多数宏伟壮观,造型有创意,风格有特点,能体现人类知识的博大精深,但蕴含强大感召力和视觉冲击的则凤毛麟角。当然若细论起来,品位还是各有千秋的。如推外观设计最为成功的,当数苏州大学的炳麟图书馆和南京河西的金陵图书馆。见图1、图2。

图1   图2

　　苏州大学炳麟图书馆,以江南水乡的代表性植物——莲花作为设计理念的取譬对象,利用圆形楼体的玻璃幕墙和周围烘托的四片花瓣状遮光板,将造型做成一个宏丽的巨型水晶莲花,别致温馨,神奇地将婀娜糅合在宏伟中,具有强大的感召力和视觉冲击。南京河西的金陵图书馆,以雨花石和端砚为设计理念的取譬对象,利用较大的占地面积,将造型做成置于小型基座上的方形端砚,旁边的报告厅屋顶状如点缀一块雨花石,看起来不但时尚、顺眼,而且饱含强烈的书卷气,让人越看越有品位。这两所图书馆在设计上成功的共同之处:一是外观的取譬对象源自地产品,特别贴切,特别自然;二是完全摆脱传统宫殿样式的窠臼,充分发挥自己的创意和想象。笔者甚至认为,在图书馆外观设计上,前者可称超越者难有的神品,后者堪称比翼者不多的精品。

　　江苏某大型图书馆,要求按"全球经济一体化"理念设计,结果造型为:梯形逐级退层的左右对称楼体,中央置一巨型玻璃幕墙球体,远看露出一闪烁的半球穹顶,以为到了天文台,近看没想到是图书馆。这里的问题,可能出在取譬对象的错位。按正常考虑:图书馆并非银行,何必在外观上体现"全球经济一体化"?如要弘扬"全球经济一体化",何不能以此为理念设计一座雕塑?对照悉尼歌剧院、北京奥体中心、首都博物馆和上述两个成功案例,我们是否可得出如下启示:图书馆作为平民活动的公共场所,其建筑外观设计的取譬对象,最好法乎自然物品,而千万不要法乎理论概念。

　　(二) 关于内装设计的要求

　　前面谈到老一辈人常提"知识殿堂"的概念。殿堂是举行隆重仪式的地方,并不适合阅读。也许有人说喜欢在殿堂中读书,但可以肯定的是,绝大多数人并不习惯。殿堂在外观和内装上都要求表达庄严肃穆的气氛,以便一心一意对崇拜对象表达敬意。而阅读者,视之以目而得之于心也。阅读时,思维处于活跃状态,人必须安静下来,一切肢体活动、生理活动、心理活动必须放松。而人要安静,则环境首先必须放松。因此,适宜于个人阅读的最佳场所,是书房,而不是殿堂。

　　简单地说,图书馆内装设计的基本要求,就是建立书房集合体,以便为大批普通读者创造相对安静、互不干扰的个人阅读场地、阅读空间、阅读条件和阅读气氛,甚至为少数专家读者建立一个个条件优裕、绝对安静、毫无干扰的书房(也叫研究室)。

　　因而,图书馆内装设计的"美"的理念,则应围绕"书卷气"来体现:应该优雅不必豪华,应该舒适不必奢侈,应该亲切不必威严,应该方便不能繁琐,应该安静不能花哨,可以时尚新潮,可以古朴厚重,等等。当然,对"书卷气",不同年龄、不同性别、不同阅历、不同民族、不同信仰、不同专业的人,会有不同的美学理解,人们很难用统一的"好"与"不好"的标准去判定它们。各个图书馆应根据本馆特点,具体确定适合自己的内装美学要求。可以偏重某种风格,也可分楼层、分库室设计,以便包容多种风格。

内装设计的具体问题很多。如总体色调与风格的确定,人体工学原则的贯彻,家具和设备的选配,吊顶和墙面的制作,地面地垫、装饰灯具、步梯扶手、窗帘、房门把手等各种材质的取舍,室内园林小品、屏风和大型壁画要不要做,雨伞与包件怎样存放才能不影响观瞻,等等。这些问题的答案,都在随着时代的发展不断出新,没有一成不变的现成答案。只有深入现有的大型图书馆,深入装饰装修市场,调查分析,充分掌握信息动态,反复比较利弊得失,才可能形成较好的解决方案。

五、三大设计理念的关系

大型图书馆建筑的设计理念,尽管不妨分解成"真"、"善"、"美"三点以便阐述,但实际运用中,却是你中有我,我中有你,相互统一,不可分割的。

具体来说,"真"是理念的基础,"善"是理念的归宿,"美"是理念的要求,三者构成现代大型图书馆建筑理念的完整概念。首先,大型图书馆建筑必须像个图书馆的样子,必须能够面对大量读者切实承担大规模文献共享利用的任务。其次,大型图书馆建筑的楼体结构、馆舍布局、装修、采光水暖、强弱电系统和楼宇安全管理等方面,必须处处为读者方便考虑,这牵涉到图书馆种种服务功能的有效落实。最后,大型图书馆建筑也要求从外观到内装、从整体到局部,处处贯彻美学原则。舍此一条,就很难让人顺利地认可图书馆的实用性和善意。

因此,评价一所大型图书馆馆舍的设计是否成功,必须从外观、结构、内装三方面是否全面贯彻"真"、"善"、"美"三大理念的角度去考虑。江苏某馆外观设计十分成功,却失之于楼面承重不足,非常令人惋惜。

参考文献

[1]李明华. 百年中国图书馆建筑文化简述. http://www.aaart.com.cn/cn/theory 2005.3.8

[2]吴建中. 世界经典图书馆建筑. 上海:上海科技文献出版社,2006

[3](英)迈克尔·布劳恩等著;金崇磐译. 图书馆建筑. 大连:大连理工大学出版社,2006

[4]付瑶主编,吕列克等编著. 图书馆建筑设计. 北京:中国建筑工业出版社,2007

论大学图书馆新馆建设用意及实现

王正兴

摘　要： 本文从本意、立意、寓意、创意 4 个方面论述大学图书馆新馆建设的用意及实现。本意表述中，列举了新馆建设的依据、原则和要求；立意讨论中，涉及标志性、不同类型高校的区别，景点构成和环境营造等方面；寓意分析中，强调了适合、实用和艺术性；创意思考中，从图书馆建筑的可持续发展等角度，提出了一些值得探索的问题。最后指出大学图书馆优秀新馆舍必定是理念共享、思想碰撞、用意精当的产物。

关键词： 图书馆　图书馆建筑　建筑思想　建筑设计

一、引言

扩招、大学城、新校区是近 10 年我国高等教育事业发展的主要表现形式之一，新图书馆建筑则是这种表现形式的标志性表达。大学图书馆学报从 2004 年第 1 期起每期封面必刊登一幅国内高校新建图书馆照片，每张照片上的新图书馆都是那么美轮美奂，气势恢宏。可惜未配文字介绍，难解其所以然。笔者因参与本校筹建新馆工作，也调研参观了不下数十所大学新馆，所见所闻，不乏成功之作，经典建筑。但是许多馆舍如果没有图书馆 3 个字并不能让人识别出是何建筑；也很少有让人一眼就能辨别出这个图书馆所在学校性质的；真正让人印象深刻，难以忘怀的更少。究其原因，还是新图书馆建筑的本意、立意、寓意、创意等人文用意的理解和表达未能恰如其分、淋漓尽致。本文拙陈管见，就教同仁。

二、本意

本意即基本功能，建筑主旨。何镜堂院士说："我认为建筑的功能永远是它的第一性，离开了使用功能，那么这个建筑就失去了存在的意义。"大学者，大师也；图书馆者，图书的藏与用也。图书馆建筑的本意就是藏与用。藏：收藏、分藏、特藏，文献在空间布局、时间传承、传递流转的所有方面的功能；用：查询、借阅、复制、交流、研讨，人利用、管理文献展开的一切活动方面的功能。藏的关键是合理、经济、可持续发展；用的关键是方便、快捷、人性化；管理的关键是藏用结合、藏用和谐，让各类文献在时间和空间范围内最大限度地拓展、延伸。大学新图书馆的规划、设计、施工、管理中涉及的造型、布局、施工、运行都是围绕这个本意展开的。

作者简介：王正兴，淮海工学院图书馆馆长，研究馆员。

（一）本意的依据

（1）"建筑面积"和"阅览室面积、座位数"依据。目前主要有教育部《普通高等学校建筑规划面积指标》(1992)、《图书馆建筑设计规范》(JGJ 38—99)、教育部《普通高等学校基本办学条件指标(试行)》(2004)。《普通高校本科教学工作水平评估方案》(2004 年)。这些依据自颁布至今,最长的已经十多年,时效性差些,但具有权威性,必须执行。从发展的眼光看,大学新馆建设还可参照一些相关依据,如国际图联的相关标准、国外大学图书馆的建筑标准。

（2）现有馆藏量和将来发展至最大馆藏量依据。包括典藏及开放方式、特藏规模、密集化收藏比例等。

（3）图书馆的扩展功能依据。根据既定的图书馆功能要求,确定功能区域及划分、智能化建筑需求等。

（二）本意的原则

一般可以归结为:"以人为本"的原则;"经济和效能"的原则;"合理性和扩展性相结合"的原则;"智能化和生态化相结合"的原则等等。

（三）本意的要求

不同高校不同规模、不同投资的图书馆建筑其要求千差万别,文献罗列的适应性、紧凑性、可及性、扩展性、可变性、组织性、舒适性、常态性、安全性和经济性这十大指标,比较全面也很具体,很有参考和借鉴价值。

本意要清晰,指标要明确,实事求是,量力而行。在设计施工全过程中一切遵循本意,一切围绕本意,不到万不得已,绝不轻易变更本意。

三、立意

立意即理念的具体表达,是本意的升华,是用建筑语言叙述学校历史,是用建筑元素传达办学理念、办学宗旨和远景意愿。不同类型的高校图书馆新馆建设的立意应该也必然是有区别的。

（一）标志性建筑立意

在新一轮大学园区建设中,绝大多数高校都把新校区图书馆建筑作为标志性建筑考虑。何镜堂院士认为:"现在很多所谓的标志性建筑都是只追求所谓的标新立异,而脱离了建筑实用性的本质,其实这是片面地理解建筑设计的创新。归根结底,建筑的设计最开始是从它的实用性考虑的,最后也要由人类检验它的实用性,来决定它是否是好的作品。"这里,何先生已经很明白的阐述了图书馆建筑本意与立意的关系。首先,让我们来考量决策者们把图书馆建筑作为标志性建筑的初衷:那就是图书馆作为大学的标志性建筑,其标志性的本质在于图书馆的机构性质,在于知识库的魅力,在于知识殿堂的神圣。标志的是文化、是知识、是学府,而不是其他。其次,标志性建筑就应该大、应该高、应该造型别致吗?这里不妨看一看国内著名大学的一些标志性建筑:清华大学标志性建筑之一,清华大学校门仅一座石牌坊而已,委实很小;南京大学标志性建筑北大楼,主体建筑两层,塔楼五层,并不高;东南大学标志性建筑之一,中央大学孟芳图书馆,除了那几根西方古典主义式样的罗马爱奥尼柱廊,并没有更多的别致之处。历史经验告诉我们,标志性建筑不是以大、以高、以造型特别取胜的。文献早在 10 年前就强调:高等学校图书馆不宜采用高层建筑形式,不宜采用空荡的大门厅,不宜过度采用大的通透型"共享空间",不宜设置过多的出入口,不宜设置阳台。但是,这些年的高校图书馆建筑实践在这一点上处理得并不尽如人意。

（二）彰显历史，昭示底蕴，是名校、老校新馆建设立意之源

参观考察一些大学新校区图书馆，一些老生表示："从老校区到了新校区，图书馆似乎更新了，但我不喜欢，我还是怀念老校区的老馆，喜欢那掩映在花木丛中的小楼。"从老校区搬到新校区的读者非常怀旧，这是因为，荣耀因历史而生。对于一些老校、名校，"旧"是一种资本，旧是一种荣耀，旧的痕迹、旧的传承、旧的积淀十分宝贵，让读者在图书馆学习空间里"触大学传统文化之景，生自豪奋发上进之情"真是太重要了，据此我们就不难理解北京大学、清华大学当初在地皮极其紧张的情况下在老馆旁扩建新馆的良苦用心了，也会为台湾大学图书馆的建新如旧拍案叫绝了。名校、老校新校区新馆建设中，笔者以为，应该在立意时十分重视历史的传承、底蕴的昭示，比如在建筑造型、建筑元素上继承一些老馆的风格，保留一些老馆的痕迹，让读者有一种置新知旧的感觉是值得提倡的。

（三）立意高远，脚踏实地，是一般高校新馆建设立意之本

一般高校的新馆建设，文化的积淀和历史的传承不像名校、老校那样让人牵挂，常常听到一些新生读者如是说："在我们大学城里，每一个图书馆除了外形不同，其他都一样，你根本不知道身在哪个大学图书馆。"在大学众多，大楼林立的大学城里，要让一座图书馆建筑具有标志性，确实很难，必须要立意高远，在相同中找到不同。其实，各校总有自己的特色和目标在激励师生员工向上。决策者只有在这方面挖掘，抽象出图书馆建筑立意，才能让岁月沉积出图书馆建筑的价值和分量，让历史承认和叙述图书馆的标志性意义。

（四）景点构成及环境营造立意

关于环境氛围的营造，自然天成优于刻意追求，特别是意境营造，其根本还在文化积淀。北大的未名湖景区，"一塔湖图"成就了一种美的意境，这不仅仅在于自然天成，更追溯到一种文化积淀，这里有多少大师足迹？有多少千古佳话？台湾大学的椰林大道，斯年钟与图书馆共同构成一景，其地域、文化与图书馆主体理念浑然一体，不震撼人心，却耐人寻味。武大校园内最美观雄伟的传统建筑物，非老图书馆莫属。她是一座雄踞于狮子山顶的皇冠形仿故宫建筑，庑殿顶，八角垂檐，大跨度空间，外部装饰极具中国传统特色，与其周边建筑构成的庄严美、和谐美，是不可复制的。这些说明了任何大学新校区建设中，想以一朝一夕之努力，或者不惜重金的人为堆砌，是不可能创造出经典环境氛围的，与其大投入做环境，不如融入自然因地制宜作小品。

（五）室内环境及阅读空间立意

这些年来，新校区图书馆建设的形体不仅在比大、比高，而且在内部环境和阅读空间上也在攀比。舒适豪华不应该成为大学图书馆室内环境和学习空间的主要追求。大学图书馆与公共图书馆的区别，其中重要的一点是公共图书馆以休闲型读者为主体，大学图书馆以学习型读者为主体。对于青年学生，其良好的学习习惯、读书姿势、读书环境适应的培养仍然很重要。不说凿壁偷光，不谈悬梁刺股，但给他们提供沙发可以睡着看书、提供"小间"可以情侣共读，实在没有什么好处。困难中发奋是整个民族的特点，过于追求舒适不一定对每个读者就是最好的学习空间，所以笔者提倡通风良好、光线充足、气氛严肃、干扰较少、舒适指数适中的室内设计立意。

四、寓意

寓意即信念寄托，是立意的延伸，是用建筑语言表达人文情怀，是建筑美的追求和实现。

（一）含蓄性、针对性，符合图书馆的身份，符合学校的特色是寓意的出发点

寓意主要体现在图书馆建筑的外观上。形体的寓意性最好含蓄、抽象些，一定要注意与周边环境的交融。笔者看到一所工科院校，把图书馆设计成船舶形，还在周边设计了一潭死水，既不方便，也不卫生；还有一所高校将图书馆设计成莲花形，使整个建筑立面以弧面为主，空间利用率很低，而且极不利于后续管理。至于结构、布局、用材和装修上，在不影响总体功能的前提下，室内外建筑小品，环境布置方面，环境设计师、室内设计师都可以充分展开想象的翅膀，尽情发挥，寓意于一石一贝之上，寄情于一廊一柱之间。台湾地区大学图书馆的建筑形体与风格，空间布局与陈设，充分张扬了中国传统文化。笔者以为，民族文化是一脉相承的，比起向西方学习，多借鉴台湾地区经验更适合国情。

（二）简洁、质朴，讲究经济和环境效益，是大学图书馆建筑寓意的归宿

两院院士、清华大学建筑与城市研究所所长吴良镛告诫弟子："一个建筑并不是不考虑美观，但花多大的代价得到什么样的美观，以及是不是只有唯一的途径才能得到美观，不能不考虑。"大学图书馆建筑不同于公共图书馆，从人文景观角度，不承载城市文化窗口功能，从环境功能角度，不担负城市景观责任，从教育事业角度，中国的教育还不发达，还有许多孩子上不起大学，我们需要节俭。所以必须强调在同等效用和经济投入的前提下寄托寓意，创造平凡之美。要考虑到环境的保持和维护费用，尽可能利用自然景色，不要搞那些华而不实、脱离实际而又劳民伤财和维护费用很高、中看不中用的"景观"。

五、创意

对本意、立意、寓意都可以创意，对本意的创意依赖于对现代图书馆功能发展的预见性；对立意的创意在于立意的科学表达；对寓意的创意在于立意的艺术表达。所以创意是图书馆建筑的最高境界，是自然美与建筑美的和谐统一，是人文精神与建筑实体的完美结合。创意是没有止境的。一切不利于本意实现的创意、不利于节约和可持续营运的要求的创意都是不足取的。

（一）当前高校图书馆新馆建设创意热点

建设成本与可持续运营的矛盾；造型、造景带来的维护管理不便矛盾；大体量、大开间带来的与通风照明、资源节约的矛盾；先进的监控管理与人性化的隐私保护矛盾；大流通、大阅览、超市式管理与文献保护、阅读环境优化矛盾；电子文献与纸质文献利用方法与管理手段并行的矛盾。如何巧妙地化解这些矛盾，已经引起图书馆界、建筑界的高度重视。

（二）积极探索，务实创意

创意的本质是不断打破旧事物中不科学、不合理的成分或部分，建立更接近科学、合理的新东西。有些被否定了的建筑结构形式和布局如前文提到的"五不宜"，已有经验性结论，应予以摒弃。

图书馆事业是在发展的，文献的形态是在变化的，在蓬勃发展数字图书馆、复合图书馆的今天，有些结构、布局形式如"模数式"、"三统一"，20年前是创意，现在是否仍是最佳选择，已经有学者在这方面提出了质疑，也有新馆建筑在这方面作了调整。

另外，我们经常听到学生读者有这样的抱怨：新校区新图书馆偏僻、边远，不见大师，难见教授（教授们大多住在城内，上完课就跟班车回去），见不到最优秀的馆藏（一般都存在老馆）。当然，我们没有理由把新馆看不到教授、大师，看不到老书归结为图书馆建筑设计之

错,但却与图书馆的本意、立意有关,我们可以从中受到启发:一所图书馆的优劣评价,可以有许多建筑行业标准,有许多环境配套要求等硬指标,但更有许多文化内涵,有许多看不见、摸不着的东西在影响着读者对这个图书馆的信任和依赖。今后,我们在图书馆建筑设计的用意与实现过程中,是不是应该考虑这些因素,是不是可以想出一些办法弥补这些不足?总之,创新需要走务实之路,要植根于本校、本校区、本馆实际和特点,有针对性地去探索、去实践。

六、结语

立意、寓意、创意都要服从本意。立意、寓意、创意的成功都在于对本意的诠释、补充和升华。一般来说,图书馆工作者对新馆建筑本意的发言权更多些,立意是决策层综合各方面意见决定的,寓意则是来自建筑师的手笔,好的创意更是这三方面沟通、协调、集体智慧的结晶。换言之,优秀的大学图书馆新建馆舍必定是这三方面理念共享、思想碰撞、思维升华的产物。

我们期待着中国大地上有更多的优秀高校图书馆建筑出现,在中国高校建设史上、在中国图书馆建筑史上留下跨世纪的经典之作。

参考文献

[1] http://sports.whu.edu.cn/NewsInfo.asp? lmid=121&id=150

[2] 应长兴. 现代图书馆建筑中读者关怀意识的落实[J]. 中国图书馆学报,2008(5):65—67

[3] 黄世雄. 21世纪大学图书馆建筑刍议[J]. 南方建筑,1999(3):33—37

[4] 王文友. 关于普通高等学校图书馆建筑的思考[J]. 大学图书馆学报,1998(2):47—51

[5] 王正兴,卢章平. 台湾地区大学图书馆的特色[J]. 大学图书馆学报,2007(1):24—27

[6] http://static.chinavisual.com/storage/contents/2007/08/16/40890T20070816100614_1.shtml

[7] 居其宏. 大学图书馆建筑设计探索——建筑师设计心得[J]. 南方建筑,1999(3):29—32

大学图书馆设计：从学习工厂的功能需求说起

陈怡州

摘　要：本文以大学图书馆作为空间设计的说明载体。讨论 21 世纪图书馆如何借由电脑、网络、多媒体的帮助，将学习工厂的学习理念拉入到大学图书馆中。借着图书馆本身角色的转换：从被动的知识提供者到主动的协同学习、由单一个体学习的空间模式到群体互动学习的空间概念，带出电子时代复合式大学图书馆所需要的学习空间，并通过伊东丰雄提出的"交融建筑"设计概念，提出大学图书馆空间未来发展的可能性。

关键字：大学图书馆　学习工厂　空间设计　转换实验室　交融建筑

前言

电子时代的来临改变了大多数人的生活习惯，电脑、网络、多媒体的使用以及参与社群的讨论占用了人们大量的时间。资讯，改变了人类生活，也同时改变了学习方式。通过电子媒介学习的方式已经深入人心，极大的信息量可以在极短的时间内就轻易地传播到世界的每一个角落，让所有人分享最新的知识资产。2008 年全球网络使用人口比例已经高达21.9%，全球超过 14 亿的人，每天花超过一半的时间浏览网页、下载资料。越来越多的民众连线到数字图书馆线上阅读电子书报、研究生从线上论文资料库下载所需要参考的论文。我们已经毫不怀疑数字化的阅读方式将取代更多的印刷品，而阅读形式的转变，同时也预言了知识储存空间形式的改变，而图书馆空间就是首当其冲的改革首发站。

人们曾经在网络电子时代来临之际就预言了"图书馆将死"，一旦学生在校园、住家和咖啡厅中可以随时随地取得学习上所需的资讯时，到底为什么还要去图书馆？大学图书馆还有什么特质与吸引力可以让学生愿意进去？这个议题多年前就已经在图书馆学界被提出。此篇论文将从实体建筑的角度，尝试从空间设计概念的变革中找到图书馆未来的一片天地。

一、大学图书馆的空间发展

1996 年一篇题为《未来的服务模式与功能的融合：作为技术人员、著作者和咨询员的参考馆员》的文章中，英国图书馆学家苏顿（S. Sutton）提出了图书馆发展的四种形态：传统图

作者简介：陈怡州，台湾米索概念设计工作室设计师。

书馆、自动化图书馆、复合式图书馆和数字化图书馆。他认为：图书馆已经或必然要沿着这一序列，从作为一个"场所"的图书馆向作为一个"逻辑存在"的图书馆演变。在电子化资讯盛行的21世纪，图书馆大量书籍正逐渐转换它的储存形式：厚重的纸本资料转变为芯片或硬盘中的电子档案，书本的储存方法从开放式的自取书架演变为闭馆式管理的立体书库，复合式图书馆已经成为现今图书馆存在的基本形态。然而，相较于传统图书馆需要大量的资料储存空间、数字化图书馆的读者仅能与代表图书馆的一台网络服务器做交流的缺点，复合式图书馆却能同时拥有这两种图书馆的优点：一是它保有图书馆建筑物在教育与学术上所具有的传统象征意义；二是它拥有数字化图书馆所藏的大量电子资料与电脑、网络、多媒体影音的广泛使用。

随着社会发展与中西方大量的学术交流，大学里的教育家们逐渐意识到，教育不再只是单纯的传授知识，而是必须要注重学生学习能力的培养和学习方法，因而开始赋予图书馆建筑新的空间形态概念。图书馆是在大学校园内为教学和科研所服务的功能性校园建筑，它的服务物件仅限于学生与教职员组成的校内知识群体。随着各大学专业的不同需求及不同教育的侧重方向，每一所大学图书馆的馆藏资料内容都会有所不同。借由提供大量馆藏图书(见图1)和阅览空间(见图2)，大学图书馆已经成为师生间资料、资讯、科研、学术活动的综合资讯服务中心。但是，大学图书馆除了要能实现人和资讯的交流外，更重要的是要能够提供人与人之间自由交流的场所，形成图书馆空间的内在个性与魅力。欧美及台湾地区的许多大学早就将校园图书馆从校园的中心学术区移植到学生活动区，借以表明图书馆在大学校园中作为人际交流、师生互动的重要空间。

图 1　耶鲁 Beinecke 图书馆书库　　　　图 2　　格拉茨大学校图阅览室

当大学图书馆空间具备激发人们好奇心并促进随意交流的特性时，它所营造的环境氛围才真正具有广泛意义上的学习内涵。未来大学生可以在名为"校图书馆"的建筑物内，通过电脑屏幕查询图书馆联盟内的各式藏书，借由机器手臂的拿取以及网络传输来阅览印刷类图书和数字化馆藏，并通过电脑与多媒体界面的帮助，让互动式影音、社群讨论也成为学习的方式之一。对复合式大学图书馆而言，它使用着各式现代的储存方法来处理各类资讯，并借以提供多种学习环境和互动模式，也因此空间的使用就会跳出传统图书馆仅有书库及阅览室的思考模式，从而发展出一系列全新类型的学习空间。

二、知识经济时代学习工厂的新互动关系

知识经济时代的资讯技术应用广泛，创新是知识经济的灵魂，运用知识的技术变成了竞

争的关键。知识经济时代中的"知识"是一个已经拓展开来的概念,其中包括了是什么(What)、为什么(Why)、怎么做(How)以及是谁(Who)的资讯类型,因此可以发展为关于事实、原理和规则、操作技巧以及社会关系等知识内容。通过资讯大量数字化、网络化、影音化,高效率地传播到世界各地,并通过人与人之间的互动、交谈、研究、学习,再度产生新的知识内容。这样的共用及学习过程,不但为社会发展提供了坚实的技术条件,而且最终将推动人类社会进入知识经济时代。

在知识经济时代应运而生的高科技产业,其最大的特色就在于产品周期几乎快到不存在,所以如何快速分享、即时创新成为这个时代生存的基本要领,因此网络普及和全球化就成为知识经济时代的首要工具。因为网络即时互动、超越时空限制的特性,更使大学教育环境产生革命性的变革,传统的"以教为主"的教育方式已然过时,"学习如何学习"(Learning to Learn)这种着重求知历程的新观念衍然而生。所以提升学习者资讯素养的能力,协助其搜寻资讯、取得资讯、评鉴资讯、利用资讯,进而产生新的知识资产,是大学图书馆一个很重要的使命。"学习工厂"(Learning Works),是台湾学者用来比拟大学图书馆在校园中应该扮演的角色。大学生们在学习工厂内通过选修课程或互帮互学,得以交换学习经验、获取人际交往知识、制定职业目标、计划终身学习方向及挖掘个人潜能等。通过学习舞蹈、健身、医疗和营养知识、电脑、财务管理等课程,能有效地与同伴们善用实体图书馆突破时空限制的数字化学习资源。因此学习工厂是培养大学生资讯素养的最佳机构。

学习工厂与传统图书馆不同之处是:图书馆从被动地提供课程、知识到主动协同教学,从而把以管理资源为导向的封闭式使用状态,转换到以读者资讯需求为导向的服务。学习工厂鼓励师生大量提供咀嚼、消化、吸收后所制造出的知识资产,并回馈到图书馆作为知识资产,再次回到供给。因此学习工厂将提供多感官(见图3)、多面向的学习情境,主动的成为知识的提供者。让不同类型的知识资产被大量产生,并将创新的知识资产通过网络传输、联结资源或图书出版来互相交流。当学习工厂由传统被动式的知识供给者到主动的知识提供者时,就意味着全新的知识传播形式将会大量的加入到图书馆的教育行列中。例如最直观的主动式学习:展示,又或者利用网络社群或电子布告栏(BBS)来增进大学师生间的互动关系,通过博客和影像多媒体等界面(见图4)增加大学学生在课间、课后的互动以及参与多方讨论的机会等等。所以为了因应各种学习模式的不同需求,图书馆将会提供相应的教育空间,除了传统图书馆所具备的基础书库和阅览室外,其他空间的加入也增加了在学习工厂中学习的可能性与多变性。

图3　自助音乐欣赏区——逢甲大学

图4　远距离互动式教学

三、学习工厂的新空间发想

当大学把"学习工厂"当作管理校园图书馆的中心思想时,"交流"变成了图书馆的基本功能。"学习工厂"实际上只是为大学学生提供一个主动学习、积极互动的平台或环境,让学生们在图书馆内可以轻易且自由地学习各类知识、补充心灵空缺、增加人际交流以及满足社交需求。因此,图书馆内除了要有先进的硬件设施、充足的学习工具和必要的建筑环境外,更要有支持学习和产生互动的良好氛围,这样大学图书馆就能体现学习工厂"以学习者为中心、以学习资源为导向"的主旨。

从空间设计师和建筑师的角度来看"学习工厂",主要是要处理两个空间设计的重点。一是为不同类型的资料储存和展示界面设计所需要的专门空间以及处理相应的空间氛围,以便对应不同专业学生的课程学习需求:从传统的书籍、缩影胶片与缩影胶卷到 20 世纪末开始大量使用的电子档案、影像、声音等,每一种资料的储存与展示都有特殊的空间需求以及不同的空间感受。此外,若图书馆有充足的空间可供使用时,肢体伸展与运动以及细微的感知体验(见图 5)等直观的互动式教学也会变成了学习的方法之一,图书馆开始带有博物馆精神,实体操作与模型展示只是另一种教育方法。二是设计出能够增进人与人交流、互动的空间。互动是吸引人们再次走入图书馆的最大动力,不论是人与图书馆资料间的互动,还是人与人之间的互动。这些空间与设备的设置都是为了"互动"的需求,所以空间的弹性使用与未来的可变动性成为学习工厂的空间设计要领。在阅览区走道尽头的小片角落成为学生们讨论功课、人际交流的最佳选择(见图 6),学习回馈可以发生在任何空间中。"学习"和"互动"不再只发生于塞满图书的藏书架、座无虚席的自习室、要求肃静的阅览室和闭式书库中。此外,图书馆的空间设计也必须要考虑到知识回馈的方式与自由度,使再次产出的知识资产回到供给回圈中时,有可以利用的建筑空间来加强知识资产的交流与推广。

图 5　感知体验　　　　　　　　　　图 6　人际交流

2004 年,一批图书馆工作人员及多个领域的专业人士,在丹麦奥尔胡斯公共图书馆(Aarhus Public Libraries)为首的研究计划案中,陆续对未来的实体图书馆提出了一系列概念研究及空间设计,并将其命名为"转换实验室"(Transformation Lab),这个研究专案最终的实体空间于 2007 年 6 月在奥尔胡斯所举办的 Halmstad 研讨会上正式亮相。在这个图书馆雏形的研究案中,他们提出了未来图书馆的五大功能分区以及八个图书馆的中心思想,并将这八个中心思想延伸出的十六个空间设计或组织活动的想法体现在五大功能分区中。未来图书馆在空间配置上将会按照不同的资料内容而分成五个部分,分别是文献区(The Literature Lab)(见图 7)、新闻区(The News Lab)、音乐区(The Music Lab)、展示区(The Exhibition Lab)以及交流角(The Square)(见图 8)。

图 7 "文献区"一角

图 8 "交流角"活动状况

这五种实验类型的空间设计和机能配置是源于此专案提出的八个图书馆中心思想,这八个图书馆的新中心思想为:

1. 图书馆空间需要天马行空的疯狂点子(No Idea Is Too Wild)。

2. 社群对于图书馆有着极度的重要性(Networks Are Worth Their Weight in Gold)。

3. 声音和影像能够吸引人们的注意(Sound and Moving Pictures Create Attention)。

4. 事物不会主动宣传(Things Do Not Disseminate Themselves)。

5. 适当的家具摆设和使用科技设备同等重要(Furnishings and Technology Matter)。

6. 使用者应该被允许参与在活动或展示中(The Users Should Be Allowed to Act)。

7. 空间应该根据回馈的使用后意见作相应调整,让使用者能够做任何他们想要做的(The Users Do What They Want)。

8. 图书馆空间应该是开放给人们自由使用的(Library Space Becomes User Space)。

当此项研究计划案提出的各项意见和想法落实到实际的空间设计,并通过大量使用者的参与和意见回馈后,研究人员提出了五个图书馆空间的经验结论。

1. 弹性的空间设计对图书馆来说是必要的(Flexible Spaces)。

2. 对公众开放空间使用以及组织活动的许可权是一个极佳的想法,这点也颇受使用者的好评(Events)。

3. 实体图书馆需要添加能增进互动、交流的设备与科技(The Augmented Library)。

4. 社群交流在读者、IT 专家、图书馆工作人员和建筑师等角色之间起到了一个关键性的作用(Networking)。

5. 读者在图书馆内需要大量的参与及创造活动(Visible Users)。

通过"转换实验室"这个关于图书馆雏形概念的发想后,很自然的可以延伸出许多未来图书馆空间的新设计思维。但是,当转换实验室的概念进入到图书馆后,一个极为关键的问题将会被提出,那就是图书馆是否会变成博物馆的一部分? 带有博物馆精神的图书馆是否只是一个挂有图书馆名称的展示厅? 这两个问题的答案都是否定的。博物馆和图书馆在运营的本质和空间的使用上有着一定的差别。大多数博物馆是以保存或研究某一类文物古迹、艺术品为主要目的,内部的工作人员绝大部分是具有专业技术的维护人员、解说人员以及相关领域的研究团队。虽然同样是通过展示作为教育的方法之一,但是空间设计会以文物为主要对象,参观者在展场内的参与程度、与展品之间的互动与否完全不影响展品完整性与展场空间的预设个性。在展品旁边还常有"请勿靠近"或"请勿动手"等字样,各式栏杆阻隔在展品与人群之间,人们在空间中的走动流线只能使用安置展品外的剩余空间,整个空间所营造出来的感觉就是单纯的观看(见图9),完全不鼓励参与和动手。对于部分较为珍贵的展示物品,还需要限制参观者从外在环境带入展场的影响,与博物馆共同维持室内的光、音、湿、热等的物理环境,以维护展示品的完整性与价值。图书馆空间,尤其指带有博物馆精神的图书馆,以及"转换实验室"空间概念的图书馆,都是一个以增加人们参与为主要目的的空间设计。因此,无论是空间机能的配置、展示的物品、活动的举办还是电子技术设备的使用,其重点都是为了能够让更多人加入到空间中。空间的氛围是以使用者的活动为主,任何展示物品缺少了人群的参与和互动都不是一件完整的作品,设计者最初的想法就已经把"人"视为展品的一部分(见图10)。

图9　上海美术馆

图10　转换实验室的声响屏幕

四、学习工厂的空间设计观念:交融建筑

在电子网络世界,当大量的使用者通过实体世界以及电子世界做大量的互动时,许多行为都可以摆脱实体空间的限制。然而,在空间设计中若将可见与不可见的两个世界相互联合,才能将空间使用的可能性推到极限。曾经设计多摩美术学院图书馆的建筑师伊东丰雄先生就为此提出了"交融建筑"的观念。由于伊东先生关注二元对立事物之间混杂对抗的互动关系,因此交融建筑的概念就诞生于建筑师与居住者对建筑物想象的差距、自然材料与人为科技之间的对比、施工现场与电脑屏幕上设计图之间的相互演替、旧生活习惯与新生活方式之间的冲突、基地限制条件与建筑师想象力之间的拉扯(尤其是新科技所带来的更为宽广的想象空间)。伊东先生认为实体世界和虚无世界间的联结建筑物应具备三个特点:

1. 建筑的边界应该像流动的液体,而不是僵硬的固体,并要能与周边环境相互融合、交流、对话。

2. 建筑要能因应外在环境的变化,尤其是电子科技快速进步所带动的文化与行为变迁。

3. 建筑在大家所共同追求的通透性以及和谐性之外,也要表现出地方的特色,让居住者产生地域感。

对于空间使用的交融,或者称之为复合式空间,日本民族早已习以为常。以图书馆而

言,比如说日本大冢公园的绿图书室可以在户外的樱花树下尽情阅读,秋津图书馆的读者可以在藤棚下看书与野餐,这是一个图书馆阅读空间与周遭环境的终极融合。

回归到目前的大学图书馆,其最主要的功能及使命就是负责搜集、整理、保存图书资料,并让它得到利用,因此书库及阅览室必然成为图书馆教育的一大部分。但是在学习工厂的观念下,图书馆空间必须重新被定义,让人群互动、最大限度地学习与回馈成为空间设计的主要元素。以开放式书架的空间设计为例,撤除传统一排排紧密安置的书架所构成的空间模式外,是否可以直接就将简易阅览、讨论和交流加入到空间所设定的预期活动中(见图11),让阅读相同类

图 11　新式阅览空间

型书目的人们可以通过在同一个空间内取书而认识,并能够就地讨论曾经看过的书籍,或让读书会有一个可以容易取阅图书和集体分享阅读心得的空间,进而让社群活动实体化;也可以将书架的安置与流线做最大限度的结合(见图12),当读者通过楼梯垂直上下各楼层时,可以直接了解图书馆近期所推荐的书目及杂志,让书籍除了阅读之外,也开始带有展示与宣传的功能;或者将影像空间直接复合在开放式书架空间(见图13)中,让读者可以很便利的通过文字与影像两种方式,轮流以不同的资料形式来学习。

图 12　新式动线空间

图 13　新式影音欣赏空间

五、结论

建筑师 Moller 曾说过:"设计良好的建筑环境与个人相互作用,不但可以满足空间的使用需要,还可以满足情绪的需求。这样可唤起人类的自尊,并鼓舞其成长。"大学图书馆就像一座生命体,不但演活了大学校园中学习中心、资讯中心与教育生产者的角色,也让人与人之间的交流在图书馆内产生了更多的可能性。

未来,大学图书馆将会是大学里一间可供个人喜好自由排课的教室;

未来,大学图书馆内所有的学习活动,将会被学生冠以有趣且好玩的名称;

未来,大学图书馆会变成学生们的娱乐中心;

未来,大学图书馆成为了另一个学生活动中心,网络社群通过图书馆的各样界面,穿插在可见与不可见的世界中;

未来,这座学习工厂必须要能自许不断地进化,持续更新空间的使用概念和各式学习模式,才能够源源不绝地满足校内师生的各种学习需求。

参考文献

［1］王莉莉. 大学图书馆建筑中的交往空间设计研究［J］. 长安大学学报：建筑与环境科学版，2003,4(20)：26—29

［2］王子舟. 图书馆学的宗旨是什么［J］. 图书馆，2001(1)：10—14

［3］沈固朝. 从"读书馆"到"学习工厂"——知识经济时代大学图书馆作用的变迁［J］. 新世纪图书馆，2004(1)：29—32

［4］Transformation Lab 官方网站. http://www.aakb.dk/sw49714.asp. 2008/10/15

魔术方块：图书馆空间设计的符码概念

王愉文　江厚富

摘　要：传统图书馆空间设计的过程中，设计师与馆员经常处于对立的状态：设计师因为馆员对空间制式安排的坚持而觉得无法发挥创意；馆员因为设计师不实际的想法而认为妥协了使用上的便利性。本文试图提出"魔术方块"的符码概念，引导并聚焦两者的对话，探讨这样的符码概念对图书馆空间设计，尤其是子空间排列秩序的寓意。唯有设计师与馆员对图书馆核心价值建立共识，并秉持开放的胸襟，图书馆空间设计才可能出现理想的解决方案。

关键词：空间设计　图书馆设计

前言

本文是一位设计师与一位图书馆馆长的对话结果，通过专业与专业的对话，希望反复检视图书馆空间功能及设计语汇理念，进而寻求一种思考架构，一方面引导图书馆专业跳出传统窠臼的思考模式，另一方面也传达出要求自由创新的设计专业对图书馆专业的理解。

符号学最基本的含义已预设了人的传达和沟通并不是只有物质基础的讯息（形象、声音），还包括了怎么接收与分析这些讯息的规则及观点（杨裕富，1998）。因此，当我们提出"符码概念"（Coding Concept）来引导设计师与馆员联手设计图书馆空间时，必须对这个概念的内涵谨慎地检视，以确定它所引导出来的解决方案的确落在设计师与馆员的共识交集中，并且符合图书馆长期的发展需求。

运用"符码概念"在建筑及设计界十分普遍，但实际运用在图书馆空间设计上的例子并不常见。以魔术方块为引题，在这样的符码概念下，每个定位（机能）空间的序列，不再受到严谨的规范。空间是魔术方块的一个因子，在图书馆学的基础上，图书馆的空间排列如同拼转魔术方块，拼转过程中产生的多种变化组态，可以用来更自由地解放设计过程中的创意思维。

作者简介：王愉文，台湾文藻外语学院图书馆馆长；
　　　　　江厚富，台湾三工场室内装修设计有限公司设计师。

一、图书馆空间需求的演变

虽然近年有些人认为虚拟图书馆也是一处"空间",但对大多数读者而言,"图书馆"三个字指的仍然是实体图书馆(Thomas,2000)。自古迄今,图书馆一直以满足读者资讯需求为存在目的,但其使用及管理的方法每个时代有所不同。以书架为例,当我们回顾图书馆管理与使用书架的方式时,可以发现书架位置及借书政策是由开架到闭架,由闭架到开架,再到闭架、无架。

数千年前,早期的私人图书馆、寺院图书馆仅开架予少数皇亲贵族、宗教人士及知识分子使用(Johnson著,尹定国译,1983);百年前各国普遍设立各类型图书馆,但多采闭架式,必须填写索书单交给馆员,才能借到书;过去数十年至今,开架式图书馆已成为主流;但近年来为了解决书籍储存空间的问题,世界各地许多学术图书馆除了将大量的书移至他处存放(Remote Storage)外,不少图书馆也采用"自动化存取系统"(Automated Storage and Retrieval System),颠覆了传统"书架"的形体,借由RFID等先进科技辅助,图书资料可存入有"书架"功能、无"书架"形体的金属盒子,依大小放在仓储架上,以机械手臂存取,为十足的闭架式管理。至于20世纪末出现的电子书,既无书的实体,也无所谓开架或闭架,管理政策属于其他面向的考量。

如果"借到书"是读者到图书馆的目的,那么不同时代图书馆采取不同的方式满足读者的需求。21世纪在图书馆借书是否一定比19世纪快?答案是不一定,这必须视读者要的书是存放在哪里及书的载体为何而定。如果是一本不需要书架的电子书,从世界任何角落看到书可能只是几秒钟的事;但若是一本存放在郊区储藏室的书,读者可能需要几个小时或隔日才能拿到书。图书馆期望达到的目的始终都是让读者"拿到书",但承载文字的载体、存放实体书籍的方式、开闭架的管理方式及所采用的技术历来有很大的改变。

自20世纪后期,资讯科技冲击图书馆运作方式及服务内容,对图书馆建筑及空间设计更产生革命性的影响。使用图书馆资源的人不一定身在图书馆,身在图书馆的人使用的可能是其他单位或其他国家的资源;二三十年前一座图书馆的公用电脑数目大约是十多台,主要分布在入口处,功能为查询馆藏;如今一座大学图书馆动辄数百台公用电脑,遍布馆内各角落,加上读者自行携入的手提电脑、PDA及iPhone,这些设备除了可以满足传统图书馆公用电脑的功能外,还可以检索电子资源、上网搜寻资料、打报告、准备简报、聊天、通信、购物、挂号……在同一区域的人可能做不同的事,在不同区域的人可能做同样的事;相对于已往图书馆气氛安静、环境整洁,现在的图书馆对谈话声、食物饮料多所包容。作为典藏文化、展现文化及象征文化的空间,21世纪的图书馆空间设计正面临前所未有的挑战,我们需要更具弹性的设计概念,借以引导出更具前瞻性的解决方案。

图书馆空间设计现象的诠释构图,若以生物界演进的理论作譬喻,可说是由达尔文"物竞天择"学说所驱动,其中选择的标准即是读者的需求——凡合乎读者需求的规划设计留存下来,否则便逐渐淘汰。在现今实体图书馆的空间设计中,"图书"(泛指所有资讯的载体)与"馆"(实体建筑及所涵括的空间)存在被拆离的现象。"图书"是空间静止排列的一种量体,"馆"是动态的时代性漫游空间或称之为设计氛围的营造,它们所对应的角色,在某种层次的意义上,前者为"被观察者",而后者为"观察者"。"图书"与"馆"在相互的位阶对应与在空间形式意义上如何重新认知,都是探讨新思维设计的主要课题之一。

二、魔术方块作为符码概念的三项假设

魔术方块(Rubic Cube)为一位匈牙利籍的建筑师 Ernö Rubik 所发明,1977 年量产上市(Encyclopedia Americana,2008),我们可以称魔术方块是一个立体活动模型或者益智玩具。作为图书馆空间设计的符码概念,魔术方块可以是单一小方块,也可以是包含多个小方块的整个魔术方块,前者可以对应图书馆的一个区域子空间,后者则可对应整座图书馆空间。

在讨论魔术方块的符码概念时,有三项假设:

1. 读者的活动模式并非一成不变,有其几率性存在——由于读者客观需求的多样性与不确定性,图书馆每个空间在使用上的互动关系是可逆的,亦即甲读者可能先使用 A 空间,再使用 B 空间,而乙读者可能先使用 B 空间,再使用 A 空间。如果将每个子空间的虚拟相连,看成是可逆性的互动关系,那么设计时可以用作参考的空间键结力正是读者的各种客观需求。因此我们可以说,读者的活动模式是几率性发生的。如果每个空间的关联性是对等的,而非人为、主观地配置它的先后次序,那么因为读者客观需求的不同,将会使得空间的产生与动线,反映出读者千变万化的活动模式。如此一来,读者的活动模式非由规划设计者单向主道,而是"自然"发生。在此假设下,空间可逆性的互动关系可进一步活化空间氛围。

2. 空间设计的最高境界理论上是"无人图书馆"——呈现在读者面前的空间中,馆员干预(包含服务)理论上应降至最低。图书馆理想上应该是一处使用者可以自由探索、学习、休闲、发呆、睡觉、讨论……在可能范围内"为所欲为"的地方。入馆后,起点空间、终点空间及其间的空间排列秩序应允许随机参数的存在。根据这样的理论基础,馆员的管理机制应存在另一种思维。亦即管理者应致力于使图书馆的空间设计手法及馆务运作方式"不着痕迹"地退至幕后,让读者得以自在地悠游其间。

3. "当代性"这个设计元素是馆员与设计师沟通时的选择项目之一——横向地看,每一个图书馆的空间设计意象,因其藏书属性、地方特色、特殊文化传承不同,自然有着独特的内涵。纵向地看,各个时代的图书馆,不论是建筑、设备、政策、经营理念、馆员专业能力还是文化意涵、空间氛围、所呈现的意象(Image)及设计师使用的设计语汇都有所不同。当代性在设计师与馆员的专业领域中有不同的意涵,因此在图书馆空间设计的过程中,双方需努力沟通,并做出最后决定。亦即"当代性"所蕴含的空间氛围、空间影像,抑或特定的设计语汇,均为管理者与设计者沟通时的选项。

三、魔术方块的符码寓意

魔术方块可以视为一个虚的立体空间,在方向上没有绝对的上下左右,更没有所谓的起点及终点,所有的只是相对位置。它先天上具有问题导向、立体、活动、无上无下、无左无右等性质。以一个方块代表一个图书馆区域子空间,运用魔术方块的概念,传统图书馆部分区域的关系可简单地以下图表示:

A: 流通区	F: 团体讨论区	K: ……
B: 馆藏查询区	G: 阅览区	L: ……
C: 参考区	H: 书库	M: ……
D: 期刊区	I: 资讯检索区	N: ……
E: 多媒体资料区	J: ……	O: ……

绝大多数图书馆都将流通台安置在一进门最明显、最主要的通道位置,其隐含意义在于传统图书馆中,每一个其他区域的方位及动线安排是以此为中心延伸出去。因此上图中暂时以 A 方块代表流通区,其他区域在它相对的前后左右位置。在后续讨论中,希望利用转动方块的思考运作,牵引出动态的空间思考模式。

魔术方块作为空间设计的符码概念,对传统图书馆平面式的空间思考模式产生革命性的挑战,主要可以由以下几个魔术方块的符码寓意来探讨:

1. 各区域的重要性相同

在图书馆发展史上,19 世纪后期欧洲开始出现符合现代意义的公共图书馆(尹定国译,1983),图书馆逐渐不再专属于皇亲贵族、寺院僧侣。演变至今,图书馆最高的经营哲学为一视同仁地服务它的读者,认同使用者的需求,并尽量予以满足。知识取之于众人,众人自然有权取用,提供平等的服务正是现代图书馆存在的中心价值之一。若要以空间设计来实现图书馆的平等服务哲学,主其事者必须以平等心看待每一位使用者,并对不同使用者利用的空间赋予同样的重要性。

读者进馆的需求及目的性不同,借书、阅览期刊、观赏视听媒体、使用电脑,甚至休息、等人的读者都应得到相同的服务品质。传统图书馆以使用率高低或该区域是否够炫、够体面来决定某个区域子空间离入口多远或应在哪一个楼层、哪一个角落的潜意识优先秩序,在此受到极大的挑战。

在转动魔术方块的过程中,转动其中任何一小方块都可能蕴含解决问题的契机,对转动者(设计师及馆员)而言,唯有破除个人思考上无意义的执著(习惯性地认为孰轻孰重),才能成功地找到解决的途径。

2. 每个区域和每个区域都有接触的可能

以各图书馆过刊区的空间位置为例,魔术方块各小块均有彼此接触可能的寓意更为清楚。过刊区在图书馆各区域中可说是最具附属性质的:就期刊连续性而言,过刊区理应与现刊区接连;有的图书馆将过刊视为书,将过刊区与一般书库相连;若由借阅角度思考,过刊通常与参考工具书同属不得外借资料,彼此相连,易于管理;若从电子期刊、纸本期刊互补不足的角度思考,过刊区应接近充满电脑的资讯检索区,以方便读者在使用电子资源的同时,找寻馆内没有电子版的期刊；以研究者的角度思考，过刊区若与研究小间比邻而居，可以省去来回搬运装订期刊的时间与体力。同样的，自助借书机及馆藏查询区（Webopac）的空间位置也充满可能性；尤其是后者，由于图书馆中每一个区域几乎都有理由与馆藏查询区相邻，许多图书馆索性在每个楼层、每个角落均安置馆藏查询用电脑。

图书馆功能多元化已是不可阻挡的潮流，过去几年间许多图书馆纷纷增加团体讨论室、合作学习区、多媒体电脑区、教育训练室、轻食区等鼓励互动及学习的区域，至于这些区域适合安置在图书馆动线的哪一点，早已不是几个原则就可以归纳出来的。一如魔术方块的可能旋转方向，几近天文数字的可能性引领着图书馆空间设计进入一个崭新的思考境界。

3. 立体思考解决方案

转动魔术方块时，既然每一方块和每一方块都有可能彼此紧邻或毫不接触，达到目的的过程中，需要将各区域的关系以立体相关看待，以立体思考的概念寻求问题的解决方案。

图书馆各个区域是否有重新组合的可能性？当自助借书机已十分普遍，且借书可能不是多数人到图书馆的目的时，流通台仍然应该放在图书馆的中心位置吗？新一代读者习惯一心多用，对谈话声及电脑噪音的忍受度也大大提高，图书馆的空间是否还需要严格区分讨论区与静读区？传统上纸本与多媒体资料采分区排架的方式，在对比讯号资料（如 VHS 录影带）乏人问津、处处有电脑可播放数字讯号资料（如 DVD）的图书馆，有必要继续将纸本与多媒体资料分区排架吗？当人们正向多重感官经验移动，由使用各种硬件的模式转变为使用整合媒体的形式（A shift away from hardware, to connection of hybrid media sources）（Morris，2002），传统图书馆依资料类型或单一功能划分区域的制式思考方式，在魔术方块的概念引导下需要重新检讨。

以传统寺院图书馆及学术图书馆为例，在建筑物前方常辟有广场，营造知识殿堂开阔、崇高的气氛。发展至今，对许多机构而言，建造图书馆时要在建筑物前留下大片空间作为广场几乎不可能，目前多数图书馆无法营造外观气势，读者一步入图书馆大门，立即面对刷卡系统，读者的心理状态是否已经准备好，在空间设计上早已无法妥善考虑。荷兰 Technical University Delft Library 的 4 层楼建筑，由 4 层高度缓缓流线坡降至地面的屋顶，其上是一大片草坪，任由读者漫步其上，或坐或躺（陈晋略，2002），馆外广场的概念在此已立体处理，在"图书馆上"踱步思考的意象带给人更宽广的想象空间。

在空间设计上应将充满偶发性的生命考虑在内，亦即设计上需传达动态的生活，而不是将其约简成零。进入、穿过或离开一个空间，所有这些运动都应纳入考虑，作为设计的参考（Zevi 著，施植明译，1992）。立体思考如何分散各楼层读者的使用人数及噪音，是魔术方块符码寓意的另一种思维——平衡流量与音量。读者使用空间必然会产生流动影像与噪音，这些影像与声音分散各楼层，在适当范围内可营造生机盎然的活泼感，但超过了某种程度，不仅视觉及听觉上会产生杂乱感，相形之下其他使用率原本就较低的角落，因为被边缘化，更无法发挥应有的功能。这种相对平衡的思考方向，在区域子空间的配置关系上，自然可以增加垂直轴线的设计。整体空间规划，由楼层排列式的水平思考，更自由地转变为垂直的空间架构思考，图书馆视觉设计氛围的立足点因此由 180°转成全方位的 360°。

4. 微妙的虚立体空间

每位读者对图书馆的虚立体空间均存在个人的心像与直觉感受。第一次入馆的读者与入馆频率高的读者，因为对图书馆的熟悉度不同，对馆内子空间配置的"对"或"错"可能解读不同,因各区域空间位置而产生的困扰也可能不同。至于使用率介于两者之间的中间读者,虽然对馆内空间安排已有粗略的印象,但使用图书馆的固定模式尚未建立,可能存在异于前述两者的解读与困扰。对应初学者、精熟者及介于其间的转动者而言,魔术方块在转动者心中形成的虚立体空间,同样存在心像与直觉感受的不同。

除了区域子空间的秩序外,图书馆读者可能对更细微的虚立体空间有不同的感受。以靠窗的阅读桌为例,使用者的看法就可能呈现两极化的情形。某一群读者可能认为临窗座位可远眺户外景色,对长时间阅读所产生的眼部疲劳有舒缓的作用,读起书来较有效率;另一群读者可能觉得靠窗阅读会因为窗外景色或人物的干扰而分心,读书较没效率。在空间设计上的楼层分配及左右惯性方面,同样存在个人的分歧看法。延续前面立体思考的线索,设计师和馆员在规划空间时还需要处理读者心中对虚立体空间可能存在的细微感受。

回到前面提到的三项假设之一"空间设计的最高境界理论上是无人图书馆",在大多数读者利用图书馆时,设计者如何让读者对空间秩序有"不言而喻"、"不理自明"的自在无碍感(Harrington,2001),应该是处理图书馆微妙虚立体空间的最高境界。

5. 任何空间都可以是起点

随着相关科技及作业方式的发展,图书馆门禁安全系统几乎可完全掌控资料安全,图书馆"借"、"还"书作业也已逐渐自助或自动化的情形下,流通台不必然成为馆内所有动线的起点。馆内空间配置的起点、终点及其间的秩序排列,可以数学上自由抽取相对参数的概念看待。亦即相对而言,为了塑造整馆意象特色,某一区域可能最适合成为图书馆动线的起点,此区是否为传统上图书馆安置在入口附近的区域已不在考虑范围内。

以此推论,设计师可以在与主事者(校方或馆方)充分沟通后,依据母机构或图书馆本身的文化或特色氛围来选择特定的子空间为起点表现。例如若以馆藏查询区及资讯检索区充满电脑的空间作为起点子空间,其入馆意象在于刻意强调科技是图书馆的特色。若以影音媒体空间作为主要入口子空间,则是另一种表现风格。若以书架量体排列为起点子空间,在建筑物外观的玻璃帷幕强调下,整座图书馆可能呈现充满古典阅读气息的情境。图书馆甚至可以有多个出入口,一方面鼓励师生利用图书馆(Thomas,2000),另一方面可以呈现多种起点意象。一如魔术方块的拼转无所谓固定的起点,在摆脱了以流通台为起点的制式思考模式后,图书馆的空间设计更加海阔天空。

6. 达到目的的途径充满可能

操作魔术方块的目的只有一个:将同样颜色的方块集中于同一平面。虽说六面皆要同色,但其解法却有千万种。图书馆作为典藏及传播知识的中心,空间运用上不同于一般商业空间,其中理想性的成分非常高,也因其理想性,空间设计上可发挥的想象空间更大。在图书馆空间设计过程中,应以同理心思考解决方案,更自由地排列每一个子空间。通过图书馆专业与空间设计专业的对话(敌对性的依赖),达成基本共识,使得在"拼转魔术方块"的设计过程之后,所呈现的是整体的图书馆意象,而非只是套用商业空间设计的理念。

图书馆空间设计的目的只有一个:让有各种资讯需求的读者都乐于光临图书馆。达到此目的的途径因机构文化、设计理念、专业考量及其他主客观因素而有不同的解决方案,唯有馆员与设计师均意识到在有限条件下存在的无限可能,才可能找出最适当的设计方案,也唯有如此,设计师与馆员之间才能保持长远而创新的合作关系。

结语

转动魔术方块时,不动的是它中间的轴心。轴心是所有方块附着的地方,没有了轴心,魔术方块只是一堆散落的方块,无法组合,更无法转动。在空间设计时,我们需要思考图书馆的"轴心"是什么。

美国建筑师 Mark Maves 在与一位馆长的对谈中提到,图书馆界正兴起一场重新思考图书馆根本价值的风潮(Morris,2002)。长久以来,世界各地图书馆不可动摇的角色是知识记录及历史文献的主要提供者(Campbell,2006)。任何一座图书馆,当我们在它的书架桌椅、资料资源、营运管理办法、资讯设备、馆员服务等软硬件及业务中,抽丝剥茧地追究图书馆最根本的价值时会发现,不论如何改变,图书馆的核心价值始终不脱离文字、阅读及人性三个要素。一处或者没有书籍,或者无人阅读,或者不是以人为本的地方,我们很难称之为图书馆。对图书馆这个实体环境的感知及身在其中所受到的启发,绝不是一个人在 Starbucks 由一台手提电脑上所得到的收获可以比拟的(Morris,2002)。

新时代的图书馆肩负新的使命,以学术图书馆为例,它需要提供高品质的学习空间、编制诠释资料(Metadata)、提供虚拟参考服务、培养读者资讯素养能力、选择及管理资源、收集并数字化典藏资料、维护机构典藏(Campbell,2006),这些工作无一不与图书馆的核心价值紧密相连。未来图书馆如何演变无法预知,但可以确定的是它的核心价值会一直存在。

如何在满足读者需求的前提下,不排除各种可能的解决方案,正是所有参与规划的人在一开始即需要具备的空间设计理念。唯有转动魔术方块的手是一双心胸开放的手,才可能找到适当的解决途径。

参考文献

［1］ Elmer D. Johnson 著;尹定国译. 西洋图书馆史. 台北市:台湾学生书局,1983

［2］ Zevi,B. 著;施植明译. 建筑的现代语言(Le Langage Moderne de L'architecture). 台北县:博远出版公司,1992

［3］ 陈晋略主编. 建筑巨匠一百:图书馆(Hundred Outstanding Architects:Libraries). 香港:贝思出版公司,2002

［4］ 杨裕富. 设计的文化基础:设计、符号、沟通. 台北市:亚太图书馆,1998

［5］ Campbell,J. D. Changing a cultural icon:the academic library as a virtual destination. *Educause Review*,2006,41(1),16—30

［6］ Harrington,D. Six trends in library design. *Library Journal Buyer's Guide*,Dec. 2001

［7］ Morris,Jeff. The college library in the new age:yes,the new college library is about access to information,but it's about more than that,say our 'virtual roundtable' members:It's about enabling the quest for knowledge. University Business,Oct. 2002. Retrieved October 13,2008,from http://findarticles.com/p/articles/mi_m0LSH/is_8_5/ai_95447830

［8］ Rubik's Cube. Encyclopedia Americana. Retrieved September 3,2008,from Grolier Online http://ea. grolier. com/cgi—bin/article? assetid=0337440—00

［9］ Thomas,M. A. Redefining library space:managing the co-existence of books,computers,and readers. *The Journal of Academic Librarianship*. 2008,26(6):408—415

多媒体资源在图书馆建筑
规划中的变与不变

钟坤志

前言

科技发展增加了人类知识取得的渠道,丰富了我们求知的多元性,对很多人而言,书籍已不再是主要的知识来源,更多的资讯新知以及经验分享,转而仰赖多元且易于吸收的影音多媒体或电脑网络。多媒体区俨然成为现今图书馆的发展重点,除了是自我硬件及软件的更新,更成为吸引读者的一大"噱头"。

相对于图书馆的其他区块,多媒体区所涵盖的范围、建构的要件以及自身的地位,皆尚未有清楚的轮廓。从建筑设计到图书馆落成,其中经历 2~3 年时间,通常建筑设计当时的规划,到真正要落实到室内规划时,已因数字时代的改变快速而不适合使用。

本文尝试从建筑规划前谈图书馆应有的准备,思考图书馆营运发展及管理问题,考虑清楚多媒体空间在图书馆的基本机能,便于日后室内规划时能提供规划单位清楚、明确的资讯,让设计规划能顺利达成,不需浪费资源重新修改硬件部分。目前各大图书馆中多媒体空间的机能、形态以及调性大都操之于业主,"前制规划"的重要性,更甚设计单位的"后制加工"。

一、营运规划对图书馆建筑设计的重要性

从事图书馆建筑规划过程中,常遇到以片断的需求或是较为虚幻的形容作为规划空间的要求,例如:要有特色、要有科技感之类的词汇,或是希望电脑屏幕皆面向管理者以易于管理……但其实不论是特色还是管理便利的这些需求原本就是必须达到的目标,只是必须在席次数量与空间美感、管理效能与使用便利……多方相对的条件之间,寻求一个适宜的平衡点。也就是由于没有基本的模型可供参考,事前的计划就必须更加详尽,以避免馆方与设计单位间因资讯的不对等而导致规划设计不符合管理及使用需求。

(一)为何需要图书馆营运计划书

在规划新建图书馆时我们是否问过自己以下问题:

1. 新馆要达到工作的目标、策略为何?

2. 未来新建的图书馆要怎么运作?应提供哪些服务?彼此间的作业有无互补或冲突?

作者简介:钟坤志,台湾文津实业股份有限公司董事长。

3. 图书馆现在拥有的资源（馆藏、人力、财务、设备）是否足以适应新馆开馆后营运所需？不足或过多时，该如何规划？

4. 图书馆员、使用者、资料彼此的互动规划关系为何？

5. 与邻近或区域图书馆的合作及竞争关系？

我们常在图书馆使用后评估时提出很多属于规划设计不当意见，但大家绝少了解，当初为何要这样做？想要达成什么目标？或因时间及经验不足根本没有规划。

新图书馆建筑是一项巨大投资，建馆过程需要配合单位很多，要使行政人员、图书馆员、建筑设计师，在建筑规划的目标步调一致，并与未来营运管理接轨，"图书馆营运计划书"就很重要。

（二）图书馆营运计划书应具备的内容

以下是我协助长荣大学图书馆洪组长所作"兰大卫纪念图书馆营运计划书"纲要，大体包含图书馆营运所要考虑的问题，仅提供参考：

一、图书馆的责任与挑战

（一）图书馆的使命

（二）新环境与新问题

1. 在图书馆外部环境的机会与危机方面

2. 在图书馆内部环境的优势与劣势

（三）解决的策略

1. 在经费方面

2. 在人员方面

3. 在策略联盟方面

二、本校图书馆现况分析

（一）竞争力的分析

1. 优势方面

2. 弱势方面

3. 机会方面

4. 威胁方面

（二）人力资源分析

（三）图书馆的管理与服务分析

1. 图书馆的管理

（1）开放时间

（2）各组实际执行的业务

（3）馆舍空间及服务动线

（4）经费的分配

2. 图书馆服务分析

（四）馆藏资源分析

1. 资讯设备

2. 馆藏资源

（五）图书资料经费分析

三、新馆营运目标

（一）积极的营运管理策略

1. 优质服务品质之策略性做法

2. 多元化的行销推广策略与活动

3. 设计引导学习活动进行的资讯素养课程

4. 配合社区发展的需求及提供协助

（二）优质资讯环境之建置

1. 硬件环境

（1）营造温馨家庭氛围的环境

（2）良善的空间配置

（3）健全的网络、监控与指标系统

（4）整体性之家具设计

（5）加强资讯技术在图书馆的应用

2. 软件环境

（1）丰富图书资讯资源

（2）以学习资源为主的主动式服务

（3）纸本与数字馆藏的合理发展

（4）发展特色馆藏

四、达成目标之具体措施

（一）人力与空间分配重整

1. 工读生的工作管理

2. 设置完善的义工制度

3. 组织架构调整与馆员人力重新配置

（二）执行绩效评估具体做法

1. 馆员与馆藏的评鉴

2. 读者使用与满意度分析

（三）财务计划

1. 馆藏资源的采购原则

2. 馆舍的维护成本

3. 资讯系统及软硬件设施的投资

4. 图书馆经费部分自筹

5. 工读金的运用

二、多媒体区在图书馆建筑规划不变的准备

"多媒体"（Multimedia）是近年来最时髦热门的名词，从科技界、电脑界到传播界、教育界，无不充斥着它的影响力。当人们接受多媒体且它已逐渐进入整个社会、乃至于家庭生活，成为无所不在的话题时，一般社会大众对于多媒体的定义仍然感觉模糊不清，各专业领域对于多媒体的定义和内涵亦各有不同的解释。如当资讯工程界提到多媒体，可能较偏向于多媒体的硬件设备；电脑软件界可能较偏重于多媒体的软件发展、使用与程式语言的撰

写;而教育界提及多媒体则往往偏重于多媒体的教材呈现、内容结构及学习成效;至于休闲娱乐领域中所谓的多媒体其实是指多媒体光碟的节目片(Titles)。

多媒体,具体而言,是结合了许多种类型的媒体元素,包括影像、声音及文字,而最重要的是借由电脑来掌控呈现。因此更精确地说,应称之为"电脑多媒体",这也是图书馆多媒体资料的发展趋势。

（一）多媒体

信息种类大致可分为以下几种:

1. 文字:意指文本(Text),包括各种文字与符号。

2. 声音:可略分为以下三种:① 语音;② 音乐;③ 音效。

3. 静态图像:按其性质与输入方式,可略分为以下三种:① 图画(图片);② 照片(Photo);③ 幻灯片(Slides)。

4. 动态图像:① 二度空间的动画,简称二维动画或 2D 动画(Two Dimensions);② 三维动画或 3D 动画(Three Dimensions);③ 连续影像,也称为视讯(Video)或影片。

而以上各种元素之来源和输入、输出的管道方式亦各有差异,其所需的设备因而有所不同:

1. 文字:仍以键盘输入为主,亦可用手写输入板或语音辨识系统,所需的软件除了一般文书处理软件如排版系统外,一般的绘图软件亦具有文字输入功能。

2. 语音:可直接用麦克风输入,当然须要具备音效卡和相关软件。

3. 音乐:可直接用 CD ROM 光碟或其他形式的播放设备(例如:录音机)连接到电脑,将类比式的声音转化成数字式的格式储存。

4. 音效:以音效制作机或其他方式录制。

5. 图画:现成的图片可用扫描仪将之输入电脑,亦可用绘图软件直接在电脑上绘图。

6. 照片:用扫描仪将照片输入电脑,若以数字照相机拍摄的照片,则可直接转换到磁碟上储存。

7. 幻灯片:幻灯片的处理较为特殊。由于幻灯片的尺寸过小,必须用幻灯片扫描仪,将其影像直接输入电脑。较艰苦的方式,亦有将幻灯片先投影至白色投射幕上,拍成照片,再用扫描仪输入。

8. 2D 及 3D 动画:以动画软件在电脑上制作。

9. 影片:可将影片之播放设备(如:录影机、影碟机)与电脑连接,再以软件抓取其影像。也可将影片数字化,以电脑档案形式存储影片并可用软件播放。

多媒体的"硬件"

与多媒体相关的硬件与周边设备可说是五花八门、不胜枚举,初学者容易感到困惑。因此,必须先将各式设备加以归类,以建立清晰的概念。总体上说,多媒体的设备可大致分为:① 多媒体电脑主机;② 输入设备;③ 输出设备;④ 储存设备;⑤ 界面接口设备。

此外,我们也可以根据前文述及的多媒体元素(即文字、声音、静态图片、动态影像等)再加以归类。

1. 多媒体电脑主机

所谓的多媒体电脑(Multimedia Personal Computer,MPC)与传统的个人电脑最大的不同是:多媒体电脑必须能处理文字以外的各类信息元素,并且速度要快。多媒体电脑规格

随着多媒体的发展而水涨船高,无法武断地列出其最佳的标准配备,就一般最起码的需求而言,其电脑主机内的装置应有:

电脑主机:中央处理器(CPU):至少 586 以上。

随机读取记忆体(RAM):至少 32M 以上,愈多愈好。

各式接口。

视讯输出设备:彩色银幕(至少 680×480 分辨率,256 色以上)。

声音输出设备:立体声喇叭一对。

储存设备:光驱(至少 32 倍速以上)、硬盘(容量愈大愈好)。

2. 输入设备

多媒体电脑的输入设备包括:

(1) 一般设备:键盘、鼠标、触摸式屏幕装置、数字手写板及光笔等。

(2) 声音:麦克风、CD player、录音机等。

(3) 静态图像:彩色扫描仪、幻灯片扫描仪、数字照相机等。

(4) 动态影像:摄影机、激光影碟机、录放影机等。

3. 输出设备

彩色银幕、电视机(电视讯频转换器)、视频投影仪、喇叭(Speakers)、打印机等。而上述设备都必须能与多媒体电脑相连接。

4. 储存设备

由于多媒体的各类信息元素,从文字到影像,都须转化成数字格式,其资料量庞大,因此必须储存于大容量的数字容器之中,一般的软式磁碟片早已不敷所需,而尽管硬式磁碟机的容量不断增加,但仍不利于容纳过多的多媒体资料,因此,现今多媒体发展的主流,乃是以光碟为多媒体节目的储存工具,另外也有以可抹式光碟机、影碟或抽换式硬碟来储存者。我们所称的"光碟",一般是指"只读光盘"(Compact Disc Read Only Memory, CDROM),其标准规格为直径 12 cm 的碟片,储存量为 650 MB。若配合资料压缩技术的应用,一张只读光碟所能储存的资料十分可观。

5. 界面设备

在做视讯与音讯之输入、输出及储存时,由于必须将原本非数字形态的讯号转成数字化,并且要能够快速处理各类信息,因此必须借助一些设备来完成,这些设备通称为"接口"(Interface)。"界面"的概念是一种居于两者中间作为桥梁,借此来沟通转化。在电脑方面,这些界面通常是指一些合成积体电路和晶片,以薄板卡的型式出现。一般的多媒体电脑需要下列界面设备。

(1) 视频撷取卡(Video Capture Card)

多媒体的重要元素之一就是视频,包括了静态图像和动态影像,欲做视讯的取得与播出,就必须有一套集中功能的设备,通常是由一套集成电路板与芯片来构成视频卡。视频卡的功能包括了视讯资料数字化、视频压缩、视频撷取和视频覆叠播放的功能,某些功能简单的视频卡不具备压缩功能。

(2) 影音压缩卡(Compression Card)

影音压缩卡通常又可称为 MPEG 卡,所谓 MPEG(Moving Picture Expert Group)是一个视频或动画的压缩及储存标准,其亦可包括音频的压缩,根据这个标准产生的芯片卡板就可称为 MPEG 卡。现今亦有将其功能以软件(如 Xing)来承担,则成为 MPEG 软件。

(3) 声卡(Sound Card)

声卡是用来处理音频的数字化、播放、编辑和储存的工具,通常其功能必须与麦克风、喇叭相互搭配,而当装置光驱时,亦需搭配相容的声卡。

多媒体的"软件"

许多人所持的多媒体观念是从软件为出发点,认为多媒体就是去开发或应用各种多媒体软件,或运用具有支援多媒体功能的程式语言去写出多媒体的成品。

多媒体软件的名目和种类也是琳琅满目、五花八门,到底制作多媒体节目需要哪些必备的软件? 到底要学多少软件才能算是入门? 这些问题常令初学者无所适从。实际上,制作多媒体的软件可以概括的分为两大类:一是创作软件;二是编辑整合软件。

1. 创作软件

所谓"创作软件"是指用来处理各种多媒体资料元素的输入、制作、修改及数字化的应用软件,因此我们可以依照资料元素将创作软件加以分类,例如:

(1) 文字:一般的文书处理软件即可,如 Windows 98 的附属软件—"小作家"即是,而其他的绘图(小画家)或动画软件也都具备了基本的文字输入与呈现功能。

(2) 音频编制:如 WaveEdit、soundEdit 等,在 Windows 98 下所提供的"录音程序"也是一种音频编制软件。

(3) 静止图像:可以抓取图像或修改图像、创作图像的软件,如 Photoshop、Tempra Pro ImagePal 等,在 Windows 98 下则有应用程式—"小画家"。

(4) 动画编制:可以在电脑上制作 2D 或 3D 的动画,如制作 2D 动画的 Animator Pro,制作 3D 动画的 3D Studio。

2. 编辑整合软件

当多媒体内容的各式资料元素已由前述的创作软件编制完成后,尚须更进一步的将之编辑成一套完整的呈现组合,这时,则需仰赖多媒体的"编辑软件"来完成。编辑软件按照其编辑资料的方式有几种类型,市面较常见的软件,如 HyperCard、AuthorWare、ToolBook、Director 等皆是。另外,有些传统的电脑程式语言也增加了多媒体编辑制作的功能,如 VisuaI Basic、Visual C++等。

多媒体的"成品"

许多人心目中所谓的"多媒体",实际上是指去看一些多媒体光盘片,或是看多媒体电子书,更多的人是指去玩有声音、动画的电脑游戏。这些多媒体的成品按其内容与目的也可以加以分类,例如:

工具类:如百科全书、光盘字典。

游戏类:各种电脑游戏。

教学类:以电脑辅助学习为目的之光盘。

主题资料类:以某些主题为核心而收集呈现相关的资料。

多媒体的"设计"

多媒体并非只是一堆杂凑的资料,借由电脑将之胡乱呈现出来。漂亮的美工图案不见得就能呈现出完整的内容,繁复的电脑动画也未必就能让使用者更易于接收其讯息。理想的多媒体必须切合使用者的需求,合理地安排内容,有条不紊地呈现出使用者所需的讯息,因此，"设计"的功夫俨然是多媒体开发过程的核心。其内涵又可略分为：

（1）内容设计（Content Design）或讯息设计（Message Design）：着重内容的架构、呈现、分割、分类、联结、排序。

（2）策略设计（Strategy Design）：着重传递和接收内容的策略和方法。

（3）程式设计：电脑程式语言的撰写方式。

（4）美工设计：指艺术方面的表现，包括造型、色彩及美感呈现等。

（5）人机界面设计（Human Machine Interface Design）：着重使用者对于讯息呈现的接收度和操控的方便性，又可略分为三类：

① 互动设计（Interactive Design）：设计使用者与内容的互动方式。

② 视觉设计（Visual Design）或屏幕设计（Screen Design）：设计屏幕上的内容安排和位置。

③ 音频设计（Audio Design）：设计各种语音、配乐或音效的呈现。

由上述分析可知，多媒体包含了如此多类的基本资料元素，而多媒体的本质亦牵涉到如此多元的内涵与观点，因此，多媒体本身乃是融合了多元的知识领域，并不被某一类人士或专业领域所专长。换言之，多媒体的开发是一个科技整合的过程，理想的多媒体成品亦应是经由不同知识领域相互整合的结果。既然多媒体牵涉到如此多样的知识，在研发或制作多媒体的过程中就必须有多种专长的各类人士参与，而形成团队合作的情形。

因多媒体实在不属于任何一行业的专属领域，人人皆可在其开发的过程中适度扮演某种角色并提供某些贡献，对于套装软件的学习者而言，如何了解本身的专业知识技能在团队合作中的定位以及所扮演角色的价值，是值得深思探讨的。

（二）图书馆多媒体区在建筑规划中的难题

1. 新馆规划时无法预测建馆完成时的科技变化。

2. 图书馆员对多媒体的服务发展无共识。

3. 大量资料储存管理及分享服务，无可参考的模型。

4. 资料形态多元，各种设备使用形态不同，无参考数据可预测使用者喜好，也无从预估设备数量及所需空间。

（三）图书馆建筑多媒体区规划

任何建筑规划皆有目标可循，图书馆多媒体区有许多不确定因素，也造成规划设计的困难，新馆建筑不可能因此停滞，但又要避免资源浪费及为未来应用需求做准备，我们应如何做呢？

本人建议先就多媒体区所需的空间及软硬件条件做准备，待营运需求及科技条件成熟时好做接轨。以下就前端建筑规划时应考虑事项提供参考：

NO.	项　目	注　意　事　项
天花板		
1	灯光	● 避免造成屏幕的反光及眩光。 ● 小空间有独立的灯具回路，以避免资源的浪费。

NO.	项 目	注 意 事 项
2	空调	□ 小空间有独立的空调出回风口,并有独立开关,以避免资源的浪费。 ● 多媒体馆藏资料及设备需符合不同的温湿度要求。
3	楼高	□ 大团体室因同时观看影片人数众多,可能需设置阶梯地板。需考虑到楼高问题, 以配合阶梯地板制作。
3	消防	□ 设置大、小团体室及教育训练室的消防区划及设备位置。
地面		
1	地板材	● 使用网络地板,日后可方便调整线路位置,但需考虑残障坡道的设置。 ● 使用其他地板材,出线位置确定后不便再作变动。变动后则需另外处理面材,以 免产生美观或是安全上的问题。
2	线槽、出线	□ 主机房设置位置及管线、线槽的规划。
墙面		
1	隔间	● 大空间为多人一同使用,通常使用耳机设备以避免相互干扰。小团体室为半私密 性的空间,可能产生讨论、交谈等行为,影音播放通过喇叭以供多人一同观赏。 ● 需考虑小空间的隔音问题及隔间的方式。EX:隔间需隔到 RC 结构下,而非隔到 天花板面材下;隔音门的使用;隔音棉等隔间材料的使用。
2	开口部	● 窗户的光线可能发生日光强烈亮度对比,造成屏幕的反光及眩光。避免座位屏幕 直接面对或背对窗户,以免因亮度反差过大而造成眼睛不适。 ● 视听资料避免设置于开口附近,以免日晒温度过高或是窗户渗雨造成视听资料之 毁损。 □ 若无法避免开口部问题,则需以遮光性窗帘作辅助。

图 1　多媒体视听区的大团体室,需考虑楼高、隔音、空调、灯具及消防等问题

照片摄于:远东科技大学图书馆

图2　多媒体资料储存,需考虑开口部、空调等问题

照片摄于:南台科技大学图书馆 12 楼

图3　多媒体视听区,需考虑开口部的强烈光线对银幕产生的影响

照片摄于:实践大学高雄校区图书馆

图4　多媒体视听区需考虑天花板灯具、地板出线位置等相关问题

照片摄于：亚东技术学院图书馆

三、结语

从事图书馆建筑室内规划设计工作近 20 年,面对图书馆员及建筑设计师之间的许多沟通及"收尾"工作,我认为设计是一种将双方抛出的东西不断融合的过程。对设计者而言,馆方同时具备管理者与使用者两个不同的角色,是设计者对图书馆空间需求的咨询对象;而对馆方而言,设计单位是将平面立体化、思绪具体化的转换者,是规划空间时的实际执行者。事前的详尽规划以及确实的资讯和数据提供,能让转换的过程更加顺利,结果更加合乎需求。视觉上绚丽、抢眼的设计,不能满足实际需求,唯有清楚规划出需求后,才能避免被设计单位一厢情愿的设计所误导,或是避免落入为特色而特色、为设计而设计的窠臼。唯有加强沟通,使双方的想法相互融合,才能成就一个良好的空间。

图书馆建筑设计中的一些问题探讨

郭启松

摘 要：本文对图书馆建筑设计的理念、适用性、平面设计、空间布局、生态图书馆建筑、减少使用成本、评估、重视图书馆建筑设计等问题进行了探讨。

关键词：图书馆 建筑设计

我校于 2005 年下半年建起了一座新图书馆，建筑面积 3.2 万 m²，八层，呈扇形。整个建筑由半环形的主体建筑、透光中庭和门厅建筑组成，门厅建筑是一个通过数级台阶而上建在二楼的高达十几米的圆柱形建筑，通过长廊和透光中庭与主体半环形建筑连成一体，整体看上去如同知识殿堂中的"宝座"，气势雄伟、壮观。在赞叹的同时，我们也感到，这座建筑在设计上与许多馆一样或多或少存在一些不足。本文仅就结合我馆和他馆建筑，对图书馆建筑设计中的一些问题进行探讨。

一、图书馆建筑设计理念问题

现代图书馆的理念认为，图书馆是积累和传播先进文化的基地，是人与知识、读者与馆员、社会成员之间的交流场所，是人类社会交流系统的一部分，是开放式、社会化、多功能、综合性的学习中心、信息中心和文化中心，是面向全社会的一个服务系统。现代图书馆建筑设计理念应该建立在这样的基础之上，其核心是"以人为本"，强调人文主义的成分，让"以人为本"的理念占据设计理念的主导地位。对图书馆建筑来说，其功能、布局、设施的构想及内外环境的营造，都要以人为中心，以方便读者利用文献信息和进行信息交流活动为出发点。不仅如此，在现代图书馆建筑设计理念中，还应融入节能环保和构建智能化理念，使外部环境和内部环境全面自然化和可持续化，使其更具备健康舒适的功能，更有利于人的学习和活动；构建智能化，应用系统集成方法，与建筑优化组合，使得对设备的自动监控，对信息资源的综合管理和利用，更具有安全、高效、舒适、节能和便利的性能。在图书馆建筑设计理念中也存在一些误区：误区之一，以为建筑高大便意味着现代化，一味地追求高大、富丽堂皇。误区之二，崇洋化，生搬硬套国外建筑的格调。误区之三，过度追求人工景致，滥用假山、喷泉、瀑布装点环境；追求奇形怪状的建筑外形来体现现代化，以怪诞来体现风格；误区之四，陈陈相因，强求比拟。如比拟书籍的构思，从国外到国内，"打开的书"、"叠放的书"、"平放的

作者简介：郭启松，淮阴师范学院图书馆馆长。

书"等等,从设计图样到建筑实体,被反复炒作。这样的设计理念,很难再谈创新、个性和艺术魅力了。图书馆建筑设计理念上的问题在一些新建馆确实不同程度的存在,应当引起重视。

二、图书馆建筑适用性问题

进行图书馆建筑设计,应全面贯彻"适用、经济,在可能条件下注意美观"的建筑方针,这个方针的核心是适用。我们所说的适用,就是使建成的图书馆要具有最大的使用面积,要能充分满足图书馆的各种功能要求,还要具有对未来图书馆发展的适应性。应该坚持在任何时候都要把满足适用的要求放在首位,平面布局、空间结构、外观造型,都应服从于适用的要求。不能脱离适用的要求而片面追求"造型别致"、"新颖独特"、"雄伟壮丽"的外观。在充分满足适用要求的前提下,学习、借鉴国内外图书馆建筑设计的新鲜经验,综合多种设计技巧,运用各种创作手法,尽量使建筑物有特色,美观、清新、壮丽。一座外形好的图书馆建筑物,如果不能有最大的使用面积,或者不能满足各种功能要求,或者不能适应未来图书馆发展的要求,就不是一座好的图书馆建筑。

图书馆"藏、借、阅一体化"的流通阅览区域是读者的主要活动区域,理所当然,流通阅览区域的面积应该占图书馆建筑主体面积。北京农业大学图书馆楼高四层,每层阅览室的面积有 $1\,600\ m^2$ 左右;北京大学图书馆新馆单层阅览室面积达 $3\,000$ 多平方米。这样的大开间不仅提高了建筑面积的利用率,而且又节省了管理人员。然而,有的图书馆建筑,可用作图书流通报刊阅览的面积仅占整个建筑面积的 40% 不到,总建筑面积近一半被门厅建筑、中庭、楼道、长廊、卫生间、电梯等设施面积占用了。像这样图书馆建筑面积不能被高效率利用,其适用性大大降低。因此,图书馆建筑设计首先应该把适用放在首位,要符合适用的基本要求,否则,无论它建得如何讲究和华丽,只能是失败的作品。

三、图书馆建筑平面设计问题

现在有许多图书馆建筑平面采用了多变的建筑平面设计,如六角形、八角形、扇形、圆形等,我们这座馆建筑平面采用的是扇形。实践证明,非规则平面馆舍的建筑,其内部空间被划分成不规则形状,产生很多死角而无法被利用,使图书馆的适用面积和使用功能大打折扣;又由于这些不规则平面的设计,使得书架、阅览桌椅及其他家具设备都无法整齐排放,使人感到非常凌乱、别扭,加之在大开间中的许多立柱阻挡人的视线,不能给人以宽敞舒畅感。

我们认为,图书馆建筑平面宜采取简单的矩形为宜,矩形应该是适合图书馆使用的最佳平面,正如美国印地安大学图书馆学及情报学院具有丰富的图书馆建筑规划经验的大卫·凯瑟教授所指出的:"简单正方形或矩形,可以获得最经济的图书馆使用和操作条件。"正方形或矩形的空间对书架的排列、阅览桌的布置、流通线路的走向、业务工作的方便等方面都是最经济、最高效、最合理的平面。有人会说,简单的方形或者矩形平面会使图书馆建筑显得单调与呆板。其实不然,实践证明,采用矩形平面布置设计的图书馆同样能设计出形体各异、千变万化的美观的造型。

四、图书馆建筑空间布局问题

图书馆是在不断地发展变化着的,其职能和作用在不断地丰富和充实,服务方式也在不断地变革。自20世纪80年代以来,高校图书馆在各方面都发生了较大的变化,主要表现为:馆藏载体的多元化、技术管理手段的自动化、服务方式的人本化、社会职能的扩大化等。人们对科学技术的发展速度也很难预测得太远,存在着很多不确定性、不可预见性,这种不确定性和不可预见性,随时都会要求图书馆对其内部结构和空间布局作出相应的调整。这就要求图书馆建筑的空间设计,既能满足图书馆现在职能的需要,也能满足将来图书馆发展变化的需要。与此相适应,在图书馆的建筑结构设计方面,就有了统一柱网、统一层高、统一荷载的大框架结构。这样,在内部空间上由封闭与固定走向开放与灵活,在使用功能上具有可变性与互换性。这种结构设计有助于实现馆藏文献的全面开架借阅,有助于实现馆藏文献的藏、借、阅一体化管理,并为图书馆未来的发展提供了可变的空间,可以根据形势的变化对空间进行重组,真正做到人是房子的主人而不是房子的奴隶。

但是,这种"三统一"模数式结构的图书馆建筑,也有一个空间布局是否科学合理的问题。有的建筑,由于楼梯和电梯通道位置的设计关系,将每一层自然分割成几个不可变的大开间,在使用功能上没有尽可能大的灵活性,不能使静态空间适应动态使用的变化要求;不少图书馆在建筑面积的最大效用化设计上也存在问题,大多数图书馆的设计都有一个中看不中用的高大、宽敞的大厅,有的大厅甚至高达数百及上千平方米。还有设计不合理、不科学的楼道、过道等占用了大量的建筑面积。这些都是空间结构布局的问题,应该力求避免。

五、生态图书馆建筑问题

图书馆建筑应是一座生态建筑,其生态建筑的重要性在于,当图书馆功能走向复杂化、多样化,机械设备向密集化,建筑内部空间向巨型化发展的同时,一旦生态技术策略上发生失误,该建筑就可能成为耗能大户,将会对资源造成严重浪费。生态建筑设计,强调其功能性和宜人性,减少能耗与运行费用并有效利用不可再生资源。

生态图书馆建筑的主体以人为本,节省资源、节约能源,充分利用太阳能等可再生能源;充分利用自然光、自然风;注重水资源的利用与回收;充分利用节能新材料、新技术;保护环境健康舒适。就图书馆建筑而言怎样才是生态化的? 生态建筑应是尽可能的自然采光,自然通风,自然调温,节能、节水、节材,绿色景观丰富等。目前在这方面也存在一些问题,有一些馆为了追求所谓现代化,玻璃窗都是封闭的,通风换气全靠空调和换气装置;现在的图书馆建筑普遍存在采光不足、光照度偏低的问题,有的被其他建筑或装饰遮挡。这些都不符合生态图书馆建筑的要求。我们认为,可以从多方面去考虑节电问题:加大自然采光面;科学设置照明控制线路;尽量采用自然通风;用电量化控制。21世纪是生态世纪,我们在图书馆建筑中要发扬我国传统的"天人合一",即与大自然和谐共存并相互促进再生的理念和生态精神,应不遗余力地进行图书馆建筑生态化设计的探索,创造回归自然的图书馆新建筑。

六、图书馆建筑设计减少使用成本问题

目前,图书馆建筑设计对其使用成本的问题已逐渐被人们关注,第十届国际建筑研讨会

（1997 年,荷兰海牙）提出的"图书馆建筑应具有最大的有效空间,最有效的资源管理,最小的维持费用"就包含着使用成本的理念。在第十一届国际建筑研讨会上（1999 年,中国上海）,原国际图联图书馆建筑与设备委员会主席 WinRENES 先生也提出图书馆建筑设计必须考虑其运营成本的问题。建设一座使用成本较低、与读者服务相适应的图书馆至关重要。图书馆建筑设计时应该充分考虑图书馆将来的使用成本问题,要以"最小的使用成本产生最大的使用效益"的指导思想来进行设计。

国内外图书馆建筑设计者对此进行了大胆的探索。被评为 2000 年"世界地球日"十佳建筑之一的纽约南牙买加图书馆分馆,在屋顶上开三排向南的天窗,对整个公共区域进行自然采光,晴天 2/3 的采光来自自然光,冬季充分利用阳光的辐射热,在窗户处,装有可自动控制的遮阳卷帘和 1/4 弧形白色反射板。挪威大学图书馆为一简单长方形结构,阅览室走向自西向东,为大开间,全都装有落地玻璃幕墙,光线明亮。广东警官学院图书馆在阅览室中间设置了一个 15 m 跨度的内天井,将阅览室分为南北两个空间,每个阅览室均可以得到南北向采光和通风。宁夏大学逸夫图书馆主入口采用体现迭进层次感的玻璃幕墙,较好地解决了采光问题。设置天井、透光中庭,尽可能控制跨度,并结合书架布置等因素,让图书馆最大限度地采用自然采光并具备良好的自然通风条件,使图书馆年运行费用大大降低。图书馆建筑设计尽可能多的减少建后的使用成本还是大有潜力可挖的。

七、图书馆建筑设计的评估问题

图书馆建筑使用后评估是一项重要的工作。其重要性,正如 1996 年 5 月台湾施行的《公共图书馆建筑设备标准》最后一章"使用后评估"所指出的,要求图书馆在建成使用后一年进行评估,"以回馈规划、设计、营建和营运管理的相关人员,提供决策者、赞助当局、建筑顾问、建筑师和馆长参考,以了解馆舍的运作与当初规划时的期望是否相符,建筑规划与目前营运现况之间是否有差距存在,以作为修改馆舍建筑、调整家具设备之配置、规划未来营运管理系统之依据,冀使图书馆能充分发挥服务功能,满足读者的资源需求"。欧洲图书馆界也进行图书馆建筑启用后的评估活动。其做法,主要是聘请若干位专家(有图书馆馆长和建筑师)针对已建成并交付使用的图书馆建筑的使用功能、空间组织、方便管理、内外环境、造型、安全经济等内容进行评估。这种做法,对促进图书馆建筑设计的不断进步很有益处。

在这方面,大陆对图书馆建筑设计评估问题曾经进行过研究、探索和实践。1991 年开始,中国图书馆学会图书馆建筑与设备研究分委员会倡议开展启用后图书馆建筑评估活动。把编制"图书馆建筑评估标准提纲"作为研究目标。选择了几所气候不同条件下的图书馆建筑进行了评估,在此基础上反复修改"评估提纲",后因学会换届未能继续,"评估提纲"也接近完成却未能最后定稿。但积累了一些经验。

2003 年 8 月,由清华大学等八家单位完成的"科技奥运十大专项之一"——《绿色奥运建筑评估体系》颁布,基于绿色建筑的理念,制定了绿色建筑的主要内容,提出了全过程评估指标体系、方法与程序,为图书馆建筑建后评估奠定了基础。

目前,图书馆建筑使用后的评估问题还没有引起足够的重视,有关部门应该积极组织图书馆建筑研究专家和图书馆建筑设计师、建造者,在认真学习研究前人的实践和经验,认真学习研究《绿色奥运建筑评估体系》的基础上,结合图书馆建筑实际,研究制定出图书馆建筑评估标准,启动、开展图书馆建筑评估工作。

八、重视图书馆建筑设计问题

图书馆建筑是门科学,它既是建筑学的一部分内容,又是图书馆学的一部分内容。懂得建筑学又懂得图书馆学的建筑师少见,懂得图书馆学又懂得建筑学的图书馆人更少见。因此,在图书馆建筑设计中,要弥补这样的缺陷,图书馆人与设计师的精诚合作是非常必要的。图书馆人要在图书馆建筑设计任务书中,充分表达图书馆方面对建筑设计的要求,并使之体现在设计中;在设计过程中随时发表图书馆方面的看法,提出主导性意见,要让建筑师能够吃透理解图书馆的要求。图书馆人是图书馆建筑的最终使用者,而且读者有何意见要求也习惯向图书馆反映,所以图书馆人最清楚图书馆建筑怎样设计才适合管理人员和读者使用。图书馆人在规划、设计图书馆建筑中发挥着越来越重要的作用,在不少情况下,图书馆建筑的设计思想,是由图书馆员提出来的。所以,设计师应认真倾听吸纳图书馆人的意见,避免无视图书馆员的意见和要求,脱离实际闭门造车的做法。

严格把好图书馆建筑设计方案审定的关。一是要组织设计方案审定组,对设计方案进行审定。审定组中应该邀请有图书馆建筑设计方案丰富经验的图书馆学专家和参加过图书馆建筑设计有丰富经验的建筑学专家参加,还应该有图书馆馆长和资深的图书馆馆员参加。二是要严格评审程序。① 公示图书馆建筑设计方案外观图;② 召开设计方案介绍会,专家评审组听取竞标设计师对各自的设计方案的详细介绍和说明;③ 召开图书馆馆员座谈会,竞标设计师向馆员介绍各自的设计方案,专家评审组听取图书馆馆员的意见;④ 召开评审组会议,对几种设计方案充分发表意见,最后取得比较一致的意见;⑤ 召开中标设计方案一方会议,由评审组向中标设计方案一方指出该方案存在的问题,提出设计方案的修改建议,完善设计方案。

要搞好图书馆建筑设计,需要对图书馆进行深入的研究,应当以观念更新为先导,深入分析图书馆赖以生存的社会环境,研究社会发展对图书馆的影响,研究社会进步对图书馆提出的要求,探讨图书馆的发展方向和趋势,同时还要对图书馆自我运行机制进行透彻的分析,深入理解图书馆的性质和任务,在此基础上起草图书馆建筑设计任务书,才有可能形成最佳设计方案,才有可能建造出造型和功能完美结合的图书馆。

参考文献

[1] 李良平. 谈图书馆建筑设计若干问题[J]. 图书馆论坛,1996(4):66—68

[2] 谭祥金. 当前图书馆建筑的几个问题[J]. 中国图书馆学报,2004(6):26—29

[3] 施振宏. 图书馆建筑设计需要注意的一些问题[J]. 图书馆理论与实践,2007(4):85—87

[4] 叶于瑁. "211 工程"与高校现代化图书馆建筑[J]. 建筑学报,1994(10):26—29

[5] 大卫·凯著;叶于瑁译. 回顾二十五年来高等学校图书馆设计[J]. 北京高校图书馆,1993(4):8—11

[6] 朱成功. 记海牙国际图书馆建筑研讨会[J]. 南方建筑,1998(4):33—34

[7] 张皆正. 变化环境中的图书馆建筑[J]. 南方建筑,1999(3):91

[8] 沈逸赉. 美国纽约第一栋绿色建筑——纽约南牙买加公共图书分馆. 建筑创作,2000(4):72—73

[9] 李明华. 台湾图书馆建设及其研究[J]. 图书馆论坛,2001,21(1):52—54,19

[10] 朱成功. 图书馆建筑启用后的评估[J]. 南方建筑,1999(3)

[11] 朱成功,李明华,朱强. 图书馆员与建筑师友好合作获益良多——中国图书馆学会图书馆建筑与设备研究组的经验[J]. 大学图书馆学报,2000,18(5):22—27

论服务理念对图书馆建筑的影响

吴稼年　张逸新

摘　要：图书馆的服务理念，决定着建筑设计理念，两者大致经历了藏书文化服务理念时的封闭式藏书建筑设计理念；为公众服务，逐步开放的以用为主的图书馆建筑设计理念；以及普遍服务，以人为本的智能生态化图书馆建筑设计理念时期。图书馆建筑是满足和辐射读者追索客观知识的建筑物，它是与图书馆的价值观相符的艺术品。图书馆建筑的智能化与生态化的完美结合，将是其可持续性发展的长期目标。

关键词：图书馆服务理念　图书馆建筑　智能化　生态化

图书馆建筑的设计理念，取决于图书馆的服务理念，图书馆的服务理念，取决于图书馆的基本功能和使用价值。图书馆基本功能是传播知识和传承历史文化。图书馆的使用价值，则由图书馆的开放程度和读者利用图书馆资源的状况而决定。

综观图书馆的发展史，图书馆的服务理念随着时代的发展而变化，各个地区、各个国家又由于社会发展的不同，产生了带有不同时期特色的图书馆服务理念。但是，如果我们从总体上给予把握，则可以大致划分为三大阶段，即：藏书文化，封闭式的藏书建筑设计理念；为大众服务，逐步开放的方便读者以用为主的图书馆建筑设计理念；普遍服务，以人为本的智能生态化图书馆建筑设计理念等阶段。

一、藏书文化，封闭式的以"藏"为主的建筑理念

中国的图书事业开始于先秦，由于古时的神灵观念、祭祀仪式、禁忌等文化元素，形成了一种典籍崇拜意识，由此产生了对藏书处的敬畏。进入西汉，开始了大规模地对图书的加工整理工作，形成了以皇家藏书为核心的藏书处。以后历代封建王朝均仿照西汉制度建立皇家藏书处，尽管其名称有阁、观、馆、院、殿、库、楼等不同，其特征是端庄、华丽。《隋书》上记载隋炀帝时观文殿前书室的藏书情况为"正御书，皆装翦华绮，宝轴锦标"，书室内的设施是"窗户褥幔，咸极珍丽"。典籍崇拜意识和皇家、官府藏书处的主导作用对以后的公藏和私藏藏书楼建筑产生了示范性作用。在中国，藏书楼一直延续到20世纪初期。

藏书楼阶段，其社会功能主要是保存文化遗产，因此，主要特点就是保藏文献。图书馆

作者简介：吴稼年，江南大学图书馆研究馆长；
　　　　　张逸新，江南大学图书馆馆长，教授。

的建筑以书库为主,在很大程度上具有档案性质。这一时期为读者的服务功能是次要的,作为以藏书活动为基本任务的藏书楼时期,它要解决的是搜集、整理、保存图书,作为图书馆的活动,它除了对文献的搜集、整理、保存外,核心的工作任务是对馆藏的图书给予知识整序,其特点是对收集来的文献进行版本鉴定、考证、文字校勘和整理编目,以便加以有效的保护。

进行大规模的文献研究工作,通常可上溯到刘向、刘韵编制的《别录》和《七略》,它们成为我国第一批国家书目。刘向和刘韵通过校勘整理文化典籍,创立了一套行之有效的方法,从而形成了此时期的图书馆思想的研究范式:分类整序,考镜源流。从流动性、过程性的角度对记录在文献上的纷然陈杂的学术思想、学术流派溯其起源,考其正变,在动态的考察中体认各流派、各思潮在本学脉承传深化过程中的位置和学术转承,通过对文献的整理,达到对文献发展脉络的宏观把握,构建起图书馆研究、整序活动的基本构架。

由于藏书的理念决定着藏书是藏书楼时期的最基本功能,这也是建立藏书楼的最初目的,因此,决定了藏书楼的核心建筑理念是如何安全完好地保存所藏图书,其建筑空间,完全倾向于藏书空间,设计过程中,防火、防盗被列入主要因素,在建筑地点的选取上,十分注重营造良好的藏书和读书氛围,通常将馆址选定在环境优美、安静之处,许多则构筑园林以建楼,庭院幽静深藏。现存的天一阁、嘉业堂则可为之作证。

二、为大众服务,逐步开放的以"用"为主的图书馆建筑设计理念

文艺复兴时期,图书馆形成了两种不同特点的布局方式,一是以大学图书馆为代表的比较讲究实用的布局,另一种是以皇家图书馆为代表显示豪华的特点。前者以英国牛津大学默顿学院(Merton College)等为代表,它把藏书和阅览都布置在一个长房间内,每两排书架中间夹放一排座位,每排书架间开一窗户,形成了幽静隐蔽的空间,这种方式被沿用了好几个世纪。

19世纪50年代,产生了真正意义上的近代公共图书馆。1850年,英国下院通过了《公共图书馆法》,被称为19世纪英国公共图书馆运动的精神之父的爱德华兹,于1851年被正式任命为曼彻斯特市公共图书馆馆长,他大刀阔斧地践行了"平民化图书馆"思想。这种对纳税人(所有公众)免费开放的服务理念,将"为读者服务"的对象具体化了,开始从真正意义上关注人民大众利用图书馆的问题。1860年后,英国建有28所公共图书馆,至1900年时,已增加到360所。

就在英国通过首部《公共图书馆法》的第3年,英国开始建造具有代表意义的不列颠图书馆。该馆由被誉为"图书馆界的拿破仑"的帕尼齐亲自筹划设计,英国著名建筑师西德尼·斯默克负责建造,工程于1853年开始,至1855年竣工,于1857年5月正式向读者开放。著名的圆形阅览大厅有450个读者座位,可陈列6万册图书供读者阅览,在图书馆建筑史上首次使用了铁书架,总长度达5英里,可容纳130万册图书。这一建筑,开创了在阅览室中让读者大范围零距离接触图书的举措,读者可方便自由地取用。这种设计方式在后来较长时间内成为一个主要流派,曾被西方许多著名图书馆仿效。由于阅览座位的大量增加,并可方便地自由取阅阅览室中的图书,使人民大众能够利用图书馆的理论与实践取得了很大的进展。

美国大致在19世纪70年代进入了世界图书馆活动中心期。1876年,杜威提出了属于一个时代的图书馆服务三准则:在适当的时间,给适当的读者,提供适当的图书。这一准则

立足于读者需求,把图书馆工作,无论是藏书的选择和提供,还是图书馆文献的整理与管理等,都与读者服务结合起来,并以此为原则,成为"一切为了读者"、"服务至上"思想的萌芽,成为1949年版的《联合国教科文组织公共图书馆宣言》的最基本精神表述的重要来源:"公共图书馆是民主主义对于继续教育和终身教育的场所,是欣赏人类在知识和文化方面的成就的场所。"

20世纪30年代,阮冈纳赞提出的图书馆五定律,真正建立起了"读者第一"、"服务至上"的服务理念,"公共图书馆应当随时都可让人到馆,它的大门应当向社会上一切成员自由地、平等地开放,而不管他们的种族、肤色、国籍、年龄、性别、宗教、语言、地位或教育程度。"由于图书馆服务理念的不断变革和深化,直接影响了图书馆建筑理念的变革。

为充分体现这些顺应时代的服务理念,美国纽约公共图书馆自1895年成立以来,就实行全面的开架服务,读者可以自由地在书架上获取自己所需的图书,并通过许多分馆的建设形成了一个图书馆服务网络,至1988年,形成了中曼哈顿图书馆、多内尔图书馆中心和林肯中心综合馆与表演艺术博物馆3个分馆中心及78个分馆。目前已达80多个分馆。大量分馆的建设,改变了以往普遍的图书馆越建越大的思想,通过以"大"带"小",靠近读者,广设分馆和巡回图书馆的方式,更加合理地对图书馆建筑进行符合读者需求的布局,从而真正开创了让读者零距离接触和利用图书的新时代。

与此服务理念相对应的是模数式图书馆时代的到来。这一图书馆建筑时代的开创也得益于欧洲第一次世界大战前后的"新建筑运动"。这一运动推崇结构轻巧,外形开朗朴实,能够充分反映出内部空间结构及使用的特点。在建筑特征上,模数式图书馆即符合这些特征要求。这种不带天井的块状布局,具有很大的灵活性和互换性的特征。为了充分体现出时代服务理念,它的设计理念就成为:让读者与书籍的关系更密切,以便于实行全开架管理;为适应时代性,对于各种不同用途的场所可以灵活地互换,由此而实施了统一的柱网、统一的层高和统一楼面载荷的设计方略。至20世纪60年代,这一具有系统思维的建筑设计,就在欧美取代了传统图书馆形式而居于统治地位。

我国近代图书馆时代开始于20世纪初,经历"公共图书馆运动"后进入"新图书馆运动"时期。在20世纪20年代中期前,进入了新图书馆运动的高潮期。从这个时期开始,中国的藏书楼理念转变为近现代图书馆理念,尤其是进入30年代,将图书馆作为终身教育的场所,作为公共、公开、共享资源的场所的理念已经确立,图书馆界的研究范式也随之转变为"自动实用、厘清要素"。图书馆"自动、社会化、平民化"性质已广为人们认识,图书馆"用"的功能越来越显现。在这新的时代中,原有以藏为主的图书馆建筑理念已不适合时代发展的需求,由此产生了图书馆建筑理念的变革。

由于在"厘清要素"的氛围中,无论是三要素、四要素还是五要素等思想,都将图书馆的建筑列入其要素之一,因此也会对建筑这一要素加以研究。在我国出版为数不多的有关图书馆建筑专著中,赵福来于1935年所著的《图书馆建筑与设备》一书,就是早期的且是一部很有分量的专著。他认为图书馆的三要素就是"馆员、书籍和建筑"。由于图书馆学已成为一种专门的学问,因此认为,图书馆建筑已成为建筑学上一个专门学科,其中包含了丰富的交叉学科思想,要对图书馆建筑加以研究,对于它的要求是必须掌握的,"按世纪大字典说,图书馆建筑学的要义有三:①'适用与方便';②'宽大的建造,合于需要';③'美观与艺术化'"。这更多的是从建筑学的角度加以认识的,那么,对于图书馆建筑更有针对性的要求是什么？"① 地位要适宜。② 应有扩充或改良的余地。③ 内部的计划应合于实用。一个比较令人满意的图书馆建筑计划,应有供借阅者阅读的充足地位、藏书的充足地位和图书馆员工作的充足地位。④ 应有充足的光线。⑤ 应有防火的建筑和设备。"这些图书馆建筑的设计原则,充分体现出了"藏用结合"的原则,在较大程度上还十分强调"藏",体现当时设计理念的典型建筑,一是国立北京图书馆,二是清华大学图书馆。

建于 1931 年的国立北京图书馆,是我国规模最大的公共图书馆,它是一种当时盛行于国外的典型的图书馆建筑布局。丹麦的建筑师莫勒将其设计为阅览区、藏书区和工作区完全分开的格局。图书馆前部连地下室三层,这是供读者的阅览区,后部为图书馆的书库,两者通过二楼的借书处加以联结。

清华大学图书馆于 1919 年和 1931 年分批兴建了馆舍,分别由美国建筑师墨菲和清华 1921 级校友杨廷宝教授设计。这一建筑同样是按当时流行于欧美的建筑格局设计,采用"丁"字形将阅览区、藏书区和工作区分开,前部为阅览区,书库置于后部,两者间用借书处连接,采用铸铁固定式书架,开创了我国藏、阅、办公功能分开,平面建筑设计呈丁、工、山、日等字形的时代。从总体上说,这一时代仍在重藏轻用之列,这一状况,是在 20 世纪 80 年代后,模数式建筑设计在我国图书馆界得到广泛应用并盛行而得到彻底变革的。可以说,我国读者真正能自由地、零距离接触藏书,还是 20 世纪 80 年代以后的事。

三、普遍服务,以人为本的智能生态化图书馆建筑设计理念

图书馆的服务,需要满足到馆和不到馆读者需求的服务理念,是建立在图书馆公共、公开、公平、免费、自由获取信息的理念上的。《世界人权宣言》中明确规定:人人有权享有主张和发表意见的自由,此项权利包括持有主张而不受干涉的自由和通过任何媒体、不论国界寻求、接受与传递消息和思想的自由。要达到这一民主社会构建的目标,除了依赖于社会成员的良好教育外,还依赖于知识、思想和信息的无限开放。20 世纪 60 年代末,学界提出了一种新的公政学理论,将以往追求效率为主导的理论转化为强调效率必须与公共利益、个人价值、平等自由等价值目标结合起来才有意义,图书馆作为一种公益机构,在实现信息中的公共利益、个人价值、平等自由等价值目标方面占有重要地位。21 世纪图书馆理想的服务理念,应体现在 4 个方面:① 信息和知识的获取自由;② 知识资源的公开与共享;③ 公共服务平等;④ 为到馆读者和不到馆读者服务并重。以上 4 点,可以归纳成为读者实行"普遍服务"的理念,开展的是一种"任何人在任何地方都能够以合理的方式和公平的标准获得图书馆服务"。

普遍服务的理念,深刻地影响着新时代图书馆建筑设计的理念。由于实行普遍化服务,就图书馆服务而言,只存在两种类型的读者,第一类是到馆的读者,第二类是不到馆的读者。在知识社会中,读者对知识信息资源需求不断增加。在数字化信息时代,数字化图书馆已成为一种发展的必然趋势,知识数字化服务的工作不断深入,服务范围不断扩大,图书馆的服务对象已远远超出本馆地区范围,而是扩大到跨地区、跨国界甚至全球范围,越来越多的信息资源以数字形式存在,数字化的高存贮量、方便、快捷、不受时空限制的特征,使读者对数字资源的依赖性不断加强。数字化信息正逐步成为读者获取信息的主流,大力开发的开放存取资源,可使任何读者免费在线获取,不受限制地利用。

图书馆的建筑核心理念,将由智能化和生态化组成。对于到馆的读者,其以人为本主要

体现在藏书、设备、建筑、管理、人员等各要素能够符合读者需求的人本思想的实现。对于不到馆的读者,通过图书馆智能化的服务,实现符合读者需求的人本思想的体现。他们主要是通过以计算机网络为核心的信息传输技术实现对图书馆信息的利用。20世纪90年代兴起的信息高速公路,打下了扎实的信息系统基础。紧接着的数字图书馆的研讨与发展,极大地促进了图书馆的远程服务。未来图书馆建筑的发展理念,将是智能化、生态化,其设计完全是围绕着这一理念进行的。从生态角度出发,图书馆建筑平台要解决好按生态系统的客观规律,指导图书馆进行可持续发展的建设,解决好图书馆各要素的生态环境结构、机能和规划以及图书馆智能系统人本化协调。

著名的英国建筑师哈里·佛克纳·布朗(Harry Faulkner-Brown)根据图书馆建筑的特性,提出了图书馆建筑的10条原则:适应性、紧凑性、可及性、扩展性、可变性、组织性、舒适性、稳定性、安全性和经济性。这种对"人本思想"的深刻领悟,对图书馆建筑适应社会发展而给予强烈的弹性,具有深刻的哲理。现阶段,追寻图书馆的本质,可以描述为:图书馆建筑是满足和辐射人们追索客观知识的建筑物,它是与图书馆的价值观相符的艺术品。图书馆建筑的智能与生态化完美地结合,将是其可持续性发展的长期目标。

参考文献

[1] 鲍家声. 图书馆建筑[M]. 北京:书目文献出版社,1986

[2] 吴稌年. 中国近代图书馆学的学术转型[J]. 图书情报工作,2004(10):52—54,102

[3] 刘蔷. 世界著名图书馆[M]. 长春:吉林教育出版社,1999

[4] 杨威理. 西方图书馆史[M]. 北京:商务印书馆,1988

[5] 中国大百科全书出版社编辑部. 中国大百科全书:图书馆学、情报学、档案学[M]. 北京:中国大百科全书出版社,1998

[6] 文化部图书馆事业管理局科教处. 世界图书馆事业资料汇编[M]. 北京:书目文献出版社,1990

[7] 刘国钧. 图书馆学论文选集[M]. 北京:书目文献出版社,1983

[8] 赵福来. 图书馆建筑与设备[M]. 武汉:武昌文华图书馆学专科学校,1935

[9] 方金庸. 图书馆建筑时应注意之点[J]. 大厦图书馆报,1937,3(4). 见:本社编. 近代著名图书馆馆刊荟萃续编第18卷. 北京:北京图书馆出版社,2005

[10] 范并思. 公共图书馆精神的时代辩护[J]. 中国图书馆学报,2004(2):5—11

[11] 叶鹰. 科学化图书馆学及其问题建构[J]. 中国图书馆学报,2006(2):15—18

[12] 徐引篪. 图书馆普遍服务的理念及其实现[J]. 图书情报工作,2005(12):75—78

[13] 吕维平. 从服务成本视角看图书馆建筑设计[J]. 图书情报工作,2005(3):123—125

热带气候对图书馆建筑影响浅探

温小明　麦笃彪

摘　要：本文围绕南方地区地域特征，论述热带气候对图书馆建筑的影响。通过对图书馆建筑实例的总结与分析，提出建设中需要重点考虑的问题及有关对策，以便相关地区图书馆建设时参考借鉴。

关键词：热带地区　图书馆　建筑　气候影响

一、热带地区及海南省气候特点

随着国家对文化事业的高度重视和大力支持，各地图书馆建设进入了兴建、扩建的大好时期。作为一种特定功能的建筑类型，图书馆建筑不仅受到规模、投资、周边环境以及风格式样、功能布局等各种因素的影响，而且，与不同地域的气候特征有着很大的关系。

南方地区气温高，雨量充沛，空气湿度大，与北方地区四季分明、雨量少、空气干燥等特点，形成明显的地域差异。这些差异性在一定程度上影响着图书馆建筑的结构、造型、用料以及工程施工等具体问题。

在南方地区当中，海南岛因独特的地理环境而迥异于国内其他地区。海南岛属热带季风海洋性气候，年平均气温高且持续时间长。夏秋季雨量充沛，多热带气旋和暴雨，是世界上同纬度降雨量最多的地区之一，平均年雨量达 1 640 mm。日照强烈，年日照时数达1 780～2 600 小时，太阳总辐射量4 500～5 800 MJ/m²。海南省是全国地震和雷击高发区，每平方公里发生的雷击约每年 11 次，居全国之首。

二、气候对图书馆建筑的影响及对策

由于海南岛特殊的地理环境，对图书馆建筑的影响尤其明显，因此需要有一些因地制宜的特殊设计要求。

（一）朝向与光照

根据我国的自然条件，图书馆以坐北朝南为最理想的朝向。它朝阳背风，可以充分利用自然光照，又避免冬季北风的侵蚀，十分符合我国的地理环境和节能环保的理念及要求。而对于地处热带地区的海南岛来说，坐北朝南却不一定是最佳选择。海南阳光可照时间长，紫

作者简介：温小明，海口经济学院图书馆馆长。

外线强烈,对文献的损害很大,书籍容易晒黄、脱色,发生脆化,影响到保存和使用寿命。光盘等非书资源更忌讳强光和湿热的环境。因此,图书馆建筑的主朝向可以选择面东或面北,对避免阳面长时间强光照射,以及通风、降温、保护文献均有益处。

目前,海南地区一些高校图书馆和省公共图书馆大都选择了东、北等朝向,这是十分有道理的。

图1　海南省图书馆(面北)

图2　海南师范大学图书馆(面北)

海口经济学院图书馆(简称海经馆)虽然希望避免这个问题,但由于建设基地位置及周边环境限制,图书馆主体仍然呈南北朝向,但采取了一些相应的补救措施,如调整了原大玻璃幕墙的设计,缩小窗户尺寸,并采用镀膜玻璃,以减少紫外线射入。

(二)通风与空调

海南地区夏季炎热且持续时间长,因此通风和降温是首先应考虑的因素。那种形状方整、平面空间过大的图书馆建筑

图3　海口经济学院图书馆(面南)

体型对海南地区很不适宜,既不利于自然采光,也不便于自然通风。海经馆最早提出的设计草案为 60 m×60 m 的正方形体型,虽然计划安装空调,但根据学院财力,并吸取了一些图书馆的教训,最终将设计方案改为"L"形造型,各边进深均控制在 27 m 以内,且空间开敞无隔断,确保了空气对流,不论日常是否开启空调,均可利用自然通风为室内降温。

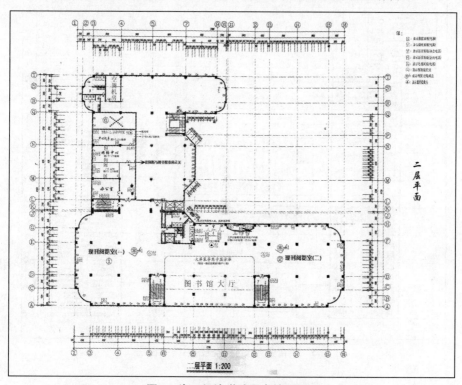

图 4 海口经济学院图书馆平面图

由于海南尚属于经济欠发达地区,因此目前除海经馆以外,各高校图书馆均未安装中央空调。但从长远考虑,配置中央空调系统应该是今后发展的方向。它可以确保室内空气温度、湿度的适宜性,提高图书馆环境的舒适度,从而促进服务质量和效益的提高。

就目前情况看,采用自然通风和中央空调混合模式应该是最佳方案。日常尽量利用自然通风以减少运行成本,降低费用消耗。即使因财力有限暂时不能配置,在建筑设计时也应将中央空调考虑其中,在工程上做出预留,在层高上留出空调管道的空间,以便今后经济发展有条件时再行引进。此外,在自然通风不畅的部位还应考虑安装电扇,并在综合布线时在需要安装电扇的地方预留电源接口。

(三)天井与防水防潮

前几年,海南的建筑中,经常可以看到大楼带外走廊,或者是"回"字形、内天井并设露天回廊的式样。它们的优点在于给楼上的人提供一个户外活动的空间,也比较通风和敞亮。但这种结构对图书馆非常不适宜,海南岛大部分地区年降水日数超过 100 天,遇着下雨,雨水直接下到走廊,不仅不便于读者行走,更主要的是它非常容易积存雨水,如果排水系统不通畅,迅速积起的雨水会向室内倾灌,直接对屋内的书刊物品造成威胁。海南经贸职业技术学院图书馆就面临这样的问题。该馆是五层带内天井的结构,图书馆中央大厅上方没有遮蔽,遇着下雨,大厅部分完全暴露在风雨中,四边的过廊积水湿滑,严重影响到正常开放。后来计划补加一个玻璃屋顶,但由于经费一直未能落实而无法彻底解决。为此,海南职业技术学院、琼台师范专科学校图书馆在设计和施工方案最终确定前,在建筑专家的指导下,及时对原开放式过廊进行了修改,改为封闭式、可通风玻璃隔墙,从而消除了未来的隐患。

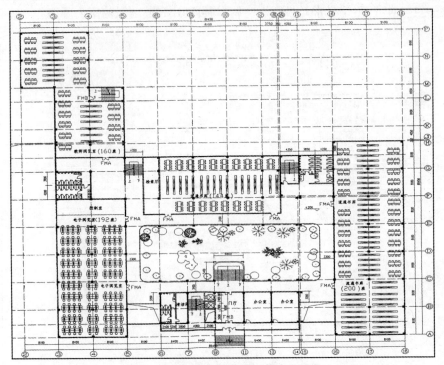

图5　琼台师范专科学校图书馆平面图

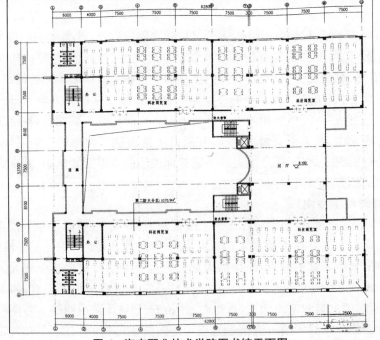

图6　海南职业技术学院图书馆平面图

（四）抗震与防雷

海南属于地震和雷击高发区，对建筑的防震要求格外高，建筑的稳定性必须经得住考验。图书馆空间跨度大，平面承重强，因此，建筑必须足够坚固，开间的跨度，柱网的间距，必须保证平面荷载达到承重强度。海经馆设计之初，某一区域由于结构的限制，立柱跨度曾达到 13.5 m。显然，在相同荷载的情况下，同样作为书库使用，立柱之间的跨度越大，其坚固性和抗震性就越差。为了工程的长远大计，最终学院听取了图书馆的建议，多投入数十万元增加了一根立柱，确保了大楼的抗震安全质量。

图书馆属消防重点部门，除电源、防火通道及消防设施以外，防雷措施也是一项非常重要的工作。目前，建筑虽然安装了避雷针，但这只能防止直击雷的发生，而不能防止感应雷或球形雷的破坏。据分析，目前感应雷的"成灾率"最高，更需要重点防范。因此在防雷方面，除做好直击雷保护外，如条件允许，应安装整套防雷系统，或是在精密仪器设备接口处安装电涌防护设备或避雷器，同时做好接地线网。

（五）防蚁

南方是白蚁异常猖獗的地区，白蚁对建筑物的侵害十分严重。每到春季 4～5 月，白蚁迅速繁殖，在雨后傍晚时分，成千上万的白蚁幼虫会在短时间内像蝗虫一样铺天盖地飞旋起来，一旦进入建筑物或室内开始孳生蚕食，就会对建筑和物品造成很大的威胁。为此，海南地区实施建筑之前，必须要做防蚁害的处理，由专业部门预先添加防虫药物和进行技术指导。这一点对图书馆建筑尤为重要。其他诸如防鼠害等，也必须在设计之初就考虑并加以解决。

（六）装饰装修材料

由于南方气候的特殊性，所以在选择装饰装修和家具材料时，也应考虑气候因素的影响，选择符合气候特点的材质，而不能一味地追求美观或价廉。海南除常年雨水充沛外，每年春夏之交，往往会出现几次比较严重的回潮现象，物品非常容易生霉。因此，凡是使用木制材料，必须在保证已干燥的情况下使用，并在施工中不能求快，要注意适当放缓加工周期，以免材料干裂或生霉菌。对馆内设置的学术报告厅或会议室，从音响效果及美观方面考虑，在一些干燥地区一般可以使用软包，但在海南，由于天气潮湿的缘故，软包不透风，时间久了容易长霉，因此应尽量不做软包装饰。如果使用木料，最好选用实木而不用刨花板材质，否则受潮后很容易损坏。

三、气候对图书馆信息基础设施的影响及对策

气候条件不仅对图书馆的物理环境带来影响，而且也对其技术环境产生影响，因此在自动化、网络化基础设施建设中也必须有对应的措施。

例如，计算机主机房地面不宜铺设静电地板，而应以静电地面为宜，这样即可防静电，又可防潮和防鼠害。在综合布线时，所有管线必须用 PVC 管加以保护，以防水、防潮，尤其是防止鼠害。此外，供电系统中的不间断电源电池组过于沉重，因此最好放在最底层。为防水和防潮，最好安置在高于地面 30～50 cm 的凸形台面上。信息面板的材质应根据不同情况、不同部位选择不同的材料。墙面的信息面板一般可选用塑胶面板，而地面上的则应选用质量较好的铜制合金面板，且含铜量最好达到 85% 以上，既耐用，也具有较好的防潮防锈作用。

四、构建生态图书馆

构建良好的生态环境,使图书馆建筑既经济、实用、高效,又节能环保,是今后发展的方向。特别是在构建节约型社会的今天,更应该充分地利用各种自然资源。海南岛有很多资源有待开发,太阳能源就非常充裕。但目前可利用率却很低。为了加快太阳能的利用,近日,海南省发改厅印发了《关于加快太阳能热水系统推广应用工作的指导意见》,决定从2008年起加快推进海南省太阳能热水系统推广应用工作。无论从节约能源还是从降低运行成本角度考虑,海南地区图书馆均应在利用太阳能方面作出表率,通过引进太阳能装置来解决部分供电、降温等问题,还可以增添一些人性化服务,如免费提供饮用开水等。

海南地区风能也比较充足,是很好的可利用资源,应逐步加以引进,以部分解决图书馆局部线路供电,如梯间照明、应急指示、监控系统等公共照明或独立用电问题。此外,还有雨水的再利用等,都是可以在今后的建筑中加以引进和利用的能源和技术。

南方地区非常适宜植物的生存和生长,无须过多的投入。处于热带地区的海南岛更是四季葱绿,繁花似锦。图书馆应在室内和周边多种植观赏性强的花木,布置绿色景观,为读者营造一个舒适、休闲、生态、环保的读书环境。

参考文献

[1] 海南省气象局. 气候科普:海南气候[EB/OL]. [2008 - 03 - 18]. http://mb. hainan. gov. cn/hnqh. htm

[2] 39 健康网. 雷电是如何成为灾害的[EB/OL]. [2008 - 01 - 24]. http://www. 39. net/Treatment/jjpd/jjpx/jjcs/250425. html

[3] 鲍家声. 现代图书馆建筑设计[M]. 北京:中国建筑工业出版社,2002

[4] 环球能源网. 海南将在几年内全面推广普及太阳能热水系统[EB/OL]. [2008 - 02 - 26]. http://oilgas. worldenergy. com. cn/show. php? itemid - 32779/page - 1. html

信息共享空间的室内空间设计

——关于电子阅览室的功能改造与布局

袁曦临　冯慧瑛

摘　要：本文采用信息共享空间(IC)的理念，从室内空间设计的角度对大学图书馆电子阅览室进行了调整与重新规划，力图将电子阅览室建设成为一个集网络学习、信息咨询、培训教育以及小组实践和休闲讨论功能于一体的信息共享环境。

关键词：信息共享空间(IC)　电子阅览室　图书馆建筑　室内空间设计

日本当代著名建筑师丹下健三(Kenzo Tange)曾经讲过，在现代文明社会中，所谓空间，就是人们交往的场所。公共建筑室内空间是公民共同拥有的空间，是大多数人共享的场所。因此，从功能方面来看，图书馆建筑内部的室内空间无疑属于公共建筑室内空间。而现代室内设计的一个最基本的原则就是在满足人们的生理、心理等要求的前提下，综合处理人与环境、人际交往等多项关系，解决使用功能、经济效益、舒适美观、环境氛围等方面的要求。

图书馆建筑经历了"模数式"、"模块式"的发展，逐渐定位于大平面、大开间的形式，目前普遍采用的是美国人麦克唐纳提出的图书馆建筑设计思想，即以统一柱网、统一层高、统一载荷的"三统一"方式，其建筑理念也逐步由重视形式转向注重服务。但所谓的"三统一"并非涉及所有的空间，功能相对稳定空间和功能经常调整的空间仍是需要区别对待的。

一、现阶段电子阅览室的发展和存在的问题

随着计算机技术、通讯技术的飞速发展，数字化资源和网络资源逐渐增多，数字图书馆的发展日益成熟，"电子阅览室"已经成为了数字图书馆的典型标志之一。经过近20年的发展，各高校"电子阅览室"已成为图书馆建设中必不可少的一个环节。"电子阅览室"以其丰富的软件资源、相对完善的硬件设备、独立宁静的空间成为学生进行网上学习、查找资料以及休闲娱乐的首选之地。大学图书馆的电子阅览室一般拥有丰富的电子资源，如数字图书、数字期刊、随书光盘、视频点播系统，并且不断更新，每台终端上都安装有各种数字资源专用的浏览器，这些是网吧和其他一些机房不可能提供的，是图书馆有别于网吧的优势。

作者简介：袁曦临，东南大学图书馆研究馆员；
　　　　　冯慧瑛，东南大学情报科技研究所硕士研究生。

但是,随着教育教学方式的改进和日趋多样化,特别是社会网络环境的发展和丰富,使得学生的信息需求途径日益多元化,Google、百度之类的信息服务商提供了更便捷的信息搜索途径,社会上的网吧如雨后春笋,随处可见。随之而来的问题是,学生对图书馆电子阅览室提出了新的要求,"电子阅览室"如果依旧沿袭原来的服务模式,仅仅是满足用户上网的需要,显然已不能跟上读者的需求了。

以东南大学图书馆为例,目前利用电子阅览室的读者大致可分为四种类型:

(1) 学习型——学习各种数字资源和应用软件,巩固课堂上学过的计算机知识和其他课程知识,如外语听力教学等。

(2) 研究型——利用网络检索查询所需的各种信息和文献资料,为自己的学习、研究和发展服务。

(3) 应用型——应用计算机和网络提供的各种功能,如收发电子邮件、撰写论文、制作多媒体幻灯片等。

(4) 娱乐型——以休闲娱乐为目的,包括打游戏、网上聊天、视频点播等。

从总的情况观察,娱乐型的读者数量大大超过其他三种类型读者数量的情况。而如果仅仅提供娱乐型的服务,那么大学图书馆的电子阅览室在某种程度上就等同于社会网吧了。由此产生了一个问题,那就是如何解决好电子阅览室的定位问题,如何在定位上区分电子阅览室和网吧,真正培养和留住利用电子阅览室进行课外学习和提高自身信息素养的读者和学生。毕竟电子阅览室的初衷和最终目的是为广大师生的学习、科研提供便利的信息服务。

二、电子阅览室的功能定位的讨论

近年数字图书馆的发展无论是在数字资源建设方面还是软硬件设施建设上都有了长足的发展,但是大学的读者和用户对图书馆资源的认识和利用还是十分有限和欠缺的,尤其是在本科生当中,对于数字资源的了解和使用还是相当陌生的。

以东南大学为例,在2007—2008学年选修信息检索和信息素养课程的本科生中,竟然多数同学从未使用过中国知网(CNKI)和中国科技期刊全文数据库(VIP),甚至大四的学生已临近毕业,开始进入毕业论文的选题阶段了,仍不知CNKI为何物,他们对于信息的获取几乎完全通过Google和Baidu,对于图书馆的认识仅仅停留在借阅图书、阅览期刊、提供自习以及电子阅览室可以上网、聊天、打游戏这些方面。平心而论,图书馆在读者教育和电子资源培训方面做了很多工作,例如东南大学图书馆每个月都提供电子资源的培训周,详细介绍数据库资源的使用,但是效果并不尽如人意。对于研究生阶段的硕士、博士而言,还是有收获的,但对于尚未建立起专业方向的本科生来说,这些培训讲座犹如天书,与其实际需求没有直接关系,因而即使听了,也无法落实到应用上,久之也就放弃了。

而对于任何一个大学来说,本科教育其实都是最根本的,本科生占了在校学生人数的大部分,本科教育是后续的研究生教育的基础。一个在本科阶段缺乏足够信息素养的同学,即便进入了研究生学习阶段,其学习效果和能力必然会受到很大影响。在本科生信息素质培养以及课外学习等方面,图书馆尚未引起足够的重视,特别是电子阅览室远没有发挥其真正的作用和影响。本科生不同于研究生,一般情况下他们不能获得在导师的实验室或院系进行信息素养培养的机会,他们的信息渠道主要来自网络和图书馆,而目前主要给本科生提供信息资源检索和利用服务的电子阅览室仍停留在上网、游戏、聊天等服务上,因而极大地限制了电子阅览室的发展,出现了与网吧同质和读者人数稀少等严重问题。因此明确电子阅览室的功能定位,努力营造一个好的信息环境和学习环境,将是电子阅览室在未来的主要发展趋势。

基于上述调研,本文提出了电子阅览室的四大功能定位:

(1)信息素养实践教学:理论与实践结合是信息素养课程教学的要求,而再也没有任何一个场所能比图书馆电子阅览室更适合作为信息检索课程的实习基地了。各种数字资源的集合,各种阅读软件的配套,馆员的实际操作和问题解答,这些决定高校的电子阅览室必须成为全校的信息素质培训基地,在学生的信息素质培养中发挥巨大的作用。利用电子阅览室进行文献检索课教学,使理论与实践紧密地交叉结合,可以大大提高教学效果。

(2)网络辅助教学:网络学习是将教学内容做成交互式学习教程,从网上发布出去,供网上用户自学的教学方式。国家教育部早已于 2000 年 1 月 31 日正式下发通知,在全国高等学校实施网络教学课程项目试点工作,并将其纳入教育部现代远程教育资源建设计划。大学图书馆电子阅览室必然成为高等学校网络教学工程的首选基地和教室。如何辅助专业和公共基础课的教学,为教学服务,已经成为当今图书馆必须考虑的课题,因此电子阅览室有责任积极参与学校教学工作。

(3)信息资源培训窗口:大学图书馆目前每年要花费大量的信息资源建设经费用于电子资源的建设上,购买的数据库产品逐年增多,对于如此之多的资源的内涵、特点和使用,虽然大多数大学图书馆也进行了宣传和推广,但是在实践层面的应用与指导仍然十分缺乏。电子阅览室拥有良好的环境和软硬件设施,无疑有义务承担信息资源培训和实习指导的任务,成为大学信息资源培训窗口。

(4)文化娱乐功能:现代化的高等教育给学生提供的是一个多层次、多角度、多侧面的完整、系统化教育。大学生不仅要进行基础理论和专业知识的学习,更要进行健康向上的道德情操、文化艺术修养方面的学习。教育要寓教于乐,在轻松愉悦的氛围中完成对学生高尚人格和情操的培养。电子阅览室利用其特有的计算机声像处理技术,将艺术、音乐、美术、心理学和教育学等诸多方面融为一体,从而为学生提供了一个特殊的环境和氛围,娱乐身心,提升修养。

三、从电子阅览室到信息共享空间

心理学家库尔特·列文(K·Lewin)提出,人的行为是人的需要和环境两个变量的函数,即著名的人类行为公式:

$$B= f (P \cdot E)$$

式中:B ——行为(Behavior);

f——函数(Function);

P ——人(Person);

E——环境(Environment)。

此公式表明,人的行为是自身的需求和环境的产物,行为既是人的动机或需求的反应,同时也受客观环境的影响,是对外在环境刺激做出的反应,客观环境可能支持行为,也可能阻碍行为。总而言之,环境、行为和人的需求共同作用推动着环境的改变,推动建筑与室内活动的发展,这就是人类环境行为的基本模式。

因此,在做室内空间设计时,人的行为要求是重要的考虑因素。从对人的行为模式的研究可以看出,人在各类型空间中的活动有着不同的规律,这些规律制约并影响着室内空间设计的诸多内容,如空间的布局、空间的尺度、空间的形态及空间氛围的营造等。一个室内设计师只有在全面综合地了解这些行为规律并运用到相关内容的设计中去,才能有的放矢地进行设计,创造出合理的满足人们物质与精神两方面需求的室内空间环境。

就图书馆阅览空间而言,人们进入图书馆电子阅览室的生理和心理状态大致有以下几种可能: ① 完成作业,查找资料;② 电子游戏等娱乐活动;③ 为了网络社交活动如聊天而进入。这几种不同的生理和心理作用所引起的行为状态的变化是不同的。如果目的是学习,查找资料,一般对环境的选择要求不高,只需安静即可,但会有请教问题和讨论咨询的要求,因此有必要设置咨询区。相反,如果是为了游戏或社交需要,则对阅览室的环境有比较高的要求,特别是对于硬件配置。这种状态的差别,对室内设计具有指导意义。

基于这一原理,本研究提出了一个设想,是否可将信息共享空间(IC)看作是在电子阅览室基础上发展起来的一种服务模式,实现电子阅览室向 IC 的过渡,从而能够真正落实上文所讨论的电子阅览室功能新定位。

对信息共享空间(Information Commons,IC)的表述尽管不同的学者有所不同,但对于信息共享空间实质的理解还是一致的,即将其理解为一个以图书馆实体建筑为主体设施,以各种硬件设备为服务工具,在图书馆参考咨询员、IT 专家、写作专家小组、多媒体工作者的共同指导下,为学生和教师以及图书馆员提供丰富的信息资源、参考咨询服务、写作服务的动静结合的"一站式"服务模式。通过 IC 和电子阅览室进行比较,可以发现电子阅览室满足了 IC 所要求的物理层、虚拟层和支持层的基本要求,在该环境下,用户可以通过图形用户界面获得多种数字服务。两者的差别主要在于功能的定位、环境的构建以及参考馆员的服务上,由此本文设计了将电子阅览室升级为 IC 的改造设想,其核心是将电子阅览室发展成为一种综合性服务设施和协作学习的 IC 环境。

四、IC 的空间布局与室内设计

从电子阅览室升级为 IC 的改造,可以考虑从两个大的方面进行:
① 空间布局,包括各功能区域的划分和硬件及软件资源的配备。
② 内部设计,包括主题风格、色彩、家具等环节。

1. 空间布局

空间布局是空间与场地的规划艺术。隔断是分隔空间、创造新空间的重要界定元素,同时也是空间与空间的呈现媒介。隔断可以分为实体和虚体,也可以分为全隔断和半隔断。隔断有阻隔视线的功能,也有界定空间的功能。利用某种特定的空间分隔元素,可将一个大的展示服务空间划分成若干功能区,如学习区、辅导区、交流区、休息区和娱乐区等,从而做到空间组合有序、科学合理。

根据前文对大学图书馆电子阅览室所提出和确定的四大服务功能,可以将电子阅览室功能衍生改造的 IC 空间分割为 4 个区域,分别为:课程辅助学习空间、信息素养教育空间、信息资源利用空间和网络娱乐生活空间。对于电子阅览室空间布局的设计,既要基于该电子阅览室的空间面积,同时又要根据 IC 的功能划分,由此提出了对电子阅览室的整体布局总体设想,见图 1。

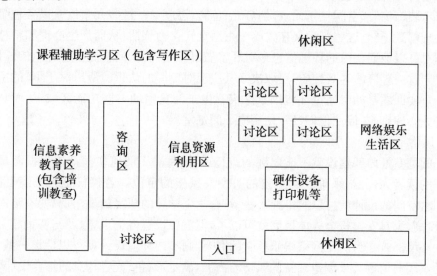

图 1　电子阅览室改造的 IC 空间布局

物理空间是 IC 的物质基础,它包括硬件设备和软件系统。针对课程辅助学习空间、信息素养教育空间、信息资源利用空间和网络娱乐生活空间这 4 个功能区域,主要采用隔断进行最主要的室内区域的分割。

课程辅助学习空间、信息素养教育空间、信息资源利用空间在性质上比较近似,都可以纳入学习空间的范畴,因此可以采用通透隔断进行空间划分,一般是用花格墙、带门洞的隔墙等元素,但对于图书馆来说,也可以用三层、四层书架或书柜或沙发等进行分割,从而使被分隔的空间彼此视线通透,隔而不堵,空间上能够富有层次感和变化。其中的信息素养培训教室则需要采用可视但不可通的隔断,如使用透明有机玻璃或钢化玻璃、金属沙网、镂空花墙等元素,形成相对独立的区域,目的是为了减少声音的相互干扰。

此外,需要设置咨询区,以便图书馆参考馆员和指导教师,对于学生的学习、写作以及信息资源利用等进行辅导。参考咨询也是 IC 的基本功能,对于参考咨询区的设置是必需的。在布局上参考咨询区应该处在相对中心的位置,以便学生寻求帮助。参考咨询区还需要放置低矮的参考工具书架和方便交流与讨论的桌椅,既提供咨询的便利,也起到局部遮蔽和分割之用,以适度保证咨询区的安静。

关于网络娱乐生活空间,基本组成除了可上网的电脑、桌椅等必需品的放置之外,很重要的组成区域还有讨论区和休息区。将休息区、讨论区放在同一区域,主要是因为这两处相对都是可以进行交流的场所,不会产生严重的相互干扰。休息区的设计可以是比较多样化的,但因为大学图书馆电子阅览室的面积有限,不可能也不必要提供非常宽敞的休息空间,吧台形式的休息区既可以节约空间,也可以为学生在学习之余提供一个放松的区域。

2. 内部设计

室内环境所包含的内容,从人们对其身心感受的角度来分析,主要有室内视觉环境、听觉环境、触感环境、嗅觉环境等,即人们对环境的生理和心理的主观感受,其中又以视觉感受最为直接和强烈。当人们处于室内环境的包围之中时,人们的思想、情绪和行为等心理要素也同时处在室内环境的影响中。

这些室内环境元素包括空间的围合元素,如天花、地板、墙壁等;设备家居元素,如家具、灯具、五金、装饰物等;空间气氛元素,如灯光、色彩、温度等。这些元素给人以各种综合性的形象和生理刺激,同时这些刺激又在大脑中由感觉转化为感情,从而产生心理和精神上的作用。人们总是以他们获得的环境信息来对环境做出反应,而人们在真实世界里的任何行为,不仅取决于这一环境的客观性质,更取决于其主观对环境的认识。所以对于 IC 的室内设计中的一个重要课题是如何通过环境因素来突显电子阅览室的不同功能区域,从而对使用者产生良好的心理影响,促使他们经常使用电子阅览室。

(1)风格

电子阅览室的内部建设就不能单纯的进行设计,每一个阅览空间都应根据满足于哪种状态模式的读者为依据,来确立阅览室的类型及风格的定位。若仅仅是为了满足读者"学习"的需要,空间的设计就可以简单朴素些,符合学生学习的环境的要求,只要有洁净的整体环境、照度高、家具安排符合人体尺度就可以了,但需要设置咨询区,以及与咨询相关的讨论与交流的环境。若是为满足网络娱乐享受的需要,则室内环境设计就可以活泼一些,甚至营造一定的氛围与情调甚或创造独特的风格与内涵,满足形、色、光、质、意的综合设计要求。

(2)色彩

不同的色彩会产生不同的心理效果,以致影响到人的情绪,这已是共识。图书馆是为学生提供良好的学习环境的场所,因此对于色彩的选择也应该得到应有的重视。根据色彩学,红色、黄色等热烈活跃的色彩或是黑色等冷色调的色彩都容易对使用者产生极端烦躁或是沉闷的心理。这样的图书馆对于学生的学习是没有好处的。而根据研究,由茶色所产生的抽象联想则是雅致、古朴、沉静、淡雅、坚实。因此建议将浅茶色作为 IC 中学习空间的基本色,墙体的颜色则可采用乳白色或是奶油色,起到色彩对比、活跃气氛,同时也保护学生视力的作用。

(3)照明

图书馆电子阅览室是一个相对来说对照明有特殊要求的场所,应该按照不同的区域进行灯光照明的布置,而不需要全部使用统一的照明,学习区的照明相对而言应该明亮些,娱乐区的照明可以减弱些,这样既满足各功能区域的要求,也能减少能源的浪费。特别是在休息区和讨论区,采光和照明可以更为灵活。

(4)家具

家具的选择在注重经济实用、美观大方的同时也必须符合人体特征。首先,家具的风格必须与 IC 的区域功能定位和整体环境吻合;其次,要经济实用、美观大方。在电子阅览室中,最主要的家具就是电脑桌和讨论桌、椅及部分书架。图书馆阅览桌椅"排排坐"形象我们已习以为常,这种格局虽然整齐、肃静,但往往给人呆板、拥挤、压抑、冷漠的感觉。可否设置多元化、错落有致的阅读空间,让每位读者都有自己喜爱的阅读角落。如美国芝加哥大学数字阅览室仿"咖吧"设计,取名为"网络咖啡屋",吧台是电子产品陈列区,读者区配置圆形电脑桌,再配以舒适、休闲圆弧座椅,创造出一种随意、轻松的学习交流空间。

(5)其他

包括对绿色植物需求和对温度、噪声、气味的控制。电子阅览室如此之多电脑产生的辐射会对人体造成伤害已是众所周知的了,因此在电子阅览室环境设计中绿化已经成为不可忽视的美学观点。绿色植物不仅有益于保护眼睛、消除疲劳、提高学习效率,还具有防尘、灭菌、改善室内空气质量、美化环境的功能,更能增添情趣,给读者以清新、洁净、轻松的学习环境。因此在阅览室放置文竹、吊兰、仙人科类等小型绿色盆栽植物,在吸收辐射、二氧化碳和释放氧气的同时,增添室内生机与活力,对视力也起到一定的保护作用。

五、结语

图书馆建筑的规划涉及的方面众多,如建筑学、艺术学、人体工程学等,除去以上的还有对馆员服装和素质的要求,是一个复杂的工程。本文的重点在于对电子阅览室的实体改造和空间调整,因此对其他方面未作涉及。采用了信息共享空间(IC)的理念,从室内空间设计的角度对大学图书馆电子阅览室进行了重新规划,力图将电子阅览室建设成为一个集网络学习、信息咨询、培训教育以及小组实践和休闲讨论功能于一体的信息共享环境。

参考文献

[1] 马坤,王勋荣. 高校图书馆电子阅览室的定位问题[J]. 图书馆学刊,2005(4):28—29

[2] 吴近桃. 人的行为模式与室内空间设计[J]. 金陵职业大学学报,2003,18(1):61—64

[3] 孙瑾. Calgary 大学图书馆的信息共享空间解读[J]. 图书馆建设,2006(10):45—49

[4] 陈群,韦宇航. 公共建筑室内空间设计及发展趋势探析[J]. 广西工学院学报,2007(1):79—81

[5] 韦柳燕,陈岚. 浅论图书馆环境的人性化设计[J]. 文化建设,2007(12):198—199

数字时代的大学图书馆建筑

周进良

摘　要：数字时代的大学仍然需要图书馆,图书馆建筑的实体的存在将是长期的,数字时代的大学图书馆具有多种功能,图书馆建筑在关注技术的同时要体现人文关怀,大学图书馆建筑要遵守图书馆建筑设计规范,大学图书馆馆长在图书馆建筑设计中要发挥重要作用。

关键词：数字时代　大学图书馆　图书馆建筑　图书馆建筑设计规范

不管学术界如何给今天这个时代下定义,"数字"和"网络"恐怕是我们所处时代的两个最重要的关键词。几年前,当数字化和网络化扑面而来的时候,曾经在图书馆界引起了不小的震动,图书馆在数字时代是否像某些专家预言的那样走向消亡? 我们图书馆员是否面临失业的威胁? 几年过去了,我们发现数字和网络并没有取代图书馆的存在,相反它给这个传统而古老的机构注入了新的活力,使之具有了新的生命力,电子图书馆、虚拟图书馆、数字图书馆、复合图书馆等新概念层出不穷就是很好的印证。本文将讨论的视角转到数字时代的大学图书馆建筑上来。

一、数字时代的大学图书馆建筑

1. 数字时代大学图书馆建筑仍将长期存在

关于"数字图书馆"的定义有上百种之多,数字图书馆是一个发展的概念,其本质是数字化资源,网络化存取和分布式管理。本文无意对数字图书馆的概念进行深入研究,只就数字时代大学图书馆建筑这个问题进行研究。图书馆建筑是构成图书馆的基本要素之一。尽管随着计算机技术、通讯技术、网络技术在图书馆的全面应用,虚拟图书馆、网络图书馆、数字图书馆等新概念层出不穷,30 多年前就有学者曾预言作为建筑实体的图书馆将消失,代之以进入家庭和办公室的网络终端,但事实情况是,随着经济的发展和社会的进步,人们的精神文化需求越来越高,图书馆越建越多、越建越大。虽然计算机和宽带网已进入办公室和家庭,但图书馆里的书卷味、学术氛围、舒适的阅读环境和图书馆给予读者的人文关怀是只有到图书馆的人才会体会到的。今天网络已经融入我们生活的各个方面,在大学里,无论是教室还是图书馆、宿舍都已经设置了网络接口,有的还建立了无线网络,可以说网络已经无处不在、无时不在,人们获取信息非常方便,因此出现了这样一种观点,即随着网络的普及和数

作者简介：周进良,唐山师范学院图书馆文献检索教研室主任,研究馆员。

字资源的发展,现在这种实体的图书馆建筑将会消失,而代之以无时不在无时不有的网络。从技术上来说这样一种信息环境已经成为现实,而现实中各大学图书馆仍然存在着,并且新建扩建图书馆正在形成高潮。就拿唐山这样一个中等城市来说,唐山现有高校共 8 所,4 所本科高等学校都已新建和扩建了图书馆,4 所高等职业技术学院也有 2 所建设了新图书馆,还有 2 所正在新校区中谋划新图书馆。因为大学图书馆能够为学生们提供良好的学习环境,所以成为大学生活中永远值得回忆的地方。笔者在大学图书馆工作了 20 多年,观察到学生们非常钟爱图书馆,虽然教室里也提供一种安静的学习环境,但与图书馆比起来还是缺乏一种氛围。正如李明华先生指出的,现在的图书馆已不单单是借书和阅览的场所,它还是一个交流的场所、文化的场所,这种文化味是其他场所没有的。

另外,在数字图书馆时代印刷本图书、期刊等文献形式还将长期存在,这与人们的阅读习惯及每种文献的特点有关,这些印本资源也可以通过图书馆的 OPAC 反映出来,有的学者将这种资源也归为数字资源,即以数字的形式反映馆藏。这些印本文献在不断地增长着,因此图书馆建筑实体的存在将是长期的。

2. 数字时代大学图书馆建筑的多功能化

传统图书馆的功能是以书为中心组织的,图书馆的所有工作都是以书为中心,采访、分类、编目、流通、阅览等工作都是围绕图书而展开的,现代社会图书馆的功能已趋向多元化,除了具备传统图书馆的一切功能外,还具有信息咨询中心、文献信息中心、文化教育中心、学术交流中心、网络技术中心和技能培训中心等多种功能。大学图书馆的这种多功能、多层次服务职能的扩展和加深,必然要求图书馆建筑在设计上进行创新,进行多功能设计,为图书馆的发展和教育事业的发展提供无限空间和可能,为图书馆多功能服务的有效发挥提供物质基础。

3. 数字时代大学图书馆建筑将是技术与人文的完美结合

图书馆的本质是人文的,在过去、现在和将来,它都不是什么科技的产物。图书馆的历史使命是传承人类文明,图书馆的社会责任是广布科学文化,科技只是其手段之一。遗憾的是目前图书馆界从理论研究到实际工作乃至专业教育都把一些技术问题提到了压倒一切的高度。现代大学图书馆里充斥了各种各样的技术设备,门禁系统、监控系统、消防系统、检索终端以及各借阅区的扫描仪、计算机,给人的感觉是冷若冰霜,因此要在图书馆建筑上体现出对人的关怀。人文关怀就是要以尊重人、方便人为根本,未来大学校园的图书馆不会再是一堆由水泥、钢筋、设备堆积起来的冰冷的建筑,而是以建筑与环境和谐统一,富有时代气息、人文关怀情感、文化教育特色,以及环境优雅舒适、方便读者使用和个性化、人性化的设计,成为广大师生流连忘返的知识乐园。大学图书馆建筑如何体现人文关怀给建筑师留下了广阔的展示才华的空间。

二、数字时代大学图书馆建筑应注意的几个问题

1. 落实科学发展观,建设可持续发展的大学图书馆

党的十六届三中全会明确提出了要坚持以人为本,全面、协调、可持续发展的科学发展观。现在我国各行各业正落实科学发展观,具体到图书馆建筑上来落实科学发展观大有文章可做,坚持贯彻以人为本、全面协调可持续发展的科学发展观,也应是大学图书馆建筑的指导方针。图书馆建筑能否节能环保,主要在于决策者对科学发展观的贯彻,对相关法规的

了解和对图书馆建筑科学的认识。政府部门和学术团体应共同组织对决策者宣讲以科学发展观为指导的图书馆建筑理念与相关法规。决策者牢固树立基本国情观念、务实为民观念、节俭建设观念，通过他们依法行政，把科学发展观、以人为本、节能环保落到实处，通过他们的决策大力倡导节能环保图书馆，凡不符合的一律不予批准。

笔者曾参与唐山区某图书馆的规划，该图书馆的设计单位对《图书馆建筑设计规范（JGJ 38—99）》所知不多，在设计时完全按照全封闭全空调设计，可开启窗户不多且整体建筑窗户面积较小，在我国每年还有700所左右的县图书馆无一分钱购书经费的情况下，该图书馆这样设计就不符合科学发展观，据估算这个图书馆建成后每年的用电费用就可达几十万元；而且，立足自然采光和通风对于减少室内空气污染和节约能源以及促进可持续发展也是非常重要的。2003年春季"非典"（SARS）肆虐流行，医学专家指出阳光照射和空气流通是阻断传染源的最佳手段。我理解图书馆建筑落实科学发展观，就是要立足于自然采光和自然通风进行设计，局部安装空调，尤其是北方地区冬天都有暖气，相对于用电取暖要节省得多，这样既关注读者身体健康又节省能源，真正是以人为本，可持续发展。

2. 功能决定造型

建筑造型是民族和时代的产物。一座漂亮的图书馆建筑造型产生的精神力量是巨大的，它给读者以亲切感，使读者感觉赏心悦目，愿意到图书馆来阅读和进行研究。如1998年5月落成的北京大学图书馆新馆与旧馆巧妙衔接，建筑造型以中国传统建筑风格为主，整体布局南北对称，主楼的大屋顶采用琉璃瓦仿古屋面，质朴大方，端庄稳重，实现了与原有校园建筑风格的完美、和谐、统一，既保持了北京大学燕园古典建筑的传统风格，与校园景观浑然一体，又体现了现代建筑的时代特征。建筑造型和功能有时会产生矛盾，漂亮的建筑造型给人以赏心悦目的审美感受，然而漂亮的造型有时会影响功能的发挥。近年来，由于经济相对宽裕，大学图书馆越来越讲究建筑风格和造型，笔者认为造型应与功能结合起来，不能为了造型而牺牲功能。有的图书馆单纯追求标志性，造型独特，标新立异。有的图书馆为了追求"气魄"，在馆舍大厅中心位置设计"共享空间"，其底层面积有成百上千平方米，直贯楼顶，并覆以全新材料的玻璃屋顶，悬挂大型吊灯，体积有数千立方米，不仅给冬季采暖造成浪费，而且也不利于卫生保洁。

近几年普遍对标志性建筑存在误读，一些大学将图书馆作为校区的"标志性建筑"，要求建造得很高而且处在校园的中心位置。同济大学嘉定校区图书馆地上14层，高65 m；江南大学图书馆18层，高76.9 m；重庆工学院图书馆为18层；西南大学图书馆设计方案17层；2005年建成的湖北大学图书馆新馆建筑面积42 051 m²，共12层，3部观光电梯不停地上下运行；杭州下沙大学城近几年建成的许多高校图书馆在10层以上。这样的层高对读者来说是非常不便的。唐山竟有两所大学的新校区图书馆与办公楼合建成高层建筑，一栋图书馆位于其中的2~5层，另外一栋位于1~5层，5层以上是学校的行政办公区，图书馆成了去办公区的必经之路，对图书馆安静的阅读环境实在是一大损害。后来笔者问及非要盖成高层的原因，答案是高层大楼显得气派，教室如果是盖成高层的话同学们上下楼梯非常不便，所以只有将图书馆与办公楼盖在一起了，这明显违背了《普通高等学校图书馆规程（修订）》规定的"高等学校应按照国家有关标准，建造独立专用的图书馆馆舍"。因此如果用地不是特别局促，图书馆宜单独建造且以不超过6层为宜，这样读者上下以步行为主，电梯为辅，既方便利用图书馆，又节省读者时间、经费和能源，可以说符合科学发展观。上述两所高校图书馆均为新校区新建图书馆,不存在用地局促问题,单纯就是为了盖大楼,为了气派。现在的大学以为有了大楼就能办好大学,就能出大师。其实正如梅贻琦先生所言"大学者非谓大楼之谓也,而大师之谓也。"而大学图书馆正是培养大师的地方,大学图书馆建筑要方便这些未来的大师利用才行。

3. 大学图书馆建筑应遵守规范

建设部、文化部和教育部于 1999 年以建标〔1999〕224 号发布并实施的《图书馆建筑设计规范(JGJ 38—99)》,是我国建造规划图书馆的国家标准,国内各类图书馆建设都应以此为标准设计建造,该规范对图书馆建筑的选址、平面布置、建筑设计、文献资料防护、消防和疏散、建筑设备等都作了详细规定。然而这样一部标准不单单是大学图书馆的馆长们不知道,学校的基建部门也不知道,更让人不可理喻的是我们的很多建筑设计院也不了解,馆长在图书馆建设过程中基本不起作用,有的是责任心不强,有的馆长认为反正我说了也不算,于是简单交上一份设计任务书就万事大吉,有的甚至连一份简单的设计任务书都没有,等盖出来的图书馆不合自己使用要求,木已成舟,再改动已是不可能的了,于是只好将就使用,这样的例子太多了。因此,规范的主管部门应就规范的推广和应用加以研究,使得各建筑设计院和文化主管部门、教育主管部门知晓这样一部规范,减少在图书馆建筑设计中的随意性,提高科学性,落实科学发展观。

建设一所大学图书馆是百年大计,图书馆建筑要经得起时间的考验,若干年后人们会评说这座建筑的得失,本文意在对今后大学图书馆建筑提出一些看法以就教于同行。

参考文献

[1] 中国建筑西北设计研究院编. 图书馆建筑设计规范[S]. 北京:中国建筑工业出版社,1999

[2] 刘君君. 李明华的图书馆建筑思想[J]. 图书馆工作与研究,2008(3):86—88

[3] 李明华. 李明华. 新理念,新模式,新建筑[J]. 大学图书馆学报,2002(1):68—71

[4] 周进良. 图书馆建筑的人文精神[J]. 图书馆理论与实践,2005(3):78—80

[5] 刘旭晖. 浅议高校图书馆建筑人文关怀设计要素[J]. 河北科技图苑,2008(3):12—15

馆藏数量与馆藏面积探究

刘征鹏

摘 要：根据高校图书馆的有关统计数据，针对高校图书馆馆藏数量与馆藏面积所存在的问题，提出相应对策。

关键词：馆藏数量 馆藏面积 高校图书馆 图书馆建筑

引言

1999 年以来，我国高等教育面向大众化的转变，方兴未艾。随着高等学校扩招不断深化，以及自 2003 年始，教育部正式确立周期性的教学工作水平评估制度以后，作为高校三大支撑体系之一的图书馆，在面临机遇的同时，也接受着挑战，即：在网络化发展的今天，高校图书馆规模（馆藏数量、馆藏面积）在面临诸多因素的影响下，如何与时俱进、维系可持续性发展的态势，无疑具有重大的现实意义与深远的历史意义。为此，笔者就高等学校图书馆的馆藏数量与馆藏面积的探讨，就教于业内同仁。

一、现状

（一）全国高校图书馆现状

从全国来看，馆藏数量与馆藏面积的发展变化巨大。具体表现在：① 馆均藏量，1956 年仅为 17.6 万册，1981 年则为 28.9 万册，1989 年为 34.2 万册，1994 年为 38.7 万册，2005 年已达 64.04 万册；② 馆均面积，1956 年仅为 1 222 m²，1981 年为 1 970 m²，1989 年为 3 247 m²，1994 年为 5 100 m²，2005 年已达 8 758 m²（2005 年数据见页下注①）。

作者简介：刘征鹏，华中科技大学图书馆。

① 2005 年普通高等学校图书馆主要统计数据　教育部高等学校图书情报工作指导委员会网站(http://www.tgw.cn/)

馆均面积的不断扩大,是基于馆藏数量的增多,进而引发新建馆的数量及单体建筑面积的扩大。1978～1994年新建馆建筑面积主要集中在2 000～7 000 m²,其比重为62%;7 000～11 000 m²为18%;14 000～20 000 m²为20%[①]。90年代后,馆均建筑面积逐渐扩大,其中面积在5 000～10 000 m²的新馆占总数的34%,1万～2万m²的新馆占总数的30.4%,2 000～5 000 m²的新馆占总数的21.7%,面积在20 000 m²以上和2 000 m²以下的仅占总数的13.9%[②]。近年来,馆藏面积进一步扩大,楼层高度逐渐增高(见表1)。如武汉科技学院2001年竣工的图书馆为1.07万m²,2006年再次兴建的图书馆则为3.37万m²;又如安徽大学2002年竣工的图书馆为2.34万m²,2007年竣工的则为4.07万m²。目前,电子科技大学、云南理工大学及河北科技大学等在建新馆面积均超过5万m²。此外,尚有云南师范大学等高校拟建5万m²以上的新馆。

表1　近年部分高校新馆规模统计

学　校	竣工时间	建筑面积(万m²)	建筑层数	资料来源
黑龙江八一农垦大学	2003	2.62	6	《大学图书馆学报》2006年第四期
中央民族大学	2003	2.45	15	http://210.31.3.212/lib2/
华南师范大学	2004	3.97	6	《建筑学报》2006年第八期
青岛理工大学	2004	2.52	7	《建筑学报》2005年第九期
沈阳化工学院	2004	2.50	5	《大学图书馆学报》2007年第五期
北京林业大学	2004	2.43	5	http://222.28.112.166/BjfuLib/index.jsp
杭州师范学院	2004	3.40	11	《大学图书馆学报》2005年第二期
郑州大学	2005	3.80	5	《大学图书馆学报》2006年第三期
温州大学	2005	3.75	5	《建筑学报》2007年第八期
东莞理工学院	2005	2.56		《建筑学报》2005年第八期
黄石理工学院	2005	2.30	5	《大学图书馆学报》2007年第二期
广州大学	2005	5.60	5	http://lib.gzhu.edu.cn/
武汉科技学院	2006	3.37	10	《华中建筑》2007年09期
南京工业大学	2006	3.60	6	《建筑学报》2007年第六期
华东师范大学	2006	3.97	12	《新建筑》2008年第一期
浙江师范大学	2006	4.10	6	《大学图书馆学报》2007年第五期
武汉科技大学	2006	4.40	8	www.lib.wust.edu.cn/index.aspx
中北大学	2006	4.67	8	http://202.207.182.100/
暨南大学	2007	3.82	8	《大学图书馆学报》2008年第二期
安徽大学	2007	4.07		http://www.lib.ahu.edu.cn/
河南大学	2007	4.75	8	《大学图书馆学报》2008年第一期

① 王文友.普通高等学校图书馆建筑的思考.建筑学报,1997(8)
② 东南大学建筑系.90年代新建图书馆建筑调研总结.大学图书馆学报,2000(5)

（二）地区高校图书馆现状

从昆明地区来看，1993 年统计高校 11 所，拥有图书馆 11 座，馆均藏书 59.75 万册，馆均面积 8 413 m²；1999 年馆均藏书 65.51 万册，馆均面积 9 040 m²。目前，上述 11 所高校图书馆数量已达 20 座，馆均藏书 64.65 万册，馆均面积 10 875 m²（见表 2）。

表 2　昆明地区高校图书馆规模统计

年　份	学校数（所）	图书馆数（座）	馆藏数量（万册）	建筑面积（m²）
1993	11	11	657.3	92 547
1999	11	11	720.7	99 450
2007	11	20	1 293.02	217 502

资料来源：李先绪，宋绮. 云南图书馆历史现状研究. 北京：长征出版社，2001
　　　　　胡刚等. 云南高校图书馆在新世纪的转型. 大学图书学报，2001(2)
　　　　　2007 年的数据系根据上述 11 所高校图书馆网站提供的数字整理

（三）同一类型高校图书馆现状

从民族高校图书馆来看，目前，13 所民族高校共有 20 座图书馆，馆均藏书 51.85 万册，馆均面积为 1.12 万 m²。截止到 2005 年底，① 生均册数平均值为 79.49，最高值 164.36，最低值为 23.94，中间值为 68.33；② 生均面积平均值为 1.89，最高值为 3.83，最低值为 0.54，中间值为 1.76（见表 3）。

表 3　民族高校图书馆规模统计

年　份	学校数（所）	图书馆数（座）	馆藏数量（册）	馆藏面积（m²）
2005	13	20	10 369 061	228 224

资料来源：许西乐，谢穗芬. 对民族高校图书馆现状的分析. 大学图书学报，2006(5)

（四）重点高校图书馆现状

从国家"985 工程"高校图书馆来看，作为我国高校第一方阵，其图书馆的数量、馆均藏书、馆均面积都达到相当规模，馆均藏书达到 101.22 万册，馆均面积已达 1.45 万 m²（见表 4）。其中中山大学图书馆的数量之多（7 座）、规模之大（11 万 m²）均执全国高校之牛耳。即使规模最小的东北大学图书馆（1.6 万 m²）也高出全国平均水平近一倍。

表 4　"985 工程"高校图书馆规模统计

年　份	学校数（所）	图书馆数（座）	馆藏数量（万册）	馆藏面积（m²）
2006—2007	37	118	11 944.3	1 980 300

资料来源：根据中国教育在线（http://www.eol.cn/article/20050508/3136460.shtml）提供的"985 工程"高校名录及各校图书馆网站提供的统计数据整理，由于重庆大学图书馆缺乏相关数据，故未纳入本表。另外，南开大学未计泰达学院；哈尔滨工业大学未计建筑分馆；东北大学未计秦皇岛分校；厦门大学未计漳州校区。

二、问题

（一）理论上缺乏指导

始自 1994 年的普通高等学校教学评估工作于 2003 年正式确立为教育部的一项周期性

制度。其涉及图书馆规模的评估标准,主要以教育部于 2004 年颁布的《普通高等学校基本办学条件指标(试行)》及高等学校图书情报工作指导委员会于 2005 年发布的《普通高等学校图书馆评估指标》(修改稿)中的"生均册数"及"生均面积"为依据(见表 5)。

表 5 目前高校图书馆馆藏生均指标

	基本办学条件指标	图书馆评估指标	全国	地方(昆明)	系统(民族)	重点(985 工程)
生均册数:合格	70—100		69.06	87.93	79.49	83.66
生均面积:m²/生		2.0	1.58	1.53	1.89	1.70

注:表中生均数仅限本专科生及研究生,详见评估指标之注释。

从总量上来看,馆均藏量与馆均面积不断增加,但生均册数与生均面积却自 1999 年高校扩招后大幅下降。根据目前高校现状,不论是从全国整体情况还是从地方现状来看,也不论是从具体某一类型高校还是从国家重点高校来看,实际现状与理论标准尚有相当差距。倘若完全按照该标准执行,则将使现有馆藏规模成倍扩大,这显然是不现实的。

《普通高等学校图书馆评估指标》(修改稿),对生均建筑面积的要求,是基于 1992 年教育部颁布实施的《普通高等学校建筑规划面积指标》中的面积标准(见表 6)。时至今日,高校规模早已今非昔比(见表 7),万人大学比比皆是。理论与实际的脱节,使得图书馆的建筑规模控制处于真空状态。

表 6 按科类分的图书馆规划建筑面积指标(m²/生)

学校科别	学科规模					
	500	1 000	2 000	3 000	5 000	研究生补助
理、工、农、林医、体	2.91	2.45	2.07	1.82	1.54	0.50
文、法、财经、艺术	2.95	2.64	2.25	1.99	1.77	0.55

资料来源:国家教委.普通高等学校建筑规划面积指标(内部发行).北京:高等教育出版社,1992

表 7 高等学校校均规模(在校生数/校)

年份	1992	1993	1994	1995	1996	1997	1998	1999	2000	2001	2002	2003	2004	2005	2006
全国	2 074	2 381	2 591	2 758	2 927	3 112	3 335	3 815	5 281	5 870	6 471	7 143	7 704	7 666	8 148

资料来源:教育部网站(http://www.moe.edu.cn/edoas/website18/96/info33496.htm)

1999 年颁布执行的《图书馆建筑设计规范》(GBJ 38—99),是按照藏书空间、阅览空间、检索空间、公共活动空间和行政办公空间等,根据印刷型文献数量参数为依据来确定建筑面积。在网络环境下的 21 世纪,图书馆的检索空间基本消失,藏、借、阅及网络空间一体化逐渐成为主流。印刷型文献与电子型文献并驾齐驱。从这一层面来看,馆藏面积应该趋于缩小状态,至少保持平稳状态,但现实却是建新馆面积日趋庞大。

(二)实践中脱离实际

早在 19 世纪法国学者让·尼古拉·路易·迪朗(J. N. L. Duraud)就曾经指出:"建筑的

唯一目标,就是'最适用与最经济的布置'。"①而"经济的建筑并不一定是最廉价的建筑,而是一种美观的而且在建造费用、运营费用、人工费用上都便宜合算的建筑"②。"适用、经济、在可能的条件下注意美观",是新中国成立以来所确立的建筑方针。1994年,中国图书馆学会图书馆建筑与设备委员会曾在"高校图书馆建筑评估提纲"中提出建筑空间的经济性③。1997年,国际图联(IFLA)图书馆建筑与设备专业委员会在第十次国际建筑研讨会的主题——"智能化的图书馆建筑"(Intelligent Library)中提出:图书馆建筑具有最大的有效空间;具有最小的维持费用④。

据研究,一栋典型的高层建筑在其50年的使用过程中,最初的造价仅占总消费值的13.7%,而使用能耗则占34.0%⑤。基于图书馆在采光、通风、保温、隔热、防尘、除潮等建筑物理的需要,其后续运营的费用可想而知。如此之大的公共建筑,最终有可能造得起而用不起。事实上,建于2004年的广州大学城一期工程,其图书馆由于规模过大、能源消费过多,巨额的电费负担迫使馆方在37~39℃高温下停用制冷系统⑥。

三、对策

(一) 相对稳定的馆藏系统之必要性

1934年,英国文献学家布拉德福提出了著名的文献检索定律,即后来以其名字命名的布拉德福定律。布氏定律告诉我们:对某一主题而言,1/3的文献集中在3.2%的文献中,而其余2/3则散见于其他文献(布氏所指的文献系指期刊文献)。

1974年,美国学者G.丹尼尔发表了题为《向亚历山大告别》的著名论文,首先提出了大学图书馆"零增长"的概念。翌年,英格兰高等教育拨款委员会(HEFCE)发表了"阿金森"报告,至此零增长理论(Zero-Growth Theory)基本形成。零增长理论的要旨,即:一定规模的图书馆在藏书达到一定数量后,其藏书增长速度应该等于零。

科技文献随着时间的推移,其内容日益变得陈旧过时,失去了作为科学信息源的价值,以及因此越来越少被学者们所利用的过程。这就是文献老化定律,它既是一种客观的社会现象,又是一个复杂的动态过程。

布拉德福原理、零增长理论及文献老化规律为稳定的馆藏系统提供了理论依据。馆藏文献在一定限度内数量的增长与质量的提高是成正比关系的;而超过某一限度之后,数量的进一步增长则有可能导致质量的降低。这是由于数量到达一定规模之后,在外界诸多因素的综合影响之下,其递增的效益受到削弱,从而得不偿失。这正如经济学中的"边际效应"一样:单位数量的增加,其单位效应却是递减的。在某种程度上,流通量是衡量图书馆成功与否的一个主要指标。据统计,到2004年,我国高校图书馆藏书流通率平均低于40%,个别的还不足20%⑦。

① 吴良镛.建筑理论与中国建筑的学术发展道路.建筑学报,2007(2)
② P. A. 斯通.《建筑经济学》(序言).北京:中国经济出版社,1987
③ 中国图书馆学会图书馆建筑与设备委员会.高校图书馆建筑评估提纲.南方建筑,1994(1)
④ 朱成功.记海牙国际图书馆建筑研讨会.南方建筑,1998(4)
⑤ 仝晖.从经济性角度探讨建筑设计的理念及原则.新建筑,2002(2)
⑥ 潘向泷.广州大学城图书馆建筑特色初探.南方建筑,2006(1)
⑦ 刘玉海.大学图书馆该不该成为公众文化乐园.中国青年报.2006-9-11

因此,我们有理由相信,控制数量,提高质量,合理维持一种数量与质量的动态平衡,不仅是藏书建设中的一项基本指导思想;同时,未来大学图书馆建筑面积需求应当以自我更新的图书馆理论为依据。

（二）相对稳定的馆藏系统之可能性

20 世纪 80 年代,美籍加拿大作家威廉·吉布森所描绘的"虚拟空间"(Cyberspace)还只是科幻小说的舞台。但时至今日,IT 的迅猛发展,使"虚拟空间"以极快的速度成为现实。"虚拟空间"的确立,使"场所无所不在"作为信息技术革命的成果,从根本上动摇了建筑功能与空间的概念。图书馆,作为获得知识、信息的场所,由于"虚拟空间"的形成,使其成为可以不分时间、场所,连接多种多样信息的空间。

肇始于 1971 年的"古腾堡工程"(Project Gutenberg,简写为 PG),旨在"鼓励电子书的创建与发布"(Michael Hart)。它是最早并且是由志愿者建立的数字图书馆,到 2007 年 8 月为止,古腾堡工程已经收录了 22 000 部书籍,并且平均每周将新增 50 部。

2004 年 10 月,网络搜索引擎巨头 Google 向世人宣布了"谷歌计划"(Google Print),其中之一就是"图书馆计划"(Library Project),即通过与哈佛大学、斯坦福大学、密西根大学、牛津大学图书馆以及纽约公共图书馆五大图书馆合作,将其全部馆藏(1 500 万册)或部分馆藏图书数字化,供全球读者通过 Google 在网上阅读。

2005 年 10 月,由雅虎、惠普、Adobe 以及微软资助的数字图书馆联盟(OCA)启动了对多伦多大学、加州大学、哥伦比亚大学以及约翰·霍普金斯大学图书馆馆藏数字化的项目。2006 年,微软另外启动与英国国家图书馆合作的其馆藏图书数字化的计划。

1999 年开通的超星数字图书馆(www. ssreader. com),是目前世界上最大的中文在线数字图书馆。它通过与国内近千所图书馆合作,在得到 30 万作者同意授权之后,目前已完成 130 多万种的中文图书数字化,约占新中国成立以来出版书籍的一半。

2002 年,国家计委、教育部和财政部联合下发的《关于"十五"期间加强"211 工程"项目建设的若干意见》(计社会〔2002〕1505 号)的文件中,将"中英文图书数字化国际合作计划(CADAL)"列入"十五"期间"211 工程"公共服务体系建设的重要组成部分。CADAL,其内容之一,就是由中美两国有关高校,将中、英文各 50 万册图书数字化。它与 CALIS(中国高等教育文献保障系统)一起,共同构成中国高等教育数字图书馆的框架。

2007 年,北京化工大学图书馆为方便读者通过网络检索和阅读,同时也为了控制馆藏规模、提高馆藏文献使用效益,开始了全面实施馆藏中文图书数字化项目[①]。

文献数字化与文献网络化,已经使高校图书馆的文献资源结构及文献资源建设发生了相应变化。随着 IT 的进一步发展以及图书馆馆藏文献的不断数字化,维持稳定的馆藏系统具有一定的物质保障。

（三）相对稳定的馆藏系统之关系性

新中国成立以后,我国高校体制全面照搬前苏联模式;改革开放以来,其体制开始与国际接轨。随着 1999 年的高校扩招,各冠名大学的高校纷纷下设学院。由于体制的原因,大学所属的学院有其名而无其实。图书馆作为高校的一个建制,是直属于大学部,各学院所设立的资料室或所谓图书馆分馆,其人员、经费及场所缺乏体制上的保障,因而在运作上无法

---

① 王婷等.中文图书全面数字化的尝试.大学图书馆学报,2008(4)

与学校图书馆形成一个有机系统。目前,高校图书馆只能根据建制设立一个或数个图书馆。而设有数个图书馆的高校,基本上是由于诸校合并或异地另建校区而形成的格局。这一格局直接的结果就是图书馆的规模随着藏书增加而不断扩大,即图书馆数量少、馆藏量多、馆藏空间大且为综合性馆藏。而欧美大学图书馆则是随着各办学实体——学院的发展,由一系列专业图书馆组成的一个有机系统(见表8)。据统计,美国高校图书馆馆均图书29.8万册,63%的大学图书馆馆均藏书低于10万册,百万册以上图书馆的有197所,仅占其总数的6.1%①。据此,合理调整高校图书馆系统内的资源配置,逐渐理顺其相互关系,建立一个各具特色的馆藏系统,不仅有利于馆藏资源建设,而且也有利于其开发与使用,同时在资源的配置上给予充分优化。

表8　美国长春藤盟校图书馆统计

序号	中文校名	图书馆数	馆藏数量(万册)	资料来源
1	哈佛大学	80	1 100	http://hul.harvard.edu/
2	耶鲁大学	27	914.37	http://www.library.yale.edu/
3	布朗大学	12	196.6	http://dl.lib.brown.edu/libweb/index.php
4	宾州大学	14	328	http://www.libraries.psu.edu/
5	康乃尔大学	21	782.9	http://www.library.cornell.edu/
6	哥伦比亚大学	46	600	http://www.columbia.edu/cu/lweb/
7	普林斯顿大学	12	600	http://libweb.princeton.edu/
8	达特茅斯学院	9	210	http://www.h—edu.com/html

结束语

综上所述,高校图书馆馆藏数量与馆藏面积,无论从理论上还是在实践中都应给予相应控制。1979年12月31日,教育部制定的《一般高等学校校舍规划面积定额(试行)》,曾对高校图书馆的馆藏规模设有下限标准;日前,由住房和城乡建设部等部委联合颁布的《公共图书馆建设用地指标》及《公共图书馆建设标准》(建标2008〔150〕号)已于年内实施,该指标及标准确立了以服务人口为主要依据确定公共图书馆建设规模的原则,并第一次明确提出了未来5~10年我国公共图书馆建设规模控制的主要指标。但目前高校图书馆建设规模尚依据十几年前的标准,为此,有关高校图书馆建筑的规范、标准应结合中国的国情,针对不同类型、不同规模的大学,不仅要与时俱进,同时也要设置其规模标准。

参考文献

[1] 夏铸九.网络社会的大学节点——作为异质地方的大学图书馆[J].新建筑,2007(1):11—16

[2] 高冀生.现代高校图书馆建筑设计再认识[A].见:戴利华.2003海峡两岸图书馆建筑设计论文集[C].北京:北京图书馆出版社,2003:236—244

[3] 鲍家声.图书馆建筑发展趋向与设计对策[J].新建筑,2002(6):4—7

① 顾健.美国大学图书馆调查数据及其启示.大学图书馆学报,2005(3)

［4］张玛龙,吴让发.资讯科技对大学图书馆空间影响调查研究［J］.建筑学报（台湾）,2000,34:137—152

［5］王元忠,张玉霞.论图书馆建筑规模的得当［J］.图书馆建设,2005(1):104—106

［6］刘征鹏.藏书数量与质量的辩证关系［A］.见:黄家发.高校图书信息工作与改革［C］.北京:中国文史出版社,1999:41—44

［7］朱小玲.藏书发展稳定状态理论与高校馆藏书建设的可持续发展［J］.大学图书馆学报,2001(3):45—48

［8］古腾堡网站(http://www.gutenberg.org/about/faqo)

［9］王雯.当欧洲质问 Google 的时候——《当 Google 向欧洲挑战的时候》书评［J］.大学图书馆学报,2006(5):100—104

［10］潘宏.Google Print 简介.:http://www.istis.cn/list/list.aspx? id＝2203,2005年 9 月 12 日

［11］超星数字图书馆网站(http://help.ssreader.com/♯111)

［12］百万册书数字图书馆项目在中国的背景情况(http://www.cadal.cn/)

图书馆新馆建筑资料整理及方式探讨

姜耀锋

摘　要：图书馆作为建筑项目的最终使用者,是否应该整理一套适合今后日常运行所需的建筑资料。尤其接手的是一个新的建筑,对于电源、空调、通讯、网络、消防、给排水等等这些作为图书馆日常运行必不可少的条件和环境,是否应该了解、熟悉和掌握。每个楼层的结构如何? 每个楼层的荷载如何? 电源的总功率是多少? 每个楼层又是如何具体分配的? 空调机组功率是多少,又是如何具体分配的? 建筑物的 BA 系统是如何管理的? 综合布线系统又是如何布置的? 大楼每年的消耗是多少,具体是哪些项目? 即便有专门的物业公司,作为建筑物的使用者和管理者,图书馆是否也应该了解和掌握? 图书馆对大楼的了解和管理应该有别于办公司的租赁者对办公楼的了解和管理。在建筑资料的整理和利用上能否在"纸库"的基础上利用电子资料再建立一套"脑库"。

关键字：建筑资料　FLASH PAPER　脑库

一、新馆建筑资料整理的必要性

图书馆的新馆建设,随着新馆开馆的鞭炮声宣告新馆建筑设计结束;新馆施工结束,而建筑物的使用者图书馆则刚刚登场。一个新的建筑,一个新的图书馆：每个楼层的结构如何? 每个楼层的荷载如何? 电源的总功率是多少,每个楼层又是如何具体分配的? 空调机组功率是多少,又是如何具体分配的? 建筑物的 BA 系统是如何运行的? 综合布线系统又是如何布置的? 大楼每年的消耗是多少,具体是哪些项目? 即便有专门的物业公司,作为建筑物的使用者和管理者,图书馆是否也应该了解和掌握? 图书馆对大楼的了解和管理应该有别于办公司的租赁者对办公楼的了解和管理。

图书馆作为建筑项目的最终使用者,是否应该整理一套适合今后日常运行所需的建筑资料。尤其接手的是一个新的建筑,对于电源、空调、通讯、网络、消防、给排水等等这些作为图书馆日常运行必不可少的条件和环境,都有一个熟悉、了解和掌握的过程。因此,图书馆新馆建成后的资料整理工作是新建图书馆的一项重要和必须要做的工作。

那么图书馆在众多的建筑资料中应该如何把握,如何整理出一套今后日常运行必不可少而且对将来布局的调整、改建、扩建都有使用价值的建筑资料呢?

作者简介：姜耀锋,华东师范大学图书馆。

二、新馆建筑资料整理的内容和对象

新馆建筑资料产生于新馆建设的每个阶段,有前期筹备过程中形成的文件材料和图纸,包括项目建议书、方案论证报告、会议纪要(记录)、调研报告、专家建议、评估及可行性研究报告、征地文件、合同协议、拆迁文件、赔偿文件、各种许可证、勘察报告、审批文件等;有设计单位在设计过程中形成的设计方案、设计图纸、报表、模型等文件材料;有施工过程中形成的文件材料,如施工合同(协议)、图纸会审记录、组织设计、开工与竣工报告、鉴定书、测量、试验记录、质量监督等文件材料;有图书馆家具、设备的申请报告,招投标文件,采购合同,经费决算等;还有诸如计划、总结、请示、报告、批复、领导讲话、领导视察等文件、照片材料等。

这些资料大致可以分为多个方面:

1. 前期筹备过程中形成的文件

如:项目建议书、可行性研究报告、方案论证报告、建筑设计任务书等。

这部分资料,还应该包括图书馆在新馆建设中根据现代图书馆的建设理念、功能等要求提出的一些文件材料。诸如:图书馆关于馆舍面积的需求说明,关于楼层面积的需求说明,关于馆舍藏书计算依据的说明,关于馆舍功能布局的需求说明等。

2. 设计过程中形成的文件

如:初步设计图纸、效果图、初步设计修改意见书等。

初步设计可以反映出外观效果和内部功能是否与图书馆的要求相吻合;现代图书馆设计的一些新理念,是否在初步设计中得到了反映;将来落成启用后的图书馆在开放性、灵活性、舒适度上是否能够如愿实现;是否达到图书馆界近年来一直强调的大开间理念;能否在兼顾消防要求的基础上达到图书馆对人流和物流的管理等等。围绕着这些问题,图书馆与设计单位进行多次讨论的意见书交往文件,这也是图书馆建筑过程中的历史记录。

3. 智能化建筑设计文件

智能化建筑设计文件包括:智能化建筑设计任务书、安全防范设计任务书、综合布线设计任务书、弱电招标文件、弱电设计图等,还应该包括图书馆提出的有关智能化功能要求的说明文件,如消防报警需求说明、安全防范需求说明、门禁巡更需求说明等文件。

4. 施工过程中形成的文件

如:施工招标文件、图纸会审记录、监理例会记录等。

施工过程中产生的文件材料数量较多,它反映了建筑物的质量、过程,对于整个建筑物具有重要的凭证、查考价值。但对于建成后的图书馆利用率并不高,可以完全委托和依靠学校档案馆来完成。

5. 室内布置装饰文件

这其中包括:室内布置装饰招标文件,装饰设计公司的多种设计图,包括天花、墙面、地坪、照明、颜色搭配等的设计图、效果图,以及图书馆根据现代化理念、人性化理念、绿色环保理念等提出的室内布置装饰需求报告以及发生的多次修改意见报告。

6. 竣工阶段的多种竣工图

竣工图对图书馆的日常运行和今后可能发生的布局的调整、改建、扩建等工程具有重要的参考价值,是利用率最高的建筑资料。图书馆应该掌握一套完整、准确的各种竣工图,包括:

楼层结构图、楼层的荷载图、楼层面积图。

强电竣工图：装饰电气施工说明图、电气配置系统图、楼层照明竣工图、楼层动力竣工图等。

弱电竣工图：弱电系统图、弱电楼层竣工图。

暖通竣工图：空调机组功率的配置与分配、空调管线的走向等竣工图。

给排水竣工图：包括消防喷淋系统图。

7. 家具、设备采购过程中形成的资料文件

在新馆建设的过程中除了设计、施工、装饰项目外，图书馆还有家具的布置、需求、采购以及设备的需求、采购等众多工作。这些工作所产生的招标文件，投标文件，采购合同、清单等都是今后备用备查的资料。

● 家具需求报告，设备需求报告。

● 家具招标文件，设备招标文件，家具采购合同，设备采购合同等。

● 全部家具的采购和分配清单。

● 全部设备的采购和分配清单。

● 楼层家具平面布局图：通过楼层家具平面布局图可以看到平面布局的效果，同时也是家具采购数量的招标依据。

8. 其他资料的整理

包括奠基仪式、竣工仪式、开馆典礼、领导视察等有纪念意义的文件、照片、录像等资料。

三、新馆建筑资料整理的方式和方法

新馆建设过程中产生和形成的文件、图纸、图片等，有印刷型的纸质资料，也有数字型的光盘、磁盘等电子资料。如何将这两种类型的资料进行整合，使其能提供更方便的检索，更方便地浏览和更方便地使用，这是一个大家都关心的问题。

传统的方式多是将纸质的资料进行整理、归档，这种由纸质资料组成的资料库，人们称其为"纸库"。而现在的建筑资料，设计单位、施工单位、监理单位，除了提供一套纸质的资料外，还能够提供一套电子版的相同资料。我们要解决的是如何在"纸库"的基础上利用电子资料再建立一套"脑库"。

数字型的电子资料，为我们利用计算机进行管理提供了可能，但同时也会产生一些问题：

1. 格式的多样化。电子版建筑资料有多种格式。文字资料多数为 WORD 格式或 PDF 格式，图表多数为 Excel 格式，图纸多数为 CAD 格式，照片多数为 JPG 格式，这么多种格式就需要多种相应的工具软件才能打开它，这对于使用者来讲就显得有些不方便。

2. 版本的多样化。由于图书馆新馆建设从立项开始到竣工验收、开馆使用，时间跨度可能要 2～3 年，在此期间产生的电子资料由于时间的不同，产生这些资料的工具软件的版本也可能不同，而到使用者检索、查阅这些资料的时候，工具软件的版本可能又升级了若干代，这就在使用上带来了一定的麻烦，如果在网络上进行检索、查询，这个问题就显得更严重，客户端有没有这个软件是一个问题，有没有相应的版本又是一个问题。由于还要打开第三方软件，这样就严重影响了查询的速度和使用的方便性。

3. 安全性的保障。原版的电子资料，使用者不但能够打开它，而且还可以改动它。这

就对资料的准确性带来了麻烦。

4. 长期性的保障。电子资料的保存,有别于纸质资料的保存,纸质资料保存几十年甚至上百年,已经被证明是可能的,但电子资料能否保存几十年,甚至更长时间,是一件还没有被证明了的事,因为应用计算机对文献资源的管理还没有到几十的历史。

因此要把"纸库"进化到"脑库"还是需要研究出一种方法来解决这些问题,并能有别于档案管理系统,又能适合图书馆的应用。

Macromedia 公司的 Flash Paper 是一款电子文档类工具,它可以进行多种文件格式转换,允许你把任何可以打印的文档直接转换成 Flash 文档或 PDF 文档,并且保持原来的文件的排版格式。利用它可以将 Word、Execl、CAD、PDF、JPG 等多种文件格式转换成统一的格式,对原文件不会产生任何破坏作用,原文件可以作为原始文件进行保存。这样不论是联机查询,还是单机查询,都不存在格式、版本、安全性问题,与第三方软件也没有关系,只要电脑上有浏览器就可以打开文件,进行自由的放大、缩小、浏览、复制、打印、翻页等操作。

结束语

图书馆在新馆建成后整理一套适合图书馆今后日常运行所需的建筑资料是必须做的工作。中国有句古语叫做江山留予后人愁,如果我们这些新馆建设的直接参与者没有能够整理出一套对于图书馆今后运行所必需的建筑资料,那可能真要让后人(任)们感到有些犯愁了。我们既要对印刷型的纸质资料进行整理和保管,也要对电子资源进行整理和整合,既要对 Word、PDF、CAD 等格式的原始电子档案进行保管和利用,也要为使用者提供方便、快捷、准确的电子文档——经过格式转换后的电子文档。

关于"脑库"中电子文档长期性保存的问题,是否要从形成之时起每 5～10 年自动复制原始文件,自动实现文档的迁移,保证文档载体的长久可读,我想现在还可以暂且慢一步实施,现在的主要问题是把新馆建筑资料整理并且实现"纸库"化和"脑库"化。

参考文献

[1] 刘颖. 高校基建档案管理存在问题及对策研究[D]. 华东师范大学硕士学位论文,2007

[2] 王瑞亨,赵雷.图书馆建筑不可忽视的几个问题[J]. 图书馆论坛,2007(6)

[3] 王楠.电子档案管理系统总体设计及关键技术研究[D]. 华中科技大学硕士学位论文,2006

高校图书馆建筑决策机制探讨

刘 华 万燕萍 张 研

摘 要：本文从高校图书馆建筑建设中存在的一些问题出发，指出产生这些问题的根源在于图书馆建筑决策机制尚不完善。在此基础上，作者提出了图书馆建筑决策机制的构成，并对如何着手建立科学、民主的图书馆建筑决策机制，确保图书馆建筑符合当代高等教育的需要，提出了个人观点。

关键词：图书馆建筑 决策机制 节能

近年来，随着我国高等教育事业的快速发展和学生数量的急剧增加，许多高校开始大规模新建、扩建图书馆，在取得很大成就的同时也在事后暴露出图书馆建筑决策机制上的一些缺失。本文试图通过对图书馆建筑决策机制的探讨，为实现图书馆建筑决策的科学化、民主化尽一份绵薄之力。

一、研究背景

1. 图书馆建设中存在的问题

伴随高等学校的合并、扩建和扩招，我国高等院校已经从 1998 年的 1 022 所、拥有 600 万名在校学生，发展至 2006 年的 1 909 所、3 000 万名在校学生，我国大学生已经成为世界上最大的高等教育群体，他们的文献保障任务成为各校领导的重要课题。为保证我国建设创新型国家和人才目标的实现，教育部《高校教育办学指标》对在校大学生人均拥有的图书馆馆舍面积、文献资源总量和人均数量都给予了明确的规定，各校都对图书馆的建设给予了高度重视，通过新建、扩建，各校图书馆的馆舍面积、文献数量迎来了前所未有的增长，图书馆迎来了新的一轮建设热潮。

在这一轮图书馆建设热潮中，一些知名学府的图书馆得到了改建、扩建，如北京大学；许多学校建设了新图书馆，如上海交通大学、华东师范大学、深圳大学城等。这些建筑极大地改善了各校的办学条件，为学生提供了优美的阅读条件，美化了校园环境。但有些也在建成使用后暴露出功能上的不少问题。其中包括：

作者简介：刘华，上海大学图书馆副研究馆员；

万燕萍，上海大学图书馆馆员；

张研，上海大学图书馆在读研究生。

(1) 有的学校过分追求图书馆建筑的标志性作用,馆舍高达几十米、十余层,大量读者群的流动几乎全靠电梯,不利于危急时刻的紧急疏散。

(2) 绝大多数图书馆服务层设在二楼,试图表现知识殿堂高高在上,读者入馆必须先登上高高的台阶。然而其正门没有无障碍入馆通道,给体障和老年读者带来不便,不利于信息知识的平等交流,同世界上图书馆建筑设计的潮流相违背。

(3) 图书馆建筑大多为全封闭式玻璃建筑,无法利用自然通风,必须依赖空调系统,使许多高校图书馆建筑成为耗能大户,有违《图书馆建筑设计规范》(JGJ 38—99)和《公共建筑节能设计标准》(GB 50189—2005);过强的光照不利于文献的保护,也难以为读者提供绿色、和谐的阅读环境。某大学图书馆新馆建筑面积 38 000 m²,投资逾亿元,正面为玻璃幕墙,强烈的光照使图书馆又不得不耗费数十万元安装窗帘,设计燃油空调每天需耗费逾万元。高昂的费用致使图书馆全年大部分时间不开启空调设备,反而使阅览室和办公室经常处于温度不适的状态。

产生这些建筑的原因是多种因素造成的,其中之一就是建筑决策机制尚不完善,决策缺乏透明度。清华大学邓晓梅博士在"我国大型建筑工程设计的发展方向"工程科技论坛上指出:"目前由于公共工程的决策过程缺乏透明度,技术专家常常感到自己在各种压力下孤立无援而难以坚守立场,使本来为确保科学决策而设置的各种评估程序流于形式。"她建议在程序、信息和责任三个方面增加透明度。

2. 政策背景

高校图书馆的建筑及其决策问题并不是无章可循、无法可依的。这不仅关系到高校办学质量的提高,也是增强整个国家可持续发展的重要问题,应该同其他工作一样,纳入全社会贯彻落实科学发展观的轨道。

2007 年 10 月召开的中共十七大在报告中明确提出:"加强能源资源节约和生态环境保护,增强可持续发展能力。坚持节约资源和保护环境的基本国策,关系人民群众切身利益和中华民族生存发展,必须把建设资源节约型、环境友好型社会放在工业化、现代化发展战略的突出位置。"

2007 年 1 月 14 日,建设部、国家发展改革委、财政部、监察部、审计署联合印发了《关于加强大型公共建筑工程建设管理的若干意见》(以下简称《意见》)。《意见》强调:

一要加强对大型公共建筑布局和设计的规划管理,做好城市设计,并作为建筑方案设计的重要参考依据。

二要鼓励建筑设计方案国内招标,避免盲目搞国际招标。

三要细化方案评审办法,进一步明确方案设计的内容和深度要求。

四要明确方案设计的评选重点,既要考虑建筑使用功能等建筑内涵,又要考虑建筑外观与传统文化及周边环境的整体和谐,防止单纯追求建筑外观形象。

五要建立公开透明的专家评审和社会公示制度,方案评审专家应由城市规划、建筑、结构、机电设备、施工及建筑经济等方面专家共同组成,评委名单和评委意见应当向社会公示,征求社会意见,接受社会监督,提高方案评审的透明度。

六要进一步明确和强化项目业主责任,当建设单位采用经专家评审否定的设计方案时,应当向主管部门和专家委员会说明理由。

七要加强方案评选后的监督管理。

在学习实践科学发展观、建设节约型社会的今天，以上两个文件为图书馆建筑决策机制的完善提供了应当遵循的准则，为建立、健全图书馆建筑决策机制指明了方向。作为保存和传播人类智慧和文明的图书馆理应成为保护环境、节约能源的典范。建设绿色节能，符合信息服务需要的高智能图书馆建筑，也成为考验各级领导智慧的一个重要课题。而要做到这一点，就要在高校图书馆建筑规划中把建立健全科学的决策机制放在重要位置。

二、图书馆建筑决策机制系统的构成

根据系统论和机制运作原理，一个科学合理的领导决策机制系统应包括五个部分：公正、权威的决策中枢系统，灵敏准确的信息系统，健全的专家咨询系统，严密的决策监督系统，高效的决策执行系统。

1. 公正、权威的决策中枢系统

它是指高校图书馆建筑决策机制的核心，应由高等教育主管机构、高校领导人员及其主管职能负责人组成，他们组织和领导整个决策的全过程，并拥有最终决策权。决策中枢系统的任务是产生高质量的决策。

2. 灵敏准确的信息系统

信息是领导决策的基础与依据。它由高校的图书情报机构及人员组成，负责向领导提供决策所需的政策、法规及图书馆专业信息。从信息的角度分析，决策的过程实质是信息获取、加工、传递和利用的过程。信息系统的职能是根据决策中枢系统的需要，向其提供准确、全面、可靠的决策信息，以确保决策的科学化。

3. 健全的专家咨询系统

它是帮助决策中枢系统做出正确决策的辅助系统。由于中枢系统决策对象广泛，涉及学科广，不定因素多，动态变化大，为此，决策者要动用大批学者专家的智慧才能来出谋划策。它以改进、优化决策方案为目标，以规划和设计未来为导向，综合运用现代科学理论和先进科技手段，相对独立地进行政策研究、规划和咨询，并向决策中枢系统提供新思想、综合新认识、诊断新问题、提供政策选择方案、评估政策实施结果等。

4. 严密的决策监控系统

对高校的决策优化而言，除决策中枢系统内部高度负责、协调配合外，还必须由中枢系统之外的权威机构进行法定范围内的监督与控制，以保证决策的正确性，维护其严肃性和统一性，确保及时发现问题，纠正不当决策。当前我国高校的教代会、民主党派、师生正在其中担当越来越重要的角色。

5. 高效的决策执行系统

它是将方案转化为现实形态的效果系统，一般由决策执行组织及其人员，主要是高校基建部门及其外包的工程建设人员组成。它决定着正确的决策能否转化为现实，能否达到预期目标，也是对中枢系统的现实考验，是整个决策机制中的重要组成部分。

这五个系统必须分工明确、各司其职、各尽其能，又相互配合、相互协调、相互作用，从而成为制定和实施民主、科学的图书馆建筑项目决策的一个有机体，构成一个相对完整的决策机制（如图1所示）。

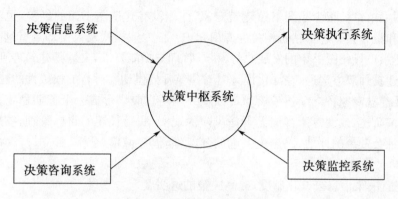

图1 领导决策机制系统构成

三、如何建立民主、科学的图书馆建筑决策机制

1. 决策中枢系统要确保决策的科学性、民主性

作为中枢系统的成员,各级教育主管机构及其领导必须将贯彻落实科学发展观放在首位,依据党的十七大会议精神、按照五部委联合《意见》的要求来规划建设图书馆,并在决策过程中,对以下方面充分重视:

（1）决策必须紧密结合本校的中长期发展目标和规划,特别是学校发展规模、学科建设等要素,具有一定前瞻性。

（2）任何不符合可持续发展、节能减排的方案都应否决。

（3）充分尊重信息系统、专家咨询系统的意见,不唯长官意志,不搞不符合可持续发展的所谓政绩工程。

（4）建立公开透明的专家评审和社会公示制度,接受本校师生和社会公众的检查监督,促进决策的民主化、科学化。

2. 发挥图书馆作为信息系统核心的作用

首先,图书馆责无旁贷地要将国家有关图书馆建筑的政策、法规、条例传递给上级领导,即决策中枢系统,并要让上级领导充分了解、认识这些信息对图书馆未来发展的重要意义,这对于确保决策的科学性具有不可或缺的重要作用。

其次,图书馆要做好前期研究和策划工作,并向上级领导和建筑师提交缜密的需求建议书（Request for Proposal, RFP）,即"图书馆建筑计划书",使其作为决策和设计的重要依据。图书馆要使建筑师充分了解图书馆业务流程及其对建筑的功能要求,使其作为建筑设计的基础。计划书必须在充分调研国内外图书馆建筑状况,根据图书馆的中长期发展规划,提出未来图书馆建筑的具体功能要求,包括文献容量、业务用房要求等,并要有一定伸缩性,为未来的拓展留有余地。在此方面,台湾大学图书馆的建设经验为我们提供了榜样,建筑师拿到的是第十三稿建筑计划书,为建筑师设计符合图书馆工作需要的建筑提供了重要依据。各图书馆领导必须深刻认识计划书对建筑设计的重要性,它应是全馆员工智慧的结晶,是全馆深入调研、头脑风暴的结果,关乎建成后图书馆工作的高效开展,影响着对全校文献保障功能的实现。

3. 要科学整合人才资源,建立完善的专家咨询系统

首先,要把专家咨询作为决策的法定程序,纳入领导决策的工作日程。现实中,主管机

构和领导、图书馆馆长很少是图书馆建筑专家,往往没有建造图书馆的经验,也不大可能花费大量时间和精力去熟悉与钻研相关的专门知识。而专业机构及人员却具有这方面的丰富经验,他们熟悉现代化图书馆的发展趋势、科学管理与功能要求,又懂得建筑专业的语言,便于同业主与建筑师双方沟通,在深化设计时对建筑师提供切实可行的权威性的建议。

其次,要建立专家咨询绩效考核和责任追究制度。应该形成一个长期稳定并且有公信力的专家咨询队伍,改变专家咨询无责任风险的现实,实行长期的目标管理、绩效考核和专家决策咨询社会效果的评估,以避免咨询的随意性,倡导诚信、公平、独立、严谨的咨询道德规范。

4. 要建立决策信息公开化制度,提高决策的透明度

逐步建立听证、协商、沟通等保证师生平等参与政策过程的各项制度,让决策过程真正成为一个开放的过程。图书馆建筑规划方案应该向全校师生公示,广泛征询意见和建议,接受用户和社会公众的监督。

图书馆建筑的最终使用者是广大读者和图书馆员工,其规划、建设过程应有他们的广泛参与,但至今多流于形式,要动员他们参与到这一关乎他们切身利益的重大项目建设中来,使广大师生和馆员认识到,他们的意见与他们日后利用图书馆休戚相关,关系到读者的使用满意度和馆员工作的顺利开展。要召开规划听证会,对每一条意见和建议都认真对待,并根据情况进行答复或予以采纳,使他们感受到自己的意见是被重视的,而不是无足轻重,改变事后抱怨的既往现象。2008 年落成的上海交通大学新图书馆就是在广大图书馆员工的积极参与下,决策者将原规划的 10 层标志性建筑改为 6 层,使之符合图书馆服务功能的需要,方便了广大师生利用图书馆。

5. 要将科学决策转变为现实,并做好建成后的验收评估

执行和监控者要将五部委《关于加强大型公共建筑工程建设管理的若干意见》落实为具有可操作性的实施方案,合理配置资源,保证图书馆建筑在确定的时间点、预算内保质保量地完成,交付给图书馆使用。

图书馆建筑决策机制还应该包括对图书馆建筑绩效评估,以回馈决策者、建筑师和图书馆,了解馆舍运作与当初设计目标是否相符,作为日后改建馆舍、调整布局、规划图书馆业务运作的依据,以使图书馆能充分发挥服务功能,满足读者信息需求,同时也为以后其他类似项目决策提供借鉴。这既是监控团队的任务,也是执行团队的任务,评估结果应向全社会公开,使所有参与者,包括决策者、咨询者、建设者、专家、图书馆业主都有明确的责任意识,为其他图书馆的建设提供借鉴,防止类似问题重复发生,使图书馆建筑的决策、建设水平不断提高。

科学民主的图书馆建筑决策机制建设不是一朝一夕的,是一个长期的过程,需要我们长期的努力和培育,只要是符合科学发展观、有利于我国可持续发展的,我们就应坚持。只有建立科学民主的图书馆建筑决策机制才能保证建设绿色、适用的高校图书馆建筑,保证高校图书馆事业的可持续发展,保障高等教育的开展及创新型人才的培养。

参考文献

[1] 朱强. 改革开放 30 周年的高校图书馆. http://www. scal. edu. cn. [2008 - 10 - 04]

[2] 图书馆建筑设计规范(JGJ 38—99). 北京:中国建筑工业出版社,1999

［3］公共建筑节能设计标准(GB 50189—2005).北京：中国建筑工业出版社,2005

［4］我国大型公共建筑公众参与程度低. http://www. xinhuanet. com. ［2008 - 10 - 05］

［5］胡锦涛在党的十七大上的报告. http://news. xinhuanet. com/newscenter/2007 - 10/24/content_6938568_4. html. ［2008 - 10 - 05］

［6］建设部等发布加强大型公共建筑工程建设管理意见. http://www. gov. cn/gzdt/2007 - 01/11/content. ［2008 - 10 - 05］

［7］李明华.台湾图书馆建设及其研究. 图书馆论坛,2001(2):52—55

高校图书馆环境设计与人性化理念

徐寿芝　　薛大为

摘　要：随着现代信息技术的不断发展，社会已经进入信息化时代，高校图书馆在为师生提供文献信息服务的同时，其教育功能也在不断强化。高校图书馆人性化管理显得日趋重要，其环境设计应该以读者为中心，充分体现出人性化的理念，将人性化融于现代化之中，充分发挥出各项功能。

关键词：高校图书馆　环境设计　人性化

近年来，随着高校办学规模的扩大，办学层次的提高，高校图书馆从馆舍建筑到自动化水平都有了长足的进展。高校图书馆在迎来前所未有的发展机遇的同时，管理水平的提升也被提到议事日程，其环境设计中的人性化显得日趋重要。现代高校图书馆的环境设计应充分体现出人性化理念，将这种理念贯穿于图书馆环境设计的每个环节中，使其教育功能得到不断完善。高校图书馆环境的人性化主要体现在三个方面：一是图书馆建筑环境人性化；二是图书馆人文环境人性化；三是图书馆自动化环境人性化。

一、图书馆建筑环境人性化

1. 图书馆的地理位置

高校图书馆的选址非常重要，其人性化设计首先表现在馆舍的位置，选择合适的馆址是建设一个图书馆的良好开端。一般说来，一个理想的图书馆应选择"位置适中、交通方便、环境安静、工程地质及水文地质条件较有利的地段"。因为开阔的地带与便利的交通，既能吸引读者前来借阅，也易成为一个区域的文化中心。2006 年，建筑面积达 32 465.00 m² 的盐城师范学院图书馆大楼在新长校区破土动工，它不仅是学院新长校区的标志性建筑，也是我院图书馆建设史上的一座里程碑。图书馆位于学校中轴线上，面对学院大门，处于新校区中心位置，极大地方便了师生的使用。

2. 图书馆外观造型

美观的图书馆建筑造型，看起来让人赏心悦目。图书馆的造型应坚持"读者为本"的思想，力求达到"寻求环境、建筑、人三者的和谐统一"。高校图书馆作为一种文化性建筑，整个

作者简介：徐寿芝，江苏盐城师范学院图书馆馆长，副研究馆员；

　　　　　薛大为，江苏盐城师范学院图书馆馆员。

建筑力求简洁美观,同时要充分体现出学校的文化内涵。因此,"现代图书馆的外观造型首先要突出文化特色,有新意,具有时代感,体现当代人们的审美情趣,主体结构要突出时代精神,融入地方特色,在满足使用功能的基础上力求造型新颖、美观大方、简洁明快、崇尚高雅"。从远处看,其建筑造型应与学校的整体布局及周围的环境相映成趣,既要有漂亮的外观,又要有很深的文化内涵,这样才能体现出高校的人文氛围。

3. 图书馆周边环境

图书馆周边环境是指建筑所属的区域及其四周外环境。图书馆四周应设置花坛、树木等宁静的植被,最好配以广场以及喷泉等景观,四周的道路要通畅,环境要幽静,尽可能做到无噪音、无污染。从这个角度看,高校图书馆"应当具备实用和艺术审美两方面的价值,要突出鲜明的时代气息和体现出人文色彩"。盐城师范学院图书馆西靠江苏省滩涂重点实验室、音乐美术楼,东邻化学实验楼、公共教学楼,南边是学生宿舍区,周边自然环境优美,拥有开阔的视野,拥有绿化带、花坛,门前设有景观大道及喷水池,东西南北河道贯穿,远观像一座优美的园林,将读者置于舒适的环境之中。

二、图书馆人文环境人性化

1. 图书馆室内环境设计

(1) 采光。采光设计的目的,在于充分利用天然光这一丰富的自然资源。采光是一件很考究的事,又是一件极其复杂的事。因为图书馆采光条件既要满足建筑物的外观美观,又要保证读者在舒适的环境中借阅。现代图书馆基本采用自然采光和人工照明相结合的方式解决以上问题。首先,要充分利用自然光源,图书馆的借阅室大都采用大开式窗口,使之获得充足的自然光线,读者心情在明亮的环境中可以得到最大的放松。其次,在自然光线不足时,可以用人工照明来补足,主要书库及阅览室内安装充足的照明设备,使室内照明达到要求。

(2) 通风。空气环境的主要因素在于空气的质量,保持良好的空气质量是图书馆借阅窗口重要的功能。考虑到经济与技术条件限制,应立足于以自然通风为主,机械换气为辅。"门、窗开口是建筑外围护结构中室内外环境交流的主要通道,通过它们建筑物与外界进行能量交换,得到新鲜的空气,自然通风对改善室内热环境的作用很大。"因此,在大的空间,尤其是在大借阅室、自习室等读者相对集中的地方,设计时要加大门窗开启的幅度,满足读者对室内空气质量的要求。此外,新建图书馆还应安装新风机房,用以排气换气,可以收到很好的效果,保证馆内的空气一直清新。

(3) 绿化生态环境设计。绿色植物是大自然给人类的珍贵礼物,将郁郁葱葱的绿色植物引入图书馆内,已成为现代图书馆室内设计不可缺少的一部分。目前图书馆的设计已经从单纯的使用方便延伸到启迪读者的心灵,培养良好的情绪,除了必需的硬件条件外,图书馆读者环境的绿化是着重考虑的因素,因为"绿色植物不仅有益于保护眼睛,增加活力,起到消除疲劳、提高工作、学习效率的作用,还具有防尘、灭菌、降噪、改善室内空气质量及美化环境的功能,更能增添雅兴,怡情悦性,给人一种情绪上的安定感。因此,将绿色植物引入图书馆,不仅能提高环境质量,也是满足读者心理需求的一个不可缺少的因素"。图书馆内部的环境绿化要协调有序并与室内其他设计相匹配,为读者营造一个舒适、健康的借阅场所。图书馆室内的绿化,最好选用喜阴的植物,使人感到宁静、清爽。在借阅室内摆放文竹等,能起到很好的绿化效果。可以这样说,"图书馆内通过绿化装饰所营造的幽雅祥和、宁静安谧的氛围,为读者和图书馆工作人员创造了雅致、清新的工作环境,实现了图书馆绿化装饰的目的。绿色植物的生态环境调节功能是任何无生命的室内饰物所不能代替的。"

2. 馆内布局设计

图书馆室内布局的设计,关系到是否能给读者提供一个舒适的借阅环境,是实现人性化管理的重要方面,合理的布局会让读者感到宾至如归。功能的布局上,结合盐城师范学院图书馆建筑,应充分考虑以下几个重要因素:

(1) 在充分考虑安全的前提下,采用"大开间"格局,主要借阅室、电子阅览室达到2 000 m² 左右,实行"藏阅一体化"式服务,这种服务模式是指将文献按照学科、知识门类进行布局,使读者在同一服务区域内就能方便地获得相关专业的文献信息。这样方便于读者借阅图书、开架阅览,给读者带来了方便。

(2) 根据读者使用的频率,合理进行楼层分布,把使用率最高的服务窗口安排在读者最易到达的楼层,将使用率相对低或者是供专业读者使用的文献放在其他楼层,这样,可以最大限度地方便多数读者。

(3) 合理划分功能区。根据图书馆的使用功能,合理地划分借阅区、休闲区、办公区域,各区域之间尽量区分开来,互不交叉,各个流程井井有条,整个图书馆处于忙而不乱的状态。

3. 人性化服务设计

(1) 导向系统。图书馆作为高校重要的信息集散中心,每天都有大量的读者聚集到这里。对于一些读者来说,这是一个不很熟悉的地方,明知道图书馆有自己所需要的资料,却不知道如何方便快捷地搜寻,结果使许多读者不能很好地利用图书馆。合理的指示系统一般应包含三种信息。"① 方向信息:引导读者沿最佳路线到达自己的目的地;② 定位信息:使读者可以证实自己已到达目的地;③ 指导信息:如让读者知道何处为休息室,何处行人需止步,何处禁止吸烟等等。"但具体信息内容,应该视各馆具体情况而定。在盐城师范学院图书馆,读者进入图书馆之后,可以从三个方面获取信息:一是人工的总咨询台;二是大厅的检索机;三是利用各处设置的标示牌,通过标示牌上的文字、符号、图示等,轻松自如地找到检索途径。

(2) 一证式通用服务。随着电子技术和图书馆服务的不断发展,图书馆内凭借一证给予全部服务已势在必行。在图书馆总出入门口设置门禁系统,读者凭统一借书证从这一通道出入图书馆,在馆内任何地方不再需要其他证件,其他地方也不再设出入口(必备的安全通道除外),读者可以携带自己的学习资料和物品自由进出馆内各个服务点,在不同的服务区内自由自在地阅览资料或自习。

(3) 添置大量的安全设备。比如录像监控设备、烟火报警系统等等,提高图书馆的安全性能。

4. 为特定人群服务区域

残疾人是合法读者的一部分,随着人们学习方式的多样化,针对特殊群体(残疾人)的借阅服务也日渐提上议事日程。为他们提供特殊的阅览服务,是图书馆义不容辞的任务,以人为本的理念表现在尊重他们的阅览权利以及为他们创造一个平等的阅览环境。"交通方面,要为其提供专用入口通道,水平垂直方向要实现无障碍移动,书架之间必须有足够的通行宽度,洗手间要有标准设计和便利的独立使用单元,在建筑的导引标志上要按国家标准予以表达。"设计时须考虑残疾人专用通道,以实现水平、垂直方向的无障碍,同时设计残疾人卫生间,使残疾人读者到图书馆后,同样可以享受正常的阅览服务,受到同等待遇。

三、图书馆自动化环境人性化

图书馆建筑发展的特点决定了高校图书馆建筑的自动化,新建图书馆宜根据图书馆规模采用综合布线系统。布线时充分考虑到图书馆读者服务的自动化、办公自动化、通信自动化等。即充分利用计算机技术、网络通信技术、信息组合技术等,实现提高效率、低成本运作,为读者提供舒适、安全、便利的服务,最大限度地满足读者的需求。

1. 实现业务流程的自动化。主要体现在网上采购、网上编目,实现图书馆业务流程的自动化。采编部配置足够的计算机网络、通信接口和电源插座,有了这些设备,可以大大提高读者利用图书馆的效率,对于图书馆的人性化管理起到技术性的保障。

2. 实现服务流程的自动化。主要体现在流通、咨询、网络信息检索等服务窗口广泛应用计算机管理,在计算机化的大环境中提供服务,可以极大地方便读者。

3. 使用方便的检索系统。一般现代图书馆都将其检索系统放在主要出入口附近,便于读者能快捷地检索。盐城师范学院图书馆在二楼大厅内设置20台计算机和触摸屏便于读者进行各种书目查询,读者可以自行查询图书馆的馆藏书目以及自己的借阅情况等信息,极大地方便了读者。同时,加大馆内信息点布置密度,全馆实现无线网络覆盖,为读者快捷获取网络资源提供了便利。

4. 图书馆业务自动化管理系统与网站的有机统一。图书馆自动化管理系统与自建网站的信息应互相支撑,将通过自动化管理系统生成的各类数据通过自建网站发布出来,相当于一个前台、一个后台的概念。图书馆的业务自动化许多就可以通过网站展现,例如馆藏查询、新书通报、借阅情况等,这样可以实现二者的有机融合。

四、结语

总之,图书馆是为读者服务的,其环境设计都要体现"以人为本"的思想。图书馆是高校文献的集散地、读者集中借阅的场所,强调人性化尤为重要。设计者要从图书馆建筑环境人性化、图书馆人文环境人性化、图书馆自动化环境人性化入手,在细节上苦下工夫,才能为读者营造一个宽松、舒适的借阅环境,充分发挥出图书馆的各项功能。

参考文献

[1] 图书馆建筑设计规范(GBJ 38—99)

[2] 漆亚莉,申启明. 高校图书馆建筑中的人性化取向[J]. 图书馆学刊,2007(10):80—82

[3] 刘星. 图书馆建筑中的人性化设计构想[J]. 图书馆学刊,2008(3):57—59

[4] 刘向荣. 浅谈高校图书馆环境设计与读者的关系[J]. 科技情报开发与经济,2008(16):56—57

[5] 张东辉. 室内通风设计的关键因素——门窗[J]. 山西建筑,2005(6):11—12

[6] 梁玲芳. 人性化生态化科学化——数字化时代图书馆建筑的构想[J]. 图书馆学刊,2005(2):138—140

[7] 刘典伟,刘德洪,何莉. 图书馆指示系统初探[J]. 图书馆杂志,1999(7):12—13

[8] 谌群芳,赵家屏. 图书馆建筑中的人性化设计构想[J]. 兰台世界,2006(7):62—63

唱响时代新旋律

——图书馆建筑完美体现人文关怀

林　滨　王世哲

摘　要：随着现代图书馆不断地飞速发展，图书馆建筑逐步体现时代的特征。文章从图书馆建筑体现人文关怀的意义、图书馆整体建筑规划设计理念、人文关怀在图书馆建筑中的细节体现等方面论述了图书馆建筑应如何体现人文关怀思想，使图书馆建筑与人文精神有机地结合起来。

关键词：图书馆　图书馆建筑　人文关怀

人文关怀最初演绎于西方的人本主义思想，其最核心的思想就是以人为根本，以人的要求作为一切服务的宗旨。它强调人的本性，充分肯定人的价值，重视文化教育，优化人性，提高人的素养和精神境界，要求人树立高尚的人格理想和精神境界，使人得到自由、全面地发展。所以现代图书馆要实现其自身价值，尊崇以人为本的观念，就是要想方设法以读者至上，以"满足读者的需求，实现读者的价值，追求读者的发展，体现对读者的人文关怀"，最大限度地以读者为"上帝"。随着人类步入高度文明的信息化时代和图书馆现代化的纵深发展，人文关怀的思想已逐步融会于新时代的图书馆建筑规划设计理念中，成为引领现代图书馆发展的新理念、新思维。

一、图书馆建筑体现人文关怀的意义

综观古今中外，一切文化建筑设计除了必须满足实用功能、技术、经济等要求以外，更重要的就是要重视建筑环境的构思并通过独特的个性表现出来。公共图书馆作为文化建筑，理所当然应遵循此条原则。并且，图书馆建筑又应该与一般的文化建筑有所区别，在充分体现文化底蕴的同时，更要特别注重在图书馆建筑中体现出人文关怀。

（一）图书馆建筑与人文关怀相结合的重要性与必然性

首先，建筑不是孤立的，在任何时代建筑与人都是一种对话的关系，图书馆在本质上是一种人的心灵与情感参与的塑造自我的场所，数字化生存时代的图书馆在建筑形式上更注重情感化。技术的物质力量和人性化的精神需要在建筑中得以良好的平衡，与此同时，空间

作者简介：林滨，重庆图书馆副馆长，副研究馆员；
　　　　　王世哲，重庆图书馆副研究馆员。

需要赋予人性化的尊重和温情。挪威的建筑历史与建筑评论家诺伯·舒尔茨说："建筑首先是精神上的蔽所，其次才是身躯的蔽所。"

其次，"人文关怀"是一个属于哲学范畴的话题。人不仅要有物质生活上的需求，也要有精神生活上的需求。而建筑是人的一切行为的载体，它不仅满足了人们各种生活行为的需求，也与人类生存环境的约束相适应。人的行为空间，是对人们生活方式的一种或多种诠释。只有真正达到人与建筑、环境的高度融合，使人在空间里享受极大的舒适与自由，才能更好地实现对人的充分尊重。

那么，把图书馆建筑放在这样的人文概念下去考虑，得出的结论就是：读者是图书馆建筑的唯一目的。图书馆就是读者赖以阅读、学习的那种人文与建筑艺术相交融的环境空间。因此图书馆建筑空间首先就应该是人性化的空间，然后才是阅读空间。因此，作为整个图书馆体系中最为重要的图书馆建筑就更显示出它的重要性及其与人文关怀结合的必然性。只有与人文关怀完美地结合在一起，才会使图书馆建筑成为建筑艺术和人性的线面组合，才会将图书馆的人文特质最大限度地体现。

（二）图书馆建筑体现人文关怀是构建和谐社会的需要

现在党中央提出构建和谐社会的总体思想，那么要构建和谐社会，就必须坚持以人为本，而坚持以人为本，就必须体现人文关怀。图书馆作为公益性事业单位，为人民服务、为读者服务是它的服务宗旨。坚持以人为本，这里所说的人，固然说的是人的总和。但体现人文关怀，更应向弱势群体倾斜。随着市场经济的发展，各行业对人的要求越来越高，面对着日新月异的现代化进程，每个人都需要更新自己的知识结构。而公共图书馆是接受再教育和自学成才的最佳场所。只有充满了人文关怀的图书馆，才是读者学习深造的良好园地。只有良好的建筑环境，才能让处于逆境，甚至绝境的读者安下心来补充自己的精神食粮，这样才能保持社会的安宁与和谐，才是完全符合党中央的指导精神。

二、何为"以人为本"的图书馆整体建筑规划设计理念

现代公共图书馆作为人类文化的知识宝库，人类文明的神圣殿堂，是一个国家或地区政治、经济、文化等综合实力水平的标志。坚持以人为本，体现人文关怀思想，不仅是现代建筑设计的永恒主题，同时也是现代图书馆建筑人文要素的重要组成部分。笔者认为现代图书馆建筑不但要在外部造型上巧夺天工，抓住人们的眼球，在艺术设计上也需要充分地向国内外读者展示出图书馆不可替代的作用和深厚的文化底蕴，表现出图书馆独特的人文内涵与文化品位，并且不同国家、不同城市的不同类型的图书馆都应该在该图书馆建筑中展现出其与众不同的文化特色。

（一）馆舍地理选址要体现"人文关怀"

公共图书馆最主要的职能之一就是直接为广大城市居民提供文献信息资料服务。从现代城市建设和交通发展，以及人们的生活习惯上来看，馆舍选址的重要性不言而喻，它不仅仅影响到图书馆建筑物功能的发挥，而且关系到它能否更好、更多地为读者服务。因此在选择馆址时，当地政府和职能部门应给予足够的重视和支持。笔者曾有幸随考察团一行经香港赴西欧八国访问了英国、法国、德国、美国等发达国家图书馆新馆，参观了不同国家、不同城市、不同规模、不同风格和特点的公共图书馆和其他文化设施。在国内，也参观了北京、上海、浙江、陕西、云南、新疆等大型陆续建成并投入使用的新型图书馆。通过实地考察，笔者

得出这样一个结论,由于馆址不同,其功能发挥有着极为明显的差别,它在很大程度上决定着这个图书馆读者群体的数量。笔者认为图书馆建筑馆舍选址应尽量靠近人群稠密区和四通八达的交通枢纽位置,以及商业文化中心。最大限度地接近服务对象,提高图书馆人流吞吐量,从而能最大限度地方便读者,尽一切可能满足读者的各种合理要求。

（二）文化底蕴浓厚的建筑造型要体现"人文关怀"

图书馆建筑作为瑰丽的文化风景和城市名片,在其建筑造型以及外部形象上要具有深厚的人文意蕴和时代精神,以高雅、新颖、亲切的格调,成为平易近人的,令人向往的"人间知识宝库"。如：法国国家图书馆的外形具有很强的标志性和时代性。它是由四个书型建筑体构成,这四本打开的书像城市的航标,鲜明地划定了图书馆这块神话般的具有象征意义的馆舍在巴黎的位置。这四本打开的书似乎在遥远的地方与所有慕名而来的读者对话,因为对大部分人来说,他们在法国国家图书馆的阅读活动是在进入这个馆之前先从阅读这四本巨著开始的。他们从遥远的地方就望到了这四本书,从而认出了法国国家图书馆并确定了它在城市的方位。它已经成为法国人引以为自豪的知识殿堂,成为巴黎这座国际大都市的标志性建筑之一。又如：位于北京的首都图书馆,其外部造型为一本巨大的、微微敞开的书,既给人以稳重坚实的气魄和宏伟的感觉,又蕴藏了深厚的文化内涵,体现了图书馆以书为主体,象征着为求知的人们打开未来求知世界的是无穷的书籍,显示了建筑行业特色和人文精神的最佳结合。如重庆图书馆新馆徽由红色和黑色组成,将中国篆体文字的"重"字左半边与"圖"字右半边巧妙地结合在一起,整体造型层次分明,像一本一本重叠的书籍;线条错落,又像知识的迷宫,犹如"重庆图书馆"缩写的一枚古印。"重庆图书馆"五个大字则是从鲁迅书法体中遴选出来,沉稳凝重。将让追求知识的你在这里充分感受到扑面而来的文化气息。新重庆图书馆将成为一个重要的集教育、文化及社会功能于一身的城市中心,在这里,人们可以学习研究、获取知识、相互交流。这座建筑的设计很现代,是在传统的中国建筑形式上的一种创新。该建筑物有三个主要的构成要素：开放的公共阅览区域、安全的公共区域、私密区域。三者围绕着一个景观庭院,通过邻近的阅览室和休闲区正好可以看到庭院里美丽的景色。

重庆图书馆新馆将正式开门迎客,是西部一流的综合性公共图书馆,成为一流的读书场所,是重庆城市的名片、标志性建筑。新馆建筑外层大量采用了玻璃材料,形成一个大型的"U"形水晶建筑,极具现代感,让人充满遐想。白天的阳光,夜晚的灯饰,无疑将使它成为一座标志性建筑,一座熠熠生辉的文化殿堂。新重图位于沙坪坝凤天大道,占地规模50亩,总投资3亿元,馆藏图书近300万册。整个图书馆分为东厅、西厅、报告厅三大部分,包括读者阅读区、多功能区、报告厅等,拥有3 000个阅读座位,日接待读者可达8 000人,100兆的光纤互联网接入,可供600多台电脑及读者使用,将完全能满足市民的精神文化需求。新重庆图书馆精心设计的中心庭院景观,令市民在接受洗礼的同时也能得到美的享受。

标志性建筑的图书馆,对其建筑外形的要求,就是能反映一个国家、一个城市、一个时代的地域特色和时代风格,也能反映图书馆建筑的文化内涵与底蕴。

（三）馆舍内外部环境设计要体现"人文关怀"

在人文关怀思想的指导下,笔者认为馆内的内部装饰格调要柔和,颜色以深暗为主,整体上显示出严肃的读书氛围,同时再配上浅淡或木纹基调的家具,低矮结合的个性组合沙发,令读者产生轻松、明快的读书心情和温馨、舒适的家居感觉,为读者营造赏心悦目、舒适宜人的阅读环境。同时,也要考虑到读者的饮食和休息问题,如果能在图书馆内,建造一些各具个性的休息室、运动室、还有具有一定特色的小餐馆,也许就更能体现现代图书馆的人性化和综合性。总之,图书馆作为社会活动中心,要适应图书馆不断发展的服务功能的需要。不仅仅提供一个阅览空间,而且要提供展览厅、演讲厅、学术活动室、影视作品放映室等各类文化设施。图书馆作为文献信息中心,其高技术的服务功能也必然带来图书馆建筑内部软件设计思想的重大变革。如重庆图书馆新馆为儿童设立专门阅览室,所有的桌椅、书架颜色鲜艳,小巧卡通,这都是按照儿童的身高比例量身定做,就连内设的卫生间,都是专门为儿童设计的,S形的双色小沙发等,有童话氛围,体现了人文关怀。

而外部环境的设计更应注意贯彻"以人为本"的人文关怀理念,给读者创造幽雅和舒适的环境。在设计中注重外部环境的完美设计,如馆舍外部环境幽雅、空间布局合理等要素,本身就体现了一种人文关怀。建筑的文化职能的实现,往往也与建筑设计有关。图书馆建筑中文化职能的体现,为设计增加了新的视觉效果和空间趣味,也使图书馆建筑更加丰富,更具个性,更有人情味。如何把握和运用自然生态的特点和规律,营造一个人工环境与自然和谐共存的、整体完善的生态环境系统,成为图书馆建筑设计的又一主题。所以,在图书馆建筑中,其周围环境景观的营造至关重要,图书馆建筑与周围环境两者功能虽然有所不同,但情理相依,共同营造了格调高雅的馆区访问环境。良好的馆区景观环境能充分缓解读者紧张的学习压力,使渴望放松的心理得到充分的满足。

三、人文关怀在图书馆建筑中的具体细节方面需要体现

图书馆是自然审美、文化审美、交流与文化活动空间的汇集体。现代图书馆建筑中的具体细节方面更应充溢着人文关怀的光彩。从本质上来说图书馆是人文的,是人们获取知识、感受文明、塑造自我的场所。图书馆建筑是一种无声的语言,如何才能慰藉人们心中对自我升华的渴望,其中蕴藏的文化内质应在以下几个细节方面体现出人文关怀:

(一)图书馆建筑设计应进行无障碍设计,关爱特殊群体

图书馆应保持所有读者合法公平地利用图书馆的权利,不同的图书馆应对不同的读者弱势群体提供特别关爱。比如重庆图书馆新馆设有残疾人专用通道,配备专用设备和人员帮助残疾人阅读和利用馆藏资料,设立专门的可以调节高低的阅览桌等。图书馆的设施应方便大众出入,减少空间移动障碍,提供人们自由交流的空间环境。新重图更加注重人性化,设专门的盲人图书室,为残疾人士专门开辟了视障阅览室,还配备了4台视障阅读器。视障阅读器安装了特殊的操作系统、盲人专用键盘,能将一般的图书、期刊等文字资料转化为语音图书,盲人读者可以轻松地"看"书了。

(二)构建整体智能化空间,打破模数式结构

随着现代技术特别是信息网络数字化的出现,新时代对图书馆建筑提供了智能化的要求。图书馆建筑应处理好数字信息与人的关系,构建智能化的空间。建筑设计技术要与计算机技术、通讯技术、网络技术、数据库技术有机地结合在一起,要为读者提供高效、多功能、便利、舒适的阅览空间,阅览室的网络接口应充分考虑扩充升级、标准化等特点。现代图书馆必须转型为智能仓库,应积极协调好所有可以得到的技术的共存。网络技术应成为建筑构造学的一部分,模数式结构应与智能化空间有机结合,现代图书馆建筑应使图书馆成为传统图书馆与数字技术一体化的多媒体图书馆。

（三）综合布线系统，全方位提供满意服务

综合布线系统是信息技术带给图书馆建筑的最大变化。《图书馆建筑设计规范》规定：
"新建图书馆宜根据规模、性质及建设条件采用综合布线系统。布线系统应与图书馆业务的
自动化、办公自动化、通信自动化、监控管理自动化、读者服务自动化等设施统一考虑。"综合
布线系统既要考虑当前又要考虑到长远，为信息技术的未来发展留下充分的余地。如设置
多个网络接口，研究室和阅览室都能接插读者的手提电脑，查资料、阅全文、编辑、撰写可以
一气呵成，给读者提供便利，这也体现了图书馆对读者的人文关怀。

综上所述，图书馆建筑是一个时代政治、经济与文化风貌的象征，是留给子孙后代的宝
贵文化遗产，它必然体现时代的文化取向、艺术品位和人文内涵。一个缺乏表现力和文化内
涵的图书馆建筑形象，必然无法调动更多读者的积极情绪来利用公共图书馆。所以，图书馆
建筑不仅以其强大存储、传播文献信息的功能吸引读者，而且要在外部造型和功能设计、结
构布局上极大地体现以人为本的建筑思想。因此，我们应努力寻求审美理念、文化理念、绿
色环保这三者的完美结合点，并使其融入图书馆建筑之中，使之成为一个国家、一个城市的
标志性建筑流传后世。

唱响时代新旋律，我们离未来完美的图书馆建筑已经不远了！

参考文献

[1] 戴利华.2003 海峡两岸图书馆建筑论文集[C].北京：北京图书馆出版社,2003

[2] 鲍家声.现代图书馆建筑设计[M].北京：中国建筑工业出版社,2002

[3] 任瑞羽.对图书馆建筑与人文关怀的思考[J].图书馆建设,2005(1)

[4] 王海泉.以人为本：现代图书馆发展的新理念[J].中国图书馆学报,2002(4)

[5] 吴建中.21 世纪图书馆新论[M].上海：上海科学技术文献出版社,1998

从读者行为的角度浅析
高校图书馆中的人性化设计

马增翠　袁逸倩　范超英

摘　要：针对高校图书馆的人性化设计，以读者行为作为关注对象，将读者行为的目的性作为分析研究的切入点，调查分析读者所需的空间组织和环境设计。从读者行为的角度出发对天津大学图书馆进行使用后的评价，分析该图书馆在人性化上的优缺点，在此基础上，针对图书馆主要的读者行为作出行为心理需求的调研和分析，并在注重读者的多样化及需求的多样化基础上，初步得出高校图书馆在人性化设计上的一些设计需求及空间表现。

关键词：高校图书馆　人性化设计　行为目的性　行为心理需求　多样化

图书馆的服务理念已经由"以书为本"转变为"以人为本"，现代化的图书馆更加需要对人的关怀，这不仅是对社会上大型图书馆提出的要求，对于高校新建的图书馆以及旧图书馆的现代化改造也必须体现人性化的设计。本论文试图从人的行为角度出发，初步探讨在高校图书馆中，如何为读者创造舒适的空间环境，何为读者心目中的好图书馆。

一、针对高校图书馆的研究方法及思考

高校中的图书馆，使用率很高，是校园生活中非常重要的组成部分。它的服务对象主要为本科生、研究生以及进行学术研究的教师。这些读者的日常行为特点和需求决定了高校图书馆的功能安排、流线组织及空间设计等各个方面。

这个过程可以描述为：一方面，已经建成并投入使用的图书馆，必然对其中读者的行为有着一定的影响，通过对该图书馆进行使用后评估和结果分析，其结论在一定程度上会对新图书馆建设有着指导意义；另一方面，通过理论支撑，选取观察和调查问卷等方法对图书馆中的读者行为进行研究。这些行为无疑反映了读者的心理需求，这些心理需求也与建筑及环境的设计有着很大的关联。

作者简介：马增翠，天津大学建筑学院；

　　　　　袁逸倩，天津大学建筑学院副教授；

　　　　　范超英，天津大学图书馆副研究馆员。

二、天津大学图书馆的主要使用空间及用后评价

天津大学中心图书馆始建于 1956 年,原建筑面积为 9 800 m²,1985 年完成图书馆的书库扩建 4 570 m²,共计 14 000 多平方米。虽然除中心馆外还有科学图书馆和建筑分馆,但是对于读者的使用和藏书的需求,天大中心图书馆在空间上依然很紧缺。在设计理念上,它讲究明确的功能分区,但各功能过于独立而缺乏联系,与现在所提倡的开放式空间有着很大的不同。但是在功能上,基本能满足读者的需求,即借还书、阅读、自习、网上查阅资料等,这些是天大图书馆读者的主要使用功能。

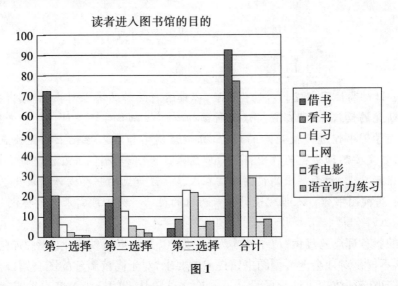

图 1

针对天大图书馆,我们是从读者进入图书馆的动机和需求上切入调查分析的。即从读者为什么要进入图书馆,出于什么样的目的进入图书馆。在人的行为中,动机是行为研究的一个中心环节,所有关于人的行为如何和空间发生关系的研究,都必须关注其行为的目的性。

通过调研问卷和观察的方法,并进行数据统计,初步得出以下结论和分析:

(一)在这些功能中,读者去图书馆的第一选择多是借书,而第二选择中最多的是看书

借书是个目的性非常明确的行为,所借书的内容往往也是读者预先思考过的,所以很容易成为读者进入图书馆的第一选择。

看书成为第二选择,主观上,这与读者的身份、性格、时间状况等方面有关;客观上,这与图书馆阅读环境有着莫大的关系。高校学生通常有着较多的自主支配时间,图书馆能否成为学生们课下学习和休闲的场所,如何对学生产生更多的魅力,这是图书馆旺盛生命力的一个重要表现。

调研表明,在天大图书馆周一至周五中,人流进入图书馆的两个高峰时段为上午的 9:40 至 10:20,下午的 3:40 至 4:20,这是上午和下午大课间的时间段,这表明,图书馆已成为学生课下的首要选择之一。

当然,天津大学的图书馆在阅览方面存在着两大问题,一是"阅览不能带包进入",使得书库内的阅览空间较少被利用;二是书库外的阅览空间不足,常有占座现象。所以,当图书馆实现一门式管理并有多样化的阅览空间后,其阅读的魅力会有更大的增加。

（二）自习室受到高校学生的欢迎

图书馆内是否有必要设置单独的自习室不仅与校内其他自习室的数量有关，更重要的是，同学们更在意阅读与上自习可兼得的便利性。在同学们上自习疲劳的时候，去阅览室休闲，或是借两本书带到自习室看，都是最好的选择。可见，自习室的学生是图书馆读者的一部分，自习室也是图书馆的第二阅览室。此外，通过调研发现，天大图书馆内的自习室与教学区自习室相比，有几点优势：① 与阅览室距离较近，借阅图书很便利；② 生态环境好，周围可观绿树蓝天；③ 文化气息好，更为安静祥和；④ 物理环境好，冬暖夏凉；⑤ 与图书馆的氛围相结合，更加轻松舒畅，与普通自习室的紧张气氛不同。这些是选择图书馆自习室的主要原因。

（三）在图书馆上网查阅资料

通过调查发现天大图书馆电子阅览室的主要使用人群为本科生，并且多为低年级没有购买电脑的同学用来上网休闲或者查阅资料。另一份调研表明，图书检索用电脑和图书预定电脑，研究生或高年级的本科生的使用率更高，可见，这些同学非常重视网络资源。他们极少使用电子阅览室的原因为：自己拥有电脑，没有必要专门使用电子阅览室；电子阅览与图书阅览分离，搜集和查阅资料很不方便。

总之，天大图书馆由于原有建筑空间的限制和配套设施的欠缺，有很多方面的问题是明显的，通过对读者使用后的评价与分析，得出现有图书馆各使用空间在读者使用上是积极的还是消极的，在日后新馆的设计中应加以重视，更好地体现人性化设计。

三、从行为的角度分析读者的使用需求和心理需求

调查可见，人们行为的动机确实各不相同，这些差异的原因可能是由于性格身份等因素决定的，也可能是随机的，时间不同，状态不同，动机也会不同。行为的目的性在某种程度上决定了这个空间被使用的情形：使用时间的长短，人群的空间流动性，人流的多少，高峰的时间，阅读的形式，阅览的座椅多少等许多方面。

下面以读者进入图书馆的四个主要目的下的行为，来初步研究各主要空间的设计需求，包括环境的质量，家具的设计，与其他相关功能的联系等。当然，读者的使用空间还包含了一些与阅览相辅相成的服务性空间和设备：目录检索空间，信息服务区（打印复印等），阅览区，讨论区，咖啡馆及其他可以预想和有发展余地的空间。这些空间的存在形式及其与主要目的空间的联系也是体现人性化设计的一个重要方面。

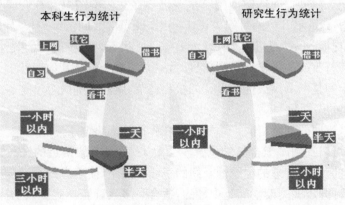

图2

（一）图书馆内最基本的行为——借还书

借书行为，有着较为明确的目的性，时间上持续较短，通过调研统计得出以下几点：① 读者以借书为核心的行为在图书馆通常不会超过 1 小时，人员的流动性较强；② 图书一经借出后，读者使用周期较长，短期之内不会再来借书；③ 读者对于借阅处的开放时间要求也比非借阅区的要短许多；④ 可借阅的图书多为专业类图书和文艺类图书。

还书的行为，有两种情况：一是还书后接着借书，这种行为更侧重于之后的借书行为，与上面的分析相同；另一种情况是单纯的还书行为，这种行为在需求上与图书馆这个场所的关联并不大，甚至可以在时间和空间上与图书馆分离。这种方式可能会增加图书馆员的工作量，却可以在很大程度上方便读者。总的说来，还书就是要求便利和快速。

从借还书行为的发展过程来看，可分为借书前的图书目录查询、选书和翻阅的反复进行、借书、还书四个阶段。在这个过程中，很多空间和设施是与其紧密相连的。

1. 公共查询电脑，所处位置应较为醒目，除在入口门厅集中布置外，还应在各图书阅览室分散布置，以满足读者的不时之需。

2. 馆内的标识和引导信息要做到位，图书的分类也要做到正确和明确，使读者较容易到达自己的目标所在地，同一内容范畴的书最好不要跨区跨层设置。读者选书翻阅的时间长短不定，而读者想借阅的图书往往同属于某一类别，会集中布置。针对这一特点，可以在书架旁或某几排书架间布置一些座椅，以满足读者翻阅查找时的休息需求，并达到与集中布置的阅览空间分离，减少彼此间的干扰。

3. 通过观察，发现同学与借书的馆员之间的交流非常少，故可以安装一些自动借阅装置，减少馆员的工作量，且保护了读者的某些私密性的心理需求。

4. 还书也应该有些自助的方式，以补充馆员下班和图书馆下班后的时间空缺。还书是一个与借书同样频繁的行为，故还书方式应该引起图书馆的关注。

总之，借还书的行为，对快捷性和便利性要求很高，标识牌要合理且醒目。此外，读者行为自主的发展趋势，借书台向咨询台转化的需求，以及与借书行为有联系的设施和空间如暂阅空间等都应给予关注。

（二）读者行为的灵魂——阅览

阅览，在行为方面的特点是：① 持续时间较长，少的 3 小时，多的半天乃至全天；② 阅览的目的又可分为专业研究型阅览和休闲式阅览，研究型阅览主要集中在专业类书库、学术文库和专业类期刊等场所，而休闲型阅览主要出现在文艺类图书和社会娱乐型报纸杂志等区域；③ 读者要求阅览室开放的时间较长；④ 由于阅览的时间持续较长，伴随产生的行为也很多，如打电话、交谈、小憩、去卫生间、饮水等等。这些行为也应该得到关注，解决不好这些问题，一方面会使行为人的需求得不到满足，另一方面也会干扰其他读者。

可见，阅览空间是图书馆人性化设计的核心环节，所涉及的内容也是多方面的：

1. 阅览空间的多样化

不同的读者，不同的阅读目的，不同种类的书，这些都决定了阅览的空间应该是多样的，让每一个读者都可以找到属于自己的位置。一般来说，与书架接近的开放式阅览形式能够得到大多数读者的认可，合理的组织读者间的视线和间距，使读者的活动噪声不会对阅读造成负面影响。这种开放式阅读空间是中性的，适合大多数读者。此外，还有两种趋势。一种是较为封闭型的，对于研究型读者常使用的专业类书库和学术文库就应有专门的阅读室和讨论间,并配备一定的电子阅览和多媒体设施,便于研究讨论。一种是更为自由开放型的阅读空间,对于休闲型读者,他更喜欢能让他放松的空间,如文艺书类可以结合中庭绿化布置阅读座椅,或者结合建筑的结构形式,在窗台、柱础等位置布置为座椅形式,这样的场所阅读能带给人轻松随意的感觉。总之,阅览空间的布置就是让读者都能在其中找到属于自己的空间。

较为理想的阅览空间

图3

2. 家具形式和材质的选择

图书馆中的家具,也是其空间组成的重要元素之一,与读者的行为息息相关,书架的尺度,最高一排和最低一排的高度应该与人体特征相符合,避免造成使用不便;为一些特殊尺寸的书籍留有合适的空间。桌椅的类型和布置尤为重要,布置方式上主要有成排布置、成组布置、单个布置、混合布置,在形式和材料上,有各种材料的桌子、木质椅子、金属皮革椅、沙发等。通过调研发现,固定椅子是很不舒适的,尤其在成排布置时,中间的座位很少被使用;金属椅子的噪声较大,当地面为瓷砖时,噪声尤为尖锐刺耳,金属材料在冬季感觉太凉也不舒适;木质椅子很受读者欢迎;在讨论间等需要交流的空间内,转椅由于便于移动,是很受欢迎的;在报纸杂志阅览室等休闲空间,如果能布置沙发,则能带给读者以舒适的感觉。

3. 阅览室颜色的选择

颜色通常被分为暖色系和冷色系,黄色、橙色和红色为暖色系,而蓝色、绿色和紫色为冷色系。某些实验证明,颜色对于人的情绪会产生一定的影响。比如,Kwallek 和 Lewis 发现暖色可以更多地引起人们的注意力,可以更好的使人警觉和保持清醒,从而改善工作状态。据此,在研究型专业性阅览室中可选用偏向于暖色调的色彩,如家具的颜色、墙面的色彩、灯光的色调等;而在休闲型阅览空间中可以考虑偏向冷色系的设计。

4. 阅览室噪声、光线等的控制

在调查过程中发现噪声和光线是读者首要关注的问题,充足的光线和适当的噪声值都是必需的。根据刺激行为曲线,当光线昏暗且过于安静时,即人处于一种极少刺激的环境中时,人们容易产生睡意和厌烦的心理。过于封闭安静的阅读空间不应成为设计的主流。

5. 贴近自然或开敞的舒适感

根据心理学研究,人对于亲近自然的要求是很迫切的,窗户布置是为了通风和采光,同时也满足了人们与自然联系的需求。赫尔佐格和巴恩斯曾指出,虽然沙漠比起那些有流水和生长着植物的风景地带更不容易改变,但田野、森林和大面积的水景比干旱的景色更显得宁静。所以,建筑内部的中庭空间,室内绿化的设计,与建筑外部生态环境的视觉关联,也是增强图书馆阅读空间舒适感的重要方面。

6. 与阅读相关的其他行为空间

在阅读空间中,还应该有一些模糊空间的存在,比如接听电话、休息聊天等随机产生的行为需求,这些空间可以结合交通空间布置;咖啡间、小卖部等同时对内对外均能开放的空间,既能满足读者的休闲需求,又能对外营业,在经营方式上,可以在图书馆内部的入口前设置自助存书柜和检测器,既方便读者也便于图书馆的管理。

(三) 图书馆的第二阅览室——自习室

在前面的天大图书馆自习室的使用评估中已经提到了自习室环境设计的人性化,此外,自习室内的学生行为,有着和阅览室中读者行为相近的方面,比如,持续时间较长,需要休闲饮水饮食等生理方面的需求。此处由于没有专门的管理者,是学生的天地,可能会比阅览室内更为自由和放松。概括地讲,图书馆的自习室是一个活跃的、开放的、流动性强的空间。教学区自习室则非常安静,专门用来学习,行为非常单纯。

为了满足图书馆内自习室的多样行为需求,满足人员流动的自由性,应注意以下几点:家居布置上,应使每一位同学都可以自由出入,不惊动其他同学;桌椅的每座面积要较大,方便各种活动内容;用电负荷较大,满足同学们使用笔记本电脑的需求;人员集中,活动性强,应与咖啡间等公共空间距离较近;使用时间持续最长,可考虑单独的开放方式;由于学生的流动性,可以设置储藏柜等安全存储设施等。这些都与教学区的自习室不同,更加强调了学生使用的个体性和专属性。

自习室若独自分区布置,防止相互干扰,是必要的,但不能割裂与图书阅览的联系,否则,图书馆中的阅览室将失去存在的根本意义。

(四) 阅览行为的新活力——网络学习

当代的网络空间学习,引入了 Information Commons 的概念,即"信息共享空间",其实质就是高度的人性化,为读者营造一种高效的利用信息的环境,使读者在同一个平台上可以享受到所需要的各种信息服务,如获取信息资源、获得信息帮助、提高信息素养、进行学术研究等行为。这种人性化主要表现在三方面:

1. 读者不仅能够同时同地的使用印本资源和网络资源,而且可以自由地选择各种硬件设备和软件资源,享受图书馆员等的咨询服务。

2. 信息共享空间充分照顾到读者的个性化需求,同时更强调团体的讨论与学习,为读者提供了一个相互合作进行学习研究和交流的良好空间。

3. 信息共享空间服务直接面向读者的行为需求,并通过它将所有的图书馆工作直接面向读者,真正体现了以读者为中心的服务理念。

成熟的信息共享空间是一个集研究、学习和社交为一体的公共场所。高效、便捷、舒适是图书馆的品质,读者的行为需求真正成为图书馆服务工作的核心,这也是高校图书馆的发展方向。

四、结语

读者的行为是图书馆运作的核心内容,从读者的行为出发来考虑图书馆内部的人性化设计,是利于实现该目标的方法之一。随着技术、理念的提高,读者思想观念的发展,图书馆的设计也不能一成不变,要发展性地满足读者行为和心理的需求,因此,对读者的使用情况进行评价和理性分析也不是一件一劳永逸的事。只有持续地关注读者的行为,发现问题后尽量调整,如此循环下去,实现真正的人性化就不会是一句空话。

参考文献

[1] 常怀生编译. 建筑环境心理学[M]. 台湾：田园城市文化事业有限公司，1995

[2] [英]布莱恩·劳森著；杨青娟，韩效，卢芳，李翔译. 空间的语言[M]. 北京：中国建筑工业出版社，2003

[3] 鲍家声主编. 图书馆建筑设计手册[M]. 北京：中国建筑工业出版社，2004

[4] 赫曼·赫茨伯格著；刘大馨，古红缨译. 建筑学教程 2：空间与建筑师[M]. 天津：天津大学出版社，2010

[5] 扬·盖尔著；何人可译. 交往与空间[M]. 北京：中国建筑工业出版社，2002

[6] 阿摩斯·拉普卜特著；黄兰谷等译. 建成环境的意义[M]. 北京：中国建筑工业出版社，2003

谈建设人性化的高校图书馆

马来宏　鲁　敏

摘　要：建设一个现代化的图书馆，不仅仅只是馆舍和馆藏的建设，更应该从人性化的方面去考虑。本文从环境塑造的人性化、读者服务的人性化、管理的人性化三个方面来探讨如何建设人性化的高校图书馆。

关键词：人性化　以人为本　管理　高校图书馆

随着 20 世纪 90 年代全国高等院校的扩招与近几年教育部对高校本科评估工作的进行，各高校图书馆的建设都进入了一个快速发展的阶段，一大批具有现代化、数字化设施的新馆相继建成。图书馆的建设，不仅仅是馆舍面积和馆藏量的增加，更重要的是综合服务能力的可持续发展。这就要求图书馆应从内外环境的塑造入手，加强内部管理，树立"以人为本"的理念，强化服务质量，突出人性化建设。本文从环境塑造的人性化、读者服务的人性化、管理的人性化三个方面来探讨如何建设人性化的高校图书馆。

一、环境塑造的人性化

图书馆的环境包含外部环境和室内环境。外部环境包括图书馆的建筑风格样式、周边整体环境景观；室内环境包括室内布局、灯光、家具、绿化、色彩等。优美、安静、整洁的环境，使读者、馆员赏心悦目、心旷神怡、情绪饱满，能极大地调动其求知欲，提高研读效率；同时，作为文化传播的场所，好的环境潜移默化中提高着读者的个人修养、个人素质。

（一）外部环境的人性化设置

外部景观环境是馆内环境在外部的延续，在建设时要十分协调地将建筑融入学校的总体风貌之中。图书馆的地址和建筑造型应充分考虑地形地貌的特点及其他环境因素。在建筑造型上都应该简洁大方，虚实相生，既要与周围环境相适应，又要巧妙地强调自身的重点。作为对内部环境的外部延伸，馆外环境应最大限度地提供绿地景观。图书馆周边的环境往往被学生作为重要的阅读场所和交往空间，采用合理的功能分区，结合景观设计、园林建筑小品等具有人文特色的环境，必然能够陶冶学生的思想情操和品德修养。

（二）室内环境的人性化塑造

图书馆建筑的室内设计，已由小开间向大开间发展。工作需要多大的空间，可以灵活采

作者简介：马来宏，西北农林科技大学图书馆馆员。

用活动的轻质隔墙或屏风等进行隔断。为了使图书馆室内空间与室外空间能更好地相互"沟通"，在设计上应突破建筑外框的"禁锢"，设计成"开放式空间"，采用大墙、大窗，使室内空间从感觉上延伸到室外空间，蓝天白云或庭院里美丽的自然景观尽收眼底。这种设计布局，采光、通风效果好，而且使人犹如置身于幽静、美丽的大自然之中，十分有利于读者、馆员保持良好的心态。

1. 合理的功能流线布局

现代图书馆设计多采用大柱网结构和中庭环绕式布局以满足开放式、多样化的阅览要求。在各个服务场所的设置和布局时，要注意"动静分离"，划分合理科学，使读者进入图书馆后能够快速地进入其所需的服务场所，从而达到"人流畅通，互不干扰"的基本要求。人员流量大的阅览区如电子阅览区、新书阅览区要尽量设置在门庭附近。而复印室等服务场所一般要求安排在离阅览室较近的地方。电梯、楼梯等位置也应合理设置，为残疾人开辟专门通道或无障碍通道也是人性化的一大亮点。

2. 人性化的视觉环境设计

视觉环境主要是采光照明设计、色彩设计，其次为装饰和陈设设计。

图书馆照明应尽量以自然照明为主，辅之以人工照明。要注意的是从实际需要出发，从读者和馆员在视力、工作性质、文献类型、字体大小、印刷质量等方面存在的差别做出合理的安排。

色彩对于人的影响是巨大的，不同的色彩应用对于功能划分、调节阅读者心情、缓解视力疲劳、营造氛围都有事半功倍的效果。高校图书馆主要人群是充满活力的学生，在色彩的使用上总体要柔和、典雅。针对不同区域，在主要色调的控制下，可以调整局部色彩，以暖色促进思维活跃，以冷色安定情绪缓解疲劳。

图书馆的装饰和陈设是提高图书馆环境质量的重要一环，在门厅或走廊里，可设置"名人名言"，也可以制作寓意深刻的雕塑、壁画；在阅览室里，可以悬挂古今中外名人的肖像画用以激励读者，也可以悬挂寓意深刻的风景油画，以中和肖像画可能带来的枯燥，或变换一下视觉感受。

3. 绿化工作

绿化是提高图书馆环境质量的重要因素，它不仅是美化图书馆环境的需要，而且还是调节图书馆局部环境气候、净化空气、遮阴覆盖、防风防尘、降低噪音的需要。它有利于陶冶读者的情操，有利于读者的阅读活动和馆员的服务工作，甚至于有利于读者和馆员的身心健康。在图书馆大厅中庭可选择万年青、海芋、一叶兰、吊兰、绿萝、龙血树、秋海棠、报春花、紫罗兰，走廊可以选择橡皮树、棕竹、龙血树、白掌，书库和阅览室可选吊金钱、文竹、万年青、富贵竹等植物装点。在电子阅览区可选择一些吊兰、芦荟等，可以起到防辐射、吸灰尘的作用。

二、读者服务的人性化

（一）树立人性化服务理念

由于现代图书馆都采用了开架式管理，导致"丢失"、"破损"和"乱架"现象比较严重，读者经常在开架的书库中找不到需要的书；有的图书馆阅读座位过少，找不到座位；有的图书馆馆员态度不好，有训斥人的现象发生，这有损读者人格和自尊心；有的以我为主，不顾读者利益,不顾图书馆是公益性机构,随意收费、随意罚款;有些图书馆限制读者自由获取信息,对读者不能公正平等地服务,等等。

要解决这些问题,我们应该树立"服务为本"、"零门槛"、"读者的事无小事"、"心系读者"等新型服务理念,为读者开展人性化服务:

1. 把以阅览、外借为主的一般化服务转变为以人为本的人性化服务,树立"以读者为本,公正平等,信息自由获取,人性化服务"的理念。明白图书馆办馆的根本目的就是为读者服务,充分满足读者的需求。为此要重视人、尊重人、爱护人、善待人、方便人、更好地服务于人;在服务中要公正平等,信息自由获取,保护隐私,承认差异,尊重个性与多样性,尊重人权;待人宽容,心系读者,要经常站在读者的角度思考问题,认真处理读者提出的问题,做到读者的事无小事。

2. 把以馆内利益为重转变为以读者利益为重,树立"公益性事业,免费服务"的理念。高校图书馆的馆藏与设施属于国家和集体共有的财产。图书馆是靠政府财政拨款来运转和继续发展的。通俗地讲就是图书馆馆员是用纳税人(包括学生)的钱发工资和补贴,是纳税人出钱雇用他们为自己服务的,图书馆的主人是学生。因此图书馆的收费服务、随意罚款是没有道理的。现在高校图书馆的电子阅览室基本都在收费服务,应该像暨南大学那样取消电子阅览室的收费,为读者制造一个平等、公正的阅读环境,为读者提供人性化服务。

(二)人性化服务的措施

人性化服务就是关心读者,体贴读者,待读者如亲人,使读者进入图书馆就有到家的感受:舒适、温暖。具体来说,一是心系读者,读者的事无小事,对读者的要求或困难要尽力去解决、去满足,不使读者失望;二是在馆舍建设、服务方面事事心系读者,考虑读者所需,尽量采取一些措施去满足读者。

各高校在人性化服务方面都采取了许多措施。例如西北农林科技大学图书馆就采取了一些比较人性化的服务措施:(1)延长开放时间。每周开放时间达92小时。(2)在图书馆门厅处设有电子自动存包柜。既为读者解除了后顾之忧,也为图书馆的现代化管理打下了良好的基础。(3)在门厅处建立电子幕墙,及时发布一些图书信息、馆藏信息、通知等内容,为读者提供指导和服务。(4)借书处可以为读者办理北馆(异地)借书退还手续,还专门设有"还书箱",方便读者随时还书。(5)图书馆内全部采用中央空调,冬暖夏凉,为工作人员和读者提供了一个舒适、安静的工作环境和学习环境。(6)在图书楼和国际交流中心(中心行政办公大楼)之间架起了一座长廊,方便了学校各管理职能部门职工前来图书馆看书、学习,以及国际、国内专家学者从交流中心来馆交流工作。

在图书馆内设置一定的后勤服务设施也会给读者带来很大的方便,例如简单的食品、饮品、文具供应等,能给比较长时间在馆的学生一个补充体能和放松的场所和学习上的便利。当然,在位置设置和管理上要有相应的考虑,避免对其他人的干扰和对卫生环境的破坏。从对读者的调查中,发现确实有不少学生希望有这样的设置,如果条件允许,也可以在馆内设有小吃部等。有些馆内设置有开水间,学生就赞誉有加,所以说一点点细致的考虑都会带来读者的认可。

随着个人便携式电脑的普及,图书馆设计中要考虑到此类设备的使用要求,配置电源和无线上网设备,不能让可利用的资源成为摆设。

（三）人性化服务的补充——个性化服务

个性化服务是针对人群的多样性展开的，现代图书馆中人的活动内容是复杂的，既有书籍借阅、期刊浏览，还有自修研讨、学术报告、文献查新等，所以提供个性化的服务是高校图书馆作为教学和研究平台必需的义务和责任。

开发利用网上资源，进行深度加工，将广泛、无序、分散的信息转变为有序的、可以直接利用的资料，以方便用户的查阅与利用。设置名著、新作的推荐与导读服务，可以在服务台及网站上设立图书征订登记，以了解读者对于书籍或其他信息的需求。在利用各类文献资源进行基础性服务的同时，还可拓展业务，根据高校的专业设置，建设一批专业性较强的专题数据库，以随时跟踪掌握学科的最新研究成果及发展动态。服务方式变被动为主动，除了开展传统的借阅服务外，还要开展形式多样的其他服务方式，包括文献信息、咨询服务、情报检索服务、情报调研服务、重要课题服务、专题服务、网上信息服务、用户辅导服务、查新服务等。开展针对性讲座和报告会，使读者了解图书馆的服务内容和服务方式，掌握各种数据库的使用检索技巧。

三、管理的人性化

这里的管理，不是指对读者的管理，而是指图书馆对馆员（员工）的管理。

图书馆员是信息资源与读者、用户的中介，只有对信息资源与读者、用户有比较充分的了解、掌握，才能做好服务工作，为此要求馆员不断加深基础知识，提高专业技能和服务水平，改善服务态度，以实际行动取信于读者，推动图书馆员队伍的建设和整体素质的提高。要提高馆员的工作积极性，就要营造良好的工作氛围，这就要求加强对馆员的管理工作。现在在这方面也存在着一些问题，亟须采取人性化的措施给予解决。

1. 改变"官本位"的领导体制。由于体制及遗留原因，各高校图书馆不同程度地存在着领导层臃肿的现象。近年来随着学者型的图书馆领导出现，以及近期各高校人事制度的变革（岗位设置），将图书资料岗位设置专业技术岗位，管理岗位大为缩减。这些都有利于改变原有的体制。而要彻底改变，还需进行深层次的人事改革。

2. 建立部门主任的选拔机制。学者型的领导在学术方面造诣颇深，但在具体业务管理方面就有些欠缺。这就要求在下面的各部门部室主任不能只看学术水平，还要看管理水平与实际岗位工作能力，尽量从本工作部门或工作性质相近部门提拔业务水平高、管理水平高的馆员担任部室主任，不能只看其职称与学术水平，还要"门当户对"。

3. 制定图书馆员素质提高激励政策。因种种原因，国内高校的图书馆员起点水平较低，在学校内的"位置"也较低，加上图书资料类方面国家及省的科研项目偏少，所以图书馆员自身的发展道路也充满坎坷。这就要求学校及馆里能大力扶持图书馆员，为其创造学习深造的机会，提供项目扶持年轻馆员提高业务水平，多写专业文章，使其在日常繁忙的工作中也能为以后的发展打下良好的基础。这种"人性化"多了，加上国家对高校职工工资待遇的提高，馆员自然也就有了干好工作的劲头，无后顾之忧，能专心为读者提供优质服务。

高校图书馆工作的核心就是为教学和科研服务，为学生和教职工服务。在图书馆管理日益现代化、信息化发展状态下，更加强调的是"以人为本"的科学理念，实现环境人性化、服务人性化、管理人性化，否则就只能成为先进设备的操作者，而失去最基本的依存对象。

所以，管理能力与管理水平的提高对于图书馆的后续发展是非常重要的。图书馆好比一部机器,系统的运转靠管理,管理的目标是服务,而服务也可带动管理的改善。只有通过人性化的管理,图书馆员才能树立起服务意识、信息意识、开拓创新意识,主动服务于图书馆,促进图书馆的建设和发展。

参考文献

[1] 黄宗忠.转变办馆理念,以提高图书馆服务档次为重心,推动我国图书馆事业持续发展[J].图书馆,2008(1):7—12

[2] 刘久昌.读者工作[M].北京:北京图书馆出版社,2001

[3] 黄俊贵.公共图书馆的服务原则及其实践[J].中国图书馆学报,2006(6):5—11

[4] 刘士霞,郭丽华.浅谈图书馆的人性化建设[J].黑龙江科技信息,2008(7):114